教育部哲学社会科学系列发展报告
MOE Serial Reports on Developments in Humanities and Social Sciences

2019 中国旅游业发展报告

China's Tourism Development Report

王晓芳　胡　静　谢双玉等　编著

中国旅游出版社

2019中国旅游业发展报告

一、编撰单位

华中师范大学　中国旅游研究院武汉分院

华中师范大学　湖北经济与社会发展研究院

二、编撰小组

顾　　问：蒋大国　中国旅游研究院武汉分院理事长、湖北经济与社会发展研究院院长、博士生导师

组　　长：胡　静　中国旅游研究院武汉分院院长　教授　博士生导师

副 组 长：王晓芳　中国旅游研究院武汉分院　副教授　硕士生导师

编撰人员：谢双玉　龚　箭　张　祥　乔花芳　郑文升

冯　娟　程绍文　李　艳　李亚娟　卢　雯

王　娟　贾垚焱　阴姣姣　李　琳　郭　艳

王胜鹏　吕振华　邓宏炎　吴理财　江立华

叶　桦

前　言

浓浓的初冬，满满的收获！由教育部哲学社会科学发展报告项目基金支持，华中师范大学中国旅游研究院武汉分院课题组（以下称课题组）承担的中国旅游业发展报告系列研究成果《2019 中国旅游业发展报告》（以下称《报告》）与大家见面了！

中国旅游研究院武汉分院自 2012 年以来，每年定期编制、出版年度研究报告，今年已是第八个年头。一年来，课题组密切关注中国旅游业发展进程中的热点问题，从世界、区域、行业等不同视角，对中国旅游业的发展进行全面梳理和审视；在突出《报告》系列研究特色的同时，延续成熟的评价框架，并对具体的指标体系进行微调以匹配当前旅游业发展的现状，凸显研究的时效性与科学性；课题组既透视全国旅游业发展的概貌，又立足团队研究优势，聚焦区域旅游发展问题。

《报告》由“总报告”和“专题报告”两大部分组成。“总报告”沿用“盘点分析—综合评价—对策建议”的逻辑路线，基于全国、省域、副省级城市三个不同空间尺度，从旅游发展的供需双方、旅游支撑环境等方面，综合、深度、动态地盘点与评价旅游业发展的现实水平、潜在能力、环境条件，继续发挥《报告》为观察全国旅游发展提供的“放大镜”和“望远镜”功能。“专题报告”立足于区域旅游发展问题，开展了两项专题研究：“专题一”聚焦“一带一路”中的区域旅游发展问题，从旅游需求、旅游供给、旅游支撑三个层面综合评价长江经济带旅游业发展水平；“专题二”聚焦旅游满意度问题，从旅游环境、旅游公共服务和旅游要素三个方面评价湖北省的游客满意度。

《报告》撰写采用开放型的合作研究模式，以华中师范大学中国旅游研究院武汉分院研究人员为主体，广泛凝聚各方研究力量，由多名长期从事旅游研究的专家学者、中青年学术骨干历时近一年共同完成。《报告》在胡静和谢双玉教授指导下，由王晓芳老师统筹负责及统稿，各部分负责人员分别为：王晓芳老师负责总论、省域旅游业发展评价和副省级城市旅游业发展评价，谢双玉教授负责全国旅游业发展盘点，郑文升教授负责中国旅游业发展对策，张祥老师负责专题一，龚箭老师负责专题二。在《报告》研究和撰写工作中，得到华中师范大学中国旅游研究院武汉分院乔花芳、冯娟、程绍文、李艳、李亚娟、卢雯等多位老师的大力支持。多位博士和硕士研究生参与工作，王娟、贾垚焱、阴姣姣、李琳、郭艳、王胜鹏、吕振华全过程参与了部分章节的撰写，程晓宇、全柯铮、张雯、张祝、周晨路、张明月、周梦、马晨娇、王昭辉、潘园园、谭亚菲、王紫阳、兰伟、邓华等参与部分章节的初稿撰写和图表制作，万令轩、李琳、郭艳、吕振华、王胜鹏、谭辉丽等参与数据收集，韩磊、郭艳协助完成《报告》中的空间分析制图。

《报告》的完成也得益于相关机构、领导和专家学者的关心、指导和帮助，使我们的研究报告得以顺利完成并不断完善。湖北经济与社会发展研究院始终鼎力支持本系列报告的研究工作，在本《报告》的撰写中，蒋大国院长一日既往地亲自提出指导意见和修改建议，关心支持《报告》的发布和出版，课题组深表感谢。同时，感谢中国旅游出版社李冉冉编辑多年来的大力支持与帮助，感谢华中师范大学城市与科学学院刘会敏老师给予的图书资料支持。

《报告》即将付梓，难免有不成熟和疏漏之处，敬请大家斧正。我们一直在努力，也衷心地希望在来年的《报告》撰写中，能继续得到大家的不吝赐教！

王晓芳

2019 年 11 月

目录

CONTENTS

总报告

专题研究

图表目录

CONTENTS

总报告

总 论

伴随着国家文化和旅游部正式挂牌，各级文旅机构改革的全面实施与推进，文化产业和旅游产业融合发展进入新局面。旅游业发展环境向好，产业规模持续扩大，产品体系日益完善，市场秩序不断优化，成为新的经济增长点。根据文化和旅游部《2018年文化和旅游发展统计公报》显示：2018年国内旅游市场持续平稳增长，入境旅游市场进入缓慢回升通道，出境旅游市场快速发展。

“美丽中国——2018全域旅游年”“发展全域旅游，壮大旅游产业”（2019政府工作报告）推动全域旅游发展进入新阶段；“一带一路”旅游合作再升级，形成区域旅游新格局；乡村旅游成为乡村振兴与旅游扶贫新抓手；全面发展度假休闲旅游，积极推进红色旅游；景区门票价格下调，景区质量效益持续提升。这一系列支持政策的出台，促进着旅游业转型提质增效。同时，旅游业快速发展过程中，也凸显出新时期的一些新问题和新需求。研学旅行热度持续，亟待出台国家标准和新规范；酒店信息安全、卫生问题触发全民旅游住宿新思考；境外旅游安全事件敲响“出境热”新警钟等。目前，在我国旅游业正迈入发展新阶段，旅游发展从注重速度与规模转向注重品质与质量，新形势、新理念、新使命，也为旅游业发展提出新要求。

一、中国旅游业的发展特征

（一）机构改革全面实施，文旅融合发展成效初显

党的十九届中央委员会第三次全体会议于2018年2月28日通过了《中共中央关于深化党和国家机构改革的决定》；2018年3月13日国务院机构改革方案提出，“将文化部、国家旅游局的职责整合，组建文化和旅游部，作为国务院组成部门，不再保留文化部、国家旅游局”；2018年4月8日，文化和旅游部正式挂牌[①]；截至2018年12月14日，中国31个省（市）文化和旅游厅（委）挂牌全部完成[②]。除文化和旅游部外，自然资源部的组建以及国家林业和草原局的调整也值得关注，国家公园管理局（加挂于国家林业和草原局）的设立也使得建设中国特

① 资料来源：新华网客户端，2018-4-8（http：//baijiahao.baidu.com/s?id=1597146433817220044&wfr=spider&for=pc）.

② 资料来源：搜狐旅游．2019年旅游业十大趋势，2019-1-11（http：//m.sohu.com/a/288362868_734269，2019-8-1）.

色的国家公园体系有了直接的责任主体[①]。文旅融合为文化产业找到了很好的推广渠道与消费市场，为旅游产业找到了内容生产的源头，未来在文旅产业链条上，前端打通了内容生产，中后端有文化企业、旅游企业进行产业布局与衍生产品生产，形成良好的闭环。

（二）系列支持监管政策出台，促进旅游业转型提质增效

“美丽中国——2018 全域旅游年”“中国—欧盟旅游年”，亚太经合组织（APEC）旅游部长会议召开、上海合作组织成员国首届旅游部长会议、中非合作论坛举办、“一带一路”文化旅游论坛举办、第三届丝绸之路国际文化博览会文化和旅游专题论坛举办、边境旅游试验区的批准实施等一系列国家战略和旅游交流创造了良好的发展环境，助力新时代旅游新发展。继 2018 年的中央一号文件提出“实施休闲农业和乡村旅游精品工程，创建一批特色生态旅游示范村镇和精品线路，打造绿色生态环保的乡村生态旅游产业链”之后，政府工作报告提及，要“深化国家公园体制改革试点”“创建全域旅游示范区”“降低重点国有景区门票价格”。紧随其后，3 月份国家机构改革方案通过，将文化部、国家旅游局的职责进行整合，组建文化和旅游部，作为国务院组成部门，诗和远方终于走到了一起。2018 年，政府支持旅游发展的政策密集出台，力度空前，包含旅游规范化、标准化与旅游监管与进退机制两大方面，涉及门票、旅游扶贫、乡村旅游、假日旅游、特色小镇高质量发展、旅游人才、旅游失信、旅游 PPP、边境旅游、全域旅游、基础设施、旅游厕所等多个领域的共 33 条相关政策。

2019 年，我国宏观经济和居民收入大概率保持中高速增长，在新一轮个税改革和中央一系列促进和激发居民消费潜力的政策促进下，旅游消费活力将进一步蓄积和释放。与此同时，2019 年国家更加积极地推动消费政策出台。旅游业正逐步从规模增长转变为精细化运营，推动旅游提档升级、发展全域旅游与乡村旅游成为旅游发展新风向，在国家经济转型中旅游行业无疑被寄予更多厚望。

表 0–1　2018~2019 年文化旅游行业重要政策汇总

发布时间	部门	相关政策
2018 年 1 月 18 日	原国家旅游局、国务院扶贫办	《关于支持深度贫困地区旅游扶贫行动方案》
2018 年 3 月 22 日	国务院办公厅	《关于促进全域旅游发展的指导意见》（国办发〔2018〕15 号）
2018 年 4 月 8 日	发改委等 5 部门	《关于规范主题公园建设发展的指导意见》
2018 年 4 月 13 日	农业农村部	《农业农村部关于开展休闲农业和乡村旅游升级行动的通知》（农加发〔2018〕3 号）
2018 年 4 月 19 日	文化和旅游部、财政部	《关于在旅游领域推广政府和社会资本合作模式的指导意见》（文旅旅发〔2018〕3 号）
2018 年 5 月 18 日	发改委等 26 个部门	《关于对旅游领域严重失信相关责任主体实施联合惩戒的合作备忘录》（发改财金〔2018〕737 号）
2018 年 6 月 28 日	发改委	《关于完善国有景区门票价格形成机制降低重点国有景区门票价格的指导意见》
2018 年 8 月 30 日	发改委	《关于建立特色小镇和特色小城镇高质量发展机制的通知》（发改办规划〔2018〕1041 号）

① 资料来源：中国社会科学院财经战略研究院．旅游绿皮书：2018~2019 年中国旅游发展分析与预测，2019–01.

续表

发布时间	部门	相关政策
2018 年 9 月 24 日	国务院办公厅	《国务院办公厅关于印发完善促进消费体制机制实施方案（2018~2020 年）的通知》（国办发〔2018〕93 号）
2018 年 9 月 30 日	财政部	《财政部关于下达 2018 年旅游发展基金补助地方项目资金预算的通知财文》（〔2018〕97 号）
2018 年 10 月 10 日	国家发改委、文化和旅游部等 13 个部门	《促进乡村旅游发展提质升级行动方案（2018 年 ~2020 年）》
2018 年 11 月 15 日	国家信息中心分享经济研究中心	《共享住宿服务规范》
2018 年 12 月 28 日	发改委	《海南省建设国际旅游消费中心的实施方案》（发改社会〔2018〕1826 号）
2019 年 4 月 1 日	国务院	国务院关于横琴国际休闲旅游岛建设方案的批复（国函〔2019〕30 号）
2019 年 5 月 7 日	文化和旅游部	《文化和旅游规划管理办法》（文旅政法发〔2019〕60 号）
2019 年 8 月 23 日	国务院办公厅	《关于进一步激发文化和旅游消费潜力的意见》（国办发〔2019〕41 号）

（资料来源：百度搜索及整理，2019.11）

（三）产业运行持续向好，国内旅游增速趋缓

2018 年，文旅融合开局顺利，旅游业发展环境继续不断优化，三大旅游市场呈同步增长态势：中国国内游客数量 55.4 亿人次，增加 10.8%，国内旅游收入 5.13 万亿元，同比增加 12.30%；出境游客数量为 1.497 亿人次，同比增加 14.7%，出境旅游消费 2773 亿美元，较之 2017 年增幅 5.2%；入境游客数量为 1.412 亿人次，增幅较小（1.44%），入境旅游收入 1271 亿美元，增幅为 3%。与 2017 年相比，除国内游客数量和旅游收入增幅有所降低外，出境游客数量和花费、入境游客数量与收入的增幅均有所增加。根据中国旅游研究院《中国旅游经济蓝皮书 NO.11》预计数据，2019 年国内旅游人数 60.6 亿人次，国内旅游收入 5.6 万亿元，分别比上年增长 9.5% 和 10%。入境旅游人数 1.43 亿人次，国际旅游收入 1296 亿美元，分别比上年增长 1% 和 2%。国内居民出境旅游人数约 1.66 亿人次，比上年增长 11%。全年将实现旅游总收入 6.52 万亿元，同比增长 9.3%。与此同时，三大市场中出境及入境游客量与人次均呈上升趋势，而国内市场增速相对放缓，如图 0–1（a）所示，近三年来我国出境旅游人数呈快速增长态势，年均增长率为 9.1%，入境旅游人数在波

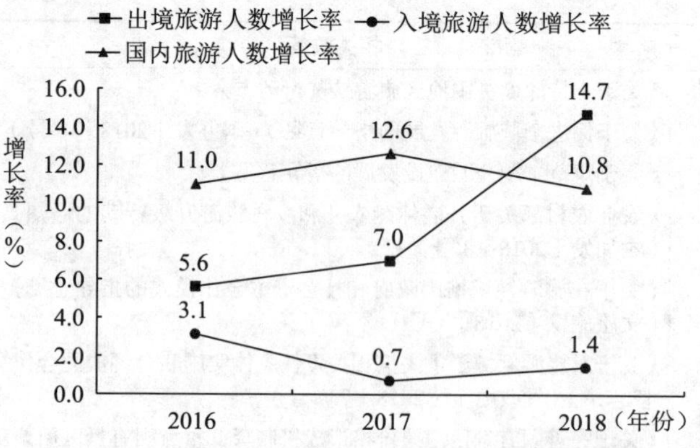

图 0–1（a） 近三年三大市场旅游人数增长率变化

（数据来源：出境旅游人数数据，UNWTO，Tourism Highlights 2016~2019 Edition；入境旅游人数数据 2015~2018，中国旅游研究院数据中心；国内旅游人数数据，《国民经济和社会发展统计公报 2015~2018》）

动中慢速增长，年均增长率为 1.8%，增长缓慢，而国内旅游人数增长率相对走低，年均增长率为 11.5%；如图 0–1（b）所示，在旅游消费方面表现出较为相似的特征，但出境旅游消费及入境旅游收入的增长率总体差距较小。

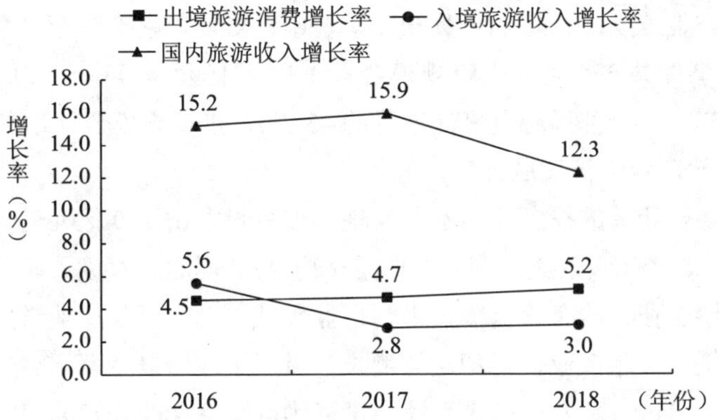

图 0–1（b） 近三年三大市场旅游消费 / 收入增长率变化

（数据来源：出境旅游消费数据，UNWTO，Tourism Highlights 2016~2019 Edition《中国出境旅游大数据报告 2017/2018》；入境旅游收入数据 2015~2018，中国旅游研究院数据中心；国内旅游收入数据，《国民经济和社会发展统计公报 2015~2018》）

（四）旅游品质化消费诉求凸显，技术创新引领旅游业发展

随着我国经济的不断发展，居民生活水平不断提高，美好生活日益成为优质旅游发展和产业创新的现实动能，旅游消费已从“有没有”向“好不好”全面转变升级，包括景区、酒店、旅游电商等在内的产业主体提供的旅游服务也越来越高品质化。以消费水平衡量，日消费在 20~50 美元的都市休闲客群人数增长迅猛，都市休闲旅游快速崛起，旅游消费市场潜力巨大。同时，旅游品质化消费诉求带动企业产品研发和业态创新：2018 年国庆期间预订携程高端跟团游产品的用户比例高达 88%，纯玩无购物、高端酒店、专属导游、精致小团、定制游成为 2018 年国内游关键词。

近年来，大数据与云计算正在深刻改变着旅游行业。技术为旅游产业发展带来资源理念、产品、市场、产业边界等方面的创新。在“互联网 +”数字经济的带动下，“旅游 +”和“+ 旅游”等新兴旅游业态也得以快速发展；基于信息技术及 5G 网络建设的智慧旅游发展，利用互联网、物联网技术的旅游目的地数字化服务设施、区域旅游大数据库及旅游智慧监管，大大提升了旅游公共服务水平；以美团、大众点评为代表的大数据公司，从服务本地居民休闲娱乐出发，带动传统产业升级①；跨境移动支付、大数据、人工智能、物联网、区块链等新技术正在文旅行业广泛应用，除百度、阿里、腾讯等巨头之外，今日头条、美团点评、嘀嘀出行等平台也纷纷入局，文旅行业的科技创新也不断涌现。

① 数据来源：中国旅游研究院旅游数据中心．“2018 旅游经济运行盘点”系列报告（二）：旅游产业．2019–1–8（http：//www.ctaweb.org/html/2019–1/2019–1–8–15–34–09637.html，2019–6–6）．

（五）文旅投资热潮涌动，投资规模持续增长

我国旅游行业投资规模不断扩大，全国旅游业投资由 2015 年的 1 万亿元增加至 2018 年的近 2 万亿元[①]。同时，根据世界旅游及旅行理事会数据统计，2018 年中国的旅游投资额为 11084.07 亿元（1615 亿美元），稳居世界第二。《2018 文旅产业投融资研究报告》显示，2018 年文旅产业投融资事件共 295 起，投资规模合计 1.37 万亿元，其中，文旅特色小镇和文旅综合体项目合计 129 起，占全部投融资事件数量的 43.7%；投资规模合计达到 1.27 万亿元，占总金额的 92.53%，文旅产业经济发展态势良好[②]。

与文化和旅游融合相关的投资并购不断涌现，如总投资逾 100 亿元的黄石旅游度假区落地四川巴中，华侨城 4.8 亿元收购剑门旅游 80% 股权。与此同时，百度、阿里巴巴、腾讯等互联网企业及携程等旅游企业，均有投资覆盖不同行业领域，助力延长产业链。在新常态下，大多数行业投资增长减缓，文旅产业投资却逆势增长，吸引了政府投融资平台、民营企业、非旅企业的跨界投资和大规模进入。文旅已成为社会投资热点和综合性开发的引擎性产业。

（六）综合贡献增速放缓，贡献率尚有提升空间

我国旅游业发展迅猛，产业规模持续扩大，产品体系日益完善，市场秩序不断优化。在国内贡献方面，据文化和旅游部公布数据显示，2018 年全年实现旅游总收入 5.97 万亿元，同比增长 10.5%；旅游业对 GDP 的综合贡献为 9.94 万亿元，占 GDP 总量的 11.04%，预计 2019 年全国旅游收入将继续保持稳定增长态势（图 0–2）。

图 0–2　2014~2018 年旅游业综合贡献及对 GDP 的综合贡献情况

（数据来源：国家统计局）

在国际贡献方面，根据世界旅游及旅行理事会数据统计，2018 年中国旅游业对全球 GDP 的综合贡献高达 10.3566 万亿元（15090 亿美元），同比增长了 7.3%。综合贡献居世界第二位，但国际消费占比排名相对靠后，仍有较大的提升空间；旅游业贡献的就业岗位数为 7991 万个，与 2017 年相比增加了一万个就业岗位，数量稳居世界第一，但增长幅度较小；且从旅游就业数占国家总就业岗位的比例来说，与菲律宾、墨西哥、泰国等旅游发达国家还有较大差距，还存在可提升空间。

---

① 数据来源：2018 文旅总结：资本疯狂涌入，万亿市场只是开端 .（http：//www.sohu.com/a/275851015_753415，2018–11–15）

② 数据来源：新旅界研究院 . 2018 文旅产业投融资研究报告 . 2019–4–3（http：//www.cs.com.cn/ssgs/gsxw/201904/t20190413_5938938.html，2019–8–1）

二、中国旅游业的世界地位

（一）世界第一大出境旅游国，市场规模与旅游消费持续扩大

1. 出境游客数量：增速翻倍，稳居世界第一

随着全面小康社会“中国梦”的实现、“一带一路”倡议深化，以及粤港澳大湾区国家战略的纵深推进，区域内人员自由往来、更多的国际游客到访和旅游产业合作呈利好趋势，中国为世界提供了稳定的客流。根据世界旅游组织报告，亚太地区实现的旅游人数增长主要归功于稳定有力的区域内需求，其中中国为旅游市场的发展贡献最为突出。

国家移民管理局提供的数据显示，2002~2017 年，中国公民普通护照签发量达 1.73 亿本，年均签发 1080 万本，持有护照的人口超过 10%。截至 2019 年年初，单方面允许中国公民免签入境的国家或地区有 15 个，单方面允许中国公民办理落地签证的国家或地区达到 44 个，互免普通护照签证的国家有 14 个①。2018 年，“欢迎中国”项目在全球推进，为出境游客提供中文服务，提升出境游客旅游便利性和舒适感；境外支付方式的升级为出境游客带来了更多便利。

我国出境游人数在 2018 年首次超过入境游，根据《2018 中国游客出境游大数据报告》，全年中国公民出境旅游 14972 万人次，比上年同期增长 14.7%；中国出境旅游热度进一步升温，稳居世界出境旅游的第一位。除去前往港澳台的内地游客，2018 年约有 7125 万人次去海外国家旅游，这意味着 100 个内地居民中，约有 5 人次的出国旅游经历。

2. 出境旅游消费：消费总额世界第一，增速稍有放缓

2018 年中国继续蝉联全球最大出境游客源国这一位置。过去 10 年，中国出境市场持续保持两位数增长，成为全球最大的出境旅游客源国和旅游消费支出国。

如表 0–2 所示，根据世界旅游组织的数据，2018 年我国出境旅游消费约 2773 亿美元，同比增长了 5.2%，仍以较大优势持续保持世界第一的地位，而且年增幅呈不断增加趋势。

表 0–2　2018 年出境旅游消费排名前 10 的国家（或地区）

排名		出境旅游消费（亿美元）	出境旅游消费增长率（%）		
		2018 年	2018/2017	2017/2016	2016/2015
1	中国	2773	5.2	4.7	4.5
2	美国	1442	6.8	9.3	7.8
3	德国	942	1.2	9.4	3.0
4	英国	758	3.4	2.4	0.5
5	法国	479	10.5	0.8	3.1
6	澳大利亚	368	9.7	7.7	4.6
7	俄罗斯	345	11.2	29.7	–
8	加拿大	333	4.3	8.5	–3.3
9	韩国	320	0.9	12.3	5.1
10	意大利	301	3.8	8.9	2.5

（资料来源：UNWTO. KEY TOURISM FIGURES，2019）

① 中国旅游研究院、携程发布《2018 年中国游客出境游大数据报告》. 腾讯网，2019–3–14（https：//new.qq.com/omn/20190314/20190314A0U5OV.html，2019–7–30）.

3. 出境游目的地：出境游客脚步越走越远，小众国家受关注

根据世界旅游及旅行理事会发布的相关数据，2018 年中国出境旅游目的地的占比为香港 21%、澳门 13%、泰国 10%、日本 7%、韩国 7%，世界其他国家占比为 42%[①]。“一带一路”战略深化、签证便利、支付环境和中文环境不断优化，出境中远程市场游客增长明显。以最远的出境目的地南极为例，2018~2019 年南极旅游季有望突破 1 万人次，全球每 5 个赴南极游客中，就有一个是中国人，中国已经成为南极旅游“超级大国”[②]。

《2018 中国出境旅游大数据报告》显示，2018 年中国游客的足迹覆盖了 157 个国家。除了传统热门目的地，更多小众国家正在被中国游客发现和喜欢。直飞航线、签证利好、超低物价激发了游客前往缅甸的热情。游客量增长快的十大“黑马”目的地依次是：缅甸、黑山、塞尔维亚、老挝、阿根廷、西班牙、柬埔寨、墨西哥、巴西、捷克。城市和海岛是中国游客出境游的两大主题，最受欢迎的十大出境游目的地城市：曼谷、香港、东京、大阪、台北、长崎、暹粒、吉隆坡、莫斯科、清迈。2018 年普吉岛继续保持最受中国游客欢迎的境外海岛，前十大海岛目的地是：普吉岛、芽庄、巴厘岛、冲绳、马尔代夫、长滩岛、甲米、苏梅岛、塞班岛、宿务。

4. 出境游客特征：女性占比更高，年轻化趋势明显

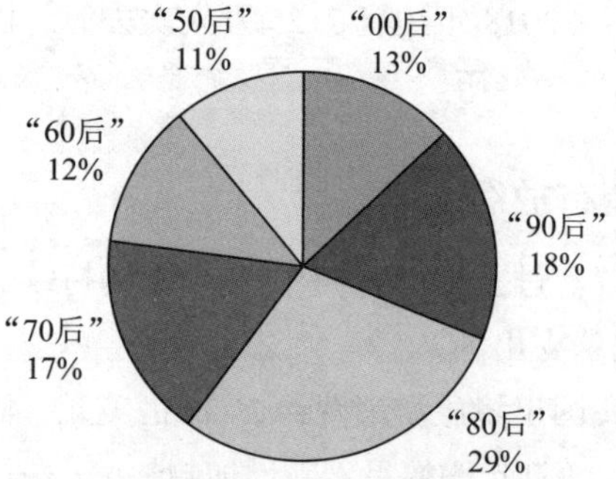

图 0–3　2018 年出境游客各年龄段占比

（数据来源：携程《2018 中国出境旅游大数据报告》）

根据携程出境游统计数据，2018 年出境旅游者中，52% 是女性，48% 是男性，女性比男性更爱走出国门。与其财富、体力相匹配，“80 后”依然是出境游的中坚力量，占比 29%。随着“90 后”一代已经全部成年，“90 后”开始超越“70 后”成为出游主力军，2018 年“90 后”游客占比 18%。“00 后”以 13% 的占比位居第四（图 0–3）。年轻群体特别是“90 后”“00 后”流行“说走就走”，倾向在网上选择自由行产品，喜好自由组合航班、酒店以获得优惠价格，预订周期越来越短，甚至在行程中预订门票、租车、一日游。“找个当地向导带着玩”成为新潮流，2018 年携程海外向导服务的订单增长超过 2 倍。

（二）世界第四大入境旅游国：市场规模持续平稳增长，但增速放缓，旅游收入排名下降

1. 入境游客规模：整体保持平稳增长，增速放缓

在“一带一路”国家倡议、系列旅游年活动开展、系列外交活动和会议召开的持续推动

---

① World Travel & Tourism Council. CHINA，2019 ANNUAL RESEARCH：KEY HIGHLIGHTS.

② 数据来源：中国旅游研究院旅游数据中心．“2018 旅游经济运行盘点”系列报告（一）：旅游消费．2019–1–3（http：//www.ctaweb.org/html/2019–1/2019–1–3–16–32–94384.html，2019–6–6）.

下，以及签证便利化、国际航线增加等正面因素积极作用下，入境外国人旅游市场实现持续稳步增长。作为中国三大旅游市场之一，入境游在向世界讲好中国故事的新机遇下，其整体发展也保持了小幅平稳增长态势。

据《中国入境旅游发展年度报告》发布的数据显示，2018 年我国入境旅游人数达 1.412 亿人次，同比增长 1.44%，规模总量创下历史新高。自 2015 年我国入境旅游市场实现回温以来，入境旅游人数连续第四年实现正增长，入境旅游人数整体呈小幅平稳上升趋势，但增速逐年递减，整体入境游市场回温迹象明显（图 0–4）。

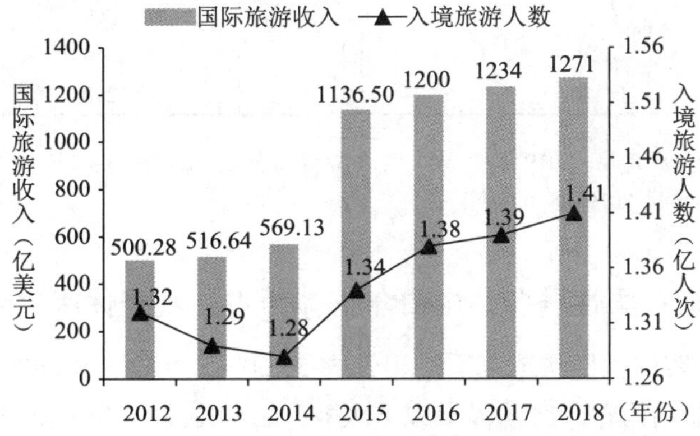

图 0–4　2012~2018 年入境旅游人数与国际旅游收入情况

（数据来源：中国旅游研究院，中国入境旅游发展年度报告；国家统计局，中华人民共和国 2018 年国民经济和社会发展统计公报，http：//www.stats.gov.cn/tjsj/zxfb/201902/t20190228_1651265.html，2019–02–28）

2. 旅游外汇收入：稳中有扩，市场升温

据文化和旅游部发布的数据显示，2018 年我国入境旅游收入 1271 亿美元，同比增长 3%，与 2017 年相比，增速提高了 0.17 个百分点。其中：外国人在华花费 731 亿美元，增长 5.1%；香港同胞在内地花费 291 亿美元，下降 3.3%；澳门同胞在内地花费 87 亿美元，增长 5.0%；台湾同胞在大陆花费 163 亿美元，增长 4.5%。据国家外汇局统计，2018 年我国服务贸易逆差为 2916 亿美元，其中 2374 亿美元（80%）为旅游服务逆差，对我国国际收支平衡影响很大。

从全年情况看，香港赴内地旅游总人数同比出现小幅下滑。10 月份港珠澳大桥的开通后，香港赴内地市场有一定回升。除了受日韩等目的地竞争影响之外，这一持续下滑也在一定程度上意味着香港赴内地市场进入饱和发展阶段。2018 年，澳门赴内地旅游人数与上年相比增速有所放缓。澳门赴内地旅游市场增速放缓与澳门出境旅游市场整体增速放缓有关①。

3. 入境游客源地：以亚洲国家 / 地区为主导，缅越韩日美领衔

从入境旅游客源市场来看（表 0–3），2018 年香港同胞、澳门同胞、台湾同胞和外国人分

① 数据来源：中国旅游研究院旅游数据中心．“2018 旅游经济运行盘点”系列报告（九）：内地（大陆）与港澳台旅游合作．2019–1–29（http：//www.ctaweb.org/html/2019–1/2019–1–29–15–50–60672.html，2019–6–6）.

别占比 56.21%、17.81%、4.35%、21.63%。入境外国游客洲际分布为：亚洲占 76.3%，美洲占 7.9%，欧洲占 12.5%，大洋洲占 1.9%，非洲占 1.4%。按入境人数排序，前 10 位客源国国家如下：缅甸、越南、韩国、日本、美国、俄罗斯、蒙古、马来西亚、菲律宾、新加坡。

表 0–3　2018 年主要入境旅游游客源地组成

入境游客组成	总人数（万人次）	年增长率（%）	过夜人数（万人次）	年增长率（%）
香港同胞	7937	–0.5	2820	1.6
澳门同胞	2615	2	553	5.9
台湾同胞	614	4.5	553	4.5
外国人	3054	4.7	2364	5.2
合计	14120	1.4	6290	3.6

（数据来源：前瞻产业研究院，2019 年中国入境旅游市场分析，2019–03–04.https：//bg.qianzhan.com/report/detail/458/190304–fa7ae84e.html，2019–08–02.）

4. 入境游客特征：男性居多，中青年群体为主、观光休闲化趋势明显

从 2018 年入境游客的性别构成来看，男性占 59.60%，女性占 40.40%，男性占比持续降低。从入境游客的年龄结构看，14 岁及其以下人数占 3.40%，15~24 岁占 13.70%，25~44 岁占 49.90%，45~64 岁占 28.40%，65 岁及以上占 4.60%。按出行目的分，会议商务占 12.80%，观光休闲占 33.50%，探亲访友占 2.80%，服务员工占 15.50%，其他占 35.30%[①]（表 0–4）。

表 0–4　2017/2018 年主要入境游客特征

		2017 年占比（%）	2018 年占比（%）	增长率（%）
性别	男	60.70	59.60	–1.81
	女	39.30	40.40	2.80
年龄	14 岁及以下	—	3.40	—
	15~24 岁	13.20	13.70	3.79
	25~44 岁	49.09	49.90	1.65
	45~64 岁	29.20	28.40	–2.74
	65 岁及以上	—	4.60	—
出行目的	观光休闲	37.10	33.50	–9.70
	会议商务	13.30	12.80	–3.76
	服务员工	14.80	15.50	4.73
	探亲访友	2.60	2.80	7.69
	其他目的	32.20	35.30	9.63

（数据来源：2018 年旅游市场基本情况，中华人民共和国文化和旅游部，2019 年 2 月 12 日，http：//zwgk.mct.gov.cn/auto255/201902/t20190212_837271.html?keywords=）

① 数据来源：前瞻产业研究院 . 2019 年中国入境旅游市场分析 . 2019–03–04.https：//bg.qianzhan.com/report/detail/458/190304–fa7ae84e.html，2019–08–02.

（三）世界第一大国内旅游市场：市场规模持续稳定增长，增速略微减缓

1. 国内旅游规模：市场规模增加，但增速略有下降

2018 年，中国国内旅游人数和收入都保持了两位数的增长速度。旅游经济总体呈现强劲增长态势，全年接待国内游客 55.4 亿人次，旅游总收入 5.13 万亿元，同比分别增长 10.80% 和 12.30%，增速较 2017 年分别下降了 1.81 个和 3.62 个百分点。如图 0–5 所示，2001~2018 年，国内旅游人数持续攀升，由 7.8 亿人次增加到 55.4 亿人次，增长了 6 倍多；国内旅游收入除 2003 年略有降低外，也保持持续增加，由 3522.4 亿元增长到 51278 亿元，增长了 13 倍多。

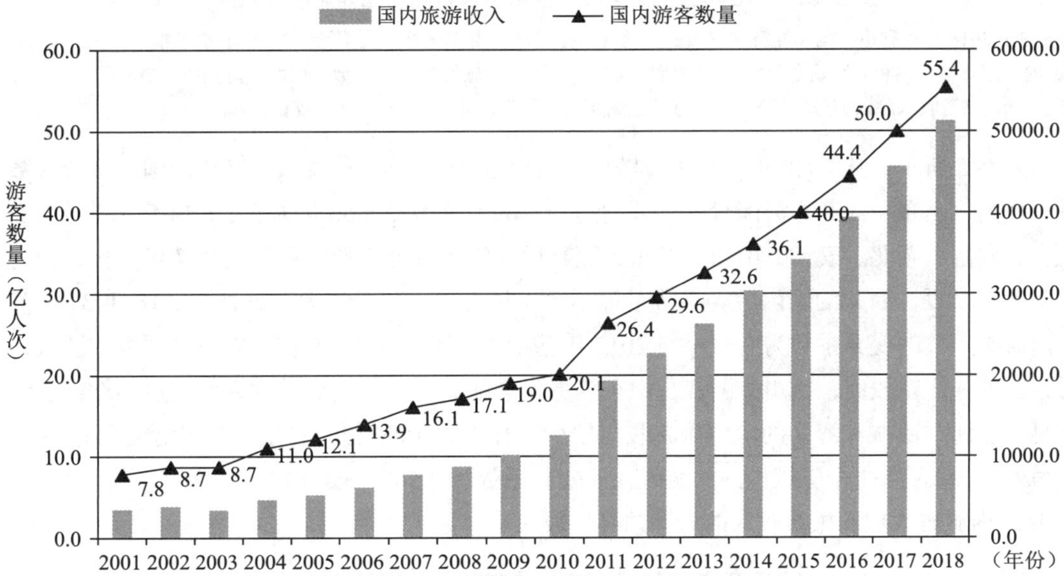

图 0–5　2001~2018 年中国国内游客数量和旅游收入

（数据来源：2001~2018 年国民经济和社会发展统计公报）

2. 国内旅游目的地：省际差异仍较大，仍以东部为主，但中西部份额有所增加

如图 0–6 所示，2018 年，东、中、西部的国内旅游人数分别占全国国内旅游人数的 38.63%、28.81%、32.56%，国内旅游收入分别占比 45.84%、24.16%、30%，呈现出明显的东部高、中西部低的格局，而且中西部之间差异略有扩大。与 2017 年相比，中、西部地区的国内旅游人数所占比例分别增加了 0.22 个和 1.31 个百分点，中、西部国内旅游收入所占比例分别增加了 0.14 个、1.90 个百分点，这表明东部与中、西部之间的差距进一步缩小。

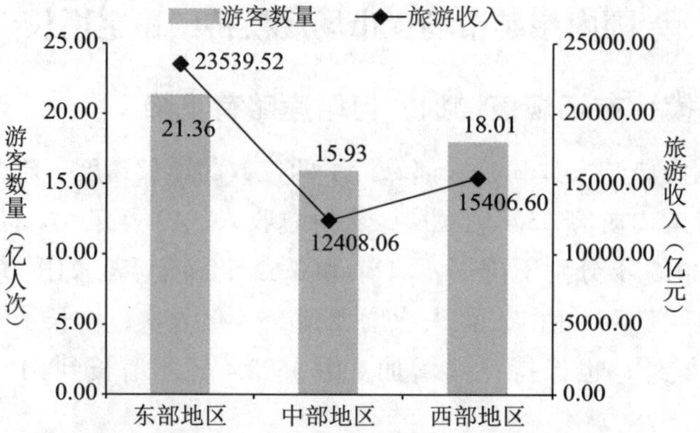

图 0–6　2018 年三大区域接待国内游客数量和国内旅游收入

（数据来源：2018 年各省市区国民经济和社会发展统计公报。注：由于统计口径不同，31 个省域的国内旅游接待人数之和、国内旅游收入之和分别是全国国内旅游接待人数、全国国内旅游收入的倍数，因此，分别将各省域国内旅游接待人数、国内旅游收入除以相应的倍数后，分别加总求出不同区域的国内旅游接待人数和收入。）

如表 0–5 所示，从 2018 年各省（直辖市、自治区）（以下简称省域）接待的国内旅游人数来看，贵州、山东、江苏、河南较多，分别达到 9.69 亿人次、8.60 亿人次、8.14 亿人次、7.83 亿人次，湖南、湖北、安徽、山西、四川紧随其后，年接待国内游客量都超过 7 亿人次，而海南、青海、宁夏、西藏的国内游客接待量都不足 1 亿人次，相差很大；另外，2018 年 31 个省域国内旅游人数的变异系数为 0.57，与 2017 年基本相一致。从 2018 年各省域的国内旅游收入来看，江苏和广东较高，四川、浙江、山东、贵州紧随其后，国内旅游收入都超过 9000 亿元，而宁夏、青海、西藏和海南的国内旅游收入较少，都不足 1000 亿元；最高与最低之间相差 44 倍；另外，2018 年 31 个省域国内旅游收入的变异系数为 0.566，较 2017 年下降了 0.02。可见，2018 年国内旅游人数和旅游收入的省际差异仍较大。

表 0–5　2018 年中国 31 个省域的国内旅游人数和国内旅游收入

地区	旅游人数（亿人次）	旅游收入（亿元）	地区	旅游人数（亿人次）	旅游收入（亿元）
北京	3.10	5556.00	江西	6.86	8095.80
天津	2.27	3840.89	山东[b]	8.60	9661.50
河北	6.80	7580.20	河南	7.83[c]	8120.21[d]
山西	7.00	6699.50	湖北	7.27	6344.33
内蒙古	1.29	3924.00	湖南	7.50	8255.10
辽宁	5.62	5254.80	广东	4.53	12254.99
吉林	2.20	4165.60	广西	6.78	7436.08
黑龙江	1.81	2207.80	海南[e]	0.75	789.70
上海	3.40	4477.15	重庆[f]	5.93	4193.85
江苏	8.14	12851.30	四川	7.00	10012.70
浙江[a]	6.80	9834.00	贵州[g]	9.69	9471.03
安徽	7.21	7030.00	云南	6.81	8698.97
福建	4.51	6032.95	西藏[h]	0.33	473.19

续表

地区	旅游人数（亿人次）	旅游收入（亿元）	地区	旅游人数（亿人次）	旅游收入（亿元）
陕西	6.26	5788.75	青海	0.42	463.91
甘肃	3.02	2058.30	新疆	1.48	2497.00
宁夏[i]	0.33	291.90			

[数据来源 2018 年各省市区的国民经济和社会发展统计公报。a 数据来源：中商产业研究院 .2018 年浙江省旅游业市场总结 . 中商情报网，2019 年 03 月 13 日（http：//www.askci.com/news/chanye/20190313/1403221143135_3.shtml，2018–7–28）。b 为国内游客数和国内游客消费，数据来源：山东省文化和旅游厅，2019 山东省旅游统计便览 . 2019 年 6 月 19 日（http：//whhly.shandong.gov.cn/art/2019/6/19/art_69009_6701057.html，2018–7–29）。c 为海内外游客数（78582.95 万人次）减去入境游客数（321.73 万人次）。d 为旅游总收入 8120.21 亿元。e 为国内外（7627.39 万人）游客减去入境过夜游客（126.36 万人）；国内旅游收入通过 12 个月份数据求和所得 . 海南省旅游和文化广电体育厅，2018 旅游统计数据（http：//lwt.hainan.gov.cn/xxgk_55333/lytj/2018data/，2018–7–29）。f 为境内外游客总数（59723.71 万人次）减去入境游客总数（388.02 万人次），以及旅游总收入（4344.15 亿元）减去旅游外汇收入（218989 万美元，折合人民币 150.30 亿元）中商产业研究院 .2018 年重庆市旅游业数据统计 . 中商情报网，2019 年 2 月 15（http：//www.askci.com/news/chanye/20190215/1701541141700.shtml，2018–7–29）。g 为旅游总收入及旅游总人数。h 为旅游总收入（490.14 亿元）减去旅游外汇收入（2.47 亿美元，折合人民币 16.95 亿元）。i 为 2018 年宁夏旅游经济发展统计公报 . 宁夏回族自治区文化和旅游厅官网（http：//whhlyt.nx.gov.cn/plus/view.php?aid=26679，2018–7–29）]

3. 国内旅游发展速度：东中西部均有提高，西部增速较快

如前所述，2018 年中国国内旅游人数和旅游收入都呈现快速增长态势。从三大区域的发展态势来看（图 0–7），2018 年东、中、西部的旅游人数增长率分别为 6.45%、11.49%、15.29%，与 2017 年相比，东部的增速提高了 6.45 个百分点，中、西部的增速分别提高了 11.49 个、15.29 个百分点；2018 年东、中、西部的旅游收入增长率分别为 7.82%、13.30%、20.23%，与 2017 年相比，东部的增速提高了 7.82 个百分点，中、西部的增速则分别提高了 13.30 个、20.23 个百分点。中、西部尤其是西部的国内旅游人数和旅游收入的增长幅度都高于东部，这将有利于进一步促进中、西部与东部缩小差距。

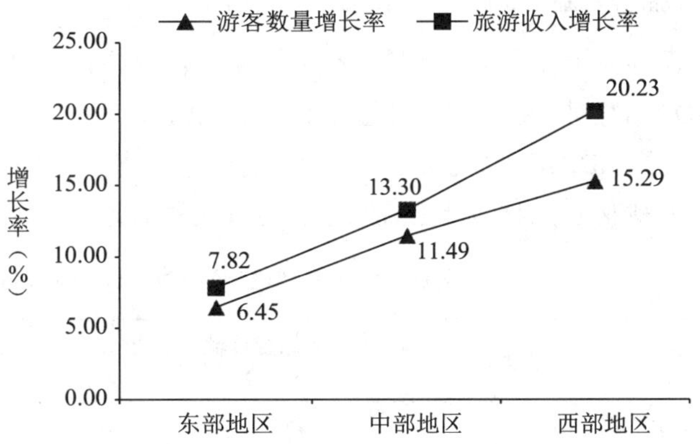

图 0–7　2018 年三大区域国内旅游人数和旅游收入的增长率

（数据来源：同图 0–6）

从各省域的发展态势来看，2018 年国内旅游人数增长较快的省域是宁夏、西藏、新疆、青海，且增幅均超 35%，其次是甘肃、广西、贵州、山西、海南、福建、陕西、江西，增幅均超 20%，其中，陕西、海南、福建是新进入此行列的省域，而重庆、河北则退出了快速增长行列。2018 年国内旅游收入增长较快的省域是宁夏、新疆、广西和贵州，增幅均超 30%，尤其

是宁夏，不仅新晋到增速最快的行列，而且增幅高达95.21%，表现抢眼；其次是新疆、广西、贵州、福建、重庆、甘肃和云南，增幅都超过30%，其中，重庆和甘肃是新进入此行列的省域，而河北则退出了快速增长行列。从这些国内旅游人数和旅游收入高速、快速增长的省域所在区域来看，除福建外，都是中西部省域。

（四）总就业贡献领跑世界，GDP和投资贡献位居世界第二

1. 对GDP的贡献：增长贡献位居世界第一，综合贡献稳居世界第二

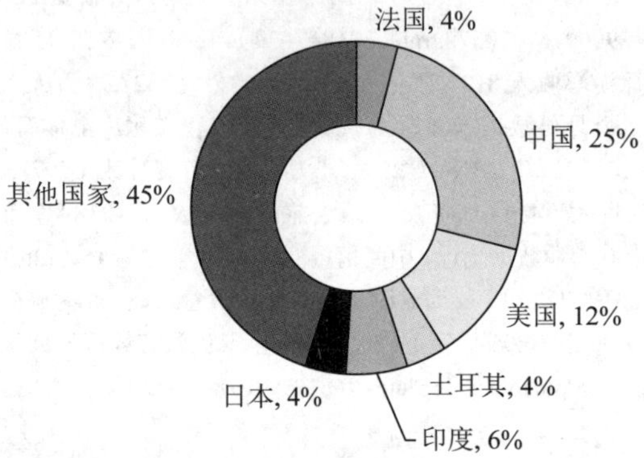

图0–8　2018年各国对世界旅游业GDP增长的贡献

（数据来源：World Travel & Tourism Council. Travel & Tourism Economic.Global Economic Impact & Trends 2019.World Travel & Tourism Council，2019–03；https：//www.wttc.org/economic–impact/country–analysis，2019–7–31）

根据世界旅游及旅行理事会的数据，就2018年各个国家对全球旅游业增长的贡献份额而言，中国以25%的比例占到首位，美国以12%的比例位居第二。其他主要贡献国为印度（6%），土耳其、法国、日本等国对旅游业的增长贡献均为4%（图0–8）。

2018年，中国旅游业对全球GDP的综合贡献高达15090亿美元，同比增长了7.3%（表0–6）。综合贡献占全国GDP（90.03万亿元①）的比例为11.04%，较2017年提高了4.29个百分点。中国旅游业对GDP的绝对综合贡献仅次于经济实力强劲和旅游业高度发达的美国，稳居世界第二，遥遥领先于综合贡献居第三位的日本。但还应该看到，虽然从全球来看，中国旅游业对国家GDP的绝对综合贡献率已超过美国（7.8%）、日本（7.4%）、德国（8.6%）等发达国家②，但其对本国GDP综合贡献的占比并不靠前，与菲律宾（24.7%）、泰国（21.6%）、墨西哥（17.2%）、澳大利亚（15.4%）等旅游发达国家还有很大差距，同时国际消费占比也有待提升。

表0–6　2018年旅游业对GDP的贡献部分国家/地区及排名

排名	国家	对GDP的综合贡献（十亿美元）	增长率（%）	国内消费占比（%）	国际消费占比（%）	休闲消费占比（%）
1	美国	1595	2.2	81.2	18.8	71.3
2	中国	1509	7.3	85.8	14.2	81.4
3	日本	368	3.6	82.5	17.5	68.5
4	德国	345	1.2	85.2	14.8	83.1
5	英国	311	1.0	84.4	15.6	65.9

① 数据来源：中华人民共和国国家统计局官网（http：//data.stats.gov.cn/easyquery.htm?cn=C01）.

② 数据来源：World Travel & Tourism Council. Travel & Tourism Economic Impact，League Table Summaries，TOP20 Countries . World Travel & Tourism Council（https：//www.wttc.org/economic–impact/country–analysis/league–table–summaries/，2019–7–31）.

续表

排名	国家	对 GDP 的综合贡献（十亿美元）	增长率（%）	国内消费占比（%）	国际消费占比（%）	休闲消费占比（%）
6	意大利	275	3.2	76.2	23.8	79.1
7	法国	266	4.1	65.7	34.3	80.5
8	印度	247	6.7	87.2	12.8	94.8
9	西班牙	211	2.4	44.8	55.2	88.5
10	墨西哥	209	2.4	85.2	14.8	94.1
11	澳大利亚	154	3.2	76.1	23.9	84.4
12	巴西	153	3.1	93.8	6.2	87.9
13	加拿大	111	2.9	76.3	23.7	63.7
14	泰国	110	6.0	19.8	80.2	90.6
15	土耳其	96	15.0	38.6	61.4	87.4

（数据来源：World Travel & Tourism Council. Travel & Tourism Economic Impact，World 2019. World Travel & Tourism Council，https：//www.wttc.org/economic-impact/country-analysis/region-data/.）

2. 对就业的贡献：稳居世界第一，增幅相对较小

过去五年，旅游业创造的就业岗位占全球净新增就业岗位的 20%，是创造就业机会的一个充满活力的引擎。根据世界旅行旅游理事会的数据显示，2018 年中国旅游业创造的全部就业岗位数为 7991 万个，与 2017 年相比增加了 1 万个就业岗位，增长幅度较小，占全国就业总人数的 10.3%，增幅为 1%；且预测数据显示，未来 10 年，全球将新增 1 亿个旅游业就业岗位，这意味着该行业将创造全球未来 1/4 的新就业岗位，在此期间，亚太地区创造的就业岗位将占全行业就业岗位的 68%，仅中国就占 41%。

从中国旅游业的就业贡献在世界的地位来看，中国旅游业创造的总就业岗位是第二名印度的 1.87 倍，稳居世界第一（表 0–7），对中国及世界旅游业的发展具有重要影响。但同样应该看到，虽然中国旅游业对就业的综合贡献率在不断提高，但从旅游就业数占国家总就业岗位的比例来说，与菲律宾、墨西哥、泰国（分别为 20.2%、17.8%、15.9%）等旅游发达国家还有较大差距[①]。

表 0–7　2018 年部分国家 / 地区旅游业创造的就业岗位情况与 2029 年岗位数预测

国家或地区	创造的总就业岗位（万个）	年增长率（%）	旅游就业数占国家总就业岗位的比率（%）	2029 年预期就业岗位数
中国	7991	0.01	10.3	12142.5
印度	4267.3	2.52	8.1	5299.9
美国	1429	4.55	9.2	1694.8
印尼	1296.6	5.92	10.3	1849.7
越南[a]	402.9	–1.51	7.4	457.4
泰国	599.1	2.69	15.9	823.1

① 数据来源：World Travel & Tourism Council. Travel & Tourism Economic.Global Economic Impact & Trends 2019. World Travel & Tourism Council，2019–03（https：//www.wttc.org/economic-impact/country-analysis）.

续表

国家或地区	创造的总就业岗位（万个）	年增长率（%）	旅游就业数占国家总就业岗位的比率（%）	2029年预期就业岗位数
日本	460.8	10.46	6.9	501.6
马来西亚	173.2	1.61	11.7	62.1
中国香港	58.9	5.80	15.2	65
中国澳门	19.4	−9.01	50.3	21.2
亚太地区	17960	—	9.3	24850
世界	31881.1	—	10	32820.8

（数据来源：World Travel & Tourism Council. World Travel & Tourism Global Data Sheet.Council.https：//www.wttc.org/economic-impact/country-analysis/league-table-summaries/，2019-08-01；a 数据来源：World Travel & Tourism Council. Vietnem，2019 Annual Research：Key Highlights.https：//www.wttc.org/economic-impact/country-analysis/country-data/，2019-08-01）

3. 对投资的贡献：总量稳居第二，增速有所放缓

根据世界旅行旅游理事会的数据显示，2018年，中国的旅游投资额为11084.07亿元（1615亿美元），同比增加了4.40%，增长速度放缓，且增幅较2017年降低了8.03个百分点；从在世界的排名来看，仅次于以2006亿美元位居世界第一的美国，差距较2017年增加了2.79个百分点，而远远领先于以457亿美元位居世界第三的印度，稳居世界第二（表0-8）。

旅游公共投资和社会投资持续增加，投资方式更加多元，兼并收购引人注目。在旅游发展基金方面，财政部明确2018年旅游发展基金补助地方项目资金预算为14.6亿元，较2017年的11.8亿元有明显增长。此外，财政部还为新疆生产建设兵团财政局下达2018年旅游发展基金，补助地方项目资金预算2100万元，补助资金预算合计将近15亿元[①]。

表0-8　2018年旅游投资额及未来10年投资净增长预测前10名

2018年排名	地区	旅游投资额（亿美元）	2019~2029年旅游投资增长速度预测排名	地区	预测增长率（%）
1	美国	2006	1	卡塔尔	7.8
2	中国	1615	2	阿拉伯联合酋长国	7.7
3	印度	457	3	中非共和国	7.7
4	法国	390	4	印度	7.4
5	日本	363	5	坦桑尼亚	7.2
6	德国	328	6	卢森堡	7.0
7	英国	267	7	瓦努阿图	7.0
8	沙特阿拉伯	248	8	几内亚	7.0
9	西班牙	204	9	巴林	6.8
10	巴西	186	10	柬埔寨	6.6

（数据来源：World Travel & Tourism Council. Travel & Tourism Economic.Global Economic Impact & Trends 2019. World Travel & Tourism Council，2019-03.https：//www.wttc.org/economic-impact/country-analysis，2019-7-31.）

① 数据来源：中国社会科学院财经战略研究院．旅游绿皮书：2018~2019年中国旅游发展分析与预测，2019-01.

三、中国旅游业的热点事件

（一）机构改革顺利推进，各省市自治区掀起文旅融合新浪潮

2018 年 4 月 8 日，根据《深化党和国家机构改革方案》，文化部、国家旅游局进行了职责整合，新组建的文化和旅游部正式挂牌。作为国务院组成部门，文化和旅游部将统筹文化事业、文化产业发展和旅游资源开发，提高国家文化软实力和中华文化影响力[①]。2018 年 4 月 20 日，文化和旅游部党组副书记、副部长李金早第一次为公众全面阐释了组建文化和旅游部的浓郁文旅情怀，"文化和旅游融合发展不是简单相加，而是有机融合"。李金早说："这种融合，一定要也一定能取得'1+1>2'的效果，只有这样才能更好地满足人民群众日益增长的文化和旅游美好生活需要，实现文旅融合百花齐放新局面"[②]。

截至 2018 年 11 月底，我国 31 个省市自治区均完成文旅机构改革合并，为更好促进文旅融合提供了顶层设计与制度保障。2018 年 9 月 29 日，海南省率先组建旅游文化广电体育厅；10 月，吉林、江苏、黑龙江、浙江、山东、山西、广东、重庆、湖南、云南、甘肃等省市完成文旅厅组建；11 月，北京、天津、河北、内蒙古、安徽、河南、湖北、四川、贵州、陕西、宁夏、青海、新疆、西藏等省市自治区相继完成机构重组[③]，在省级文旅机构合并的基础上，全国各市、县均依据各自情况如火如荼地开展文旅合并工作，至此，全国文旅机构融合工作全面落地开花，为进一步促进我国文化与旅游事业发展保驾护航。

2019 年全国文化和旅游厅局长会议召开后，各地方也纷纷召开本地文化和旅游工作会议，总结 2018 年工作，部署 2019 年工作。各省市均对文旅深度融合提出新理解——河北：开创文化和旅游高质量发展新局面。山西：全力打造文化旅游战略性支柱产业。黑龙江：文旅深度融合为振兴培育新动能。江苏：文旅融合发展必将大有可为。福建：以文旅融合为契机让文物"活"起来。重庆：推动文化和旅游真融合、深融合。甘肃：着力做大做强文化旅游产业等。这标志文旅融合正式从机构合并的形式融合走向内容内涵的深度融合，文旅融合"1+1>2"的化学效应正逐步显现[④]。除文旅融合外，机构改革中自然资源部的组建以及挂靠于新调整的国家林业和草原局的国家公园管理局也值得关注，通过新一轮机构整合，文化、自然两大类旅游资源构筑起统一管理体系，为旅游业发展带来新气象。

---

① 温璐和吴亚雄（责任编辑）. 中国文化和旅游部正式挂牌 . 人民网，2018-04-09（http：//culture.people.com.cn/n1/2018/0409/c1013~29913891.html）.

② 陈延特（责任编辑）. 推进文旅融合发展李金早详解机构改革"文旅情怀"，新华网，2018-04-20（http：//www.xinhuanet.com/travel/2018-04/20/c_1122716596.htm）.

③ 机构合并中大部分省份为文化和旅游厅，其中，海南为旅游和文化广电体育厅、重庆为文化和旅游发展委员会，西藏为旅游发展厅。

④ 呼和浩特市文化新闻出版广电局 . 11 地明确：2019 年文旅融合这么做！_旅游，2019-01-22（http：//www.sohu.com/a/290742610_120040016）.

（二）“一带一路”旅游合作再升级，形成区域旅游新格局

自2013年提出共建“一带一路”倡议以来，以对话协商、共建共享、合作共赢和交流互鉴为特征的沿线国家旅游领域合作成为热点，直接表现是旅游市场规模巨大，旅游交往密切，合作成效显著。中国不仅在世界舞台上发出自己的声音，而且成为推动全球旅游发展的重要力量。资料显示，“一带一路”沿线国家赴中国的游客由2013年的903万人次增长到2017年的1064万人次；中国出境到“一带一路”沿线国家的游客由2013年的1549万人次增长到2017年的2741万人次。2017年中国入境旅游收入1234亿美元，其中由“一带一路”沿线国家创造的份额占16.88%①。2018年4月22日，在第二届“一带一路”国际合作高峰论坛召开前夕，“一带一路”建设工作领导小组办公室发表《共建“一带一路”倡议：进展、贡献与展望》报告（以下称《报告》），报告除前言外，共包括进展、贡献和展望三个部分，在“民心相通”章节重点阐述了“一带一路”文化和旅游交流合作成果。

《报告》提出，“一带一路”文化交流形式多样。中国与沿线国家互办艺术节、电影节、音乐节、文物展、图书展等活动，合作开展图书广播影视精品创作和互译互播。丝绸之路国际剧院、博物馆、艺术节、图书馆、美术馆联盟相继成立。中国与中东欧、东盟、俄罗斯、尼泊尔、希腊、埃及、南非等国家和地区共同举办文化年活动，形成了“丝路之旅”“中非文化聚焦”等10余个文化交流品牌，在沿线国家设立了17个中国文化中心。中国与印度尼西亚、缅甸、塞尔维亚、新加坡、沙特阿拉伯等国签订了文化遗产合作文件。中国、哈萨克斯坦、吉尔吉斯斯坦“丝绸之路：长安—天山廊道的路网”联合申遗成功。“一带一路”新闻合作联盟建设积极推进。丝绸之路沿线民间组织合作网络成员已达310家，成为推动民间友好合作的重要平台。同时“一带一路”旅游合作逐步扩大。与57个沿线国家缔结了涵盖不同护照种类的互免签证协定，与15个国家达成19份简化签证手续的协定或安排②。

“一带一路”倡议不仅促进了中国同沿线国家政治、经济领域的合作，同时也极大拓宽了我国旅游版图，促进沿线国家旅游业的相互交流、相互交融，激发了沿线国家旅游市场需求与活力，形成了由内陆、沿边扩散到沿海、沿江、陆海内外联动、东西双向互济的旅游合作的新格局。为繁荣世界经济、增进国家间相互交流了解、促进世界和平、贡献了中国智慧与中国方案，更好地促进中国同周边国家的合作共赢。

（三）全域旅游示范区首批认定，全域旅游发展进入新阶段

全域旅游是我国新时代旅游发展新定位，旨在充分调动社会资源及经济、社会、文化发展的一切积极因素，促进旅游事业的蓬勃发展，是将整个行政区作为旅游景区，实现旅游产业全景化、全覆盖，使各行各业融入其中，实现区域资源有机整合、社会共建共享、产业融合发

---

① 莫莉.一带一路：助力国际旅游合作深化.金融时报-中国金融新闻网，2019-01-25（http：//www.financialnews.com.cn/hq/cj/201901/t20190125_153687.html）.

② 李庆禹（编辑），《共建“一带一路”倡议：进展、贡献与展望》发布.中华人民共和国文化和旅游部，2018-4-23（https：//www.mct.gov.cn/whzx/whyw/201904/t20190423_843028.htm）.

展，以旅游业推动经济社会和谐发展的一种全新的区域协调发展的理念和模式。

2015年，原国家旅游局下发《关于开展“国家全域旅游示范区”创建工作的通知》；2016年2月5日，原国家旅游局公布262个市县成为首批国家全域旅游示范区创建单位；2017年6月12日，原国家旅游局发布《全域旅游示范区创建工作导则》，为全域旅游示范区创建工作提供行动指南；2018年3月9日，《国务院办公厅关于促进全域旅游发展的指导意见》印发并实施。

2019年3月18日，文化和旅游部办公厅发布《关于开展首批国家全域旅游示范区验收认定工作》的通知，以及《国家全域旅游示范区验收、认定和管理实施办法（试行）》（以下称《办法》）和《国家全域旅游示范区验收标准（试行）》（以下称《标准》），《办法》明确了国家全域旅游示范区验收认定和管理工作的基本依据、原则、职责分工、基本程序、标准要求及后续监督管理等。《标准》是对国家全域旅游示范区各个方面全面验收的标准，除了7类基本的验收打分项，还设计了创新加分项，以鼓励创建单位改革创新，并设计了扣分项目[①]。2019年9月6日，首批国家全域旅游示范区名单公布，在505家创建单位、96家入选单位的“战局”中，71家脱颖而出[②]。至此，我国全域旅游创建工作取得实质性突破发展，发展进入新阶段。

全域旅游示范区的落地，不仅有利于示范区当地经济、社会、文化旅游事业的发展，同时还可以产生示范效应，以点带面地促进相关地区发展进步。发展全域旅游是贯彻落实新时代新发展理念、适应旅游业发展新形势、遵循旅游业发展内在客观规律的现实需要，是转变旅游发展方式，实现由门票经济向产业经济转变的内在要求，是优化旅游空间配置、开辟旅游业发展新空间的有效途径。

（四）国内景区门票下调，为旅游发展注入新动力

据中国社会科学院旅游研究中心公布的《我国5A级景区门票价格分析与国际比较（2015）》专题报告显示，从四大区域看，2014年东部地区的5A级景区门票平均价格最低，为97元；中部地区最高，为134元；东北地区和西部地区分别为107元和113元。由此可见，中西部欠发达地区景区价格更高，对门票经济更为依赖。相比之下，欧洲、美国、日本、韩国部分知名景区的门票价格，除迪士尼、环球影城等主题公园外，其他知名景区（包括文化遗产、国家公园、博物馆等）门票价格均不高，大多低于中国同等类型的景区，相当一部分还实行免票政策[③]。因此，要实现我国景区与旅游业的高质量、高效率可持续发展，相关景区必须摆脱“门票经济依赖症”，转换发展思路，降低门票价格吸引游客。

2017年年底召开的中央经济工作会议及2018年3月全国“两会”期间李克强总理所作的《政府工作报告》均明确对降低重点国有景区门票提出要求。2018年6月，国家发展改革委出台《关于完善国有景区门票价格形成机制降低重点国有景区门票价格的指导意见》（以下

① 李庆禹（编辑），国家全域旅游示范区验收认定系列文件发布.中国旅游报，2019-3-19（https：//www.mct.gov.cn/whzx/whyw/201903/t20190319_837832.htm）.

② 文化和旅游部.首批国家全域旅游示范区名单公布.文化和旅游部官网，2019-09-06（http：//www.gov.cn/fuwu/2019-09/06/content_5427750.htm）.

③ 社科院旅游研究中心.我国5A级景区门票价格分析与国际比较（2015）.搜狐网，2015-05-03（https：//www.sohu.com/a/13450423_126204）.

称《意见》)，《意见》要求在2018年“十一”黄金周高峰来临之前，切实降低一批国有重点景区门票价格，推动重点国有景区门票降价落到实处。《意见》明确指出，以利用国家级风景名胜区、国家级自然保护区、国家公园等公共资源建设，旅游景区质量等级评定为5A级，且以现行价格水平较高的国有景区为重点，降低偏高门票价格，并积极推动4A级及以下国有景区门票降价，同时加大对地方、景区违规不合理收支行为处理力度。自2018年3月到“十一”前夕，共有29个省份宣布降低景区门票价格，全国共有981个景区宣布免费或降价，其中5A景区和4A景区占比70.6%，票价降幅超20%的景区逾五成。云南、山东、广西、陕西等省份降价景区总体较多，其中云南降价景区数量过百，总体降幅达30%以上。安徽、重庆等8省份政府规定5A级景区全部实现降价①。2019年9月21日，国家发改委发布《各省区市降低80家游览参观点门票价格》，成为群众欢度中秋、国庆假期推出的另一项惠民举措。据国家发展改革委统计，各省、自治区、直辖市第一批降价的游览参观点1000家，平均降价幅度为37%，其中13个游览参观点实行免费，第二批约1000家游览参观点门票降价安排将于近期实施，国家发展改革委将及时向社会表态②。

降低景区门票价格，有利于国有景区逐步向公益性回归，让国有旅游资源更多地还景于民，符合以人民为中心的发展思想；通过降低门票价格在减轻群众门票负担的同时可更好地满足新时代人民对美好生活的向往；门票价格下降有利于逆向倒逼旅游产业链转换调整与升级，促进旅游景点产品的多元化发展，从而为游客提供更为丰富多样的产品，进一步增强人们的幸福感与获得感；在为旅游景区发展提供新动力的同时，也为新时期旅游业提档升级提供了新机遇。

（五）研学旅游热度持续，亟待国家标准新规范

2014年4月19日，国家教育部基础教育一司司长王定华在第十二届全国基础教育学校论坛上发表了题为“我国基础教育新形势与蒲公英行动计划”的主题演讲。在会上，他提出研学旅行为研究性学习和旅行体验相结合，学生集体参加的有组织、有计划、有目的的校外参观体验实践活动。自2013年2月18日《国民旅游休闲纲要（2013~2020年）》首次提出逐步推行中小学生研学旅行以来，教育部、国务院办公厅、原国家旅游局、文化和旅游部等17个部门，相继发布一系列指导性规范文件来促进研学旅行发展③。各省市也积极推出相关政策文件来指导研学旅游规范化发展，但总体来看，研学旅行的发展在全国各省份间发展仍不平衡，开展试点早、传统文化底蕴厚、经济发达的省份研学旅游在市场、政策、社会参与度等方面具有明显优势。

根据2017《中国研学旅行发展报告》，我国研学人员自2014年后迅猛增长，从2014年的140万人增长到2017年的340万人，研学旅游收入自2015年实现翻番增长，境内研学收入由40亿元增长到101亿元，境外研学收入由120亿元增长到273亿元；2018年国内研学旅行人

① 金慧慧.“十一”29省份近千个景区门票降价4A级以上景区占比超70%. 中国网，2019-10-01（https：//www.dzwww.com/xinwen/guoneixinwen/201810/t20181001_17905952.htm）.

② 李禾（责任编辑）. 全国新闻：发改委：全国80家景区门票价格下调 . 快线新闻，2019-07-24（https：//www.553787.com/guoneixinwen/690473.html）.

③ 新研学，一篇就够了，全国研学旅行政策全在这儿 . 搜狐网，2018-12-29（https：//www.sohu.com/a/285438775_120040020）.

数达到400万人次，市场规模125亿元，研学机构达1.2万家①。研学旅游市场前景广阔，但也逐渐暴露诸多问题，如研学旅行课程目标设置含糊，研学旅行概念界定不清，错将课程实践作为研学旅行，相关研学导师人才的缺乏及管理标准、评价反馈机制缺失、市场准入门槛低、服务良莠不齐等。

2019年2月26日，中国旅行社协会研学旅行分会一届二次会员代表大会暨中国（齐齐哈尔）首届研学旅行峰会期间，中国旅行社协会与高校毕业生就业协会联合发布《研学旅行指导师（中小学）专业标准》（T/CATS 001—2019）、《研学旅行基地（营地）设施与服务规范》（T/CATS 002—2019），首次发布研学旅行社会行业规范②，但总体来说，我国研学旅行行业目前门槛相对不清、相关国家标准有缺位，亟须国家相关部门出台研学旅行国家标准对市场进行规范与管理，从而为我国研学旅行持续健康发展营造良好氛围并提供制度保障，促进我国研学旅行市场良性发展进步，使之成为我国旅游行业新的发展引擎与增长点，实现旅游业态多元化，并提高我国旅游业态丰富度。

（六）乡村旅游成为乡村振兴与旅游扶贫新抓手

2018年中央一号文件《中共中央国务院关于实施乡村振兴战略的意见》提出构建农村一、二、三产业融合发展体系，实施休闲农业和乡村旅游精品工程。2018年2月27日，原国家旅游局发布《国家旅游局关于进一步做好当前旅游扶贫工作的通知》；2018年10月，国家发展改革委等13部门印发《促进乡村旅游发展提质升级行动方案（2018~2020年）》等都明确将旅游扶贫作为乡村振兴的重要抓手，并对乡村旅游工作进行部署。据统计，2017年全国通过乡村旅游实现脱贫人数占脱贫总人数的17.5%，到2020年前，我国政府计划通过发展旅游业使1200万人口脱贫③。2018年8月19日，原国家旅游局和国务院扶贫办在河北省张北县共同召开第二届全国乡村旅游与旅游扶贫工作推进大会。会上李金早强调，“旅游扶贫是乡村旅游工作的重中之重，这是党中央、国务院赋予旅游部门的重要任务和使命，我们责无旁贷，必须要举全行业之力，从资金项目、人才培训、政策扶持、宣传促销等方面加大倾斜和支持力度”④。

旅游业特别是乡村旅游业是贫困地区增加农民收入最现实、最直接、最有效、最可持续的支柱产业。乡村旅游与扶贫结合可为广大农村地区提供大量就业岗位，使农村人口回流，盘活农村经济，增强农村活力；同时可充分利用农村闲置土地资源，使资源效益最大化；为广大农民提供多样就业渠道，真正实现脱贫致富与乡村振兴，为实现2020年全面建成小康社会和中华民族伟大复兴、建设“美丽中国”、实现乡村振兴助力。

---

① 数据来源：中国旅游研究院，北京人生远足国际教育文化发展集团.中国研学旅行发展报告，2017-10-21（http：//www.ctaweb.org/html/2017-10/2017-10-21-12-21-49581.html）.

② 路遥（责任编辑）.研学旅行专业标准和基地设施与服务规范3月起实施.中国网，2019-02-26（http：//travel.china.com.cn/txt/2019-02/26/content_74505500.htm）.

③ 杨宏生（记者）.中国商报数字报刊平台.2018-11-30（http：//timg.zgswcn.com/zgsb/html/2018-11/30/content_101059.htm）.

④ 郭香玉，李金早.旅游扶贫是乡村旅游工作的重中之重.新华网，2019-08-19（http：//www.xinhuanet.com/travel/2016-08/19/c_129241928.htm）.

（七）交通进步引领旅游发展新潮流

2018年10月23日，港珠澳大桥正式开通，港珠澳大桥跨越伶仃洋，东接香港特别行政区，西接广东省珠海市和澳门特别行政区，总长约55千米，是“一国两制”下粤港澳三地首次合作共建的超大型跨海交通工程。大桥开通对推进粤港澳大湾区建设具有重大意义，也为三地旅游业的互通互联提供了便利与可能①。港珠澳大桥作为世界最长的跨海大桥，受到海内外广泛关注，在其开通后催生了以港珠澳大桥为营销点的旅游产品，出现了“港珠澳大桥一日游”等热门旅游线路，同时港珠澳大桥成为旅游者打卡点与观赏目的地，成为旅游热门景点，在发挥交通作用的同时具有了旅游功能，产生了更大的经济效益与社会效益，丰富了旅游产品类型，为旅游发展提供新思考。截至2019年10月23日，港珠澳大桥一年客流破1400万人次，为港澳地区旅游经济发展、粤港澳大湾区旅游线路丰富创造了无限可能②。除此以外，2018年渝贵高铁的开通、广深港高铁的延长等，在全国兴起高铁游港澳、重庆游、贵州游等热门线路，截至2018年年底，中国大陆31个省级行政区中除了西藏外，全部开通高铁，高铁的交通便利惠及全国180个地级市和370多个县级市，高铁网络日渐形成。当前高铁游已成为“现象级”旅游产品，坐着高铁去“诗和远方”，成为人们的向往与优选，高铁游热潮兴起，成为旅游业出行与产品设计新选择。无独有偶，2019年国庆节期间，刚刚通航的大兴机场成了“网红”，吸引众多市民和游客前去打卡。据报道，10月3日，大兴机场观光游客和旅客比例达到约23∶1，为应对游客高峰，北京大兴机场专门划出部分区域供游客游览③，大兴机场在发挥交通作用的同时成为新的网红打卡地和旅游景点。

交通进步引发的旅游热潮成为新时期中国旅游业高速发展的缩影，造型美观的高铁、设计精巧的机场本身就是一道亮丽的风景，尤其是复兴号、大兴国际机场等的投入使用更促使人们前去体验。交通进步可带动高铁沿线地区旅游业的飞速发展，带动偏远地区的经济发展，实现了“旅游 + 高铁”“旅游 + 机场”的新模式，实现了合作共赢，开辟了旅游新天地。港珠澳大桥、大兴国际机场与相关高铁路线的运营，代表我国交通事业的进步为旅游创造了无限可能，也给旅游界以新启示，随着技术进步交通发展旅游界大有可为。

（八）大数据时代“网红”景点成为目的地营销新模式

大数据时代，互联网经济发展给传统的旅游产业带来了巨大的影响与改变。内容丰富的APP、精美照片、爆点小视频等迅速出现在大街小巷几乎所有人的手机里。经历了2018年的高速成长，到2019年4月，中国移动短视频综合平台与短视频聚合平台活跃用户数分别达到

---

① 王菀．习近平出席开通仪式并宣布港珠澳大桥正式开通韩正出席仪式并致辞．新华社，2018-10-24（http：//ctnews.com.cn/art/2018/10/24/art_114_27200.html）.

② 王连香，连品洁（责任编辑）．港珠澳大桥一年客流破1400万．北京日报，2019-10-26（http：//travel.people.com.cn/n1/2019/1026/c41570~31421804.html）.

③ 吴春伟．媒体：北京大兴机场可专门划出部分区域供游客游览．北京青年报，2019-10-7（http：//china.eastday.com/c/20191007/u1ai20046800.html）.

5.84 亿人与 1.93 亿人 ①。流量价值和用户价值高涨，商业价值凸显。随着短视频平台技术的不断进步与更新，形象多样的小视频逐渐取代传统厚重内容从而掀起旅游营销新时尚。

2018 年以来，以抖音 App 为代表的短视频平台带火了一大批网红景点，形成了现象级火爆传播效应，吸引大量用户前往“打卡”游览，如重庆的洪崖洞与轻轨穿楼、西安的永兴坊摔碗酒、张家界玻璃栈道和稻城亚丁、青海湖“天空之镜”等诸多景点与城市旅游历史文化体验区。从 2018 年国庆节期间重庆市客流数据看，网红景点在线上的爆火确实带来了线下旅游客流量的显著增长，洪崖洞、李子坝地铁站、宽厚里老街、永兴坊、玉林路小酒馆、奥陶纪公园、长江索道 7 个网红景点在国庆期间的游客接待量，均比 2017 年国庆黄金周有较大增幅，其中洪崖洞旅游客流量同比 2017 年近乎翻了一番，李子坝地铁站紧随其后，同比增长 82.2%②。许多景点迅速发现这一新的高效营销方式，通过短视频平台基于用户大数据提供的线上导流端口，进行线下景区导流，通过线上短视频推送使景点或产品迅速走红。

网红景点、网红城市的产生是互联网迅速发展的必然结果与趋势，短视频以碎片化的信息传输将每个景区、景点独特的一面通过屏幕展示在大众面前，成为诸多旅游城市、景区新的营销首选。这启示了相关城市与景区，应当充分利用短视频平台强有力的线上线下运营能力，通过以具有特色的产品、景区进行线上导流吸引，在移动互联网技术与流量的支撑下，实现景区文化内涵、价值品牌与知名度的提升，不断开发具有特色的文化创意旅游产品，以优质的配套设施与服务，走好走长“网红之路”。

（九）酒店信息安全卫生问题触发全民旅游住宿新思考

2018 年 11 月 14 日晚，网友 @ 花总丢了金箍棒在微博发出重磅视频，曝光众多五星级酒店严重卫生问题，事涉喜来登、香格里拉和希尔顿等知名五星级酒店，甚至丽思卡尔顿、宝格丽和四季酒店等顶级酒店也被曝出卫生丑闻。文化和旅游部表示将对此事高度关注，并立即责成其所在的上海、北京、福建、江西、贵州五省市文旅主管部门进行调查处理。这反映出当下我国酒店住宿业资本涌入下酒店行业的高速扩张，呈现出了野蛮生长的一面。粗放式的卫生管理，与消费升级的诉求格格不入 ③。无独有偶，2018 年 11 月 30 日，万豪国际集团发布公告，称旗下的喜达屋集团的客户预订数据库发生信息泄露，最多可涉及 5 亿名全球宾客的个人信息 ④。由此我国酒店信息安全卫生问题引发全民关注以及旅游业界大讨论。

中国社科院旅游研究中心名誉主任张广瑞表示，此次“花总”曝光的社会影响非常大，但与涉事酒店依据现有的法律与条款所受到的行政处罚相比，遭受处罚本身就是对这些五星级酒店的品牌声誉和用户忠诚度造成了极大的伤害，他们的实际损失远比明面上要多，同时张广瑞

① 数据来源：一点资讯，2019年最新短视频类APP榜单丨渗透用户日常生活，不断拓展平台服务边界. 2019-05-30（http：//www.yidianzixun.com/article/0M8xLQfe）.

② 数据来源：个推：抖音网红景点人群分析 . 2018-10-31（http：//www.sohu.com/a/272484922_263856）.

③ 赵婷婷（记者）. 五星酒店卫生乱象 杯子的秘密 . 北京青年报，2018-11-15（https：//weibo.com/1749990115/H2JVlvmQK?type=comment）.

④ 李欣，刘飞（记者）. 万豪旗下喜达屋酒店数据库遭入侵 5 亿顾客信息或泄露，央广网，2018-12-01（http：//www.sohu.com/a/279024530_362042）.

表示制定标准的单位和监督单位如何进行有效检查仍然是今后一段时间酒店业发展的难题。酒店的安全问题产生根本原因应与经营理念脱不了干系，大多数酒店经营者认为酒店属于传统的服务行业，主要靠出租房屋和床位来创收，通常把投资信息化与投资房间内的设施（如添置浴缸或沙发）的投资回报等同看待，没有把信息化建设与影响和改善酒店的经营、管理效率等方面的功效挂钩[①]。由此可见，要实现酒店信息安全和卫生问题的解决，亟须酒店从业者自身以及相关行业协会、监管部门的通力合作，酒店从业者应当担负起应有的社会责任与企业义务。

（十）境外旅游安全事件敲响“出境热”新警钟

根据文化和旅游部发布的《2018 年旅游市场基本情况》统计，2018 年中国公民出境旅游人数近 1.5 亿人次，较上年同期增长 14.7%，且 2018 年我国出境游人数首次超过入境游[②]，中国游客成为拉动全球旅游经济增长的重要力量，但繁荣火爆的出境游背后仍存在相关风险。

2018 年，海外涉及中国公民的各类事件继续保持高发态势。外交部和驻外使领馆全年处置海外中国公民安全事件 85439 起。其中，咨询报案类 43943 起，领事保护与协助类案件 41496 起，平均每天约 234 起，共涉及中国公民 141577 人。例如 4 月 22 日，朝鲜黄海北道发生重大交通事故，导致 32 名中国游客遇难，2 名中国游客受重伤；7 月 5 日，泰国普吉岛海域发生游船倾覆事故，造成 47 名中国游客遇难；9 月 6 日，由于日本北海道突遭 6.7 级地震导致关西机场、新千岁机场两大航空客运中心关闭，超过千名中国旅客滞留[③]；以及 2019 年 4 月 23 日，巴厘岛女游客被教练性侵案等都启示我们境外旅游安全为先[④]。

旅游安全是旅游活动的前提与基本保障，在出境热火爆的当下，旅游者们应当审慎挑选旅游目的地并提前了解旅游意外发生处置流程，为自身安全负责；同时相关组团社及承包商从业者应当尽到提醒、保护义务，为游客安全保驾护航，如遇突发及不可预见事件应积极向当地使领馆寻求帮助，确保自身的生命安全。

---

① 王树淼（责任编辑）. 多家五星级高端酒店被曝用毛巾擦杯子和马桶市旅游委和市卫监所已采取行动本市 4 家涉事酒店被要求限期整改 . 北京青年报，2018-11-16（https：//news.sina.com.cn/gov/2018-11-16/doc-ihnvukff6696938.shtml）.

② 数据来源：中华人民共和国文化和旅游部 . 2018 年旅游市场基本情况 . 2019-02-12（http：//zwgk.mct.gov.cn/auto255/201902/t20190212_837271.html?keywords=）.

③ 刘聃（责任编辑）. 去年海外中国公民安全事件达 8.5 万起：亚洲多，北美少 . 侨报网，2019-04-11（http：//www.uschinapress.com/2019/0411/1160968.shtml）.

④ 刘婕（责任编辑）. 中国女游客印尼巴厘岛遭当地教练性侵，领馆通报 . 环球网，2019-05-03（https：//world.huanqiu.com/article/9CaKrnKkekG）.

第一章　全国旅游业发展盘点

本报告分别从全国整体、东中西三大区域以及七大分区的视角对中国旅游业发展的供给、需求和环境进行全面盘点，把握近几年中国旅游业发展的整体状况、大区域格局，希望能为国家层面旅游发展战略的制定和改革措施的出台等提供参考依据。其中，旅游供给包括住宿设施、旅游景区和旅行社，关注旅游供给侧的发展现状和发展潜力；旅游需求主要关注旅游接待规模、旅游总收入和人均花费；旅游业发展环境包括自然环境、社会经济环境。

一、旅游供给盘点

（一）住宿设施供给

1. 数量规模及其变化：星级饭店数持续减少，降幅增大，且低星级降幅更大，进一步向“偏高型”发展；东部星级饭店占比上升，新型住宿设施也更多

截至 2018 年第四季度，在全国星级饭店统计管理系统中登记的星级饭店共计9760家①，但是完成年度审核的仅有 8842 家②。与 2017 年相比，星级饭店减少了 933 家，减少率为 9.54%，降幅比 2017 年增加了 5.78 个百分点，表明星级饭店延续快速下降的变化趋势（图 1–1）。

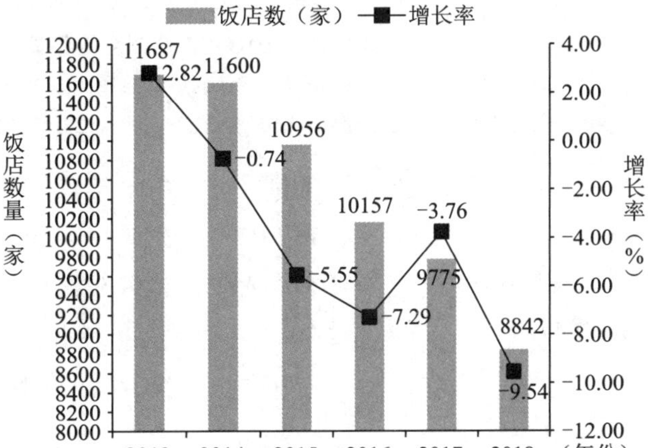

图 1–1　2013~2018 年全国星级饭店数量规模变化

（数据来源：《中国旅游统计年鉴 2015》，2014~2018 年第四季度全国星级饭店统计公报，中华人民共和国文化和旅游部，2019 年 7 月 26 日，http：//www.cnta.gov.cn/zwgk/lysj/201803/t20180319_860847.shtml，2019–7–29；另外，《2018 年中国旅游业发展报告》使用了《中国旅游统计年鉴》的数据，因此数据有出入，下同）

从星级饭店的等级结构来看，2018

① 数据来源：中华人民共和国文化和旅游部. 中华人民共和国文化和旅游部关于2018年第四季度全国星级饭店统计公报 . 中华人民共和国文化和旅游部，2019–7–26（http：//www.cnta.gov.cn/zwgk/lysj/201803/t20180319_860847.shtml，2019 年 7 月 29 日）. 其中新疆数据包括建设兵团，以下同。

② 以下星级饭店统计数据按审核完成后星级饭店数计。

年五星级、四星级、三星级、二星级和一星级饭店分别有807家、2315家、4209家、1458家和53家，都较2017年有所减少（图1–2），尤其一星级、二星级饭店的减少率分别达到17.19%和12.17%，而五星级、四星级饭店的减少率则分别只有1.10%和4.02%；这致使星级饭店的等级结构进一步向“偏高型”发展，五星级、四星级饭店所占比例分别增加到9.13%和26.18%，而三星级、二星级、一星级饭店所占比例分别减少为47.60%、16.49%、0.60%，从而高（五星级、四星级）、中（三星级、二星级）、低档饭店的比例提高为1∶1.82∶0.02。

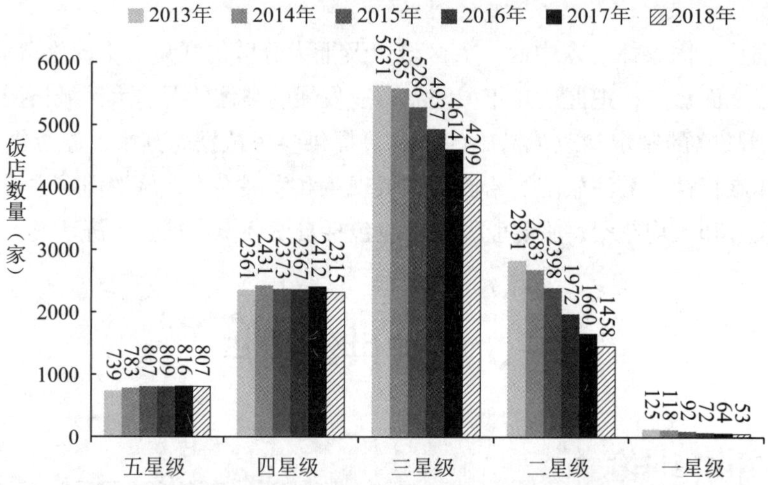

图1–2 2013~2018年全国不同等级星级饭店数量比较

（数据来源:《中国旅游统计年鉴2015》，2014~2018年第四季度全国星级饭店统计公报，中华人民共和国文化和旅游部，2019年7月26日，http://www.cnta.gov.cn/zwgk/lysj/201803/t20180319_860847.shtml，2019–7–29）

从不同区域星级饭店的数量来看，2018年东、中、西部地区星级饭店数量分别为4225家、1760家、2857家（图1–3），较2017年分别减少了109家、489家和335家，减少率分别为2.51%、21.74%和10.49%，中部地区降幅最大。2018年东、中、西部地区星级饭店数量占全国的比例分别为47.78%、19.90%、32.31%，表现为东部占比上升，中、西部占比下降（图1–4）。

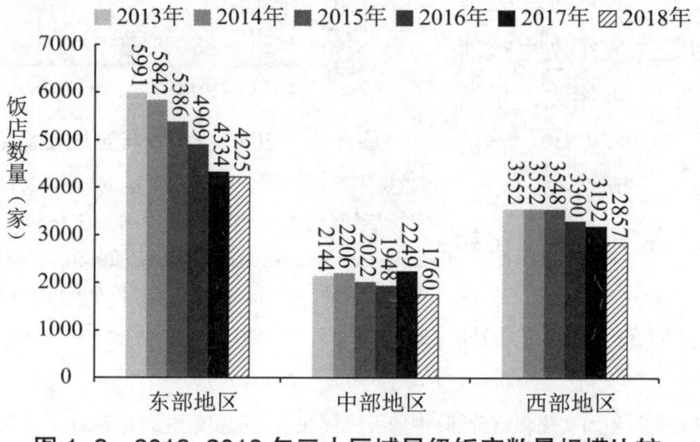

图1–3 2013~2018年三大区域星级饭店数量规模比较

（数据来源:《中国旅游统计年鉴2015》，2014~2018年第四季度全国星级饭店统计公报，中华人民共和国文化和旅游部，2019年7月26日，http://www.cnta.gov.cn/zwgk/lysj/201803/t20180319_860847.shtml，2019–7–29）

从新型住宿接待设施的发展情况来看，根据携程网数据，收集数据时（2019 年 6 月）全国共有精品酒店 279 家（香港、澳门和台湾暂无数据）；共有营地 1688 家（不含港澳台），同比增加了 863 家；共有途家公寓 11881 家。

从东部、中部、西部三大区域新型住宿接待设施数量分布来看，如表 1–1 所示，东部地区精品酒店、汽车营地和途家公寓的数量都最多，所占比例分别为 70.61%、47.99% 和 57.02%，远远超过中部、西部地区。

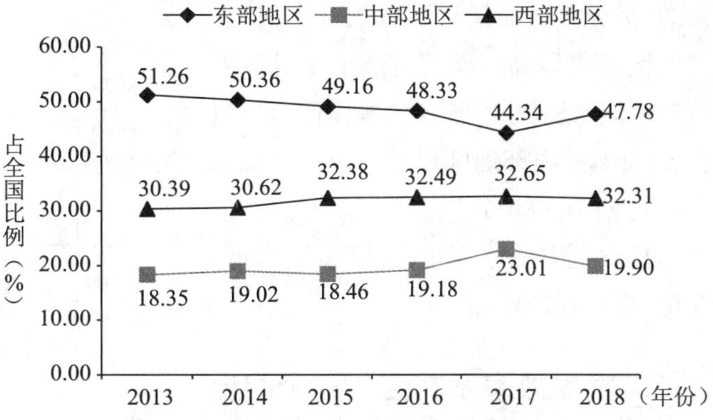

图 1–4　2013~2018 年三大区域星级饭店数量占全国比例的变化趋势

（数据来源：《中国旅游统计年鉴（2014~2018）》，2018 年第四季度全国星级饭店统计公报，中华人民共和国文化和旅游部，2018 年 7 月 26 日，http：//www.cnta.gov.cn/zwgk/lysj/201803/t20180319_860847.shtml，2019–7–29）

表 1–1　2017 年三大区域各种类型住宿设施数量

区域	星级饭店		精品酒店		露营营地		途家公寓		住宿设施总数	
	数量（家）	比例（%）	数量（家）	比例（%）	数量（家）	比例（%）	数量（家）	比例（%）	数量（家）	比例（%）
东部地区	4225	47.78	197	70.61	810	47.99	6775	57.02	7782	56.20
中部地区	1760	19.90	35	12.54	277	16.41	1016	8.55	1328	9.59
西部地区	2857	32.31	47	16.85	601	35.60	4090	34.42	4738	34.21
全国总计	8842		279		1688		11881		13848	

（数据来源：2018 年第四季度全国星级饭店统计公报，中华人民共和国文化和旅游部，2018 年 7 月 26 日，http：//www.cnta.gov.cn/zwgk/lysj/201803/t20180319_860847.shtml；2018 年各城市精品酒店统计，2018 年各城市途家公寓统计等）

2. 经营效益及其变化：全国整体盈利且增幅高；东部持续盈利，但增幅回落；中部反亏为盈且增幅最大；西部持续亏损，但额度大幅降低

如图 1–5 所示，2017 年全国星级饭店利润为 72.57 亿元，相对前四年经营状态有了明显好转，利润增幅达到 1440.18%。

如图 1–6 所示，2017 年东部、中部、西部三大区域星级饭店利润分别为

图 1–5　2013~2017 年全国星级饭店利润及其变化趋势

（数据来源：《中国旅游统计年鉴副本 2014~2017》《中国旅游统计年鉴 2018》）

76.70亿元、0.59亿元、-4.72亿元。东部地区不仅最高，而且持续上年的盈利趋势，但增幅较2016年大幅度回落，只有54.55%；中部地区反亏为盈，增幅最大，达到101.80%，表现十分突出；而西部地区持续亏损，但亏损大幅降低，降幅达到60.77%。

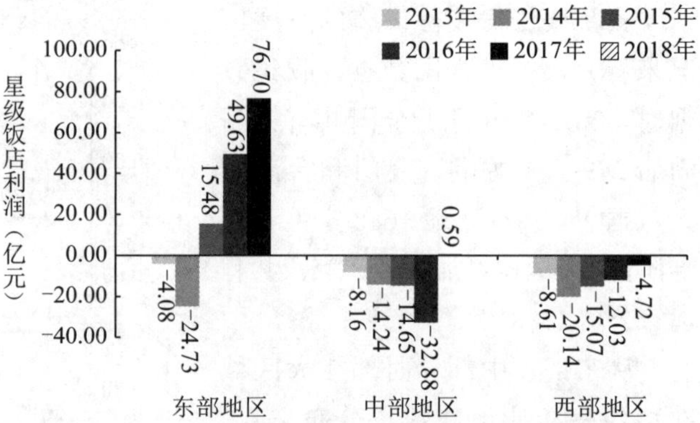

图1-6　2013~2017年三大区域星级饭店利润比较

（数据来源:《中国旅游统计年鉴副本2014~2017》《中国旅游统计年鉴2018》）

3. 发展效率及其变化：全国全员劳动生产率持续提高，且增幅有所提高；三大区域均有所提高，东部、中部持续提高，西部反降为增，且增幅最大

2017年，全国星级饭店全员劳动生产率为16.62万元/人，年增长率为9.78%，保持了持续提高的态势，且增幅较2016年提高了3.6个百分点（图1-7）。

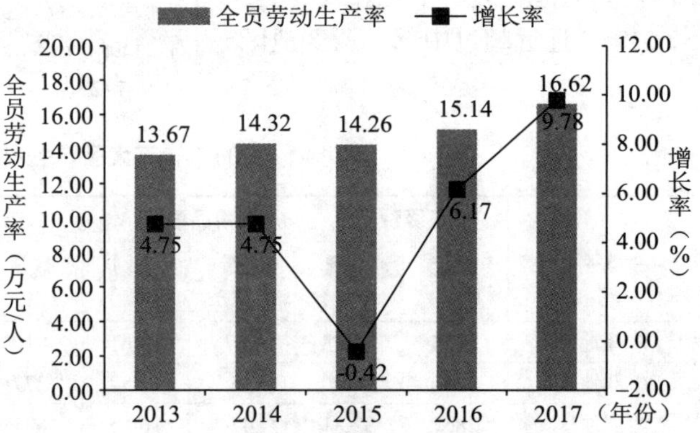

图1-7　2013~2017年全国星级饭店全员劳动生产率及其变化

（数据来源:《中国旅游统计年鉴副本2014~2017》《中国旅游统计年鉴2018》）

如图1-8所示，2017年东部、中部、西部三大区域星级饭店的全员生产率分别为20.35万元/人、13.57万元/人、14.09万元/人，与2016年相比，均有所提高，增幅分别为2.59%、7.17%、12.92%。东部地区星级饭店的全员生产率最高，且持续增高，但年增幅较2016年下降了17.15个百分点；中部地区最低，但持续提高，且增幅较大；西部地区反降为增，且增幅最大。

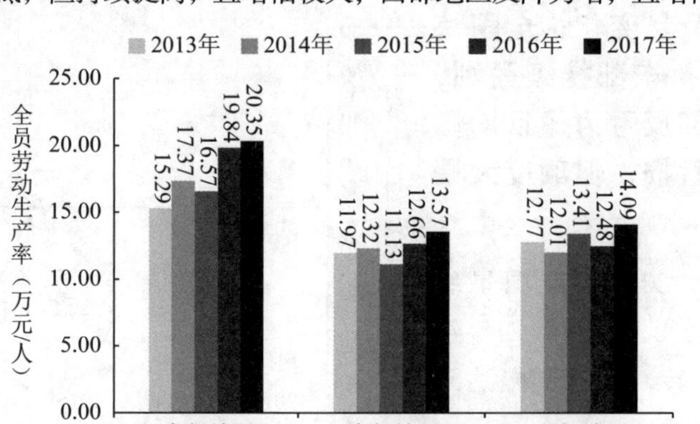

图1-8　2013~2017年三大区域星级饭店全员劳动生产率比较

（数据来源:《中国旅游统计年鉴副本2014~2017》《中国旅游统计年鉴2018》）

（二）旅游景区供给

1. 数量规模及其变化

（1）全国景区数量及其变化：持续稳定增加，3A 级景区增幅最大；保持“中间多、两头少”的等级结构，高等级景区占比略降

截至 2017 年年底，全国共有 A 级旅游景区 10806 家，较 2016 年增加了 982 家，年增长率为 10%，增幅较 2016 的 9.72%[①] 略有提高。纵观 2013~2017 年，如图 1-9 所示，全国 A 级景区数量保持持续增长态势。

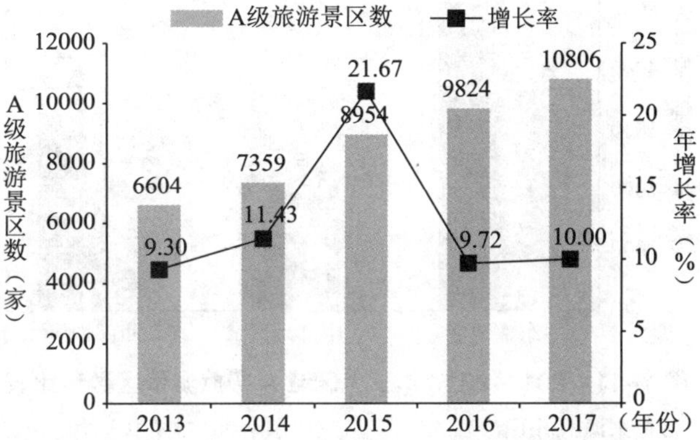

图 1-9　2013~2017 全国 A 级旅游景区数量规模变化

（数据来源：《中国旅游统计年鉴副本 2014~2017》《中国旅游统计年鉴 2018》）

从等级结构来看，2017 年 5A、4A、3A、2A 和 1A 级旅游景区数量分别为 250 家、3272 家、4815 家、2358 家和 111 家（图 1-10），所占比例分别为 2.31%、30.28%、44.56%、21.82% 和 1.03%，继续保持“中间多，两头少”的等级结构特征。其中，3A 级旅游景区所占比例较 2016 年提高了 2.70 个百分点，表现突出；同时，高等级旅游景区（5A 级和 4A 级旅游景区）所占比例为 32.59%，较 2016 年降低了 0.60 个百分点。

从不同等级 A 级旅游景区数量的变化来看，如图 1-10 所示，2017 年各等级旅游景区数量均呈增长的态势，其中，3A 级景区保持最大的增幅，达到 17.10%，其次 5A 级、4A 级景区的增幅较大，分别为 10.13% 和 7.84%，并且较 2016 年分别提高了 3.06 个和 1.08[②] 个百分点；另外特别值得一提的是 1A 级景区，数量反降为增，增幅为 5.71%，较 2016 年提高了 19.65 个百分点。

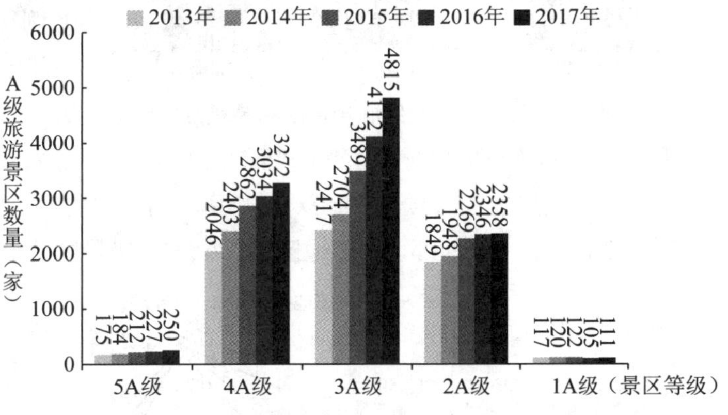

图 1-10　2013~2017 年全国不同等级 A 级旅游景区数量比较

（数据来源：《中国旅游统计年鉴副本 2014~2017》《中国旅游统计年鉴 2018》）

（2）三大区域景区数量及其变化：均快速增加，西部增速最快；东部占比仍最高，但持续

---

① 经核实，截至 2016 年年底，全国共有 A 级旅游景区 9824 家，较 2015 年增加了 870 家，年增长率为 9.72%，特此更正。

② 经核实，截至 2016 年年底，全国共有 4A 级旅游景区 3034 家，所占比例为 30.88%，较 2015 年增加了 6.01%，特此更正。

降低；西部占比逐渐升高；中部占比最小，且持续降低，但区内高等级景区占比最高

从不同区域A级旅游景区的数量来看，2017年东部、中部、西部地区A级旅游景区数量分别为5138家、2287家和3381家（图1-11），与2016年相比较，分别增加了426家、183家和373家，增幅分别为9.04%、8.70%和12.40%；东部、中部、西部地区A级景区数量占全国的比例分别为47.55%、21.16%和31.29%，东部、中部地区分别下降了0.42个和0.25个百分点，而西部地区增加了0.67个百分点；可见西部地区A级景区增速最快，占比不断上升，与东部差距逐渐缩小。2013~2017年，东部、中部、西部地区景区数量的平均增长率分别为11.60%、11.85%和14.26%。

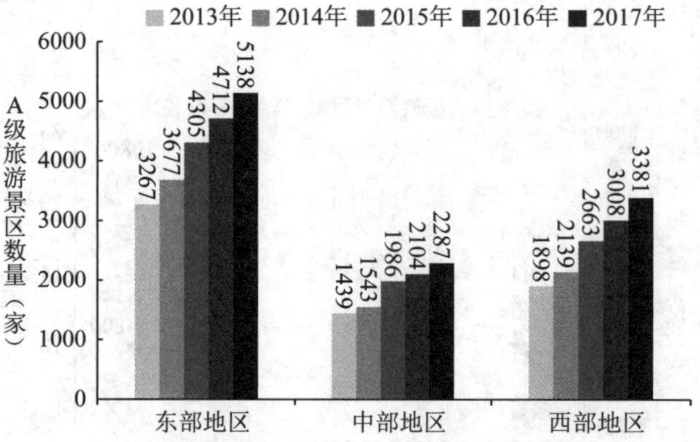

图1-11　2013~2017年三大区域A级旅游景区数量比较

（数据来源：《中国旅游统计年鉴副本2014~2017》《中国旅游统计年鉴2018》）

如图1-12所示，2017年东部、中部、西部三大区域A级旅游景区的等级结构都与总体一致，呈现出“中间多、两头少”的结构特征，高等级旅游景区所占比例分别为29.95%、36.47%和33.98%；中部地区高等级旅游景区所占比例最高。从三大区域不同等级旅游景区的发展变化来看，如图1-13所示，2013~2017年期间，三大区域都是3A级景区的平均增长率最高，均达到18%左右，其次，高等级旅游景区的平均增长率较大，尤其西部、中部地区5A级、4A级景区的平均增长率都超过10%。

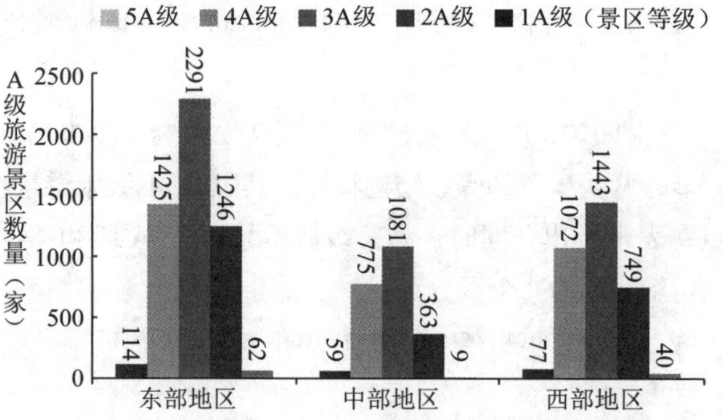

图1-12　2017年三大区域A级旅游景区的等级结构比较

（数据来源：《中国旅游统计年鉴2018》）

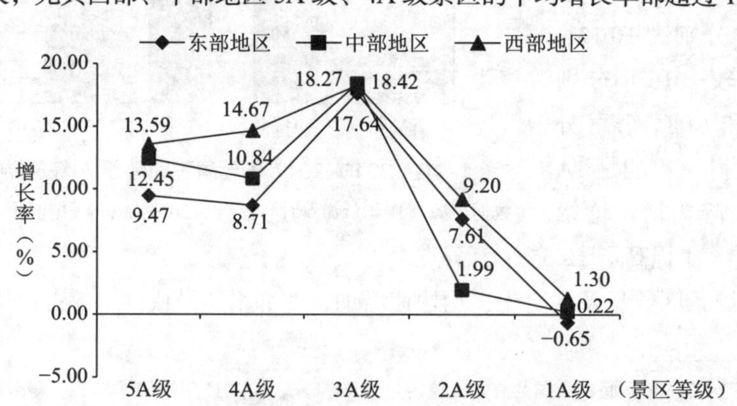

图1-13　2013~2017年三大区域不同等级A级旅游景区平均增长率比较

（数据来源：《中国旅游统计年鉴副本2014~2017》《中国旅游统计年鉴2018》）

（3）七大分区景区数量及其变化：华东仍最多且增幅较大；华南仍最少，但增幅最大，且区内高等级景区占比最大；华北 5A 增幅最大

从 A 级旅游景区在七大分区的分布来看，2017 年仍然是华东区最多，达 3825 家，其次西北、西南、华中区较多，分别有 1643 家、1316 家、1172 家。与 2016 年相比，华南、西南地区的增幅较大，分别为 13.33%、13.25%，华东地区其次，为 11.19%，而东北、华北地区的增幅较小（表 1–2）。

表 1–2　2016~2017 年七大分区 A 级旅游景区数量及年增长率

七大分区	华南	西南	华中	西北	华东	东北	华北
2016 年数量（家）	720	1162	1085	1494	3440	1048	875
2017 年数量（家）	816	1316	1172	1643	3825	1102	932
年增长率（%）	13.33	13.25	8.02	9.97	11.19	5.15	6.51

（数据来源:《中国旅游统计年鉴副本 2017》《中国旅游统计年鉴 2018》）

从七大分区不同等级旅游景区的赋存状况来看，如图 1–14 所示，2017 年七大分区 3A 级旅游景区数量均最多，其次 4A 级和 2A 级旅游景区较多；从高等级旅游景区数量占各区域旅游景区总数的比例来看，华南、西南地区较高，分别达到 47.18% 和 38.45%，其次华北、华中地区较高，分别为 35.62%、34.64%，均高于全国水平（32.59%）；而东北、西北、华东地区较低，分别为 26.86%、28.30%、29.59%；而从高等级旅游景区数量占全国的比例来看，华东地区独占鳌头，达到 32.14%，西南、西北、华中、华南地区占比较高，高等级景区占比均高于 10%。与 2016 年相比，华北、西南和东北地区 5A 级景区的增幅较大，分别为 16%、13.51% 和 12.50%；西南、华南和东北地区 4A 级景区的增幅较大，都超过 10%；西南、华东和西北地区 3A 级景区的增幅较大，均高于 15%。

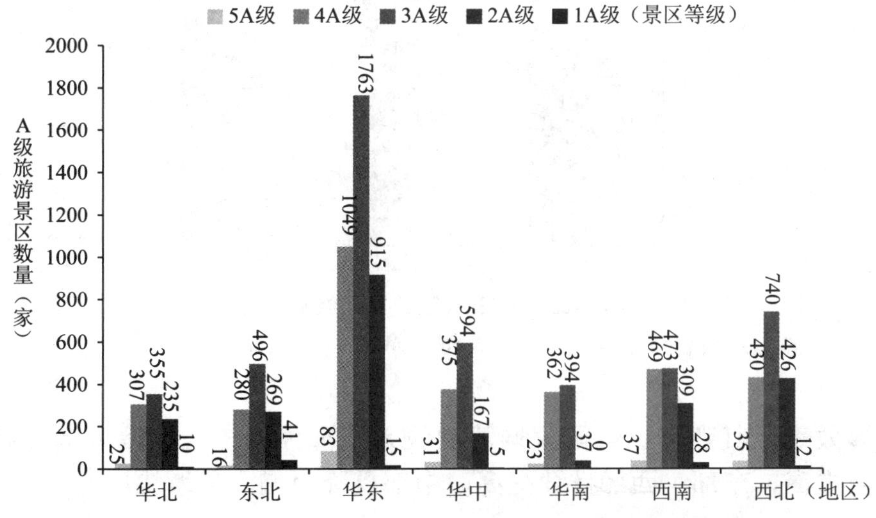

图 1–14　2017 年七大分区 A 级旅游景区的等级结构比较

（数据来源:《中国旅游统计年鉴 2018》）

2. 经营效益及其变化：全国景区营业收入持续提升且增幅连年增大；东部最低，但增幅大幅提高；中部最高但增幅最低；西部持续增长，且增幅最高

如图 1–15 所示，2017 年全国景区营业收入为 4339.83 亿元，近三年经营状况持续好转，营业收入持续提升，且增幅连年增大，2017 年景区营业收入增幅达 12.48%。

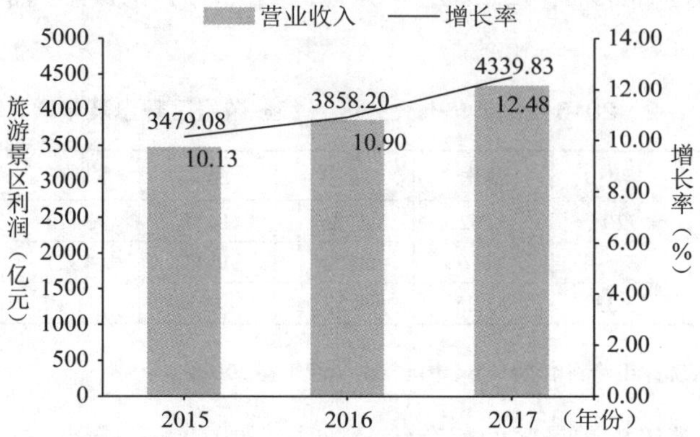

图 1–15　2014~2017 年全国 A 级旅游景区营业收入及其变化趋势

（数据来源：《中国旅游统计年鉴副本 2015~2017》《中国旅游统计年鉴 2018》）

如图 1–16 所示，2017 年东部、中部、西部三大区域 A 级旅游景区营业收入分别为 1392.33 亿元、1543.57 亿元、1401.89 亿元。东部地区最低，但增幅大幅度提高，达 13.06%；中部地区收入最高，且近三年持续增加，但 2017 年增速较东部和西部地区相比要慢，仅为 8.92%；西部地区持续快速增长，2017 年总收入与东部地区几乎持平，增幅高达 15.90%。

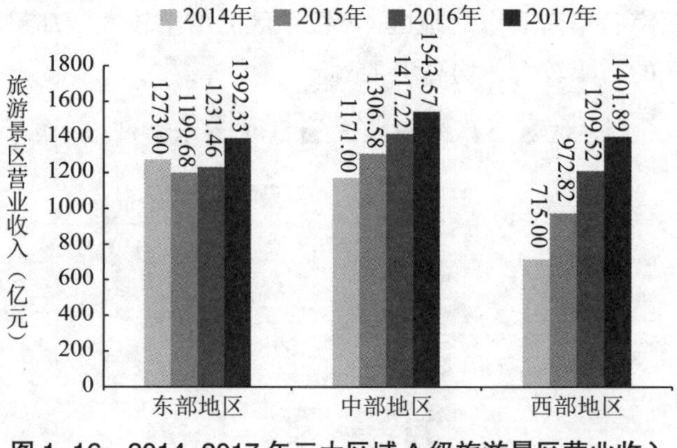

图 1–16　2014~2017 年三大区域 A 级旅游景区营业收入

（数据来源：《中国旅游统计年鉴副本 2015~2017》《中国旅游统计年鉴 2018》）

3. 发展效率及其变化：全国人均营业收入反降为增，且增幅大幅提高；三大区域均有所提高，东部、西部持续提高，中部反降为增，且增幅最大

2017 年，全国 A 级旅游景区人均营业收入为 37.36 万元 / 人，年增长率为 14.36%，反降为升，较 2016 年提高了 14.53 个百分点（图 1–17）。

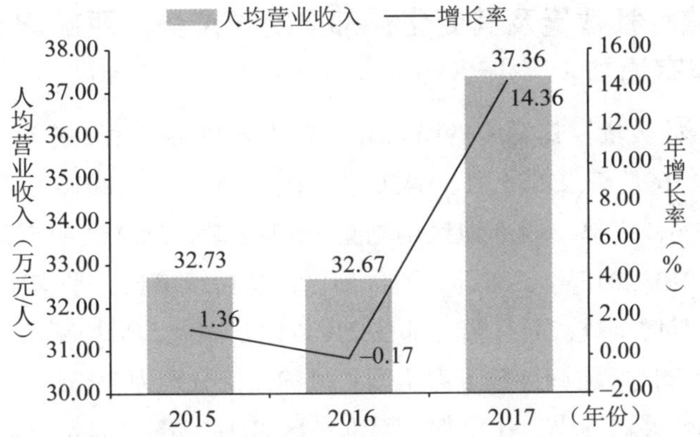

图 1-17　2014~2017 年全国 A 级旅游景区人均营业收入及其变化

（数据来源：《中国旅游统计年鉴副本 2016/2017》《中国旅游统计年鉴 2018》）

如图 1-18 所示，2017 年，东部、中部、西部三大区域 A 级旅游景区的人均营业收入分别为 25.73 万元、63.41 万元和 36.95 万元，与 2016 年相比均有所提高，增幅分别为 16.34%、30.60%、6.10%。东部地区 A 级旅游景区人均营业收入最低，但增幅持续提高，年增幅较 2016 年提高了 11.92 个百分点；中部地区最高，且反降为升，增幅最大；西部地区保持稳定上升态势。

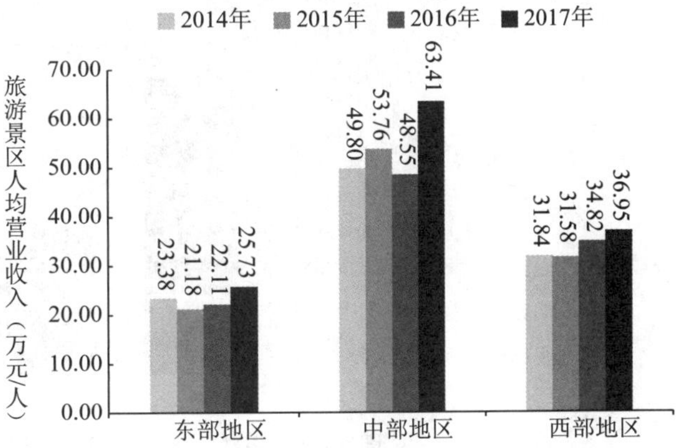

图 1-18　2014~2017 年三大区域 A 级旅游景区人均营业收入比较

（数据来源：《中国旅游统计年鉴副本 2015~2017》《中国旅游统计年鉴 2018》）

（三）旅行社供给

1. 全国旅行社数量及其变化：近 3 万家，持续增加，且增速明显加快

截至 2017 年年底，全国共有旅行社 29717 家，较 2016 年增加 1778 家，年增长率为 6.36%。纵观 2013~2017 年，如图 1-19 所示，全国旅行社数量呈逐年递增的变化趋势，而且，2017 年改变了前三年增幅下降的趋势，增幅明显上升，较 2016 年上升了 5.21 个百分点。

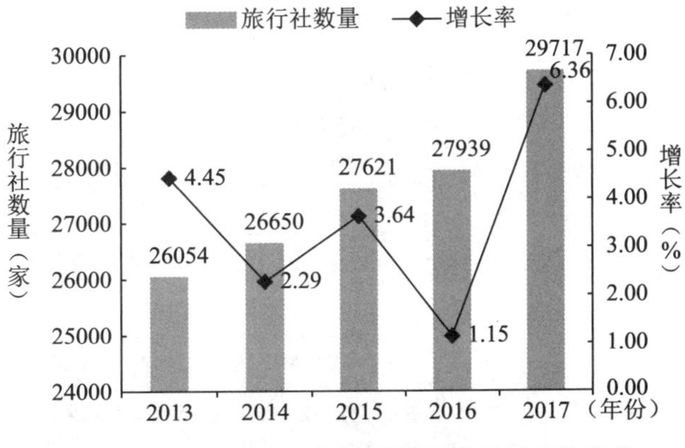

图 1-19　2013~2017 年全国旅行社数量规模变化

（数据来源：《中国旅游统计年鉴副本 2014~2017》《中国旅游统计年鉴 2018》）

2. 三大区域旅行社数量及其变化：都呈增长态势，西部增长最快；东部、西部占比较大，且略有增加

从三大区域旅行社数量及其发展格局来看：截至2017年年底，东部、中部、西部三大区域分别拥有旅行社17696家、5585家、6436家（图1–20），与2016年相比较，分别增加了6.98%，1.62%、9.07%，东部、西部地区的增幅分别提高了5.89个和5.56个百分点，中部地区反降为增。纵观2013~2017年，东部、西部地区保持持续增长，平均年增长率分别为4.11%和5.13%，中部地区有增有减，而且幅度都在2%以内，因此，平均年增长率只有0.51%。

东部、中部、西部地区旅行社数量占全国总量的比例分别为59.55%、18.79%、21.66%（图1–21），东部地区仍然遥遥领先，比中部、西部地区多1~2倍。东部、西部地区占比分别稳定在59%和21%的水平，且略有增加，而中部地区占比则有所下降（图1–21）。

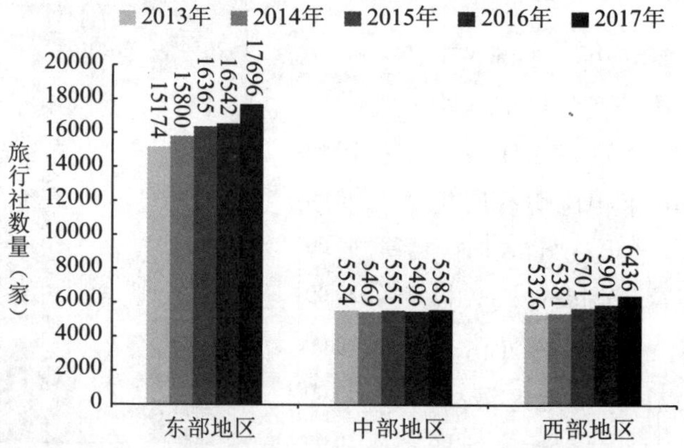

图1–20 2013~2017年三大区域旅行社数量规模比较

（数据来源：《中国旅游统计年鉴副本2014~2017》《中国旅游统计年鉴2018》；2018年中国旅游业发展报告中2016三大区域旅行社的数量计算有误，把吉林、黑龙江算在了中部）

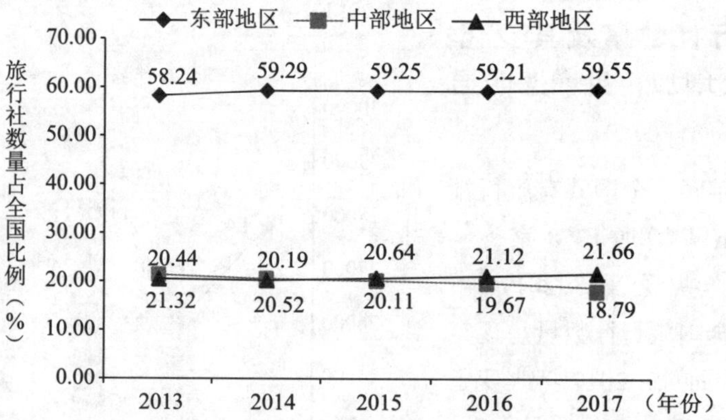

图1–21 2013~2017年三大区域旅行社数量占全国比例比较

（数据来源：《中国旅游统计年鉴副本2014~2017》《中国旅游统计年鉴2018》）

二、旅游需求盘点

（一）旅游接待规模及其变化

1. 全国旅游接待总人数：持续增加，但增幅略有下降；国内旅游发展更快，主导地位有所加强

2018 年全国旅游接待总人数（即国内旅游接待人数与入境旅游接待人数之和）为 56.80 亿人次，比 2017 年增加了 5.40 亿人次，年增幅为 10.51%，增幅较 2017 年降低了 1.77 个百分点。其中，国内旅游人数为 55.39 亿人次，较 2017 年增加了 5.38 亿人次，年增幅为 10.76%，占总人数的比例为 97.52%，较 2017 年仅上升了 0.22 个百分点；入境旅游接待人数为 1.41 亿人次，较 2017 年增加了 200 万人次，年增幅为 1.44%，占总人数比例为 2.48%，较 2017 年略有降低。

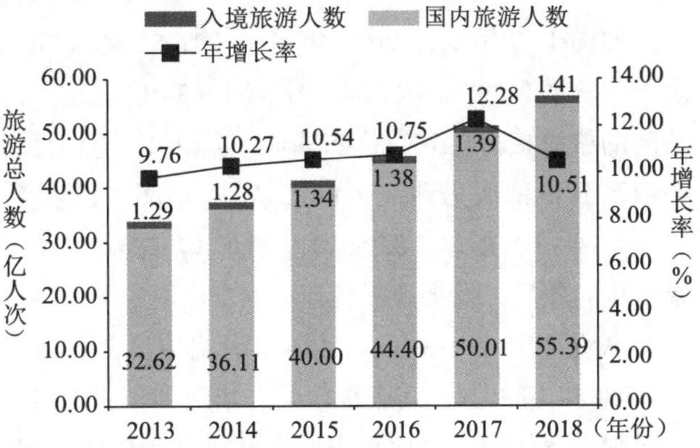

图 1–22　2013~2018 年全国旅游接待总人数及增长率

（数据来源：《中国旅游统计年鉴副本 2014~2017》，2017 年全年旅游市场及综合贡献数据报告，2018 年文化和旅游发展统计公报）

如图 1–22 所示，国内旅游人数不仅所占比例较大，而且增速也较快，从 2013 年的 32.62 亿人次增加到 2018 年的 55.39 亿人次，平均年增长率为 11.08%；入境旅游人数由 2013 年的 1.29 亿人次增长到 2018 年的 1.41 亿人次，平均年增长率为 1.01%。

2. 三大区域旅游接待总人数：东部仍最多，但中部、西部增加更快；东部与中部、西部的差距进一步缩小

2018 年东部、中部、西部地区的旅游接待总人数分别为 23.19 亿人次、15.70 亿人次和 17.88 亿人次（图 1–23），分别较 2017 年增加了 6.92%、12.23%、15.57%；占全国旅游接待总人数的比例分别为 40.85%、27.65%、31.50%，与 2017 年相比较，东部地区占比降低了 1.55 个百分点，中部、西部地区占比分别增加了 0.31 个和 1.25 个百分点；可见，虽然当前我国东部和中西部地区旅游接

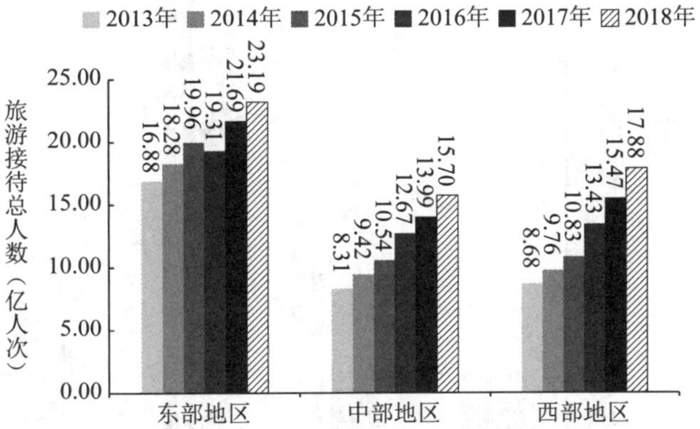

图 1–23　2013~2018 年三大区域旅游接待总人数比较

（数据来源：《中国旅游统计年鉴副本 2014~2017》，各省 2017 年、2018 年国民经济和社会发展统计公报，各省 2018 年统计年鉴，2017 年全年旅游市场及综合贡献数据报告。注：由于统计口径不同，31 个省域旅游接待总人数之和是全国旅游接待总人数的倍数，因此，将各省域旅游接待总人数除以这个倍数后，分别加总求出不同区域的旅游接待总人数）

待总人数的差异仍然十分显著，但这种差异在进一步缩小。

纵观 2013~2018 年，中部、西部地区旅游接待总人数都持续增加（图 1–23），平均年增幅分别达到 13.67% 和 14.92%；而东部地区在前 3 年持续增长后，2016 年出现了小幅下降，2017 年重新回升，总体 6 年平均年增长率为 6.71%，增长速度相对中部和西部缓慢。

3. 七大经济区旅游接待总人数：华东仍最多，但增幅较小；东北仍最少，且增幅较低；华南、西北年增幅最大；西北、西南多年增速最快

如图 1–24 所示，2018 年华东（16.52 亿人次）、西南（10.79 亿人次）、华中（8.09 亿人次）、华北（6.92 亿人次）、华南（6.34 亿人次）、西北（4.63 亿人次）、东北（3.48 亿人次）地区的旅游接待总人数依次降低。与 2017 年相比，所有地区旅游接待总人数均有所增加，增幅由高到低依次为西北（17.85%）、华南（12.85%）、西南（12.60%）、华北（12.38%）、华中（9.58%）、东北（8.25%）、华东（8.22%）。东北地区不仅旅游接待总人数排名最后，其增幅也排名较后，发展急需提速。

纵观 2013~2018 年，西北和华北地区旅游接待总人数的平均年增长率最大，分别达到 15.85% 和 14.39%，其次是西南、华南和华中地区，平均年增长率均超过 10%，而华东和东北地区则增速较慢，平均年增长率分别只有 9.36% 和 2.34%。东北地区旅游接待总人数无论从规模还是从速度上，均存在较大差距，需加快发展。

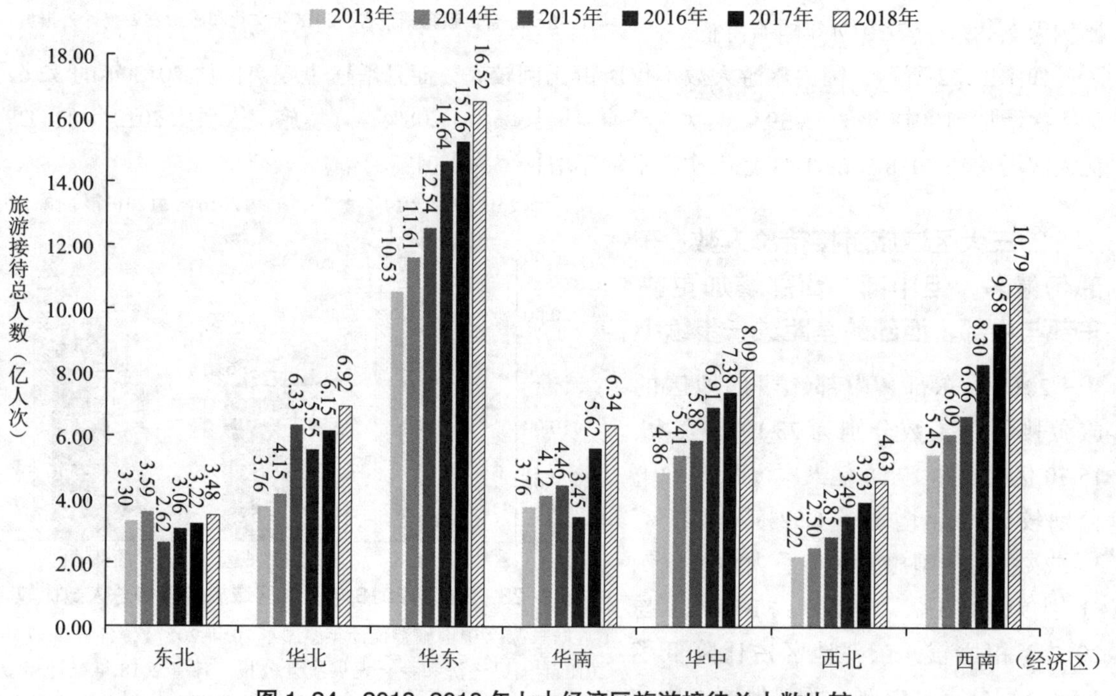

图 1–24　2013~2018 年七大经济区旅游接待总人数比较

（数据来源：同图 1–23。注：同图 1–23）

（二）旅游总收入及其变化

1. 全国旅游总收入达到近 6 万亿元，增幅放缓；国内旅游收入占 80% 多，且持续小幅增加；旅游总收入 7 年持续增长，增幅较大，入境旅游收入增长更快

2018 年全国旅游总收入为 5.97 万亿元，比 2017 年增加了 5700 亿元，年增幅为 10.56%，较 2017 年降低了 3.88 个百分点。其中，国内旅游收入为 5.13 万亿元，比 2017 年增加了 5600 万元，年增幅为 12.25%，较 2017 年下降了 3.77 个百分点；占旅游总收入的比例为 85.93%，较 2017 年增加了 1.30 个百分点。入境旅游收入约为 0.84 万亿元，比 2017 年增加了 100 亿元，年增幅为 1.20%，较 2017 年降低了 5.21 个百分点；占旅游总收入的比例为 14.07%，较 2017 年降低了 1.30 个百分点。

如图 1–25 所示，2012~2018 年，全国旅游总收入呈现出持续增长的发展趋势，从 2012 年的 2.59 万亿元增长到了 2018 年的 5.97 万亿元，总收入数值翻倍，平均年增长率达到 15.81%。其中，国内旅游收入从 2012 年的 2.27 万亿元增加到 2018 年的 5.13 万亿元，平均年增长率达到 15%；入境旅游收入由 2012 年的 500.28 亿美元增长至 2018 年的 1269 亿美元，平均年增长率达到了 19.51%，高于国内旅游总收入的平均年增长率，这主要是由于 2014 年增幅较大所致。

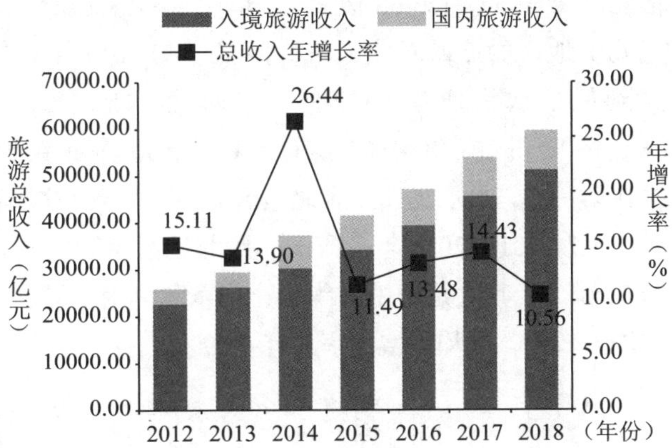

图 1–25　2012~2018 年全国旅游总收入及其变化

（数据来源：《中国旅游统计年鉴副本 2013~2017》，各省 2017 年、2018 年国民经济和社会发展统计公报，各省 2018 年统计年鉴，2017 年全年旅游市场及综合贡献数据报告。注：由于统计口径不同，31 个省域旅游总收入之和是全国旅游总收入的倍数，因此，将各省域旅游总收入除以这个倍数后，分别加总求出不同区域的旅游总收入）

2. 三大区域旅游总收入：均持续增长，西部增幅仍最大，东部仍最小；东部占比 40% 多，小幅下降，中部、西部占比小幅增加；东部多年增速较缓，与中西部的差距持续缩小

如图 1–26 所示，2018 年东、中、西部地区的旅游总收入分别为 27944.30 亿元、14086.02 亿元和 17691.92 亿元，与 2017 年相比较，分别增加了 6.79%、11.05%、17.20%；占全国旅游总收入的比例分别为 46.79%、23.59%、29.62%，

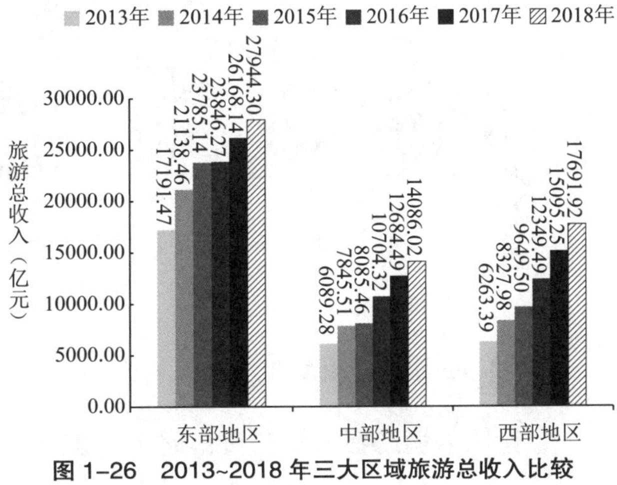

图 1–26　2013~2018 年三大区域旅游总收入比较

（数据来源：同图 1–25；注：同图 1–25）

与2017年相比较，中、西部地区旅游总收入占比分别上升了0.07个和1.64个百分点，而东部地区占比则下降了1.71个百分点；可见，东部与中西部的年旅游总收入的差距持续缩小。

纵观2013~2018年，东部、中部、西部地区的旅游总收入持续增加（图1–26），平均年增幅分别达到10.45%、18.77%、23.25%。东部增长速度相对中西部缓慢。

3. 七大经济区旅游总收入：华东仍最多，东北最少；西南、西北增幅大，东北、华东增幅较小；西南、西北多年增长较快，东北多年增长最慢

如图1–27所示，2018年华东（19021.49亿元）、西南（10473.22亿元）、华北（7583.85亿元）、华中（7153.68亿元）、华南（6953.20亿元）、西北（4830.02亿元）、东北（3706.79亿元）地区的旅游总收入依次降低。与2017年相比，所有地区旅游总收入均增加，增幅由高到低依次为西南（15.95%）、西北（15.74%）、华南（11.59%）、华北（9.19%）、华中（8.58%）、华东（8.47%）、东北（7.73%）。西南地区不仅旅游总收入排在第二位，其增速也排在第一位，发展迅速。东北地区旅游总收入与增幅均排名最后，发展缓慢。

纵观2013~2018年，西南、西北地区旅游总收入的平均年增长率较大，分别达到23.18%和22.06%，其次是华中、华北、华东和华南地区，平均年增长率均在10%以上，而东北地区则增长较慢，平均年增长率只有6.79%。

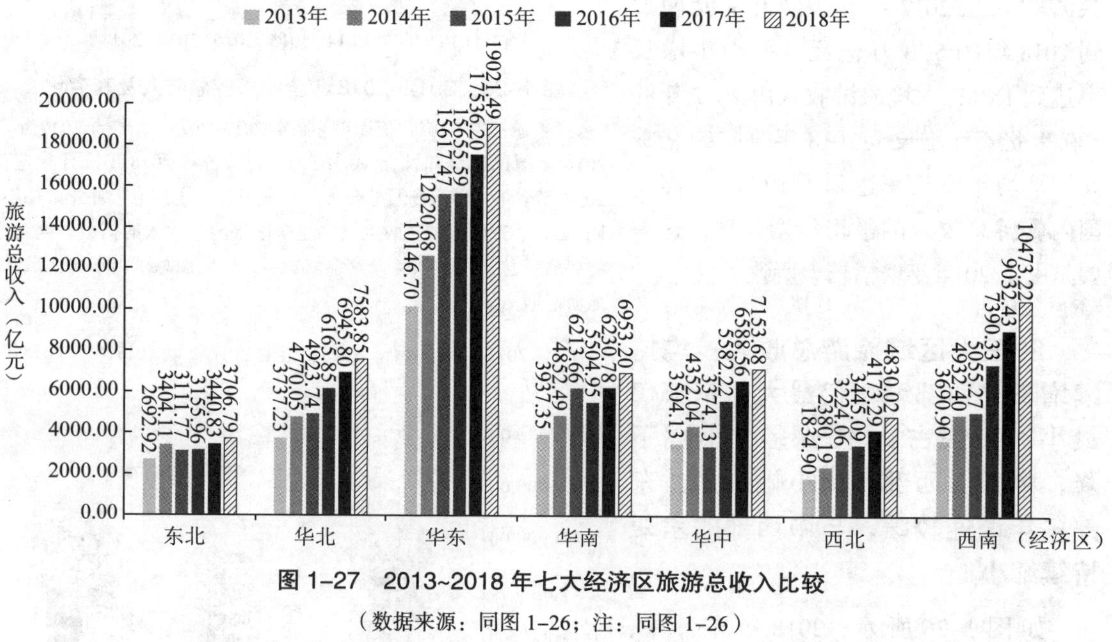

图1–27　2013~2018年七大经济区旅游总收入比较

（数据来源：同图1–26；注：同图1–26）

（三）人均消费及其变化

1. 全国入境游客人均花费：超700美元，持续增加，且增长提速

2017年全国入境游客人均花费为738.13美元/人，比2016年增加了64.05美元/人，年

增幅为 9.50%，较 2016 年增加了 3.40 个百分点，呈持续增加。

如图 1–28 所示，2012~2017 年，全国入境游客人均花费呈现出持续增长的发展趋势，从 2012 年的 577.64 美元 / 人增长到了 2018 年的 738.13 美元 / 人，平均年增长率达到 5.18%。

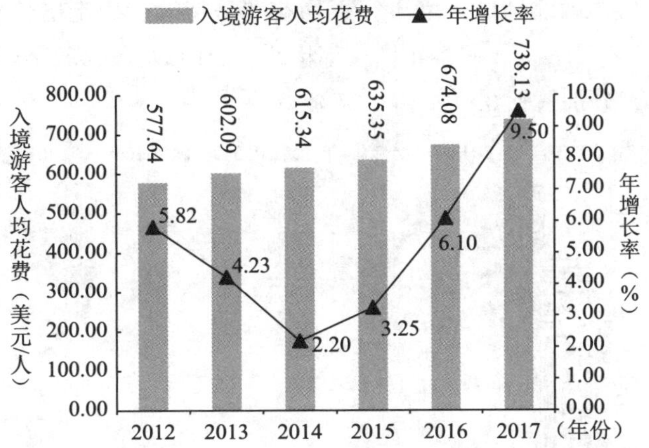

图 1–28　2012~2017 年全国入境游客人均花费及其年增长率

（数据来源：《中国旅游统计年鉴副本 2013~2017》，各省 2018 年国民经济和社会发展统计公报，各省 2018 年统计年鉴，《旅游抽样调查资料》2018。注：全国入境游客人均花费是 31 个省域入境游客人均花费的平均值，各省域入境游客人均花费由其入境游客人均停留天数与人均天花费相乘计算得到）

2. 三大区域入境游客人均花费：东部仍最高，且增速最快；中部仍最低，但增速较快；西部中等，多年平均增幅较大

如图 1–29 所示，2017 年东部、中部、西部地区的入境游客人均花费分别为 1009.11 美元 / 人、455.64 美元 / 人和 585.81 美元 / 人，分别较 2016 年增加了 12.15%、10.02% 和 4.70%，增速依次降低。

纵观 2012~2017 年，东部、中部、西部地区的入境游客人均花费基本保持持续增加（图 1–29），平均年增长率分别为 4.94%、2.64%、6.16%。可见，中部与东部、西部地区存在明显差距，而且差距越来越大。

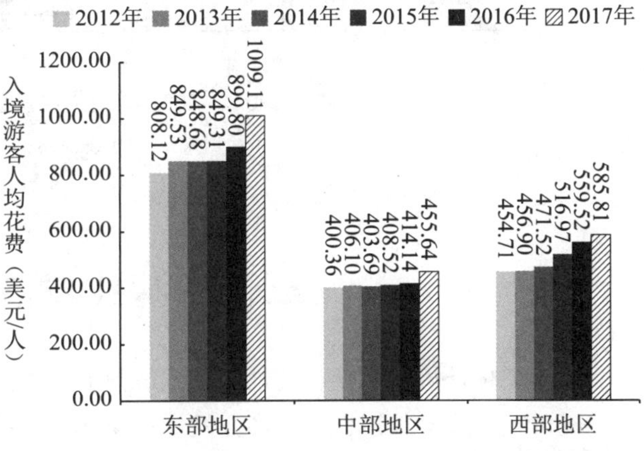

图 1–29　2012~2017 年三大区域入境游客人均花费比较

（数据来源：同图 1–28；注：同图 1–28）

3. 七大经济区入境游客人均花费：华北仍最高，且增幅最大；华中仍最低，且增幅很小；西北多年持续、稳定增长，华北、西南多年增速较快，华中、东北多年增速较小

如图 1–30 所示，2017 年我国七大经济区入境游客人均花费差异较大：华北地区仍最高，

达 1692.09 美元 / 人，是其他地区的 2~3 倍；华中、华南地区仍最低，分别只有 427.92 美元 / 人和 500.13 美元 / 人。与 2016 年相比较，所有地区入境游客人均花费都有所增加，尤其是华北和华南增幅较高，分别为 17.02% 和 16.92%。

纵观 2012~2017 年，西北地区入境游客人均花费呈持续、稳定增长趋势，平均年增长率为 5.79%；其他地区都有所波动，平均年增长率华北、西南地区较高，分别为 9.01% 和 7.11%，华中、东北地区较小，分别只有 0.81% 和 0.57%。

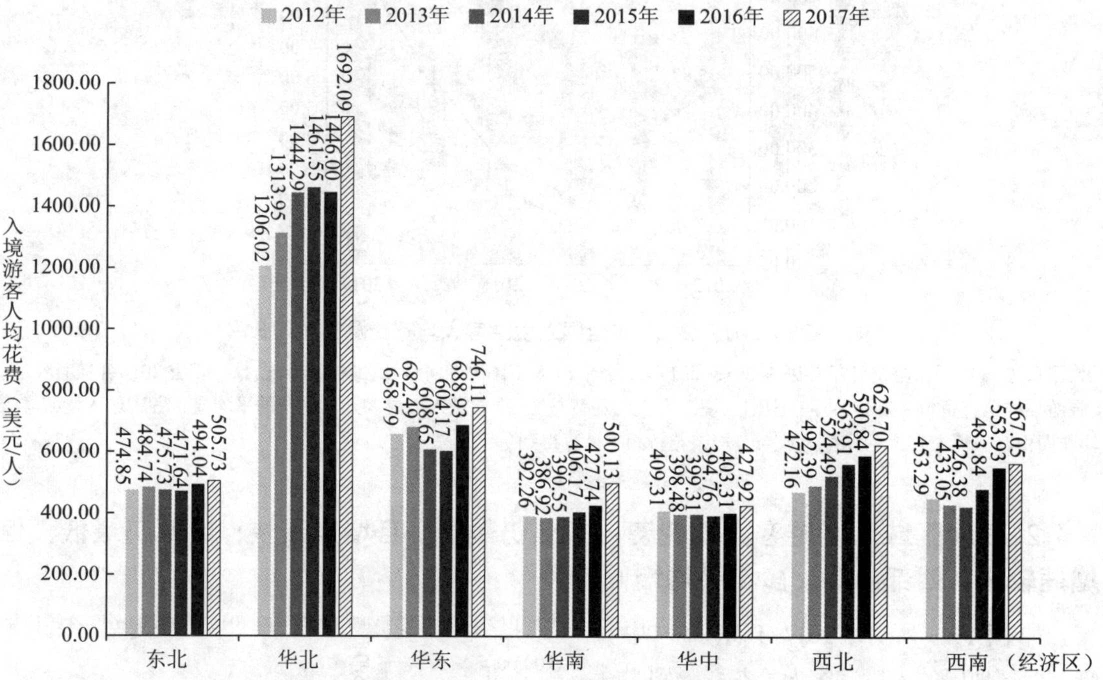

图 1–30　2012~2017 年七大经济区入境游客人均花费比较

（数据来源：同图 1–28；注：同图 1–28）

三、旅游业发展环境盘点

区域整体环境是影响目的地旅游竞争力的重要因素，无论是现实竞争力的取得还是潜在竞争力的开发，都必须以良好的产业发展环境作为支撑和保障。本报告从自然环境、社会经济环境两方面盘点旅游业发展的支持环境。

（一）自然环境

1. 空气质量优良天数：全国平均 261 天，略微减少；西部优于中部、东部，中部降幅最大

自 2013 年中央财政设立大气污染防治专项资金以来，截至 2017 年，中央财政已累计下达

528亿元专项资金[①]，重点保障燃煤锅炉整治、散煤替代、挥发性有机物污染治理、机动车污染治理等，为改善重点区域环境空气质量发挥了重要作用。

2017年，全国地级及以上城市PM10比2013年下降了22.7%，京津冀、长三角、珠三角等重点区域PM2.5分别比2013年下降了39.6%、34.3%、27.7%；《大气十条》确定的各项空气质量改善目标得到实现[②]。但是，全国338个地级及以上城市平均空气质量优良天数比例比2016年下降了0.8个百分点，为78.0%。截至2017年年底，中国31个省会城市平均空气质量优良天数（即全国空气质量优良天数）约为261天，比2016年减少了6天，降幅为2.25%。如图1–31所示，2014~2016年，全国空气质量优良天数逐步增加，但2017年略有减少。

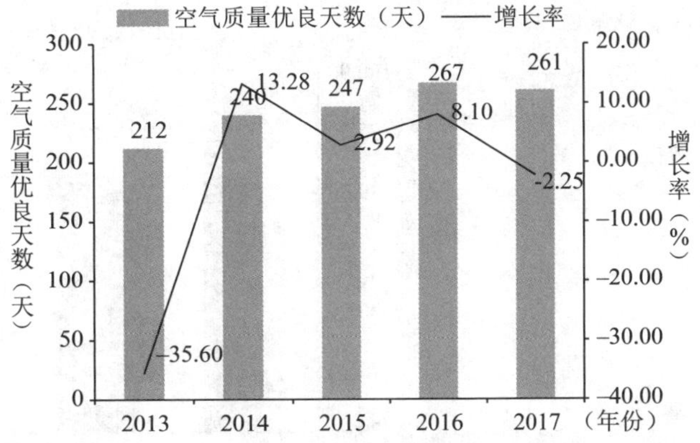

图1–31　2013~2017年全国省会城市空气质量优良天数及其变化

（数据来源:《中国统计年鉴2014~2018》；注:《2018年中国旅游业发展报告》采用了各省市2017年生态环境状况公报的数据，因此2016年数据与本报告不同，下同）

从不同区域空气质量优良天数来看，2017年东、中、西三大区域空气质量优良天数分别为258天、231天、279天（图1–32），西部最优；与2016年相比，分别减少了7天、14天和1天，降幅分别为2.58%、5.60%和0.36%，中部的降幅最大。

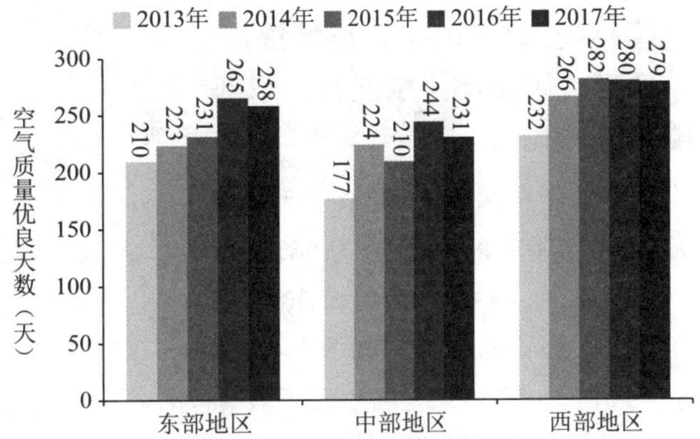

图1–32　2013~2017年三大区域空气质量优良天数比较

（数据来源:《中国统计年鉴2014~2018》）

2. 城市污水处理率：全国平均约93%，小幅提高；中部领先且提高最快

《2018中国生态环境状况公报》显示，2018年，全国地表水总体改善，近岸优良海水比例上升，水质级别为一般。截至2017年年底，中国31个省会城市污水处理率为平均93.41%，较2016年的平均91.82%提高了1.59个百分点（图1–33）。

从不同区域城市污水处理率来看，2017年东部、中部、西部三大区域的城市污水处理率分别为93.68%、95.38%、92.14%（图1–33）；可见，中部地区表现最好，而西部地区相对落后。与2016年相比，东部、中部、西部地区的城市污水处理率均有所提高，分别提高了1.73

① 环保部：国家设立大气污染防治专项资金中央投入逾600亿.法制网，2018–3–6（https://baijiahao.baidu.com/s?id=1594166460651133896&wfr=spider&for=pc，2019–07–30）.

② 数据来源：2017中国生态环境状况公报。

个、2.01 个和 1.41 个百分点，中部地区提高也最快。

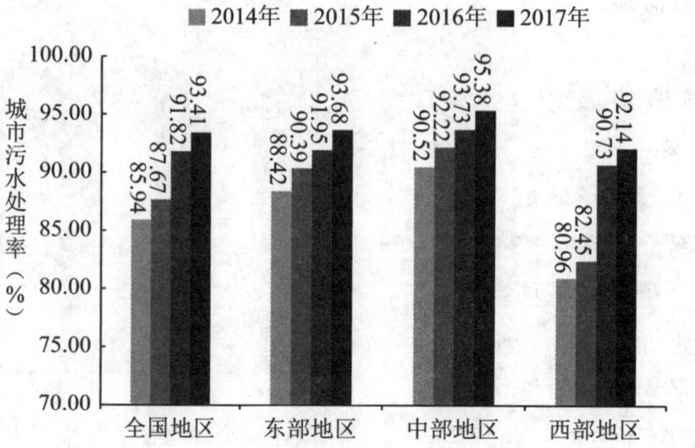

图 1-33　2014~2017 年全国及三大区域城市污水处理率比较

（数据来源：《中国环境统计年鉴 2015~2018》）

3. 生活垃圾无害化处理率：全国平均达 96.69%，小幅提高；中部高，中西部持续提升，东部略降

2017 年全国 31 个省域生活垃圾无害化处理率的平均值为 96.69%，年增长率为 1.43%，增幅较 2016 年降低了 4.49 个百分点。如图 1-34 所示，2013~2017 年，全国生活垃圾无害化处理率逐年提高，从 2013 年的 85.63% 提高到 2017 年的 96.69%，平均年增长率为 3.41%，但各年的年增长率波动较大。

如图 1-35 所示，2017 年东部、中部、西部三大区域生活垃圾无害化处理率分别为 95.78%、98.63%、96.70%，中部地区最高，东部地区较低；与 2016 年相比较，中部、西部地区生活垃圾无害化处理率均有所提高，增幅分别为 1.34% 和 3.18%，东部地区则降低了 0.10%。

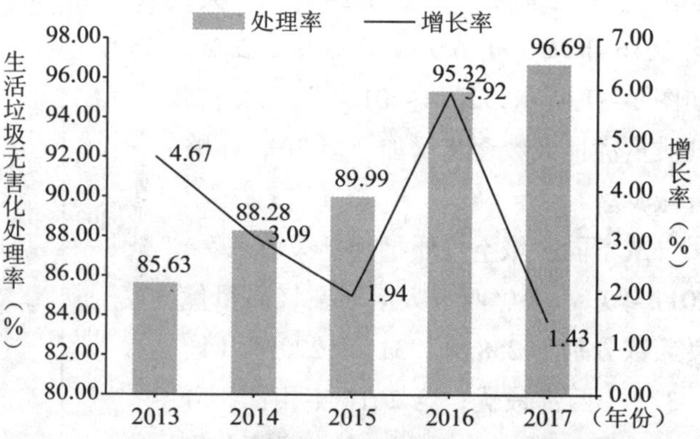

图 1-34　2013~2017 年全国生活垃圾无害化处理率及其变化

（数据来源：《中国环境统计年鉴 2014~2018》）

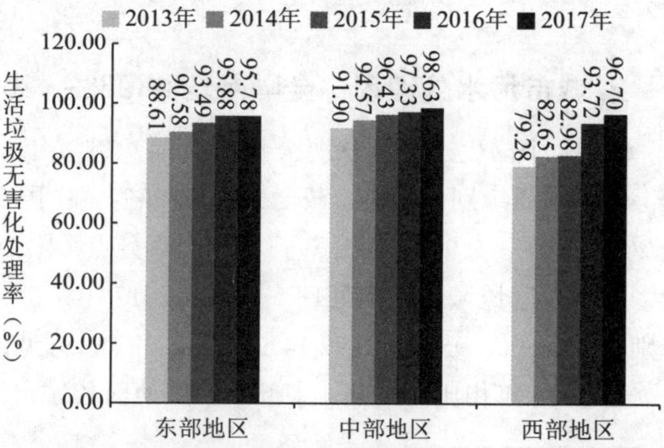

图 1-35　2013~2017 年三大区域生活垃圾无害化处理率及其变化比较

（数据来源：《中国环境统计年鉴 2014~2018》）

（二）社会经济环境

1. 经济发展水平：全国 GDP 持续稳定增长；东部显著优于中部、西部，且差异持续存在；中部增速略高

据《中国统计年鉴 2018》，2017 年全国实现国内生产总值（GDP）82.71 万亿元，按不变价格计算，较 2016 年增长了 6.90%[①]（图 1–36），增速略微回升。纵观 2011~2017 年，全国 GDP 保持持续增长，增幅在前四年持续下降后，近三年稳定在 7% 左右。

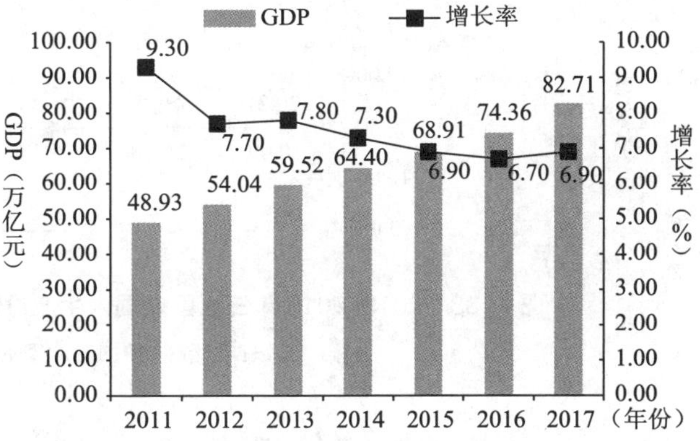

图 1–36 2011~2017 年全国国内生产总值（GDP）及其变化

（数据来源：GDP 数据来源于《中国统计年鉴 2018》；GDP 增长率数据来源于 2013 年、2017 年国民经济和社会发展统计公报，按不变价格计算）

从三大区域的 GDP 来看，如图 1–37 所示，2017 年东部、中部、西部地区的 GDP 分别为 50.21 万亿元、17.65 万亿元、16.86 万亿元，东部地区是中部、西部地区的 2~3 倍，差异显著；与 2016 年相比较，分别增加了 8.54%、9.86%、7.36%；东部、中部、西部地区 GDP 占全国的比重分别为 59.27%、20.83%、19.90%，与 2016 年相比较，各区域占比变化不大，中部地区占比略有上升（图 1–38），东部、西部地区占比略有降低；可见，东部、中部、西部地区经济发展水平存在明显差异，而且这种差异持续存在。纵观 2013~2017 年，与全国相同，东部、中部、西部地区 GDP 均呈现出持续增长的态势，平均年增幅分别为 7.71%、8.71% 和 8.17%，中部、西部地区表现略好。

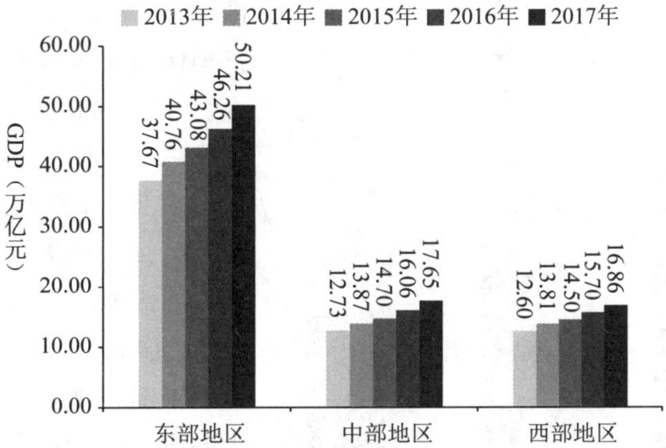

图 1–37 2013~2017 年三大区域国内生产总值（GDP）比较

（数据来源：《中国统计年鉴 2014~2018》）

① 数据来源：中华人民共和国 2017 年国民经济和社会发展统计公报 . 中华人民共和国国家统计局，2018–2–28（http：//www.stats.gov.cn/tjsj/zxfb/201802/t20180228_1585631.html，2019–07–31）.

图 1-38　2013~2017 年三大区域国内生产总值（GDP）占全国 GDP 比例比较

（数据来源:《中国统计年鉴 2014~2018》）

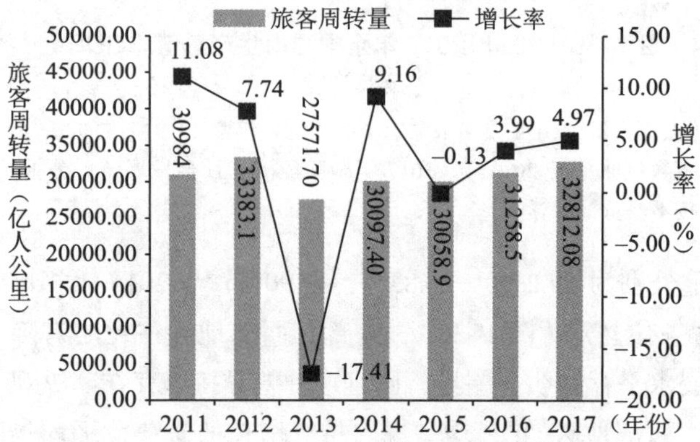

图 1-39　2011~2017 年全国旅客周转量及其变化

（数据来源:《中国统计年鉴 2012~2018》）

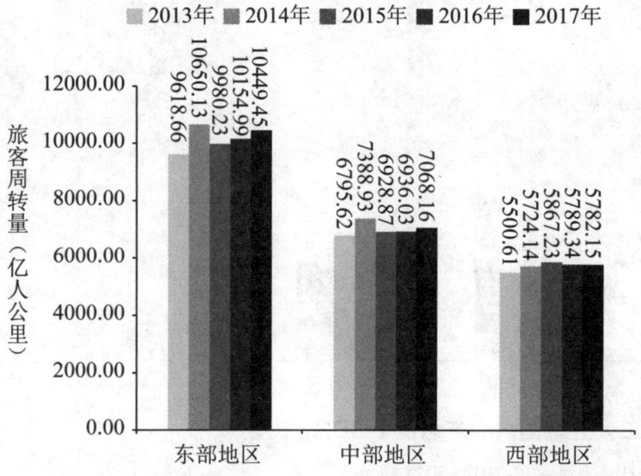

图 1-40　2013~2017 年三大区域旅客周转量比较

（数据来源:《中国统计年鉴 2014~2018》）

2. 交通发展水平：全国旅客周转量超过 3 万亿人公里，持续增加；东中西部差距明显，且东部、中部增加，西部减少，差距有所扩大

2017 年全国旅客周转量 32812.08 亿人公里，较 2016 年稍有增加，增幅为 4.97%。如图 1-39 所示，纵观 2011~2017 年，全国旅客周转量近两年持续增加，但增幅不大。

从三大区域的旅客周转量来看，如图 1-40 所示，2017 年东部、中部、西部地区的旅客周转量分别为 10449.45 亿人公里、7068.16 亿人公里、5782.15 亿人公里，东部仍然最高，与 2016 年相比较，东部、中部地区分别增加了 2.90%、1.90%，但西部减少了 0.12%；东部、中部、西部地区旅客周转量占全国的比例分别为 44.85%、30.34%、24.81%，东部、中部、西部地区之间的差距仍然较大，而且与 2016 年相比较，东部、中部地区所占比例分别上升了 0.47 个和 0.03 个百分点，而西部地区所占比例则下降了 0.50 个百分点（图 1-41）。

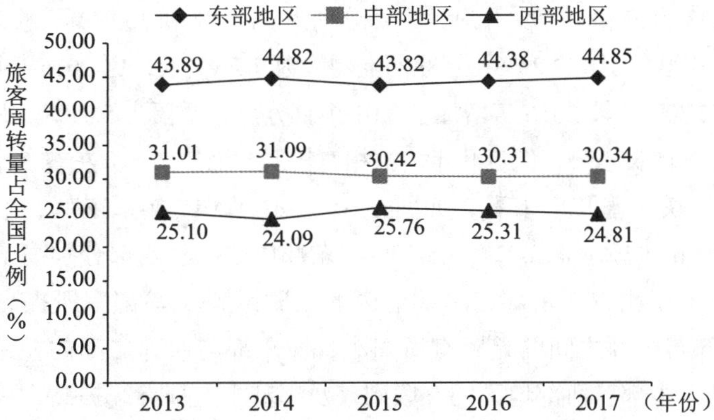

图 1-41　2013~2017 年三大区域旅客周转量占全国比例的变化及比较

（数据来源：《中国统计年鉴 2014~2018》）

3. 创新能力：全国万人专利授权数约 13 件 / 万人，小幅增加；东部优势明显，且增速较高，东西部差距扩大

2017 年全国万人专利授权数约为 13 件 / 万人，比 2016 年增加 4.16%，增幅较 2106 年提高了 2.69 个百分点。如图 1-42 所示，2011~2017 年，除了 2014 年外，全国万人专利授权数都保持增长状态，但增幅起伏较大，平均年增幅为 12.43%。

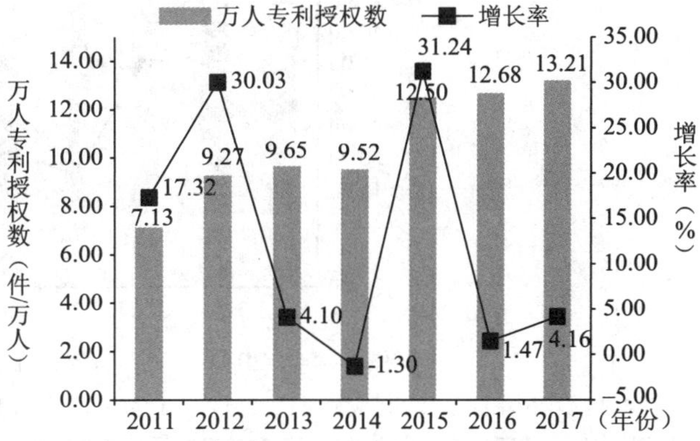

图 1-42　2011~2017 年全国万人专利授权数及其变化

（数据来源：《中国统计年鉴 2012~2018》）

从三大区域的万人专利授权数来看，如图 1-43 所示，2017 年，东部、中部、西部地区的万人专利授权数分别为 19.34 件 / 万人、6.45 件 / 万人、4.77 件 / 万人，东部是中部、西部的 3~4 倍；与 2016 年相比较，东部、中部万人专利授权数小幅增加，增幅分别为 5.65%、5.47%，而西部则小幅降低，降幅为 1.61%，致使东、西部之间的差距有所扩大。

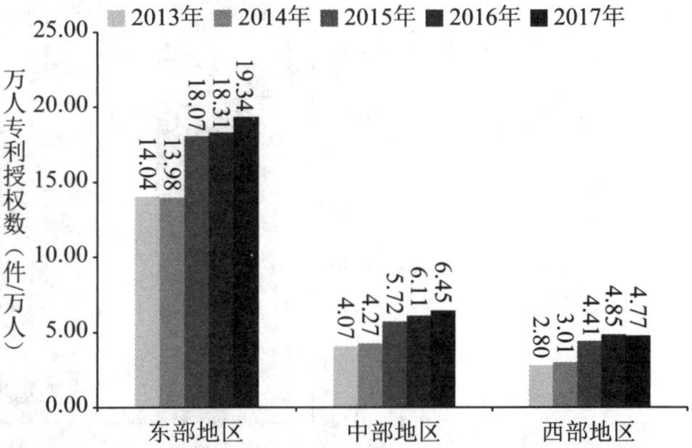

图 1-43　2013~2017 年三大区域万人专利授权数比较

（数据来源：《中国统计年鉴 2014~2018》）

4. 信息化水平：全国互联网普及率持续提高，增长率较稳定；东部、中部提高，西部降低，东西部差距加大

2017 年，全国固定互联网宽带接入用户 34854 万户，移动互联网用户 127154 万户，分别

比2016年增加了5133万户和17759万户，增幅分别为14.73%和13.97%。移动互联网接入流量245.9亿G，比2016年增长了162.23%；互联网上网人数7.72亿人，比2016年增加了4074万人，互联网普及率达到55.80%，较2016年增加了3.01个百分点，增幅为5.51%。纵观2011~2017年，互联网普及率保持持续增长态势，但近几年增幅相对较低，维持在5%左右（见图1-44）。

从三大区域的互联网普及率来看，如图1-45所示，2017年，东部、中部、西部地区的互联网普及率分别为61.92%、49.00%、45.08%，东部比中部、西部分别高了12.92个和16.84个百分点；与2016年相比较，东部、中部地区的互联网普及率都有所提高，而西部地区则有所下降，致使东部与中部之间的差距有所缩小，而东部与西部之间的差距略有扩大。纵观2013~2017年，东部、中部、西部地区的互联网普及率基本上都持续提高，只有西部地区2017年出现了下滑。

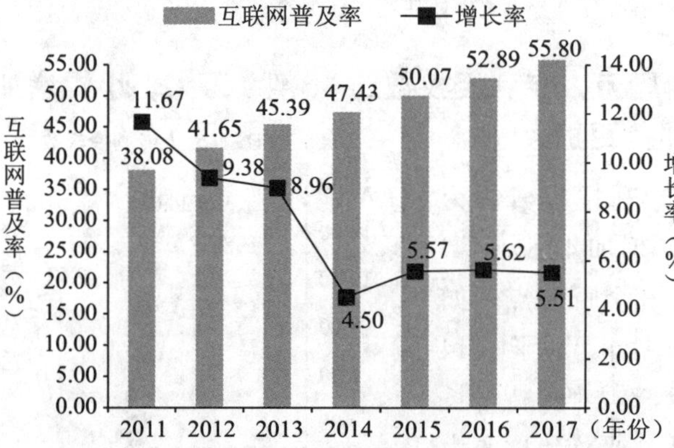

图1-44　2011~2017年全国互联网普及率及其变化

（数据来源：《中国统计年鉴2012~2018》，2017年互联网网民规模数据来源于：中国互联网络信息中心.41次中国互联网发展状况统计报告.中共中央网络安全和信息化委员会办公室，2018年1月3日 http：//www.cac.gov.cn/2018-01/31/c_1122347026.htm，2019-07-31）

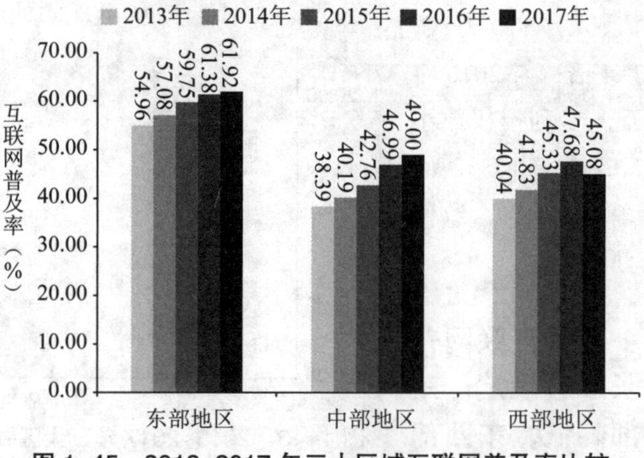

图1-45　2013~2017年三大区域互联网普及率比较

（数据来源：《中国统计年鉴2014~2018》，2018年中国互联网发展状况统计报告）

第二章　省域旅游业发展评价

一、旅游供给评价

旅游供给是反映区域旅游业发展水平及能力的重要方面。本报告从旅游供给现状和旅游供给潜力两方面入手分析中国 31 个省域的旅游供给情况，并选用住宿设施总数（包含星级饭店、精品酒店、营地三种类型）、星级饭店利润、A 级旅游景区数量、A 级旅游景区营业收入、旅行社数量 5 个指标作为旅游供给现状的评价指标；选用住宿接待业发展速度（住宿设施总数增长率、星级饭店利润增长率）、星级饭店全员劳动生产率、旅游目的地发展速度（A 级旅游景区数量增长率、A 级旅游景区营业收入增长率）、A 级旅游景区人均营业收入、旅行社发展速度（旅行社数量增长率）5 方面反映旅游供给的潜力。而后，对相关指标数据进行归一化处理，综合评价省域的旅游供给情况。2018 年，中国 31 个省域旅游供给指标值的基本描述统计分析结果如表 2–1 所示。

表 2–1　2018 年中国 31 个省域旅游供给评价指标及其基本描述统计

类型	评价指标	平均值	最大值	最小值	标准差	变异系数
旅游供给现状	住宿设施总数（家）*	349	735	59	175.81	0.50
	其中：星级饭店数量 *	285	613	39	145.62	0.51
	精品酒店数量 *	9	42	0	11.72	1.30
	营地数量 *	55	135	15	28.91	0.53
	星级饭店利润（亿元）	2.34	33.45	−7.27	8.02	3.43
	A 级旅游景区数量	349	1173	54	223.10	0.64
	A 级旅游景区营业收入（亿元）	139.99	588.46	2.04	136.04	0.97
	旅行社数量（家）	959	2450.00	127.00	630.54	0.66
旅游供给潜力	住宿设施总数增长率（%）*	−0.40	14.80	−18.56	7.59	−18.99
	其中：星级饭店增长率 *	−9.37	5.71	−28.13	6.65	−0.71
	精品酒店增长率 *	−29.91	30	−100.00	32.02	−1.07
	营地增长率 *	139.49	900	27.27	153.99	1.10
	星级饭店利润增长率（%）*	−18.33	669.15	−2432.64	488.65	−26.66
	星级饭店全员劳动生产率（万元 / 人）	16.62	41.90	9.43	6.52	0.39
	A 级旅游景区数量增长率（%）	9.26	44.07	−3.57	10.50	1.13
	A 级旅游景区营业收入增长率（%）	13.51	129.42	−52.78	27.38	2.03
	A 级旅游景区人均营业收入（万元 / 人）	37.36	156.79	10.54	28.66	0.77
	旅行社数量增长率（%）	7.12	59.38	−20	13.14	1.84

（数据来源：2018 年第四季度全国星级饭店统计公报，中华人民共和国文化和旅游部，2019 年 7 月，http：//zwgk.mct.gov.cn/auto255/201907/t20190726_845334.html?keywords=；2018 年各省份途家公寓统计，携程网，2019 年 6 月，https：//www.ctrip.com/?allianceid=4901&sid=123474&ouid=index；2018 中国露营地投资报告，露营天下，2019 年 6 月，http：//www.campave.com/；2018 年各省份精品酒店统计，携程网，2019 年 6 月，https：//www.ctrip.com/?allianceid=4901&sid=123474&ouid=index；《中国旅游统计年鉴 2017~2018》；2017 年度全国星级饭店统计公报，中华人民共和国文化和旅游部，2019 年 5 月，http：//zwgk.mct.gov.cn/auto255/201809/t20180930_835204.html?keywords=；* 这些指标为 2018 年数据）

（一）旅游供给现状

1. 住宿设施总数：平均 349 家，一半省域达平均值，广东遥遥领先；省际差异相对较小，且呈缩小趋势

住宿设施总数由星级饭店数量、精品酒店数量、汽车营地数量三个部分组成（以下合称住宿设施总数）。如表 2–1、图 2–1 所示，2018 年中国 31 个省域住宿设施总数的平均值为 349 家，15 个省域达到或超过平均水平。排名前 10 位的是广东、浙江、北京、山东、江苏、云南、湖北、四川、河南、河北，其中，广东住宿设施总数达到 735 家，遥遥领先，浙江、北京、山东住宿设施数量也较大，均超过 600 家；排名后 10 位的是贵州、青海、重庆、黑龙江、山西、海南、吉林、天津、宁夏、西藏。

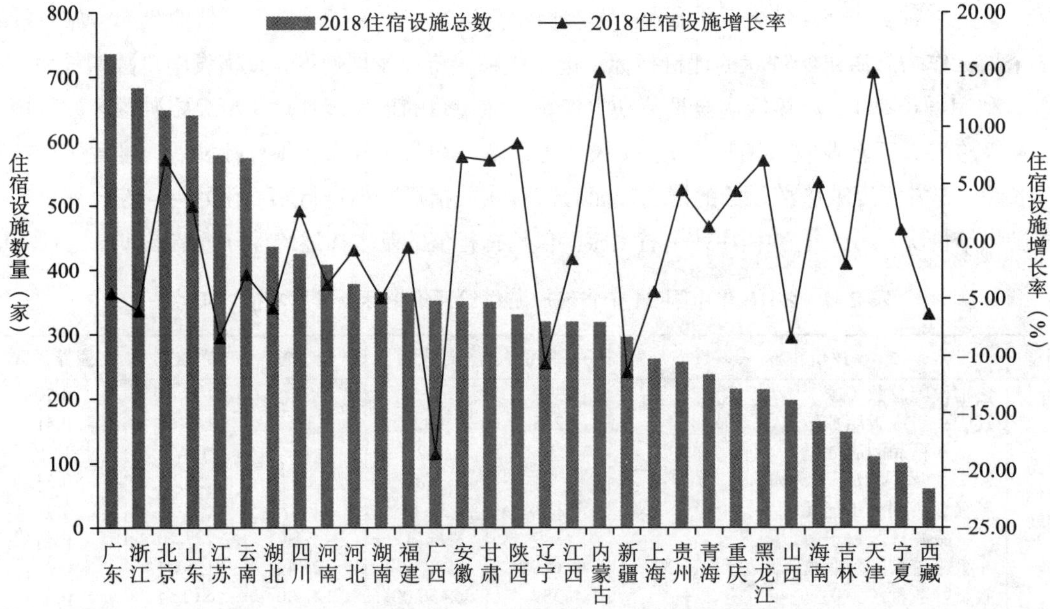

图 2–1　2018 年中国 31 个省域住宿设施总数及其增长率

（数据来源：同表 2–1）

从住宿设施总数的省际差异来看，2018 年中国 31 个省域住宿设施总数的变异系数的绝对值为 0.50（表 2–1），在旅游供给的评价指标中相对较小，并较近几年有少许降低，表明住宿设施总数的省际差异较小，且有缩小的趋势。从住宿设施的空间分布来看，如图 2–2 所示，东部沿海、东南和西南地区省域住宿设施总数都较大，而中部、西部和东北个别省域相对较小，整体空间分异不明显。

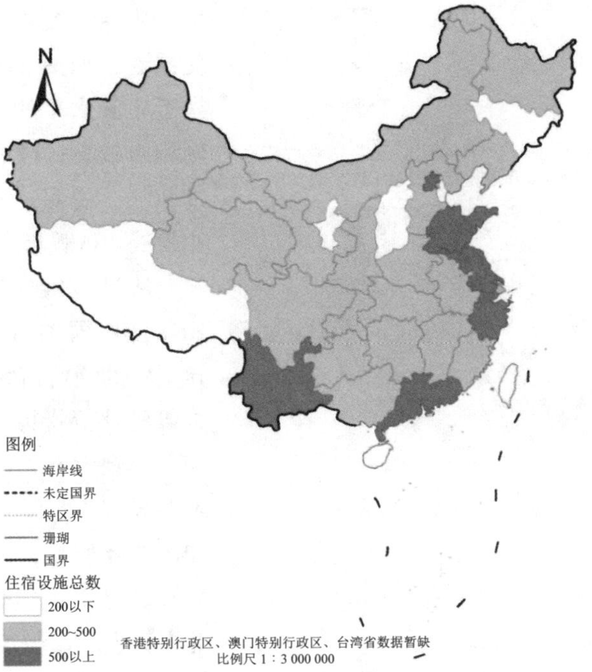

图 2–2　2018 年中国 31 个省域住宿设施总数的空间分布

（数据来源：同表 2–1）

（1）星级饭店数量：平均 285 家，近半数省域达平均，广东最多，东部沿海数量较多；星级饭店数量在住宿设施总量中的占比较大；省际差异较小且较稳定，东部沿海数量较多

如表 2–1、图 2–3 所示，2018 年中国 31 个省域星级饭店数量的平均值为 285 家。广东星级饭店数量最多，有 613 家；其次，浙江、山东也较多，均超过 500 家；而宁夏、天津、西藏不足 100 家。

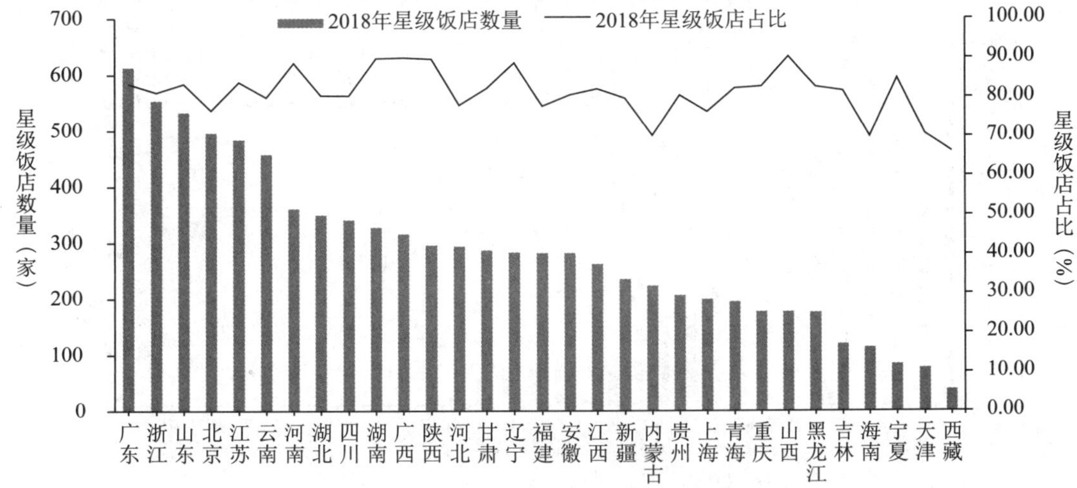

图 2–3　2018 年中国 31 个省域的星级饭店数量及其占住宿设施总数的比例

（数据来源：2018 年第四季度全国星级饭店统计公报，中华人民共和国文化和旅游部，2019 年 7 月 http：//zwgk.mct.gov.cn/auto255/201907/t20190726_845334.html?keywords=，2019–7–26）

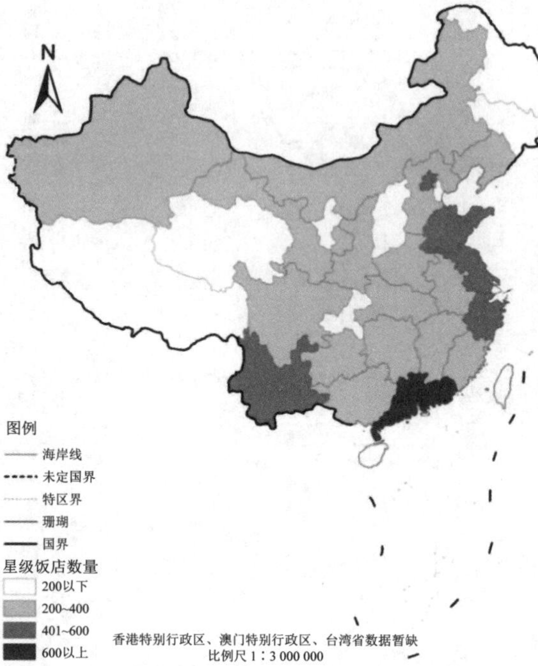

图 2-4　2018 年中国 31 个省域星级饭店数量空间分布

（数据来源：同图 2-3）

从星级饭店占比与住宿设施总数的关系看，如图 2-3 所示，住宿设施总数靠近中间水平的省域，星级饭店所占比例相对较高；17 个省域星级饭店占比超过 80%，说明，大部分省域的住宿接待业发展均依赖星级饭店。

从星级饭店数量的省际差异来看，2018 年中国 31 个省域星级饭店数量的变异系数的绝对值为 0.51（表 2-1），在旅游供给评价指标中相对较小，较去年而言，小幅上升，表明星级饭店数量的省际差异较小，但略呈现上升趋势。同时，如图 2-4 所示，在空间分布上，东部沿海省域星级饭店数量较高，而西部、东北多数省域星级饭店数量较少。

（2）精品酒店数量：平均 9 家，近四成省域达平均，浙苏最多，10 省域为 0；住宿设施总规模大的省域精品酒店较多；省际差异大，且较去年有微小增大；呈东—西分异

如表 2-1、图 2-5 所示，2018 年中国 31 个省域精品酒店数量的平均值为 9 家，12 省域超过平均水平。浙江最多，超过 40 家，占住宿设施总数的比例超过 11%；其次，江苏、上海较多，都达到 30 家；而湖南、内蒙古、吉林等 10 个省域尚无 1 家精品酒店。

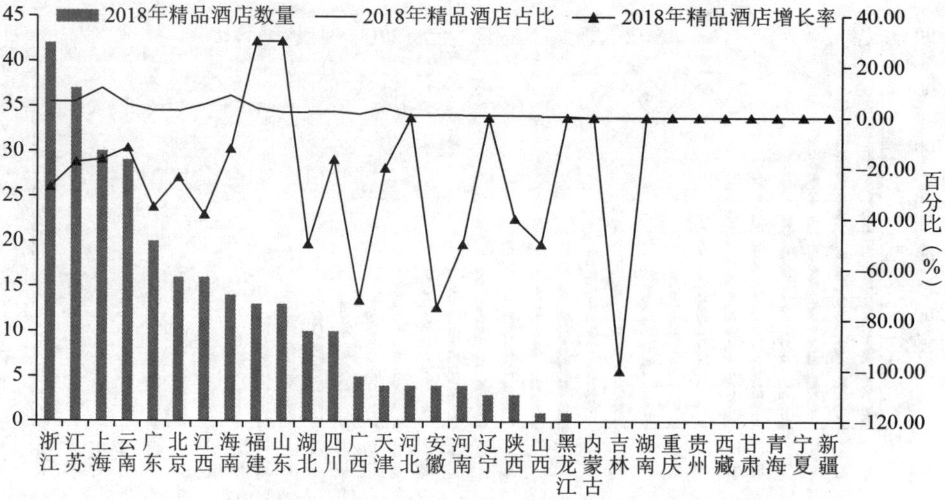

图 2-5　2018 年中国 31 个省域的精品酒店数量、占比及增长率

（数据来源：2018 年各省份精品酒店统计，携程网，2019 年 6 月，https：//www.ctrip.com/?allianceid=4901&sid=123474&ouid=index）

从精品酒店占住宿设施总数的比例来看，如图 2–5 所示，住宿设施总数排名前 10 省域的平均占比为 3.16%，排名后 10 省域的平均占比为 1.32%，排名中间的省域的平均占比为 2.23%，即住宿设施总数较大的省域，精品酒店数量相对较多。但上海、海南等例外，住宿设施排名在第 20 位以后，总数不大，但精品酒店数量较多，居全国前列。

2018 年中国 31 个省域精品酒店数量的变异系数的绝对值为 1.30（表 2–1），在旅游供给评价指标中相对较高，较 2017 年小幅上升；这表明精品酒店数量的省际差异大，且有微小增大。同时，如图 2–6 所示，精品酒店主要集中于东部、东南、西南部沿海省域，总体而言，东部区域高于西部区域，呈现东—西分异，且较为明显。

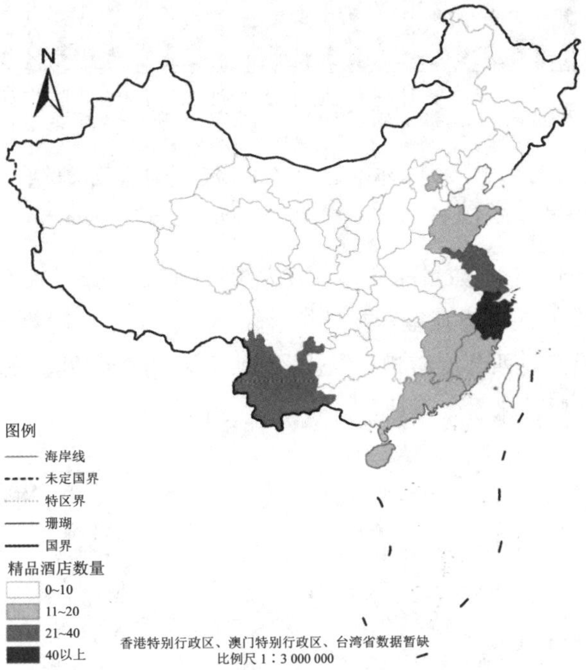

图 2–6　2018 年中国 31 个省域精品酒店数量的空间分布

（数据来源：同图 2–5）

（3）营地数量：平均 55 家，北京遥遥领先；住宿设施总数越多的省域，营地越少；省际差异较小，且表现出缩小趋势；空间上呈“Π”型集中分布

如表 2–1、图 2–7 所示，2018 年中国 31 个省域汽车营地数量的平均值为 55 家，14 个省域达到或超过平均水平。北京遥遥领先，有 135 家；广州、内蒙古、山东也较多，均超过 90 家；而山西和宁夏都很少，不足 20 家。

从营地数量占住宿设施总数的比例来看，如图 2–7 所示，住宿设施总数排名前 10 的省域，平均占比为 15.24%，排名后 10 的省域，平均占比为 19.52%，排名中间的省域，平均占比为 15.32%。可见住宿设施总数越多的省域，营地的占比越少，反之越多。

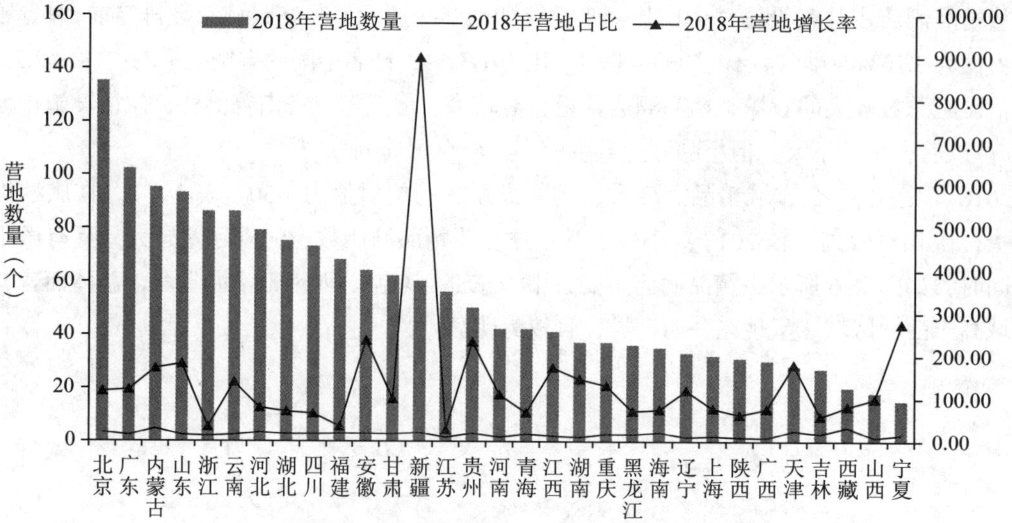

图 2–7　2018 年中国 31 个省域营地数量及增长率

（数据来源：2018 中国露营地投资报告，露营天下，2019 年 6 月，http：//www.campave.com/）

2018 年中国 31 个省域营地数量的变异系数为 0.53（表 2–1），在旅游供给各类指标中较小，且相较于前两年持续降低，表明其省际差异相对较小，且呈缩小趋势。同时，如图 2–8 所示，营地主要集中在东部沿海、西部旅游相对发达区域，西部部分省域、东北部省域，中部成为明显的营地分布凹陷带，整体来看，营地呈“Π”形集中分布。

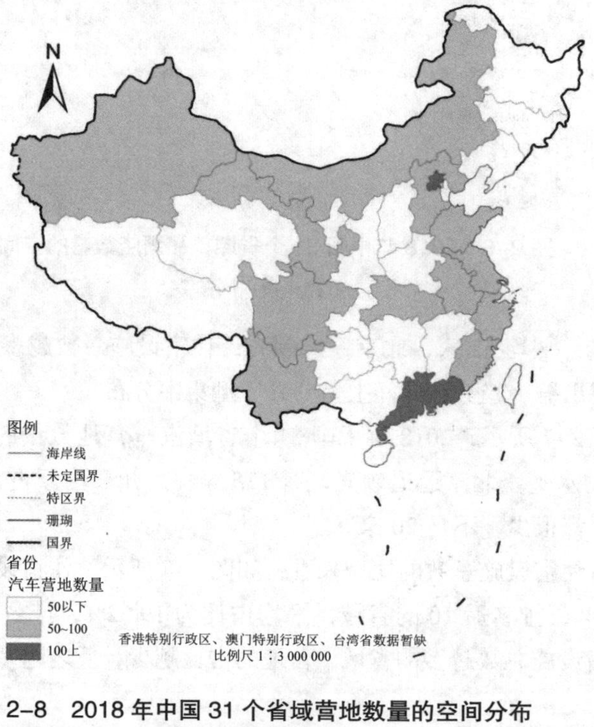

图 2–8　2018 年中国 31 个省域营地数量的空间分布

（数据来源：同图 2–7）

2. 星级饭店利润：多数省域亏损，13 个省域盈利；省际差异较小，且差距缩小；空间分布呈东南—西北分异

如表 2–1、图 2–9 所示，2017 年中国 31 个省域星级饭店的利润平均为 2.34 亿元，多数处于亏损状态，13 个省域实现盈利，上海、广东和北京表现较为突出，利润在 15 亿元以上，贵州、江西、安徽、湖北、陕西利润较低；其他省域都有不同程度的亏损，山东、辽宁、山西、河北亏损在 2 亿元以上，其中河北亏损高达 7.27 亿元。

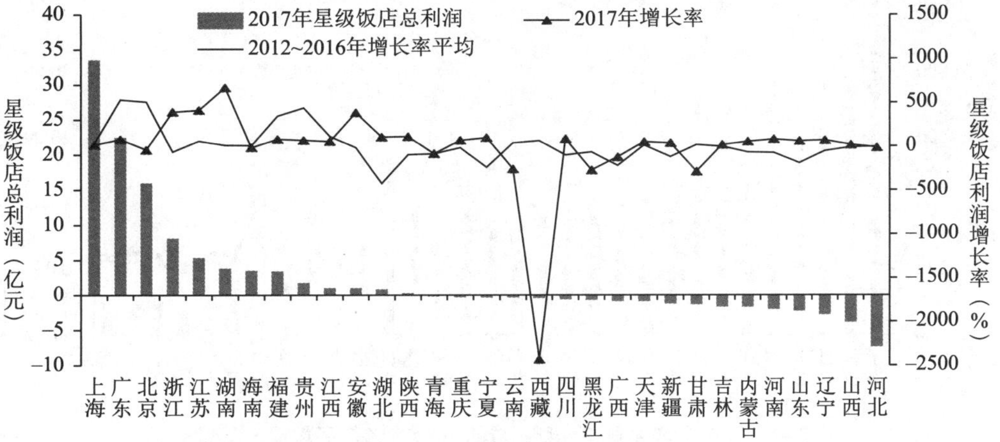

图 2–9　2017 年中国 31 个省域星级饭店利润及增长率

（数据来源：2017 年度全国星级饭店统计公报，中华人民共和国文化和旅游部，2019 年 5 月，http：//zwgk.mct.gov.cn/auto255/201809/t20180930_835204.html?keywords=）

2017 年中国 31 个省域星级饭店利润变异系数的绝对值达 3.43（表 2–1），而且，与 2016 年相比，变异系数大幅度下降，表明星级饭店利润的省际差异呈缩小趋势。同时，如图 2–10 所示，星级饭店利润较高的省域集中分布在华东和华南地区，整体呈现东南—西北分异。

图 2–10　2017 年中国 31 个省域星级饭店利润的空间分布

（数据来源：同图 2–9）

3. A 级旅游景区数量：平均为 349 家，过半省域达平均值，鲁浙苏前三甲；省际差异较小，且稳定；空间分布整体为东—中—西分异

如表 2–1、图 2–11 所示，2017 年，中国 31 个省域 A 级旅游景区总

数的平均值为 349 家，16 个省域超过平均水平，山东、浙江、江苏和安徽表现较好，A 级旅游景区数量超过 500 家，其次，四川、辽宁、广西、陕西、河南、黑龙江、河北也较多，A 级旅游景区数量均超过 400 家，而上海、宁夏、海南不足 100 家。

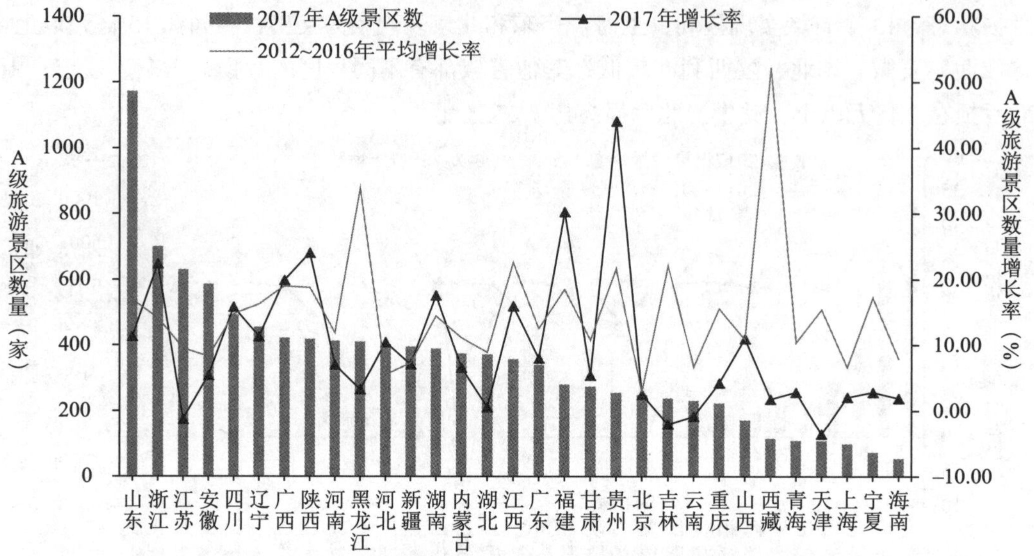

图 2-11　2017 年中国 31 个省域的 A 级旅游景区数量及其增长率

（数据来源：《中国旅游统计年鉴 2013~2018》）

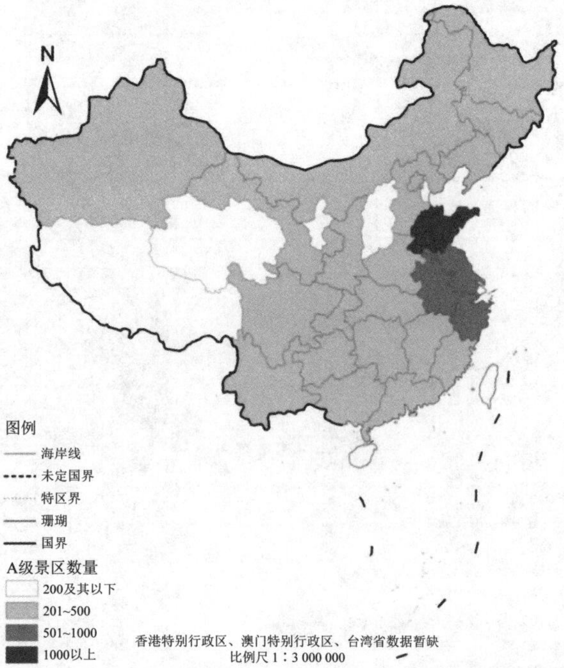

图 2-12　2017 年中国 31 个省域 A 级旅游景区数量的空间分布

（数据来源：《中国旅游统计年鉴 2018》）

从 A 级旅游景区数量的省际差异来看，中国 31 个省域 A 级旅游景区数量的变异系数为 0.64（表 2-1），在旅游供给的评价指标中相对较小，且与近五年相比，变化不大，表明 A 级旅游景区数量的省级差异言较小，且保持相对稳定的状态。从 A 级旅游景区数量的空间分布看，如图 2-12 所示，数量多的省域主要分布于东部沿海偏北地区，中部少数省域和西南部少数省域 A 级旅游景区数量相对较少，总体为东—中—西分异。

4. A 级旅游景区营业收入：平均为 139.99 亿元，三成多景区超过平均水平；江西遥遥领先；空间上表现为东南—西北分异

如表 2-1、图 2-13 所示，2017 年，中国 31 个省域 A 级旅游景区营业收入的平均值为 139.99 亿元，11 个省域超过平均水平，

江西表现突出，营业收入达 588.46 亿元，四川紧随其后，近 500 亿元。天津、宁夏、西藏表现较差，整体收入不足 30 亿元。

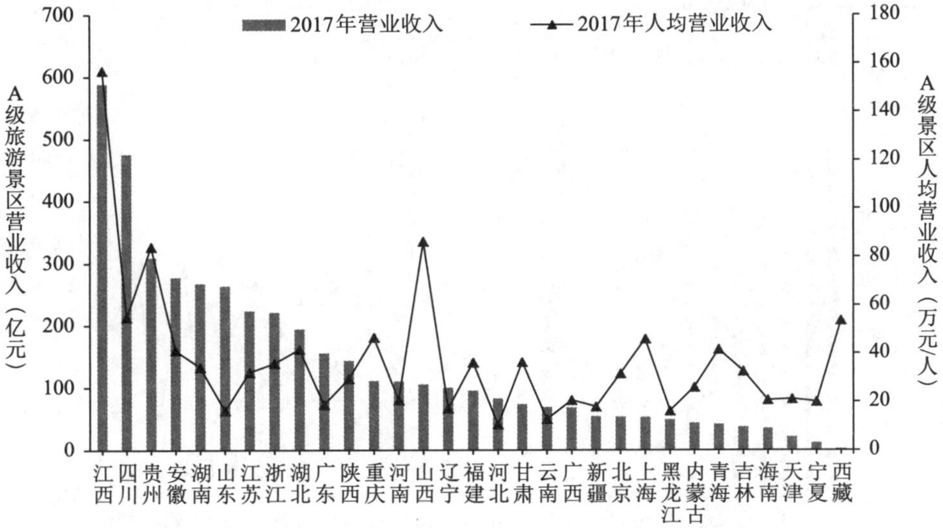

图 2-13　2017 年中国 31 个省域 A 级旅游景区营业收入及其人均营业收入

（数据来源：《中国旅游统计年鉴 2017/2018》）

从 A 级旅游景区营业收入的省际差异来看，变异系数为 0.97（表 2-1），表明 A 级旅游景区营业收入的省际差异较大。从 A 级旅游景区营业收入的空间分布看，如图 2-14 所示，营业收入较高的省域主要分布于东南部，总体上表现为东南—西北分异。

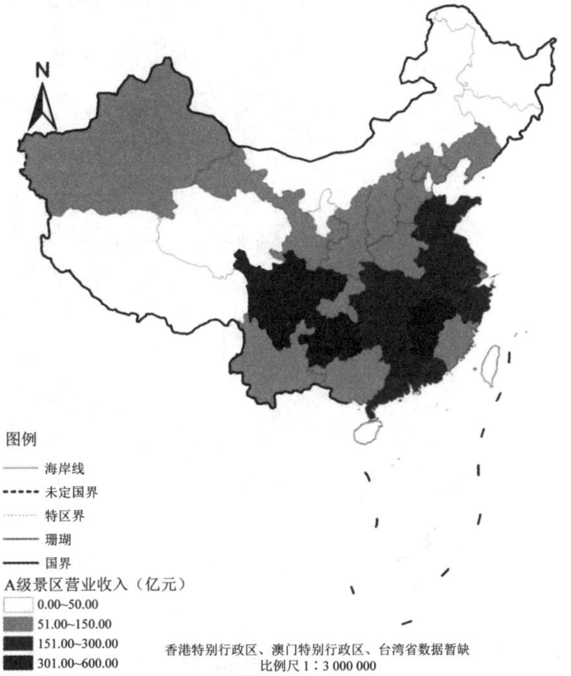

图 2-14　2017 年中国 31 个省域 A 级旅游景区营业收入的空间分布

（数据来源：《中国旅游统计年鉴 2018》）

5. 旅行社企业数量规模：平均 959 家，12 个省域达平均；粤苏鲁浙较多；省际差异不大且较稳定，呈东—中—西逐步递减的空间分布格局

如图 2-15 所示，2017 年中国 31 个省域旅行社数量的平均值为 959 家，12 个省域超过平均水平。其中，广东、江苏、山东和浙江旅行社企业数量较为领先，超过 2000 家；而青海、海南、西藏、宁夏数量较少，不足 300 家。

2017 年中国 31 个省域旅行社企业数量的变异系数为 0.66，在旅游供给的评价指标中较小，且近五年几乎没有变化，说明旅行社数量的省际差异不大，较稳定。同时，如图2-16所示，从空间分布来看，旅行社数量较高的省域集中在华东、华南地区，由此向中部和西部地区递减，大体呈现由东向西逐步递减的空间分布格局。

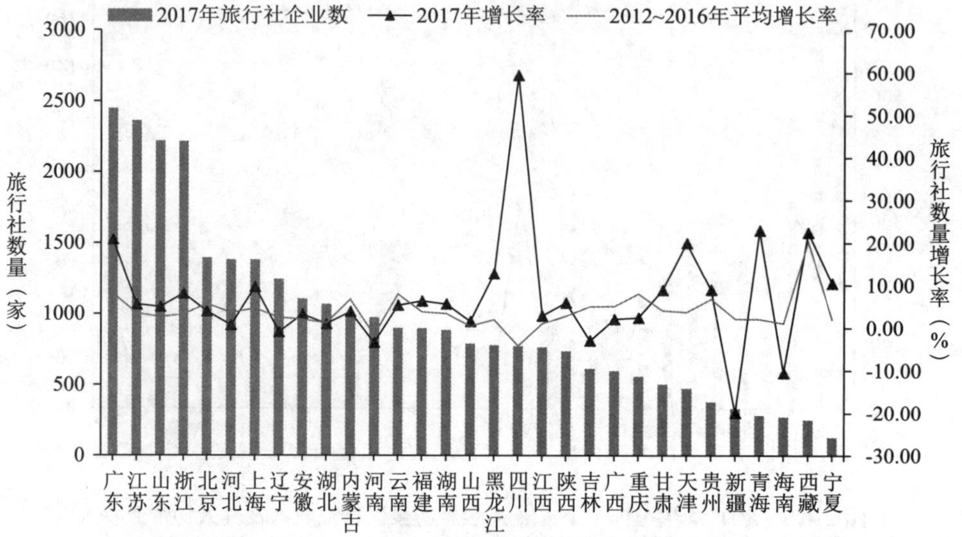

图2-15 2017年中国31个省域的旅行社数量及其增长率

（数据来源：《中国旅游统计年鉴2013~2018》）

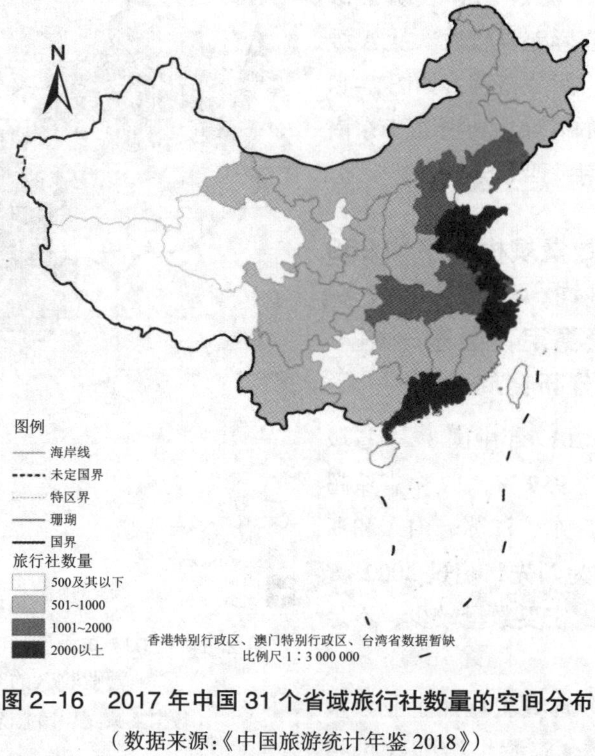

图2-16 2017年中国31个省域旅行社数量的空间分布

（数据来源：《中国旅游统计年鉴2018》）

（二）旅游供给潜力

1. 住宿设施数量增长率：平均为 –0.40%，整体增长萎缩；住宿设施总数较少的省域，增长率更高；省际差异显著，且呈扩大趋势；空间分异明显，中北部突出

如表 2–1、图 2–1 所示，2018 年中国 31 个省域住宿设施数量增长率的平均值为 –0.40%，表明全国住宿设施数量总量整体呈萎缩态势。内蒙古、天津、陕西、安徽、北京、甘肃、黑龙江、海南、贵州、重庆、山东、四川、青海、宁夏实现数量增长，其中，内蒙古住宿设施数量增长率达 14.80%。19 个省域住宿设施数量呈现负增长，其中，广西、新疆、辽宁降幅最大，降幅均超过 10%。

结合住宿设施数量来看，如图 2–1 所示，住宿设施数量排名前 10 的省域，平均增长率为 –1.95%，而排名后 10 的省域，平均增长率为 2.14%，排名中间的省域，平均增长率为 –1.30%；可见，住宿设施数量靠后的省域增长更为明显。

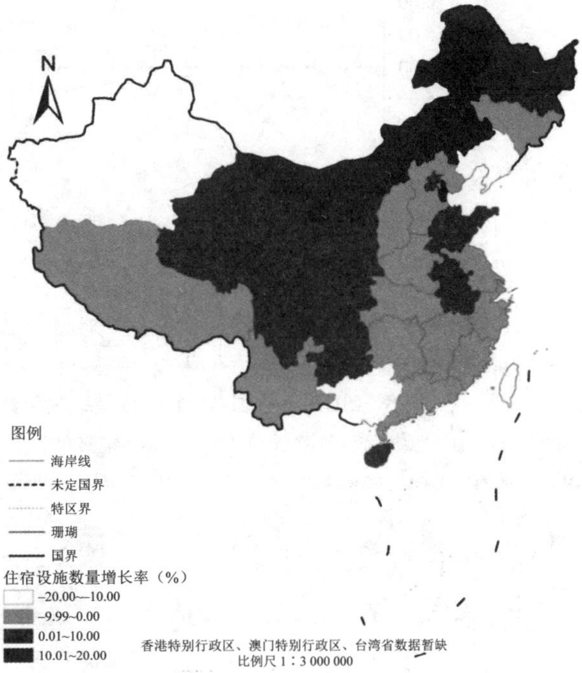

图 2–17　2018 年中国 31 个省域住宿设施数量增长率的空间分布

（数据来源：同表 2–1）

同时，2018 年中国 31 个省域住宿设施数量增长率的变异系数绝对值为 18.99（表 2–1），非常大，而且高于 2017 年，表明住宿设施数量增长率的省际差异显著，且呈扩大趋势。从 2018 年住宿设施数量增长率的空间分布来看，如图 2–17 所示，较高的区域集中在中部、东北部还有东部和南部个别省域，西北和南部部分省域较低，呈现中北部突出带。

（1）星级饭店数量增长率：平均为 –9.37%，星级饭店数量整体萎缩，降幅增加，仅陕西 1 省星级饭店数量增长；星级饭店数量较少省域的增长率高；省际差异较小，且表现出逐渐缩小趋势；东北、中部部分省域增长率较高

如表 2–1、图 2–18 所示，2018 年中国 31 个省域星级饭店数量增长率的平均值为 –9.37%，全国仍整体表现为负增长，且降幅较 2017 年增加；其中，广西、西藏、新疆降幅较大，超过 20%。仅有陕西 1 省的星级饭店数量呈增长态势，但增长率不高，为 5.71%。

结合星级饭店的数量看，如图 2–3 所示，星级饭店数量排名前 10 的省域的平均增长率为 –9.11%，星级饭店数量排名后 10 的省域的平均增长率为 –8.88%，而星级饭店数量中等的省域的平均增长率为 –10.06%；可见，星级饭店数量较少省域的增长率较高。

与 2012~2017 年的平均增长率相比较，如图 2–18 所示，黑龙江、安徽、陕西 3 个省域

2018 年星级饭店数量的增长率都有不同程度增加，陕西的增长幅度最大；同时，28 个省域 2018 年星级饭店数量的增长率有不同程度下降。

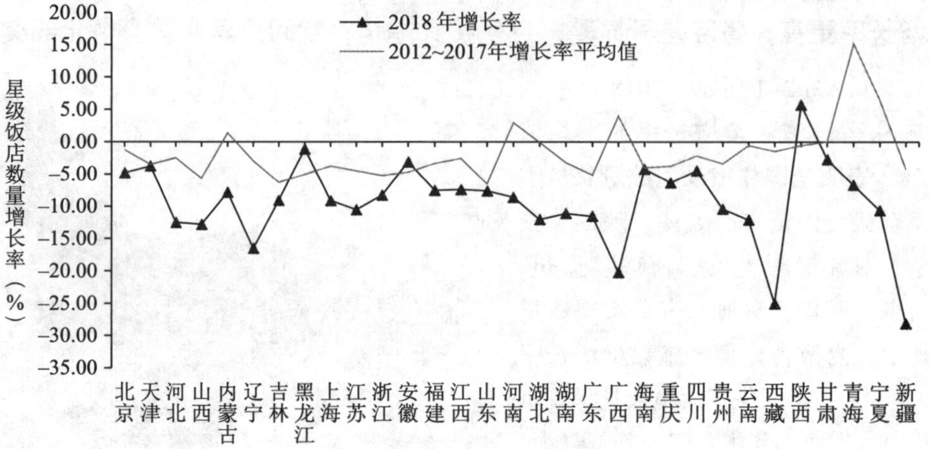

图 2-18　2018 年中国 31 个省域星级饭店数量增长率及 2012~2017 年平均增长率

（数据来源：中国旅游统计年鉴 2012~2017；2018 年第四季度全国星级饭店统计公报，中华人民共和国文化和旅游部，2019 年 7 月，http：//zwgk.mct.gov.cn/auto255/201907/t20190726_845334.html?keywords=，2019-7-26）

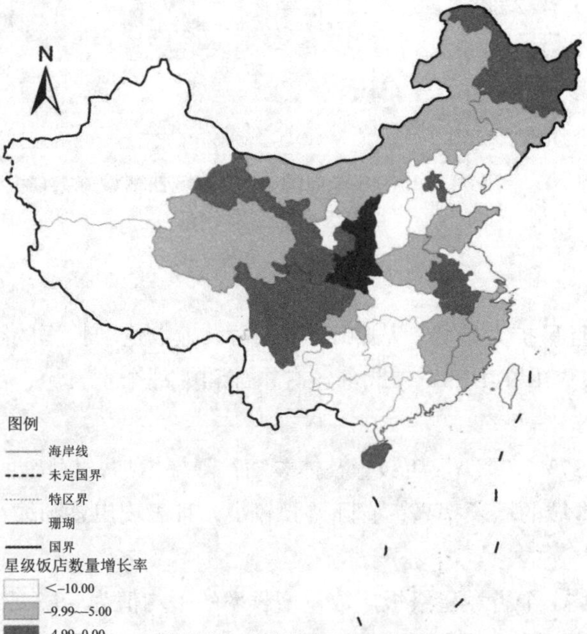

图 2-19　2018 年中国 31 个省域星级饭店数量增长率的空间分布

（数据来源：同图 2-3）

2018 年中国 31 个省域星级饭店增长率的变异系数的绝对值为 0.71（表 2-1），在旅游供给的各项指标中较小，表明星级饭店数量增长率的省际差异较小；与近几年相比，变异系数绝对值迅速减小，表示星级饭店数量增长率的省际差异呈缩小趋势。从 2018 年星级饭店数量增长率的空间分布（图 2-19）来看，东北、中部部分省域增长率较高，西部、南部、华北部分省域整体偏低。

（2）精品酒店数量增长率：平均 -29.91%，整体萎缩，仅 2 个省域实现增长；省际差异较大，呈现出明显的西南和东部沿海较高格局

如表 2-1、图 2-5 所示，2018 年中国 31 个省域精品酒店数量增长率的平均值为 -29.91%，表明全国精品酒店数量呈萎缩态势，仅福建和山东 2 个省域精品酒店数量实现数量增长，增长率均为 30%；10 个省域数量没有发生变化，规模与 2017 年基本持平；大部分省域均呈现负增长。

2018年中国31个省域精品酒店增长率的变异系数的绝对值为1.07（表2-1），省际差异较大，与2017年相比，小幅上升，省际差异进一步小幅扩大。如图2-20所示，2018年精品酒店数量增长率的空间分布呈现出明显的西南和东部沿海较高的格局。

（3）营地数量增长率：平均值为139.49%，8个省域超平均值；营地数量居中的省域增长率较高；省际差异大，新疆表现突出

如表2-1、图2-7所示，2018年中国31个省域营地数量增长率的平均值为139.49%，仅8个省超过平均值。新疆表现最为突出，增长率为900%，宁夏、贵州、安徽表现也较好，增长率均超过200%。浙江、福建增幅最小，低于50%。2018年中国31个省域营地数量增长率的变异系数为1.10（表2-1），表明营地数量增长率的省际差异较大。

结合营地的数量看，如图2-7所示，排名前10的省域平均增长率为101.79%，排名后10的省域平均增长率为110.80%，排名中间的省域平均增长率为199.83%；营地数量居中的省域，其增长率较高。如图2-21所示，增长率较高的区域集中在西北部旅游发达地区，中部和东北部省域较少。

图2-20　2018年中国31个省域精品酒店数量增长率的空间分布

（数据来源：同图2-5）

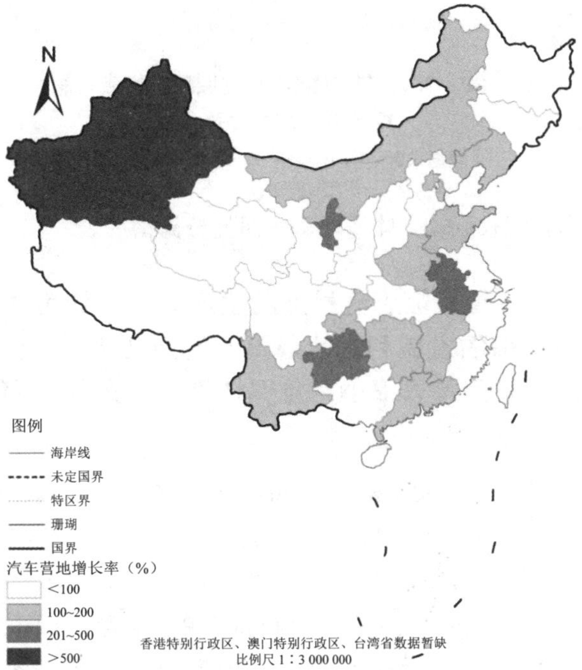

图2-21　2018年中国31个省域营地数量增长率的空间分布

（数据来源：同图2-7）

2. 住宿接待业利润增长率：平均为-18.33%，七成省域实现利润增长，西藏急速下降，湖南表现突出；与前五年比较，多数省域提高，湘皖浙苏提高幅度大；省际差异大，且呈扩大态势；大体呈现东—西的分异格局

如表2-1、图2-9所示，2017年中国31个省域星级饭店利润增长率的平均值

为 -18.33%，22 个省域呈现呈增长态势。其中，湖南的增长率达到 669.15%，江苏、浙江、安徽也表现较好，增长率超过 300%。河北、海南、北京、青海、广西、云南、黑龙江、甘肃、西藏 9 个省域星级饭店利润呈现负增长，其中，西藏负增长幅度最大，达 2432.64%。

结合星级饭店的利润来看，如图 2-9 所示，利润排名前 10 的省域的平均增长率为 170.59%，排名后 10 的省域的平均增长率为 6.65%，排名中间的省域的平均增长率为 9.20%（剔除西藏极端异常值）；总体上星级饭店利润较高的省域，其利润增长率也较大。

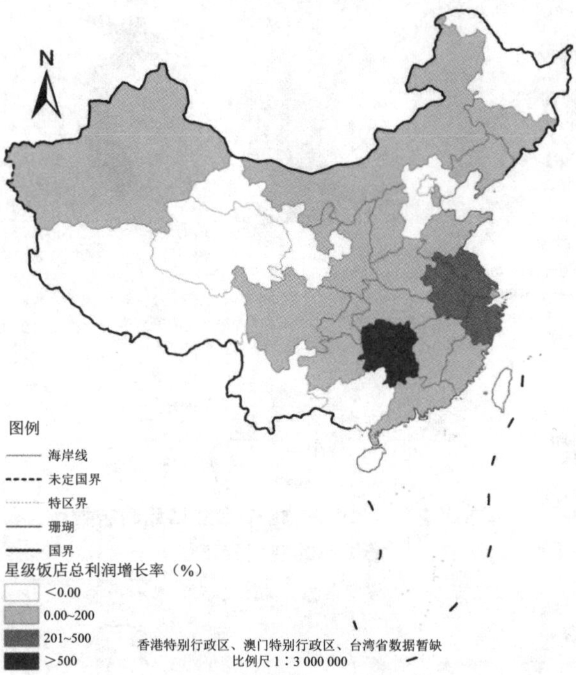

图 2-22　2017 年中国 31 个省域星级饭店利润增长率的空间分布

（数据来源：《中国旅游统计年鉴 2018》）

与 2012~2016 年增长率的平均值相比较，如图 2-9 所示，19 个省域的利润增长率都有所增加，湖南、安徽、浙江、江苏较往年平均增长率的增幅超过 500%；12 个省域的利润增长率有所降低，其中，西藏降幅最大。总体而言，大多数省域星级饭店的经营效益有所上升。

2017 年中国 31 个省域星级饭店利润增长率的变异系数的绝对值为 26.66（表 2-1），且比 2016 年、2015 年有很大程度的增加，表明星级饭店利润增长率的省际差异较大，且呈扩大趋势。同时，如图 2-22 所示，2017 年星级饭店利润增长率较高的省域较集中地分布于东部、中部和西北地区，西南省域较低，大体呈现东—西的分异格局。

3. 星级饭店全员劳动生产率：平均为 16.62 万元 / 人，上海仍独领风骚；生产率越高的省域利润也越高；与前五年比较，七成省域实现增长，藏陕贵沪增幅较大；省际差异很小，且保持稳定，东部沿海及西南部分省域较高

如表 2-1、图 2-23 所示，2017 年中国 31 个省域星级饭店全员劳动生产率的平均值为 16.62 万元 / 人，稍高于 2016 年水平；8 个省域达到或超过平均水平，其中，上海最高，为 41.90 万元 / 人，北京、西藏、海南、江苏、浙江、广东也较高，都超过 20 万元 / 人；而云南则不到 10 万元 / 人。

从与各省域星级饭店利润的关系来看，如图 2-23 所示，星级饭店全员劳动生产率排名前 10 的省域的平均利润为 9.05 亿元，排名中间的省域的平均利润为 -0.26 亿元，排名后 10 的省域的平均利润为 -1.50 亿元；表现为全员劳动生产率越高的省域，利润也越高。但西藏、天津和重庆等省域，虽然星级饭店的全员劳动生产率较高，但其利润却很低，处于亏损状态，表明

其在成本控制等方面有很大改进空间。

与2012~2016年的平均全员劳动生产率相比较，如图2–23所示，2017年28个省域实现了全员劳动生产率的增长，其中，增长较快的是西藏、陕西、贵州、上海，增幅均超过25%。

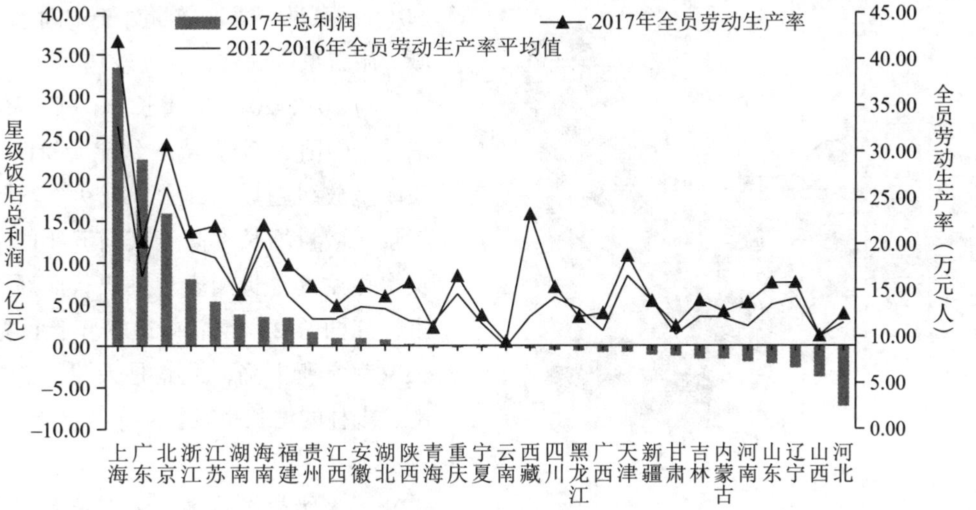

图2–23　2017年中国31个省域星级饭店平均全员劳动生产率及2012~2016年平均值

（数据来源：《中国旅游统计年鉴2013~2018》）

从2017年中国31个省域全员劳动生产率的省际差异来看，变异系数为0.39，与2016年相比，增加0.01，与2012~2016年相比变化不大，表明其省际差异较小，且较为稳定。同时，如图2–24所示，星级饭店全员劳动生产率较高的省域主要集中在东部沿海及西南部部分省域。

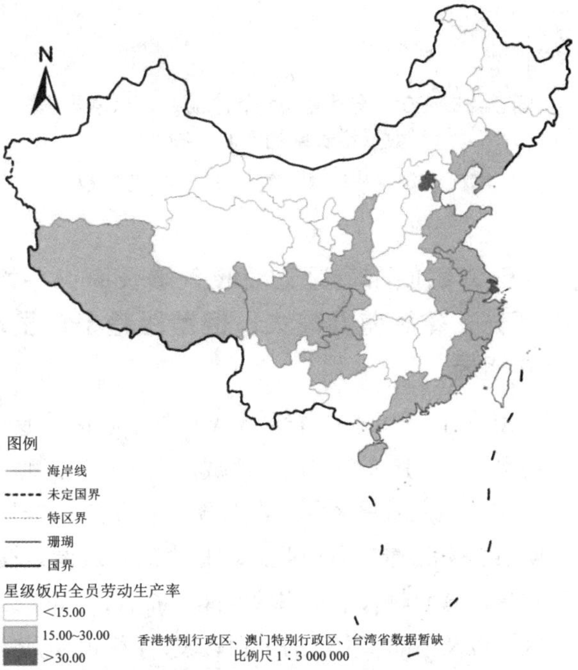

图2–24　2017年中国31个省域星级饭店全员劳动生产率的空间分布

（数据来源：《中国旅游统计年鉴2018》）

4. A级旅游景区数量增长率：平均为9.26%，近四成省域达到平均值，贵州高居榜首；景区数量中等的增幅较大；较前五年增速放缓；省际差异较大，但呈现缩小态势，呈现出“中间高，东西低”的空间分异格局

如表2–1、图2–11所示，2017年中国31个省域A级旅游景区数量均有不同程度的增长，增长率的平均值为9.26%，12个省域达到或超过平均值，相较2016年，略有下降；贵州的增长率高达44.07%，福建、陕西、浙江的增长率也较高，均超过20%，而云

南、江苏、吉林、天津的 A 级景区规模有所降低。

从各省域的 A 级旅游景区数量来看，如图 2-11 所示，景区数量排名前 10 的省域平均增长率为 11.90%，处于中间水平的省域平均增长率为 13.46%，排名后 10 的省域平均增长率为 2.01%；可见，景区数量处于中间水平的省域，旅游景区的增长速度较快。

与 2012~2016 年增长率的平均值对比来看，中国 31 个省域 A 级旅游景区数量增长率呈放缓趋势。其中，有 9 个省域 2017 年景区数量增长率高于其前五年的平均增长率，尤其是贵州表现突出；而新疆、北京、江西等 22 个省域 2017 年景区数量增长率都有所下降，尤其是天津、江苏、云南、吉林的增长率较往年平均降低了 100% 以上。

从 A 级旅游景区数量增长率的省际差异来看，2017 年景区数量增长率的变异系数为 1.13（表 2-1），较大，对比近五年数据呈降低态势，表明 A 级旅游景区数量增长率的省级差异较大，但呈缩小趋势。同时，如图 2-25 所示，增长率高的省域集中分布于中南部及川陕地区，呈现出“中间高，东西低”的空间分异格局。

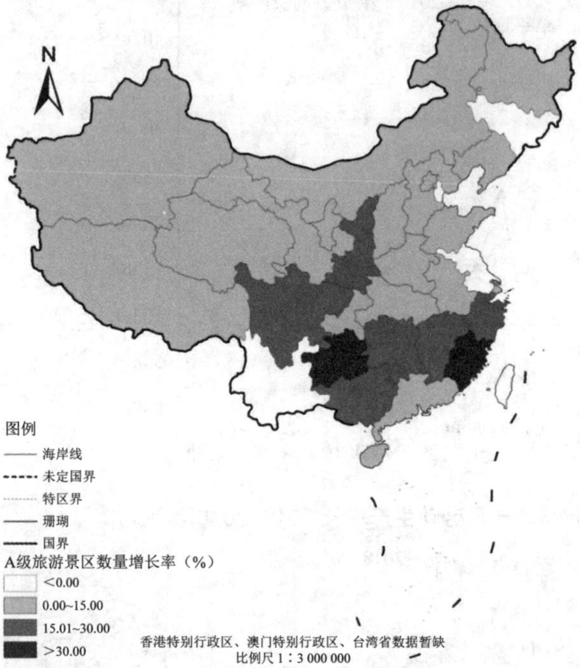

图 2-25　2017 年中国 31 个省域 A 及旅游景区数量增长率的空间分布

（数据来源：《中国旅游统计年鉴 2017/2018》）

5. A 级旅游景区营业收入增长率：平均为 13.51%，三成省域达平均，福建遥遥领先；省际差异较大，但差距趋小；呈现出“西北高、西南及东北低”的空间分异格局

2017 年，中国 31 个省域 A 级旅游景区营业收入增长率的平均值为 13.51%，9 个省域超过平均水平，福建表现突出；西藏、黑龙江、河北、重庆呈现负增长，其中，西藏表现最差。

从 A 级旅游景区营业收入增长率的省际差异来看，变异系数为 2.03（表 2-1），相对较大，表明 A 级旅游景区营业收入增长率的省级差异较大，但较去年有所减少，差距趋小。从 A 级旅游景区营业收入增长率的空间分布看，如图 2-26 所示，增长率较高的省域主要分布在西北地区，以及中部、南部的个别省域；西南、东北相对较低。总体上表现“西北高、西南及东北低”的分异格局。

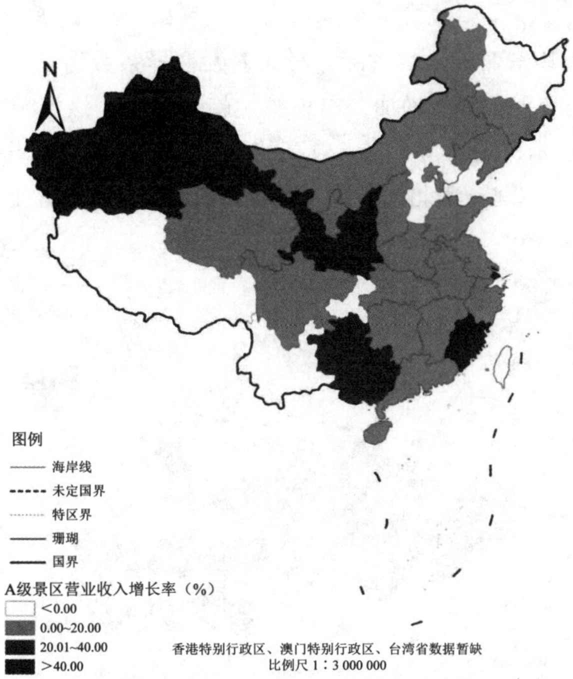

图 2-26　2017 年中国 31 个省域 A 及旅游景区营业收入增长率的空间分布

（数据来源:《中国旅游统计年鉴 2017/2018》）

6. A 级旅游景区人均营业收入：平均为 37.36 万元 / 人，三成省域达平均，江西名列前茅；省际差异较小，但有扩大趋势；呈现“中部突出，南北较弱”的空间格局

如表 2-1、图 2-27 所示，2017 年，中国 31 个省域 A 级旅游景区人均营业收入的平均值为 37.36 万元 / 人，10 个省域超过平均水平，江西表现突出，增长率达 156.79 万元 / 人；河北、

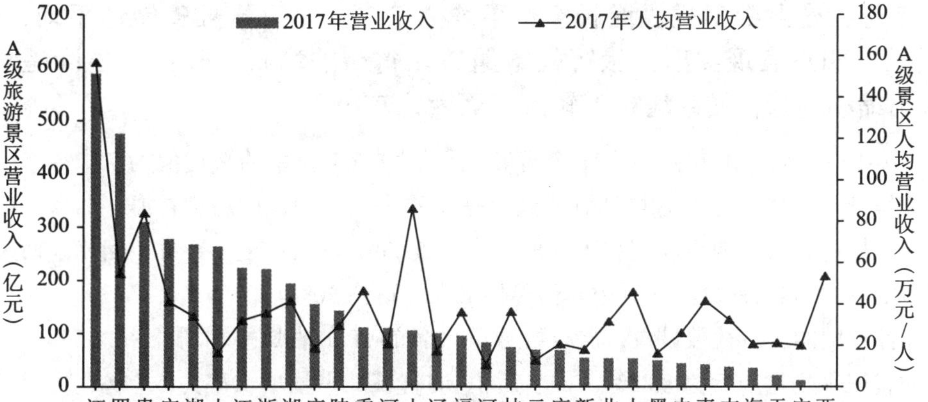

图 2-27　2017 年中国 31 个省域旅游景区人均营业收入

（数据来源:《中国旅游统计年鉴 2018》）

云南表现相对较差。

从 A 级旅游景区人均营业收入的省际差异来看，变异系数为 0.77（表 2–1），相对较小，表明省级差异较小，但较去年有所增加，出现扩大趋势。从 A 级旅游景区人均营业收入的空间分布看，如图 2–28 所示，人均营业收入较高的省域集中在华东、华中、西北南部、西南北部和华北的山西、华南、东北、华北的大部人均收入较低地区。总体上表现为中南部突出的空间格局。

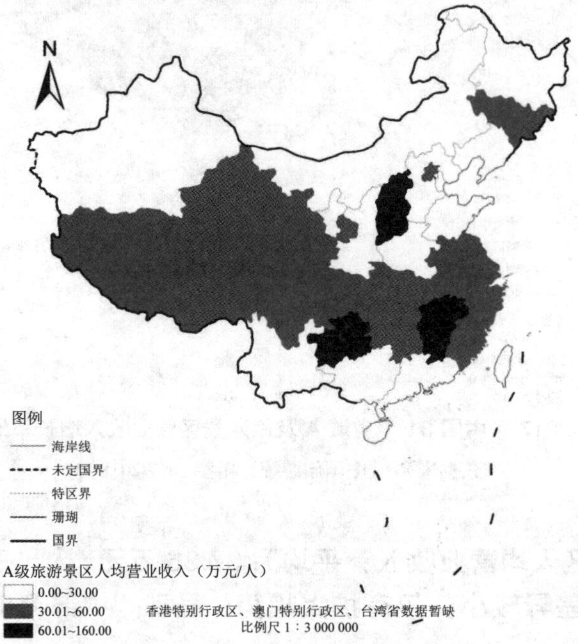

图 2–28　2017 年中国 31 个省域旅游景区人均营业收入的空间分布

（数据来源:《中国旅游统计年鉴 2018》）

7. 旅行社企业数量规模增长率：平均为 7.12%，近半数省域达平均；七成省域正增长，四川表现突出；旅行社数量较多省域的增长率较低；省际差异较大，但表现出缩小趋势；西南增长率较大，而西北较小

如图 2–15 所示，2017 年中国 31 个省域旅行社数量增长率的平均值为 7.12%，23 省域旅行社数量呈增长趋势，11 个省域达到或超过平均水平。其中，四川、青海、西藏、广东增长率最高，均超过 20%，四川表现突出，增长率达 59.38%；而辽宁、吉林、河南、海南、新疆 5 个省域旅行社数量有所减少，其中新疆降幅最大，达到 20%。

结合各省域的旅行社数量看，旅行社数量排名前 10 的省域平均增长率为 5.66%，处于中间水平的省域平均增长率为 8.80%，排名后 10 的省域的平均增长率为 6.74%，可见，旅行社数量较多省域的增长率较低，与 2016 年的趋势相反。

与 2012~2016 年各省域旅行社数量的平均增长率相比，如图 2–15 所示，19 个省域 2017 年旅行社数量的增长率高于前五年的平均增长率，其中，四川、青海、黑龙江、江西表现突出，增长率均高出500个百分点；在12个增长率有所降低省域中，除去海南的极端异常值，新疆降幅最大，为1843.85%。

2017年中国31个省域旅行社数量增长率的变异系数为1.84，与去年相比减少了3.78，与近几年相比呈下降趋势，表明旅行社数量增长率的省际差异较大，但表现出缩小趋势。同时，从空间分布来看，如图2–29所示，西南省域的旅行社数量增长率较高，西北、东北部分省域较小。

图2–29　2017年中国31个省域旅行社数量增长率的空间分布

（数据来源：《中国旅游统计年鉴2017/2018》）

（三）旅游供给综合评价

分别对前述的旅游供给现状和旅游供给潜力的各项指标进行归一化处理，然后加总求和，得到中国31个省域旅游供给的综合评价结果（表2–2至表2–4、图2–30与图2–31）。依据综合评价得分高低，将31个省域分为三个梯队，分别从梯队成员、空间分布、各指标的相对状况等角度对各个梯队进行分析。由于各指标得分都是归一化处理后的得分，得分值只反映所处的相对位置，因此，在分析各省域各指标的相对状况时，通过比较该省域各指标的排名与其总体排名来反映各省域的相对优势领域和不足之处。

表2–2　2017年中国31个省域旅游供给综合评价分值及排序

城市	综合评价		旅游供给现状		旅游供给潜力	
	得分	排名	得分	排名	得分	排名
北京	429.29	8	214.15	5	215.14	7
天津	239.83	26	43.55	29	196.28	12
河北	284.09	18	143.84	15	140.25	28
山西	276.54	20	86.68	25	189.86	14
内蒙古	279.96	19	117.07	20	162.89	23
辽宁	317.57	15	153.52	12	164.06	22
吉林	225.21	28	69.68	26	155.54	25
黑龙江	249.52	24	103.53	21	145.99	27
上海	485.52	5	196.43	8	289.09	1
江苏	502.71	3	296.68	4	206.03	8
浙江	533.92	1	316.41	3	217.52	6
安徽	384.51	10	193.88	9	190.63	13
福建	395.11	9	138.14	16	256.97	3

续表

城市	综合评价		旅游供给现状		旅游供给潜力	
	得分	排名	得分	排名	得分	排名
江西	468.42	7	211.55	7	256.86	4
山东	496.71	4	326.04	1	170.67	18
河南	304.86	16	150.87	14	153.99	26
湖北	349.03	13	177.66	11	171.36	17
湖南	384.48	11	180.39	10	204.09	9
广东	526.53	2	324.60	2	201.92	10
广西	294.24	17	132.44	18	161.80	24
海南	219.23	29	51.25	28	167.97	21
重庆	270.99	21	89.70	24	181.29	16
四川	482.87	6	213.81	6	269.06	2
贵州	371.48	12	128.81	19	242.67	5
云南	270.28	22	152.28	13	118.00	31
西藏	153.07	31	27.80	30	125.27	30
陕西	331.72	14	135.28	17	196.44	11
甘肃	269.64	23	100.09	23	169.55	19
青海	245.85	25	60.24	27	185.61	15
宁夏	193.63	30	25.58	31	168.06	20
新疆	238.44	27	101.41	22	137.03	29

1. 旅游供给第一梯队：空间上主要为东部沿海地区，浙江位列前茅；各省表现各异，鲁粤为现状单优，沪闽为潜力单优

如表 2–2、图 2–30 所示，第一梯队省域包括浙江、广东、江苏、山东、上海、四川、江西、北京、福建、安徽，综合评价分值均高于 384.5 分，浙江表现最好，广东紧随其后。旅游供给第一梯队省域在旅游供给现状和旅游供给潜力方面表现各异，浙江、北京、江西、四川表现相对均衡；山东、广东为现状取胜型，上海、福建则潜力表现突出。从分布来看，除四川外，都为东部地区，其中东南沿海最为集中（图 2–31）。

表 2–3　2017 年中国 31 个省域旅游供给现实竞争力综合评价分值及排序

省域	旅游供给现实竞争力									
	住宿设施总数		星级饭店利润		A 级景区数量		A 级旅游景区营业收入		旅行社数量	
	得分	排名	得分	排名	得分	排名	得分	排名	得分	排名
北京	76.52	5	56.87	3	17.43	21	8.71	22	54.63	5
天津	4.53	30	15.91	22	4.83	28	3.31	29	14.98	25
河北	44.84	12	0.00	31	31.19	11	13.79	17	54.02	6
山西	21.36	24	8.61	30	10.55	25	17.63	14	28.54	16
内蒙古	30.27	20	13.90	26	28.60	14	7.07	25	37.24	11

续表

省域	旅游供给现实竞争力									
	住宿设施总数		星级饭店利润		A 级景区数量		A 级旅游景区营业收入		旅行社数量	
	得分	排名	得分	排名	得分	排名	得分	排名	得分	排名
辽宁	41.58	14	11.26	29	35.75	6	16.75	15	48.17	8
吉林	12.31	28	13.91	25	16.44	22	6.01	27	21.01	21
黑龙江	19.24	26	16.31	20	31.81	10	8.02	24	28.15	17
上海	29.70	21	100.00	1	4.02	29	8.68	23	54.02	6
江苏	80.20	3	30.86	5	51.47	3	37.84	7	96.30	2
浙江	93.78	2	37.58	4	57.73	2	37.40	8	89.93	4
安徽	37.20	16	20.07	11	47.54	4	47.01	4	42.06	9
福建	42.72	13	26.14	8	20.20	18	15.94	16	33.15	14
江西	36.92	18	20.09	10	27.08	16	100.00	1	27.46	19
山东	78.78	4	12.51	28	100.00	1	44.65	6	90.10	3
河南	50.92	9	13.07	27	31.99	9	18.43	13	36.46	12
湖北	56.44	7	19.68	12	28.33	15	32.75	9	40.46	10
湖南	45.40	11	27.10	6	29.94	13	45.31	5	32.63	15
广东	100.00	1	72.89	2	25.56	17	26.15	10	100.00	1
广西	52.05	8	15.92	21	32.89	7	11.30	20	20.28	22
海南	13.01	27	26.35	7	0.00	31	5.65	28	6.24	29
重庆	20.08	25	17.32	15	15.10	24	18.60	12	18.60	23
四川	49.50	10	16.53	19	39.14	5	80.82	2	27.81	18
贵州	25.74	22	21.88	9	17.96	20	52.38	3	10.85	26
云南	74.54	6	17.22	17	15.82	23	11.42	19	33.28	13
西藏	0.00	31	17.01	18	5.45	26	0.00	31	5.34	30
陕西	34.09	19	18.32	13	32.53	8	24.09	11	26.26	20
甘肃	37.20	17	14.76	24	19.66	19	12.24	18	16.23	24
青海	24.19	23	17.64	14	4.92	27	6.74	26	6.76	28
宁夏	4.95	29	17.24	16	1.70	30	1.68	30	0.00	31
新疆	38.19	15	15.03	23	30.47	12	8.89	21	8.82	27

2. 旅游供给第二梯队：空间上表现为中部地区居多，湖南表现最好；贵州潜力突出，晋渝现状排名靠后，辽豫桂冀蒙潜力表现较差

如表 2–2、图 2–30 所示，第二梯队省域包括湖南、贵州、湖北、陕西、辽宁、河南、广西、河北、内蒙古、山西、重庆，综合评价平均分为 315。其中，湖南表现最好，与第一梯队最后一名差距微弱；贵州潜力排在第 5 位，优势明显；山西、重庆现状表现一般；辽宁、河南、广西、河北、内蒙古潜力排名较差，属于第三梯队。从分布来看，主要为华北、华中、东北和华南部分省域，整体呈现中部地区居多的格局（图 2–31）。

表 2-4　2017 年中国 31 个省域旅游供给潜在竞争力综合评价分值及排序

省域	旅游供给潜在竞争									
	住宿接待业发展速度		星级饭店全员劳动生产率		旅游目的地发展速度		A 级旅游景区人均收入		旅行社发展速度	
	得分	排名	得分	排名	得分	排名	得分	排名	得分	排名
北京	77.08	25	65.61	2	28.03	24	14.36	17	30.07	18
天津	79.73	18	28.61	8	30.39	31	7.23	20	50.33	5
河北	78.05	23	9.24	25	26.93	12	0.00	31	26.02	26
山西	79.55	20	2.00	30	29.44	11	51.73	2	27.14	24
内蒙古	80.19	14	9.99	23	32.26	16	10.51	19	29.94	19
辽宁	80.61	12	19.72	12	35.18	10	4.57	27	23.99	27
吉林	78.31	22	13.68	19	27.09	30	15.03	15	21.42	28
黑龙江	69.13	29	8.23	27	23.58	20	3.85	29	41.19	6
上海	78.82	21	100.00	1	48.85	24	24.13	7	37.28	8
江苏	92.08	2	38.52	5	28.61	29	14.71	16	32.11	15
浙江	90.93	3	36.58	6	37.45	4	17.23	13	35.33	11
安徽	90.88	4	18.60	14	31.04	17	20.91	10	29.20	20
福建	80.77	10	25.60	9	100.00	2	17.49	12	33.11	12
江西	80.01	17	11.94	22	36.16	7	100.00	1	28.75	21
山东	80.12	15	19.57	13	35.62	9	3.91	28	31.45	17
河南	81.48	8	13.01	21	31.78	15	6.89	23	20.83	29
湖北	81.94	7	15.14	18	26.69	27	21.21	8	26.39	25
湖南	100.00	1	15.81	17	39.86	6	16.16	14	32.26	14
广东	80.71	11	33.29	7	30.95	13	5.57	25	51.41	4
广西	74.07	27	9.38	24	43.68	5	6.90	22	27.77	23
海南	77.91	24	38.79	4	32.44	25	6.90	21	11.93	30
重庆	80.41	13	21.93	10	26.20	19	24.56	6	28.19	22
四川	80.86	9	18.20	16	39.73	8	30.27	4	100	1
贵州	80.07	16	18.52	15	57.43	1	50.24	3	36.42	9
云南	69.82	28	0.00	31	14.85	28	1.51	30	31.83	16
西藏	0.00	31	42.40	3	0.00	26	29.40	5	53.46	3
陕西	81.97	6	19.88	11	49.04	3	12.93	18	32.62	13
甘肃	68.88	30	5.16	28	41.49	18	17.67	11	36.35	10
青海	76.03	26	4.64	29	29.65	21	21.18	9	54.10	2
宁夏	82.07	5	8.80	26	32.38	22	6.46	24	38.34	7
新疆	79.65	19	13.47	20	38.88	14	5.03	26	0.00	31

3. 旅游供给第三梯队：空间上主要为西北、西南和东北部地区，云南供给现状表现较好，贵州供给潜力突出，宁藏较为落后

如表 2-2、图 2-30 所示，第三梯队省域包括云南、甘肃、黑龙江、青海、天津、新疆、吉林、海南、宁夏、西藏，综合评价平均分为 230.47，云南表现相对较好，与第二梯队最后一名相当。旅游供给第三梯队省域中，云南为现状制胜，但其潜力排名倒数；天津、青海为潜力

取胜，其现状表现同样不佳；甘肃、黑龙江、海南、宁夏也有单方面排名进入第二梯队，但整体状况一般。从分布来看，第三梯队主要为西北、西南和东北部地区（图 2–31）。

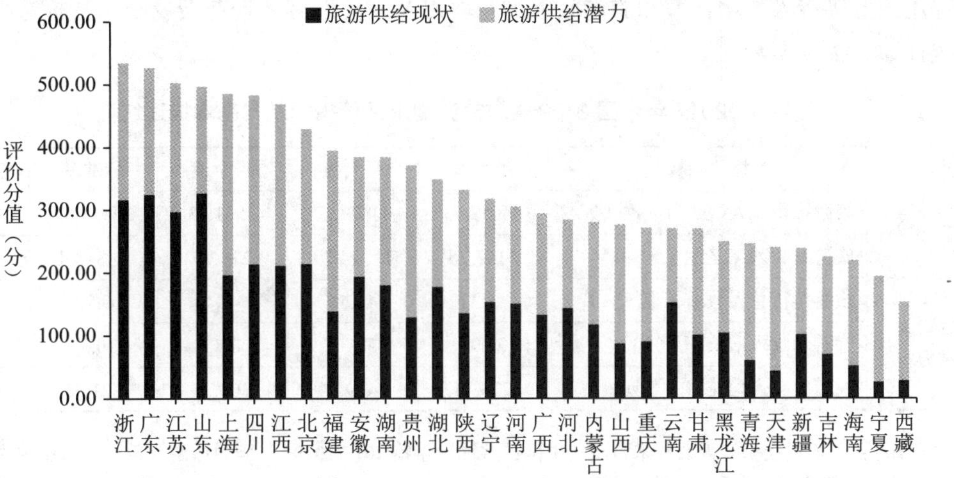

图 2–30　2017 年中国 31 个省域旅游供给综合评价结果示意

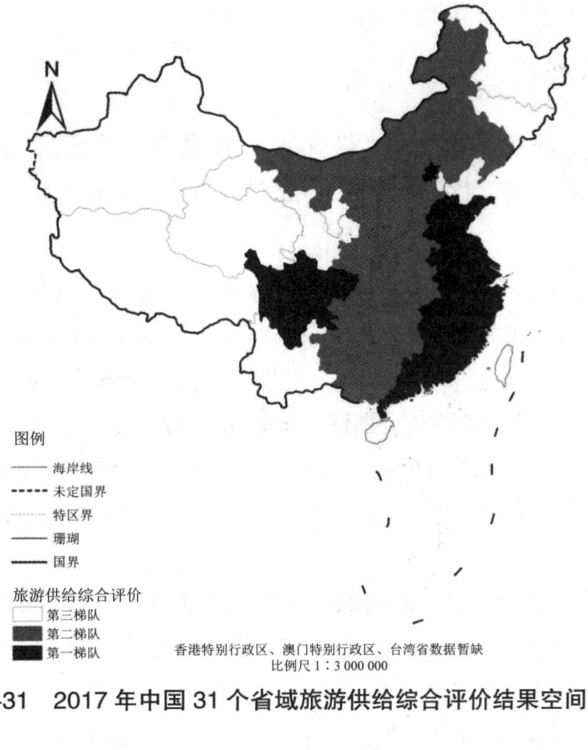

图 2–31　2017 年中国 31 个省域旅游供给综合评价结果空间分布

二、旅游需求分析

旅游需求是区域旅游业发展的重要驱动因素之一。同旅游供给分析一致，本报告从旅游需求现状和旅游需求潜力两个方面分析各省域的旅游需求，其中旅游需求现状从规模和效益角度选用旅游接待总人数（即国内旅游接待人数与入境旅游接待人数之和，以下同）、旅游接待总收入（即国内旅游收入与入境旅游收入之和，以下同）反映，旅游需求潜力从速度和效率两个角度选用旅游接待人数增长率和旅游收入增长率以及入境游客人均花费反映。指标数据的基本描述统计如表 2–5 所示。

表 2–5　2017 年中国 31 个省域旅游需求评价指标及其基本描述统计

类型	评价指标	平均值	最大值	最小值	标准差	变异系数
旅游需求现状	旅游接待总人数（万人次）	44052.43	90877.27	2561.43	25933.82	0.59
	旅游总收入（亿元）	5133.76	11994.79	278.00	3081.24	0.60
旅游需求潜力	旅游接待总人数增长率（%）	18.32	43.66	4.11	9.72	0.53
	旅游总收入增长率（%）	23.90	52.37	8.85	10.36	0.43
	入境游客人均花费（美元 / 人）	738.13	4429.04	268.75	721.33	0.98

（数据来源：入境过夜游客人数数来自于《中国旅游统计年鉴 2017/2018》；国内旅游人数、国内旅游收入、旅游外汇收入来自于各省市《统计年鉴 2017/2018》；入境游客人均花费来自于《旅游抽样调查报告 2018》；入境旅游收入以 1∶6.53 的汇率换算）

（一）旅游需求现状

1. 旅游接待总人数：平均 4.41 亿人次；粤鲁苏贵领先，省际差异较小，呈现出由沿海向内陆梯度递减的空间分布特征；入境游客占比低，占比较上一年度有所下降

如表 2–5 所示，总体来看，2017 年中国 31 个省域旅游接待总人数的平均值为 4.41 亿人次，较 2016 年旅游接待总人数增加 16.90%，广东、山东、江苏等 18 个省份超过了均值水平。从具体省份来看：广东省依旧遥遥领先；山东、江苏、贵州 3 个省旅游接待总人数突破 7 亿人次，表现突出；四川、湖南、河南、湖北、浙江、安徽 6 个省旅游接待人数 6 亿 ~7 亿人次，以上 10 个省份旅游接待人数之和占全国总接待人数的 51.93%；旅游接待人数低于 1 亿人次的省份包括海南、青海、宁夏、西藏，相较于上一年度，内蒙古、新疆两大自治区实现了接待人数 1 亿人次的突破。

2017 年中国 31 个省域旅游接待总人数的变异系数为 0.59，在旅游需求的 5 个评价指标中较低（表 2–5），且较 2016 年减少 0.01%，表明旅游接待总人数省际差异较小且较为稳定。由图 2–33 可知，旅游接待总人数在空间上呈现出由沿海向内陆梯度递减的特征。

从各省份入境旅游人数所占比例进行分析（图 2–32），总体来看，2017 年中国省域入境旅游接待人数占比的均值仅为 1.16%，其中广东、上海、福建、海南、内蒙古、西藏、北京、云南、广西、浙江 10 个省份超过了平均水平。从具体省份来看，广东及上海占比较高，分别达到 4.02% 及 2.21%；福建、海南等 6 个省份占比高于 1%，其余省份均低于 1%；贵州、甘肃两省占比较低，占比仅为 0.04% 和 0.03%。由此可见，我国国内旅游需求市场庞大、旺盛，入

境旅游市场仍有很大的发展空间。

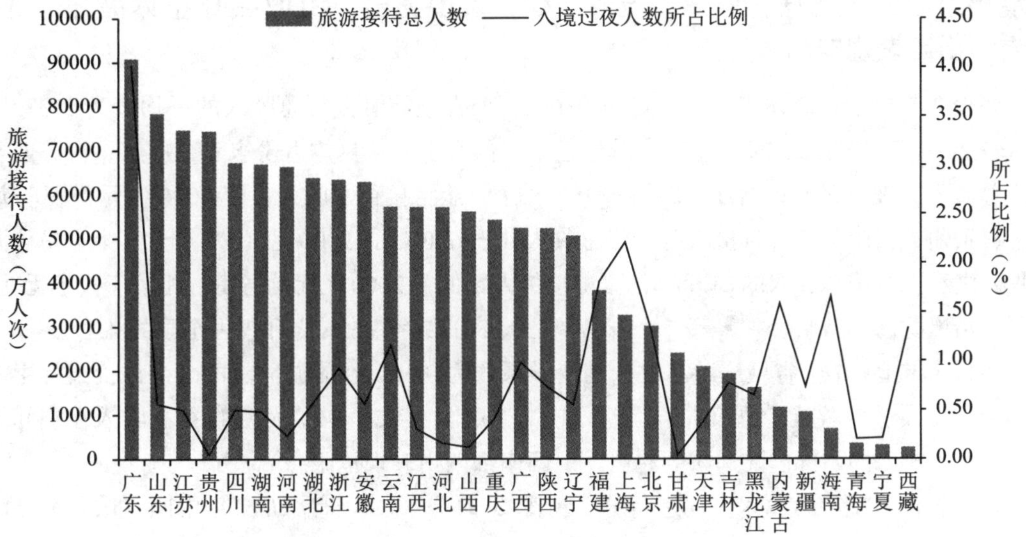

图 2-32 2017 年中国 31 个省域旅游接待总人数及入境旅游接待人数所占比例

（数据来源：入境过夜游客人数来源于《中国旅游统计年鉴 2018》；国内旅游人数来源于各省市《统计年鉴 2018》，其中宁夏回族自治区 2017 年国内旅游接待人数来自于宁夏回族自治区旅游和文化厅发布的新闻稿，http：//whhlyt.nx.gov.cn/plus/view.php?aid=21087；重庆 2017 年国内旅游接待人数来自《2017 年重庆市旅游业统计公报》）

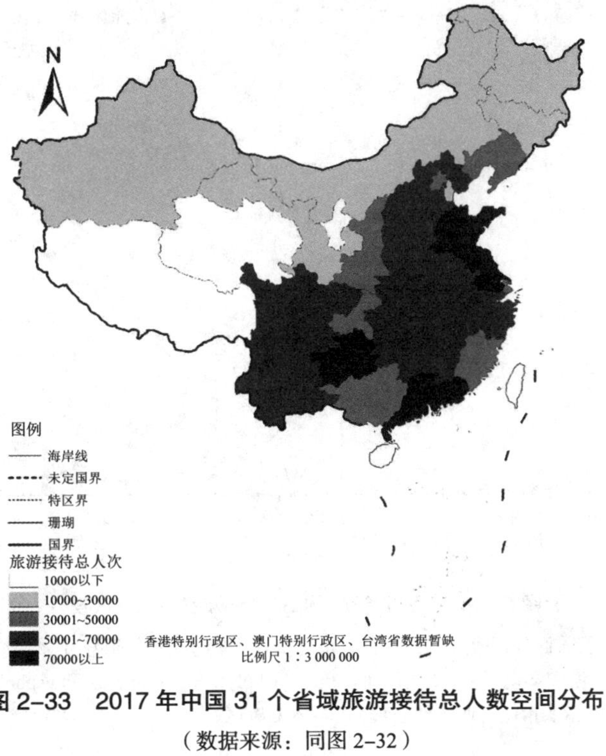

图 2-33 2017 年中国 31 个省域旅游接待总人数空间分布

（数据来源：同图 2-32）

2. 旅游接待总收入：省域均值逾5000亿元，广东、江苏领先，省际差异较小；入境旅游收入占比低，广东、上海、福建表现突出；GDP占比整体提升，贵州、云南、山西表现突出

如表2–5所示，总体来看，2017年中国31个省域旅游接待总收入的平均值为5133.76亿元，较2016年增加22.33%，过半省份超过了均值水平。从具体省份来看，广东、江苏两省旅接待总收入突破万亿元；浙江、四川、山东3个省旅游接待总收入高于8000亿元，表现突出；湖南、贵州、云南等7个省份旅游接待总收入处于6000亿~7000亿元，以上12个省份旅游接待收入之和占全国总收入的61.08%；旅游接待人数低于2000亿元的省份，相较于去年无变化，主要包括黑龙江、新疆、甘肃等7个省份，7个省份旅游总收入之和仅占全国的4.49%。

2017年中国31个省域旅游总收入的变异系数为0.60，在旅游需求的5个评价指标中较大（表2–5），表明旅游接待总收入省际差异较大。由图2–35可知，旅游接待总收入在空间上呈现出由东南沿海向西部内陆递减的趋势，但西南部四川表现抢眼。

对各省份入境旅游收入占比进行分析（图2–34），总体来看2017年中国省域入境旅游收入占比的均值仅为3.13%，较2016年（1.23%）增加1.90%，广东、上海、福建、天津、北京、浙江等11个省份占比超过平均水平。从具体省份来看，与入境接待人数一致，广东占比最高，高于10%（11.07%）；上海、福建紧随其后，占比均接近10%（9.89%、9.73%）；天津、北京、浙江、海南4个省（市）占比超过5%；河南、宁夏、河北、青海等9个省份占比低于1%。

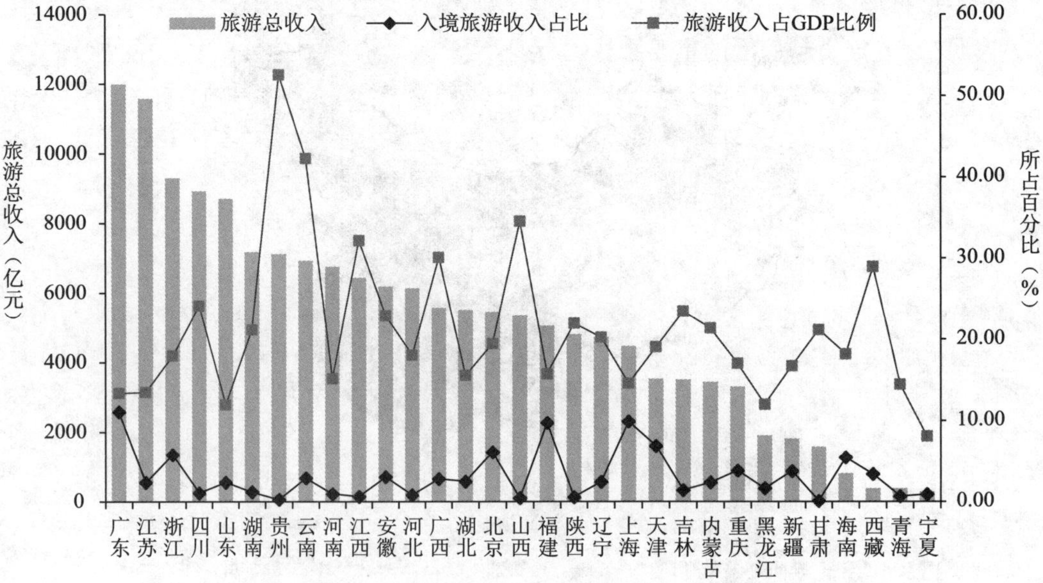

图2–34　2017年中国31个省域的旅游总收入

（数据来源：国内旅游收入及旅游外汇收入来源于各省市《统计年鉴2018》，其中宁夏回族自治区2017年旅游收入数据来自于宁夏回族自治区旅游和文化厅发布的新闻稿 http：//whhlyt.nx.gov.cn/plus/view.php?aid=21087；重庆2017年旅游收入数据来自于《2017年重庆市旅游业统计公报》；各省GPD数据来自于《中国统计年鉴2018》）

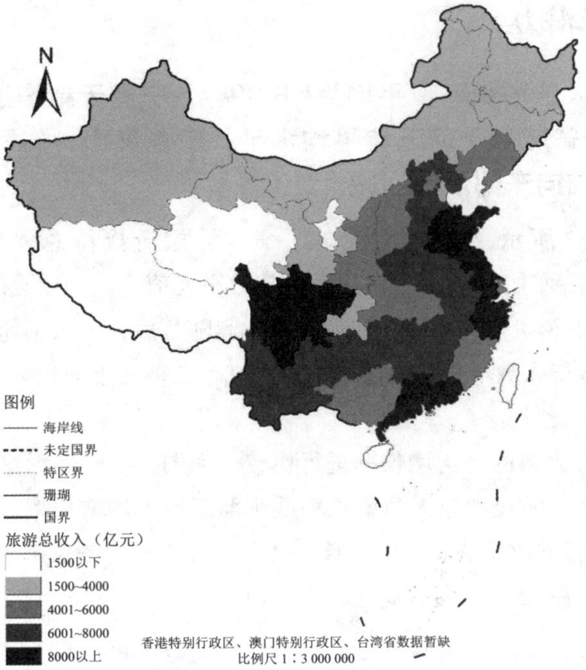

图 2-35　2017 年中国 31 个省域旅游总收入空间分布

（数据来源：同图 2-34）

旅游收入占 GDP 的比重是衡量各地区旅游业对区域发展贡献程度的重要指标之一。对中国 31 个省域旅游总收入占 GDP 的比重进行分析发现（图 2-34）：2017 年中国省域旅游总收入占 GDP 的比重均值为 21.22%，较 2016 年提高 3.01%，贵州、云南、山西、江西等 11 个省份超过平均水平。从具体省份来看，贵州省占比最高，达到 52.56%，连续多年居全国首位；云南省紧随其后，占比达 42.27%；山西、江西、广西三省表现不俗，占比高于 30%；西藏、四川等 9 个省份占比高于 20%；排位较后的省份主要包括：江苏、广东、黑龙江、山东、宁夏。将旅游收入占 GDP 的比重进行空间化呈现（图 2-36），高值区主要分布于西南省份，低值区主要分布于东部沿海省份。

图 2-36　2017 年中国 31 个省域旅游总收入占 GDP 比重的空间分布

（数据来源：图 2-34）

（二）旅游需求潜力

1. 旅游接待总人数增长率：平均为 18.32%，宁贵云新增速较快，旅游接待大省增速放缓；17 个省域高于前五年平均水平，宁夏突出；省际差异不大且呈现缩小趋势，由西部内陆向东部沿海递减

如表 2–5、图 2–37 所示，2017 年中国 31 个省域旅游接待总人数增长率的平均值为 18.32%，较 2016 年有所增加；15 个省域达到或超过平均值。其中宁夏表现最突出，其旅游接待人数增长率达 43.66%；贵州、云南、新疆 3 个省紧随其后，增长率超过 30%；广西、山西、甘肃等 8 个省份旅游接待人数增长率超过 20%；浙江、江苏、上海、四川等传统旅游接待大省增长率较低，均在 10% 之下。

与近五年旅游接待人数的平均增长率进行比较，如图 2–37 所示，广东、江苏、吉林、山东等 14 个省份 2017 年旅游接地总人数增长率低于前五年平均增长率，宁夏、新疆、黑龙江、贵州等 17 个省份 2017 年旅游接待总人数增长率高于前五年平均增长率。除宁夏（38.45%）外，其余省份增长率差值均在 15% 以内，变化较为平稳。

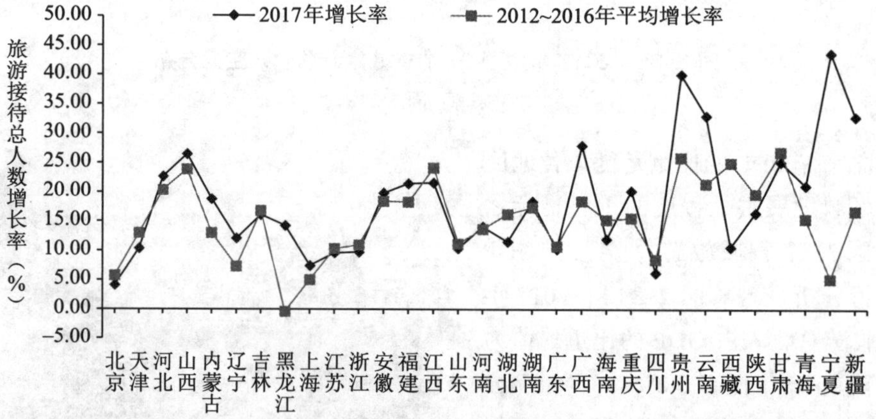

图 2–37　2017 年中国 31 个省域旅游接待总人数增长率及 2012~2016 年平均增长率

（数据来源：《中国旅游统计年鉴 2013~2018》、各省市《统计年鉴 2013~2018》）

2017 年中国 31 个省域旅游接待总人数增长率的变异系数为 0.53，在旅游需求的 5 个评价指标中较低（表 2–5），与上一年度相比，减少 0.36，表明省际差异不大且呈现出差距减小的趋势。将增长率进行空间化呈现，如图 2–38 所示，2017 年各省域旅游接待总人数增长率在空间上呈现出明显由西部内陆向东北及东部沿海递减的特征。

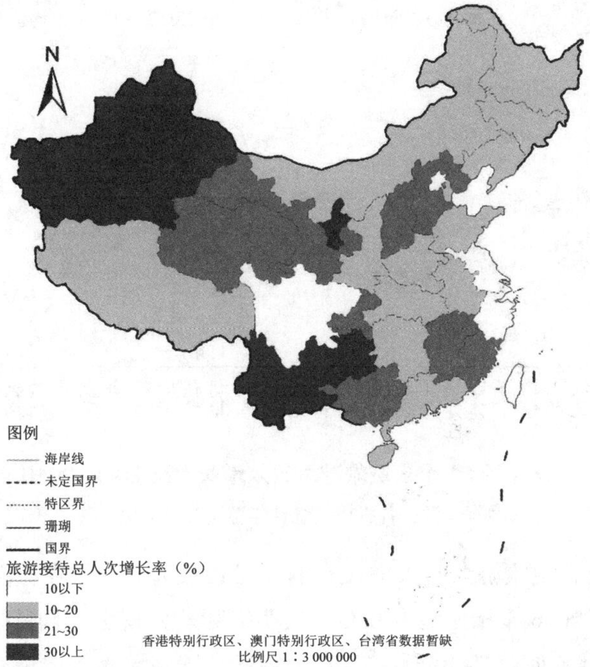

图 2-38　2017 年中国 31 个省域旅游接待总人数增长率空间分布

（数据来源:《中国旅游统计年鉴 2017/2018》；各省市《统计年鉴 2017/2018》）

2. 旅游总收入增长率：平均为 23.90%，较上一年度提高 5 个百分点，湘云贵实现 40% 的高增速；省际差异较小，且呈现缩小趋势，高值区主要为中部、西部省份，东部省份较低

如表 2-5、图 2-39 所示，2017 年中国 31 个省域旅游总收入增长率的平均值为 23.90%，较 2016 年提高 5 个百分点，15 个省域超过平均水平。旅游总收入的平均增长率高于旅游接待总人数的平均增长率，在一定程度上表明我国省域旅游发展呈现出内涵式增长的趋势。分省域来看，湖南省旅游总收入增长率达 52.37%，居于全国首位；云贵两省紧随其后，增长率分别达到 46.46% 和 41.56%；宁夏、广西、河北、新疆 4 个省份增长率高于 30%；湖北、天津、辽宁、北京等地区，旅游收入增长率较低，排在后位。

与近五年旅游接待收入的平均增长率进行比较，如图 2-39 所示，湖南、云南、宁夏、贵州等 18 个省份 2017 年旅游接待总收入增长率高于前五年平均水平；辽宁、浙江、山西、吉林等 13 个省份 2017 年旅游接待总收入增长率低于前五年平均增长率。除了湖南、云南、贵州和新疆外，其他各省域增长率差值均在 15% 以内，年度收入增长情况变化较为平稳。

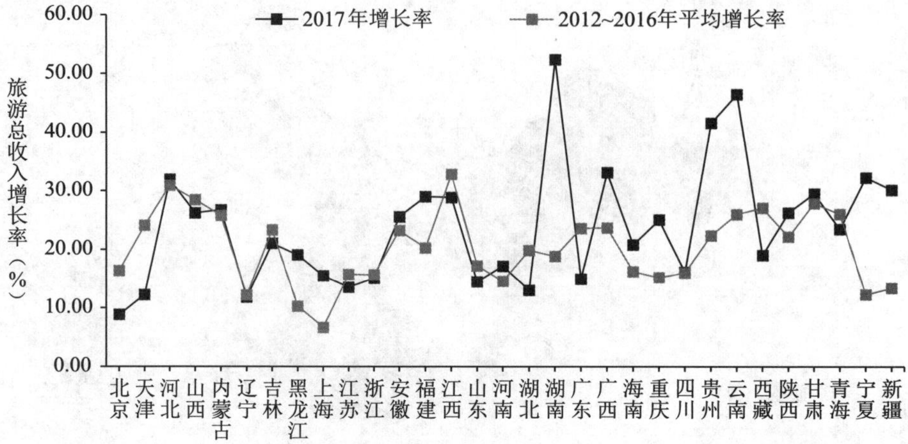

图 2-39　2017 年中国 31 个省域旅游总收入增长率及 2012~2016 年平均增长率

（数据来源：各省市《统计年鉴（2013~2018）》）

2017 年中国 31 个省域旅游总收入增长率的变异系数为 0.43，在旅游需求的 5 个评价指标中较低（表 2-5），与 2016 年相比减少 0.33，表明省际差异较小，且呈缩小态势。将旅游收入增长率进行空间化呈现，如图 2-40 所示，2017 年各省域旅游收入增长率在空间上呈现出西南部、西北部省份较高，东部省份较低的特征。

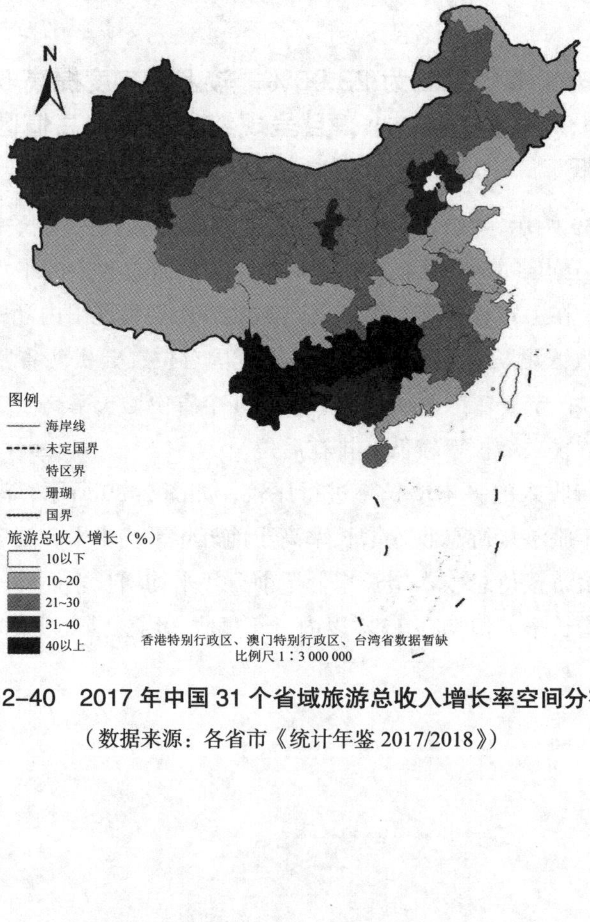

图 2-40　2017 年中国 31 个省域旅游总收入增长率空间分布

（数据来源：各省市《统计年鉴 2017/2018》）

3. 入境游客人均花费：平均为 738.13 美元，达到平均水平的省域不足三成；天津、北京、福建表现不俗；省际差异较大，且呈现增长趋势，高值区分布于东部沿海省份，西南部省份较低

入境游客人均花费反映了入境游客对中国旅游市场需求程度及中国旅游市场的潜在竞争效率。如表 2–5、图 2–41 所示，2017 年中国 31 个省域入境游客人均花费的平均值为 738.13 美元，比 2016 年增加 64.05 美元，7 个省域超过平均水平，其中，天津独占鳌头，北京、福建两省（市）紧随其后，人均花费逾 1000 美元；重庆、江苏、上海也表现甚佳，均超过 900 美元；而四川、江西、河南、甘肃入境游客人均花费都不到 400 美元；其他大部分省域入境游客人均花费都为 400~700 美元。

与 2016 年相比，2017 年省域人均花费增长率均值为 8.19%。从具体省份来看，海南省人均花费增幅最高，达 40.64%；新疆、贵州、天津、安徽 4 个省（市）增长率达到 20% 以上，表现突出；江西、云南、河北等 7 个省份实现了超过 10% 的增长；不过也有部分省份出现负增长，如吉林、山东、青海等省份小幅下降 5% 左右。

2017 年中国 31 个省域入境游客人均花费的变异系数为 0.98，在旅游需求的 5 个评价指标中最高（表 2–5），较 2016 年增加 0.11%，表明入境游客人均花费的省际差异较大且呈现增长趋势。将省域入境游客人均花费进行空间化呈现，如图 2–42 所示，2017 年各人均花费高值区主要集中在东部沿海省份。此外，将 31 个省域入境游客人均停留天数、人均天花费进行空间化呈现，如图 2–43、图 2–44 所示，人均停留天数与人均天花费具有一定的空间错位性，停留天数较长的区域主要为东部的天津、福建地区以及中西部的新疆、重庆地区，而人均天花费较高的区域主要为东部京沪苏津省域。

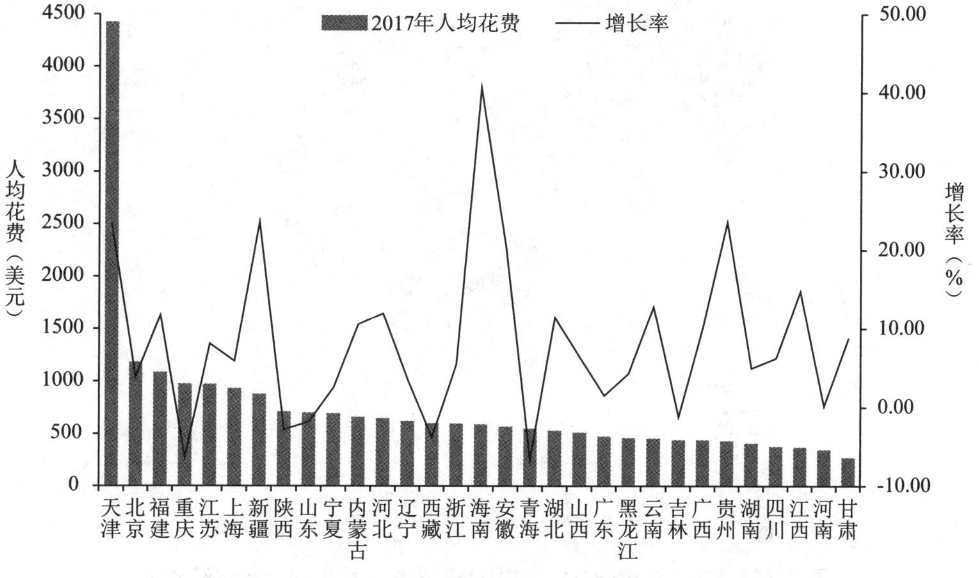

图 2–41　2017 年中国 31 个省域入境游客人均花费及增长率

（数据来源：《旅游抽样调查资料》2017/2018）

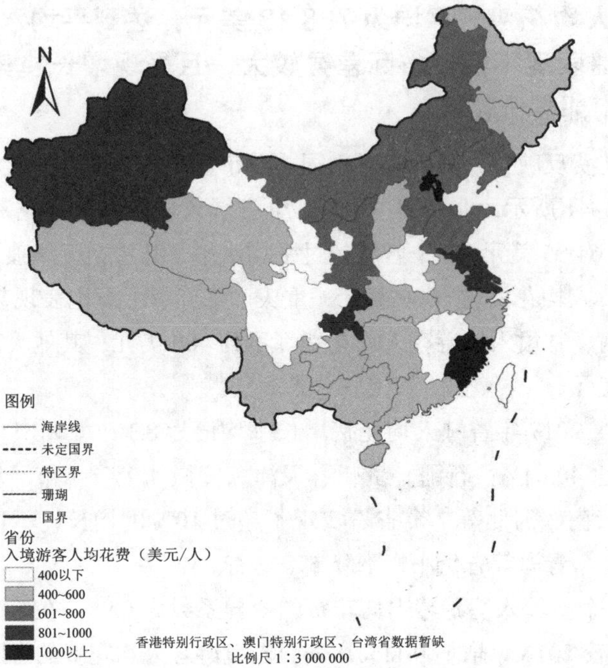

图 2–42　2017 年中国 31 个省域入境游客人均花费的空间分布

（数据来源：《旅游抽样调查资料 2018》）

图 2–43　2017 年中国 31 个省域入境游客人均停留天数空间分布

（数据来源：《旅游抽样调查资料 2018》）

图 2–44　2017 年中国 31 个省域入境游客人均天花费空间分布

（数据来源：《旅游抽样调查资料 2018》）

（三）旅游需求综合评价

将前述旅游接待总人数、旅游总收入、旅游接待总人数增长率、旅游接待总收入增长率以及入境游客人均花费 5 个指标归一化处理后，加和计算，得到中国 31 个省域旅游需求综合评价结果（表 2–6，图 2–45，图 2–46）。

1. 旅游需求第一梯队：主要为西南及中部省域，表现各异，黔云湘潜力大，粤苏现状强

如表 2–6、图 2–45 所示，旅游需求第一梯队包括贵州、云南、湖南、广东、广西、河北、江苏、江西、山西、安徽，其综合得分均高于 200 分，主要分布于西南和中部地区。与上一年度相比，成员变化较大，其中湖南、广西、山西和安徽均为新晋省份，山东、四川、浙江、天津跌入第二梯队。

从旅游需求第一梯队省域各要素的组成情况来看，如图 2–45 所示，多数省域为潜在竞争力取胜型，贵州、云南、湖南潜在竞争力排名分列第 1 位、第 3 位、第 4 位，其潜在竞争力得分较高，主要得益于旅游接待人数增长率及收入增长率较高；此外广东、江苏两省为现状取胜型，其旅游需求现状得分排在第 1 位、第 2 位，主要得益于两省旅游接待人数与旅游接待总收入均处于全国大陆各省域的前位。

2. 旅游需求第二梯队：以中西部省域为主，鲁川浙豫现状优，宁新津闽潜力强

如表 2–6、图 2–45 所示，旅游需求第二梯队包括山东、福建、浙江、重庆、陕西、河南、天津、四川、宁夏、新疆，综合评价得分为155~200，分布分散（图2–46）。与上一年度相比，山东、浙江、天津由原第一梯队降至第二梯队，宁夏、新疆两省域由第三梯队升至第二梯队。

从旅游需求第二梯队省域各要素的组成情况来看，如图 2–45 所示，山东、四川、浙江、河南四省为现状较优型，旅游需求现状得分排位分别为第 3 位、第 4 位、第 5 位、第 8 位，表明其发展基础良好；宁夏、新疆、天津、福建 4 省发展潜力排名分别处于第 2 位、第 5 位、第 6 位、第 8 位，其中宁夏、新疆旅游接待总人数与总收入增长率在全国省域中遥遥领先，天津游客人均花费金额独占鳌头。

表 2–6　2017 年中国 31 个省域旅游需求综合评价结果

省域	旅游需求综合评价		旅游接待总人数		旅游接待总收入		旅游接待总人数增长率		旅游接待总收入增长率		人均花费	
	得分	排名	得分	排名	得分	排名	得分	排名	得分	排名	得分	排名
北京	97.34	27	31.23	21	44.19	15	0.00	31	0.00	31	26.64	2
天津	172.08	17	20.71	23	27.80	21	15.76	25	7.81	29	100.00	1
河北	220.80	6	61.83	13	50.02	12	46.82	8	53.02	6	9.93	15
山西	206.26	9	60.67	14	43.38	16	56.51	6	39.89	13	6.97	17
内蒙古	124.80	24	10.29	26	26.99	23	37.07	14	41.07	11	10.45	13
辽宁	127.83	23	54.39	18	38.05	19	20.13	20	6.85	30	10.49	12
吉林	108.74	26	18.89	24	27.55	22	30.21	17	27.96	17	5.96	21
黑龙江	82.85	29	15.33	25	13.91	25	25.62	18	23.44	19	5.74	22
上海	109.28	25	33.97	20	35.75	20	8.39	29	15.22	23	18.96	6
江苏	219.59	7	81.62	3	96.46	2	13.87	28	10.77	27	19.47	5
浙江	182.35	13	68.95	9	77.01	3	14.23	27	14.33	24	9.48	16
安徽	204.23	10	68.41	10	50.45	11	39.75	13	38.45	14	6.69	19
福建	191.03	12	40.38	19	40.84	17	43.83	10	46.32	9	21.71	4
江西	207.12	8	61.91	12	52.54	10	44.18	9	46.00	10	2.33	30
山东	196.80	11	85.88	2	71.86	5	15.80	24	12.91	26	13.94	8
河南	173.67	16	72.24	7	55.23	9	25.24	19	19.06	21	3.01	29
湖北	148.68	21	69.42	8	44.70	14	18.74	22	9.61	28	6.78	18
湖南	271.14	3	72.89	6	58.84	6	36.05	15	100.00	1	4.25	26
广东	234.52	4	100.00	1	100.00	1	15.55	26	14.05	25	6.57	20
广西	221.60	5	56.35	16	45.20	13	60.22	5	55.71	5	4.57	25
海南	64.29	30	4.74	28	4.56	28	19.88	21	27.47	18	5.09	23
重庆	179.22	14	58.47	15	25.86	24	40.71	12	37.25	15	23.72	3
四川	171.56	18	73.26	5	73.75	4	5.28	30	16.70	22	3.20	27
贵州	309.62	1	81.36	4	58.37	7	90.79	2	75.16	3	3.09	28
云南	282.62	2	62.03	11	56.71	8	72.99	3	86.43	2	4.68	24
西藏	48.53	31	0.00	31	0.87	29	16.40	23	23.33	20	11.25	11
陕西	176.70	15	56.30	17	38.71	18	31.10	16	39.99	12	14.45	7
甘肃	135.92	22	24.16	22	11.12	27	53.17	7	47.48	8	0.00	31
青海	85.14	28	1.04	29	0.86	30	42.97	11	33.56	16	10.18	14
宁夏	164.59	19	0.61	30	0.00	31	100.00	1	53.79	4	12.83	10
新疆	158.27	20	9.07	27	13.16	26	72.49	4	48.93	7	13.84	9

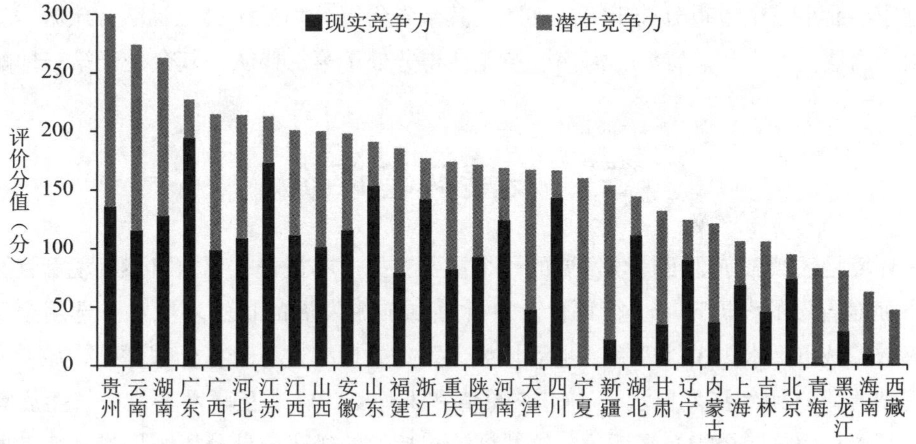

图 2-45　2017 年中国 31 个省域旅游需求综合评价结果示意

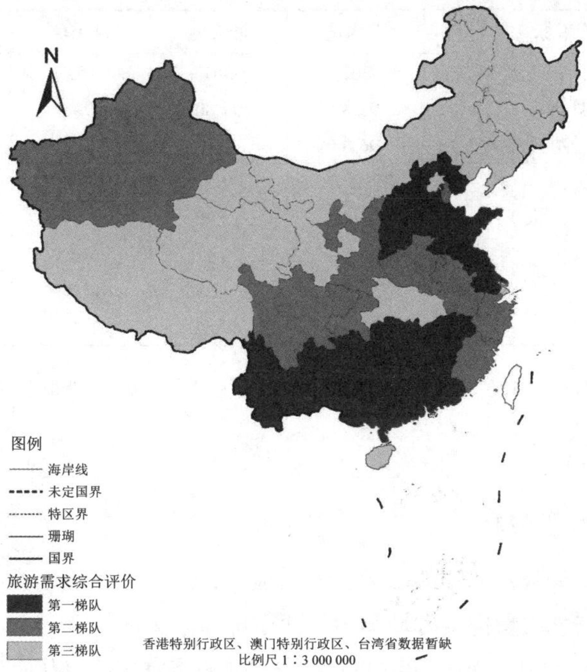

图 2-46　2017 年中国 31 个省域旅游需求综合评价结果空间分布

3. 旅游需求第三梯队：成员较为稳定，多为北部省份，甘内蒙古青海吉黑潜力较大，鄂辽京现状表现突出

如表 2-6、图 2-45 所示，旅游需求第三梯队包括湖北、甘肃、辽宁、内蒙古、上海、吉林、北京、青海、黑龙江、海南、西藏，综合得分在 150 分以下，主要为北部省份。与上一年度相比，成员较为稳定，变动不大，原第二梯队的湖北、辽宁跌落至第三梯队，与原第三梯队的新疆、宁夏置换。

从旅游需求第三梯队省域各要素的组成情况来看，如图 2-45 所示，旅游需求现状方面，湖北、辽宁、北京三个省得分处于第二梯队，其余省份得分均处于第三梯队；旅游需求潜力方面，甘肃、内蒙古、吉林、青海、海南、黑龙江得分处于第二梯队，其余处于第三梯队。

三、发展环境评价

发展环境是区域旅游业可持续发展的一个重要支撑。本报告主要从自然环境和社会经济环境两个方面对省域的发展环境进行评价。31 个省域旅游发展的自然环境水平选用全年空气质量优良天数、城市污水集中处理率、生活垃圾无害化处理率这三个指标来评价，旅游发展的社会经济环境水平选用经济发展水平（GDP 总值和人均 GDP）、互联网普及率、年旅客周转量和万人专利授权数这四个指标来评价，这些评价指标值的描述统计分析结果如表 2–7 所示。

表 2–7　2017 年中国 31 个省域旅游发展的支撑环境评价指标及其基本描述统计

类型	评价指标	平均值	最大值	最小值	标准差	变异系数
自然环境	空气质量优良天数（天）	262	361	151	58.61	0.22
	城市污水集中处理率（%）	93.41	97.80	79.30	3.72	0.04
	生活垃圾无害化处理率（%）	96.69	100	71.80	6.01	0.06
社会经济环境	GDP 总量（亿元）	27327.10	67809.85	920.84	22186.91	0.81
	人均 GDP（万元 / 人）	6.07	12.90	2.84	2.76	0.45
	互联网普及率（%）	54.26	78	41	9.71	0.18
	年旅客周转量（亿人公里）	751.60	2012.47	44.76	522.65	0.70
	万人专利授权数（件）	11.21	49.26	1.25	12.16	1.08

（数据来源:《中国统计年鉴 2018》《中国环境统计年鉴 2018》《中国互联网发展报告 2017》）

（一）自然环境评价

1. 自然环境单因子分析

（1）空气质量优良天数：平均 262 天，西藏最优；近七成省域增长率下降，晋鲁冀下降最大；省际差异较大，空气质量优良省域集中于西南部和东南部

由表 2–7、图 2–47 可知，2017 年 31 个省域省会城市空气质量优良天数（即全年空气质量达到及好于二级的天数）的平均值为 262 天，较 2016 年减少了 24 天，16 个省域达到或超过 262 天。其中，空气质量最好的是西藏，空气质量优良天数达到 361 天；其次，云南、海南、福建、贵州、广西和江西空气质量优良天数也都在 300 天及以上；山东、陕西、山西、河南和河北空气质量优良天数较少，不足 200 天。

与 2016 年相比，有 9 个省域空气质量优良天数有所增加，其中，西藏的增幅较大，约 15%；而山西的降幅较大，约 24%；与 2012~2016 年的平均变化率相比较[①]，有 12 个省域 2017 年空气质量优良天数的增长率提高，尤其是北京、西藏和河南，分别增长了 19.05 个、18.24

① 为保持数据序列的可比性，此处 2012~2017 年的相关数据来源为《中国统计年鉴（2013~2018）》。

个和 12.25 个百分点，表现较突出；上海、贵州、湖南、新疆 2017 年空气质量优良天数在下降，但降幅较前五年的平均降幅有所减小；河北省 2017 年空气质量优良天数增长率与前五年均值相比降幅最大，降低了约 31 个百分点（图 2–47）。

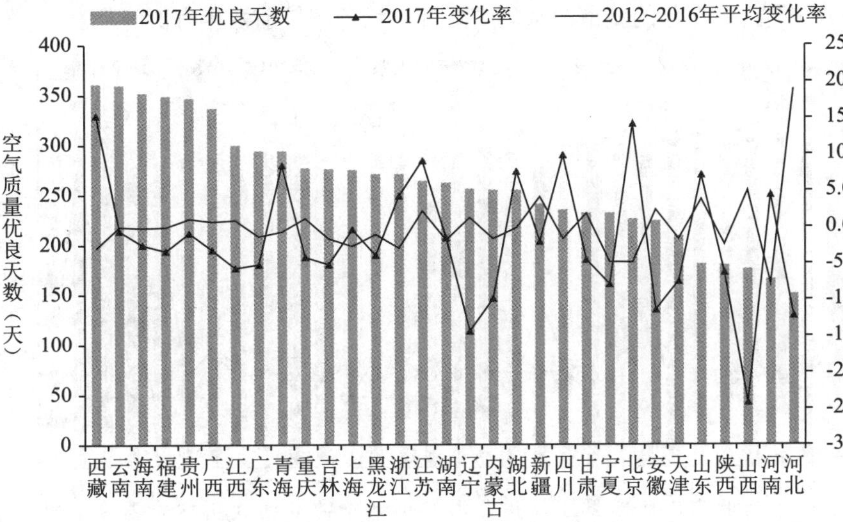

图 2–47　2017 年中国 31 个省域空气质量优良天数及其变化率

（数据来源：《中国统计年鉴 2012~2018》）

2017 年中国 31 个省域空气质量优良天数的变异系数为 0.22，在自然环境评价指标中较高（表 2–7），与 2016 年相比增加了 0.04，表明空气质量优良天数的省际差异相对较大，且有增大的趋势。空气质量较好的省份大多位于西南部和东南部地区，而空气质量较差的省域多集中分布于华北和西北地区（图 2–48）。

（2）城市污水集中处理率：平均值为 93.41%，六成省域达平均，河北最优；多数省域处理率提升；省际差异较小，呈缩小趋势，处理率较高省域较分散

如表 2–7、图 2–49 所示，2017 年中国 31 个省域城市污水集中处理率的平均值为 93.41%，20 个省域达到或超过平均水平。其中，城市污水集中处理率最高的是河北，达到 97.80%；其次，北京、安徽、山东、河南等 11 个省域达到 95% 以上；青海最低，不足 80%，尚需改善。

图 2–48　2017 年中国 31 个省域空气质量优良天数空间分布

（数据来源：《中国统计年鉴 2018》）

如图2-49所示，与2016年相比，多数省域2017年增长率提高，海南最为明显，达12.73%，吉林、重庆和黑龙江等6个省域的增长率略有下降。与2015~2016年的变化率相比[①]，有12个省域2017年城市污水集中处理率的增长率提高，海南表现较为突出；天津、福建、四川和广西等19个省2017年的城市污水集中处理率增长率较前两年有所降低。

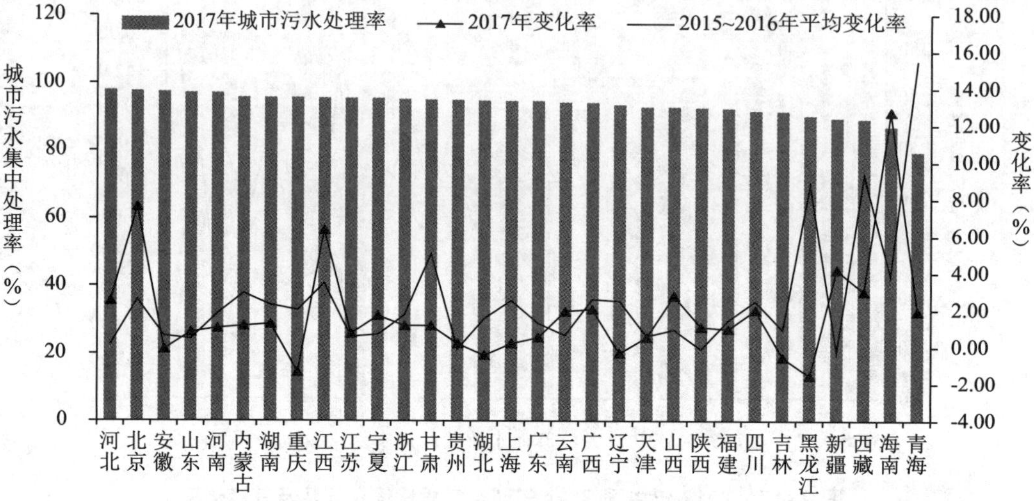

图2-49 2017年中国31个省域城市污水集中处理率及其变化率

（数据来源：《中国环境统计年鉴2016~2018》）

如表2-7所示，2017年中国31个省域城市污水集中处理率的变异系数为0.04，与上年度相比减少了0.01，表明城市污水集中处理率的省际差异较小，且呈缩小趋势。城市污水集中处理率较高的省域地区分布较广泛（图2-50）。

（3）生活垃圾无害化处理率：平均值为96.69%，近七成省域达平均，沪苏浙鲁琼最优；近八成省域提高，甘新表现突出；省际差异较小，且呈缩小趋势，处理率较高省域位于东部沿海地区

如表2-7、图2-51所示，2017年31个省域生活垃圾无害化处理率的平均值为96.69%，且22个省域达到或超过平均值。其中，上海、

图2-50 2017年中国31个省域城市污水集中处理率空间分布

（数据来源：《中国环境统计年鉴2018》）

① 为保持数据序列的可比性，这里统一使用城市污水处理率指标数据进行比较。

江苏、浙江、山东和海南 5 个省域的生活垃圾无害化处理率达到 100%，而吉林相对较低，不足 80%，改进空间较大。

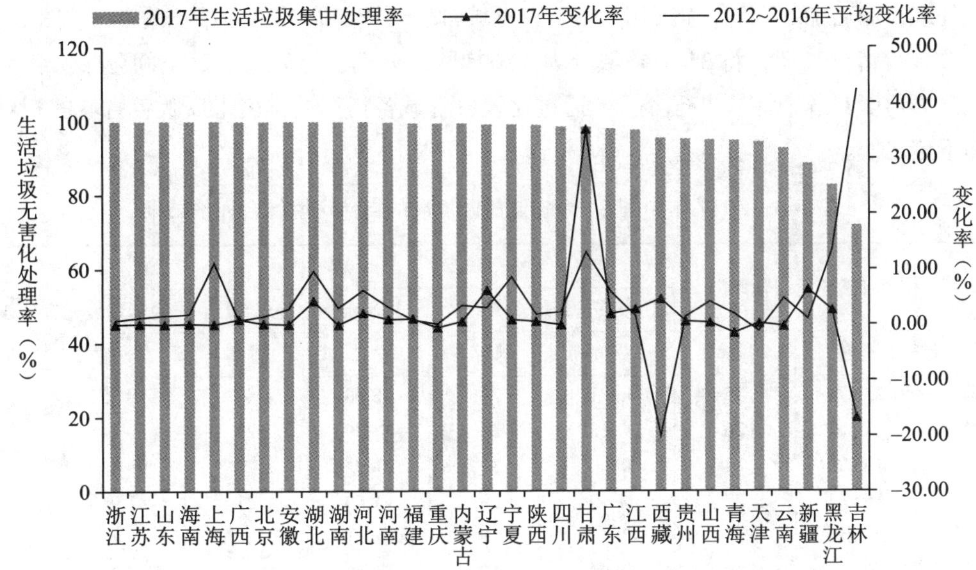

图 2-51　2017 年中国 31 个省域生活垃圾无害化处理率及其变化率

（数据来源：《中国统计年鉴 2012~2018》）

如图 2-51 所示，与 2016 年相比，21 个省域 2017 年的生活垃圾无害化处理率有所提高，甘肃、新疆增幅较大，分别达到 35.16% 和 6.36%；上海、浙江、安徽和山东无变化；湖南、四川、云南、重庆、青海和吉林有所下降。与 2012~2016 年的平均变化率相比较，8 个省域 2017 年生活垃圾无害化处理率的增长率有所提高，其中西藏和甘肃增长率较高，分别为 24.61% 和 22.09%，表现突出；而吉林降低了 59.18%，亟待改善。

中国 31 个省域生活垃圾无害化处理率的变异系数为 0.06，比 2016 年减小了 0.01，表明省际差异较小，且呈缩小趋势。除内蒙古和海南两省外，我国生活垃圾无害化处理率较高的省份集中在中部和东部沿海地区（图 2-52）。

图 2-52　2017 年中国 31 个省域生活垃圾无害化处理率空间分布

（数据来源：《中国环境统计年鉴 2018》）

2. 自然环境综合评价

将空气质量优良天数、城市污水集中处理率和生活垃圾无害化处理率三个指标的数据进行归一化处理，而后加和计算，得到中国31个省域自然环境综合评价结果（表2-8、图2-53）。依据综合评价得分高低，将31个省域分为三个梯队，分别从梯队成员、空间分布、各指标的相对状况等角度对各个梯队进行分析，通过比较各省域各指标的排名来反映各省域的相对优势领域和不足之处。

表2-8　2017年中国31个省域旅游发展的自然环境综合评价结果

省域	自然环境综合评价		空气质量优良天数		污水集中处理率		生活垃圾无害化处理率	
	分值	排序	分值	排序	分值	排序	分值	排序
北京	233.74	15	35.71	24	98.38	2	99.65	6
天津	179.65	26	27.62	26	71.89	21	80.14	27
河北	199.29	24	0.00	31	100.00	1	99.29	10
山西	165.71	27	11.90	29	71.89	21	81.91	25
内蒙古	235.50	14	49.52	18	88.11	6	97.87	13
辽宁	222.48	18	50.00	17	75.68	20	96.81	16
吉林	124.39	31	59.52	11	64.86	26	0.00	31
黑龙江	153.63	29	57.14	13	57.84	27	38.65	30
上海	241.21	9	59.05	12	82.16	16	100.00	1
江苏	240.30	10	53.81	15	86.49	10	100.00	1
浙江	242.01	8	57.14	13	84.86	12	100.00	1
安徽	231.70	17	34.76	25	97.30	3	99.65	6
福建	261.89	2	94.29	4	69.73	24	97.87	13
江西	249.47	5	70.95	7	87.03	9	91.49	22
山东	209.96	21	14.29	27	95.68	4	100.00	1
河南	201.21	22	7.14	30	95.14	5	98.94	12
湖北	231.87	16	49.52	18	82.70	15	99.65	6
湖南	239.72	11	52.86	16	87.57	7	99.29	10
广东	243.17	7	68.10	8	82.16	16	92.91	21
广西	267.68	1	88.57	6	79.46	19	99.65	6
海南	236.25	12	95.71	3	40.54	30	100.00	1
重庆	245.44	6	60.00	10	87.57	7	97.87	13
四川	200.63	23	40.00	21	65.95	25	94.68	19
贵州	260.10	3	93.33	5	83.78	14	82.98	24
云南	253.64	4	99.52	2	80.00	18	74.11	28
西藏	236.12	13	100.00	1	52.43	29	83.69	23
陕西	181.07	25	13.81	28	70.81	23	96.45	18
甘肃	217.22	20	38.57	22	84.32	13	94.33	20
青海	149.66	30	68.10	8	0.00	31	81.56	26
宁夏	221.87	19	38.57	22	86.49	10	96.81	16
新疆	156.49	28	42.86	20	54.05	28	59.57	29

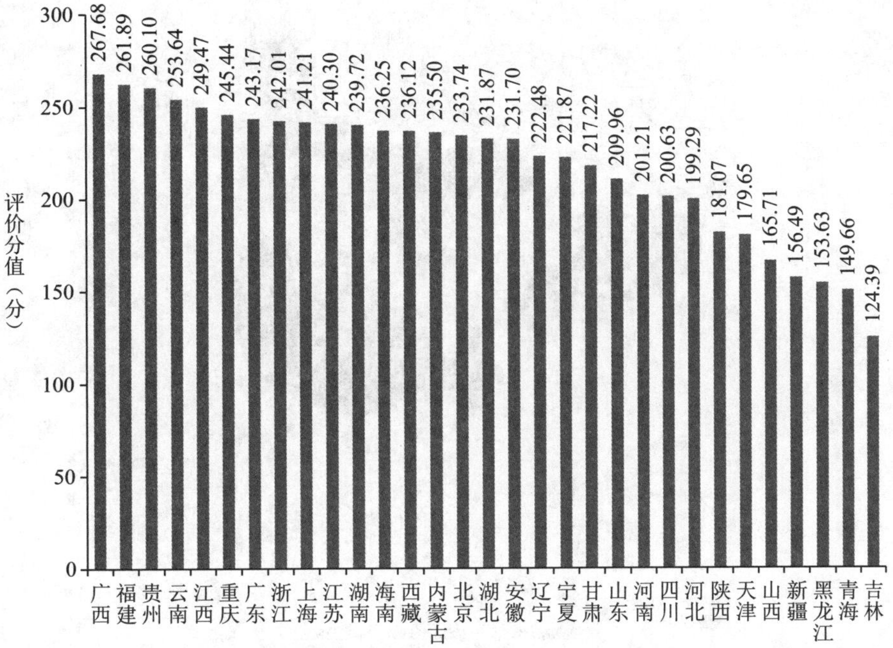

图 2-53 2017 年中国 31 个省域旅游发展的自然环境综合评价结果

（1）自然环境第一梯队：成员三成为新晋加入，多西南和南部省域；赣渝空气—水双优，云闽黔粤空气单优，浙沪苏垃圾处理单优

如图 2-54 所示，自然环境第一梯队包括广西、福建、贵州、云南、江西、重庆、广东、浙江、上海和江苏，综合评价分值均高于 240 分，从空间分布来看，集中分布在西南和东南部地区（图 2-55）。与 2016 年相比，江西、上海和江苏跻身第一梯队，海南、湖南和内蒙古被挤出第一梯队。

从这些省域的组成要素状况来看，如图 2-54、表 2-8 所示，第一梯队省域的表现各异：江西和重庆属于空气和水环境双优型，空气质量的排名分别在第 7 位和第 10 位，水环境排名分别在第 9 位和第 7 位，而生活垃圾无害化处理率分别排在第 13 位和第 21 位，是其明显的短板；云南、福建、贵州和广东属于空气单优型，空气质量优良天数分别排在第 2 位、第 4 位、第 5 位和第 8 位，而其他两个方面的排名都在第二梯队甚至第三梯队，改进空间较大；浙江、上海和江苏属于垃圾处理单优型，生活垃圾无害化处理率的排名并列第一，而空气质量和水环境都处于第二梯队，还有很大提升空间。

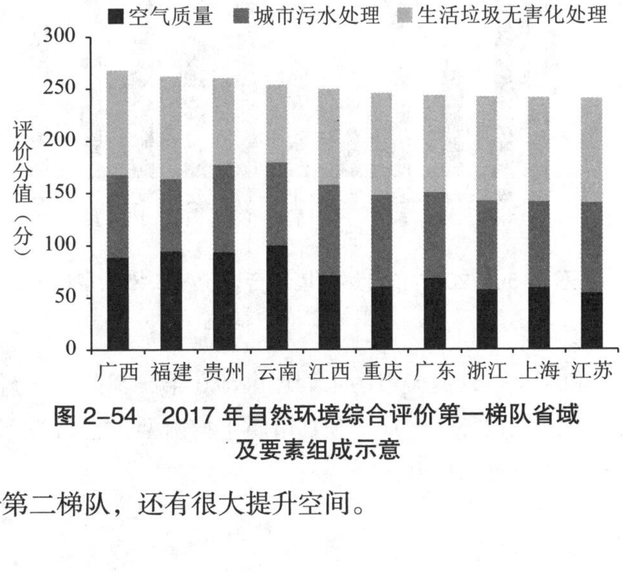

图 2-54 2017 年自然环境综合评价第一梯队省域及要素组成示意

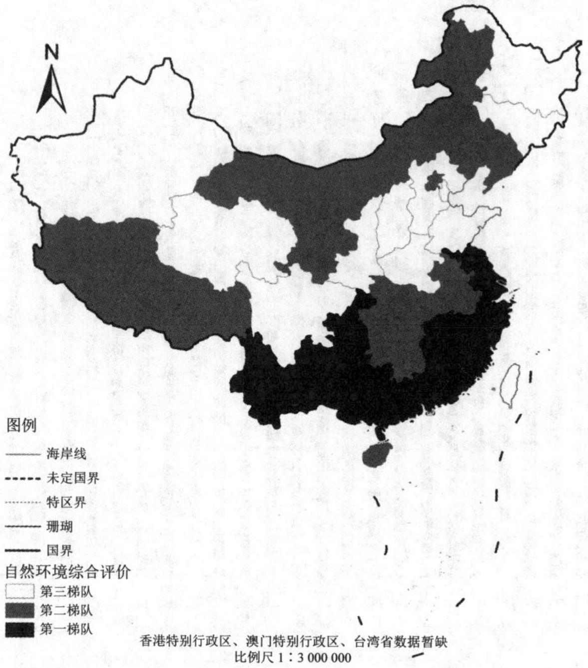

图 2-55 2017 年中国 31 个省域旅游发展的自然环境综合评价结果空间分布

（2）自然环境第二梯队：成员六成为新晋加入，分布较分散；京皖湘水环境—垃圾处理双优，琼空气—垃圾处理双优，藏空气单优，辽甘均衡

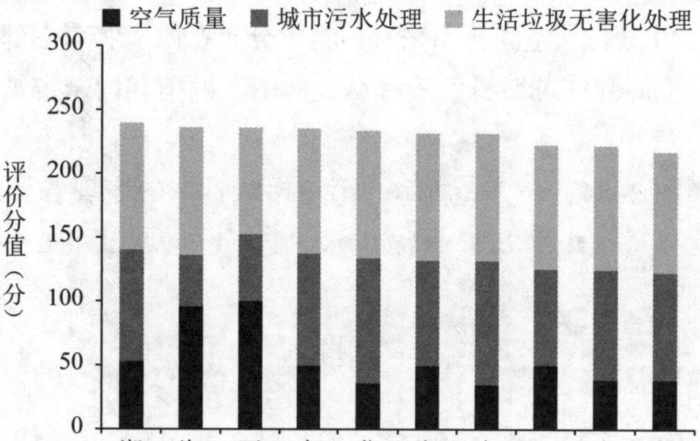

图 2-56 2017 年自然环境综合评价第二梯队省域及要素组成示意

如图 2-56 所示，自然环境第二梯队包括湖南、海南、西藏、内蒙古、北京、湖北、安徽、辽宁、宁夏和甘肃，综合评价分值为 210~240 分，分布较分散（图 2-55）。

从这些省域的组成要素状况来看，如图 2-56、表 2-8 所示，自然环境第二梯队的省域都表现各异：北京、安徽和湖南属于水环境和垃圾处理双优型，其城市污水集中处理率和生活垃圾无害化处理率排名都进入了第一梯队；海南属于空气和垃圾处理双优型，其空气质量和生活垃圾无害化处理率分别排在第 3 位和第 1 位，但城市污水处理率却在第三梯队；西藏属于空气单优型，其空气质量排在为第 1 位，表现很突出；辽宁和甘肃属于均衡型，它们的空气质量、水环境和垃圾处理大多属于第二梯队，还可以提升。

（3）自然环境第三梯队：成员四成为新晋加入，多北部省域；冀鲁豫水环境—垃圾处理双优，青吉空气单优，津晋均衡

如图 2–57 所示，自然环境第三梯队包括山东、河南、四川、河北、陕西、天津、山西、新疆、黑龙江、青海和吉林，第三梯队综合评价分值都低于 210 分，主要为北部省域（图 2–55）。与 2016 年相比，梯队成员四成为新晋加入，山东、四川、河北和青海为新掉入的成员。

从这些省域的组成要素状况来看，如图 2–57、表 2–8 所示，自然环境第三梯队省域整体表现最弱，但个别省域有表现突出的方面：河北、山东和河南属于水环境和垃圾处理双优型，其城市污水集中处理率和生活垃圾无害化处理率排名大部分处于第一梯队，且排名靠前，但其空气质量却都属于第三梯队，是其发展的软肋；青海和吉林属于空气质量单优型，其空气质量分别排在第 8 位和第 11 位，表现十分突出，但水环境和垃圾处理的短板也十分明显；天津和山西属于均衡性，其空气质量、水环境和垃圾处理都属于第三梯队，改善的任务重、潜力大。

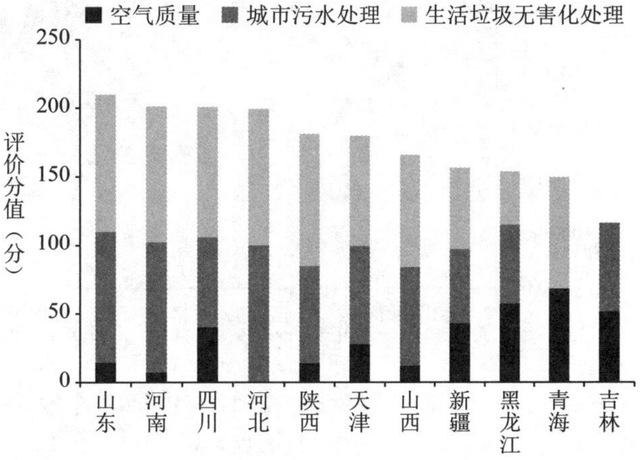

图 2–57 2017 年自然环境综合评价第三梯队省域及要素组成示意

（二）社会经济环境评价

1. 社会经济环境单因子分析

（1）经济发展水平

GDP 总量：平均 2.73 万亿元，近四成省域达平均，粤苏鲁表现突出；GDP 越高的省域增幅越大；省际差异较大且呈增大的趋势，东—中—西分异明显。

如表 2–7、图 2–58 所示，2017 年中国 31 个省域 GDP 平均值为 27327.10 亿元人民币，12 个省域达到或超过均值。其中，广东、江苏较高，超过 8 万亿元；其次，山东、浙江、河南也较高，GDP 超过 4 万亿元；甘肃、海南、宁夏、青海、西藏相对较低，在 1 万亿元以下。

如图 2–58 所示，与 2016 年相比，除了内蒙古，其他省域 GDP 都实现增长，平均增长 8.15%，其中山西增长率最高，达 18.99%。从与 GDP 总量的关系来看，2017 年 GDP 排名前 10、中等、后 10 省域的平均增长率分别为 13.01%、9.15% 和 2.18%，呈现出 GDP 越高的省域增长率也越大的特点。

与 2012~2016 年的平均变化率相比，五成以上省域的 GDP 增长率有所增加，平均增加了 2.64%，近一半省域有所降低，平均降低了 4.64%，说明省域 GDP 的增长呈现减缓趋势。

如表 2–7 所示，中国 31 个省域 GDP 的变异系数为 0.81，在社会经济环境的评价指标中较高，较 2016 年增加了 0.03，表明 GDP 的省际差异较大，且呈扩大趋势。从空间上看，GDP

呈现出明显的东南—西北空间分异格局（图 2–59）。

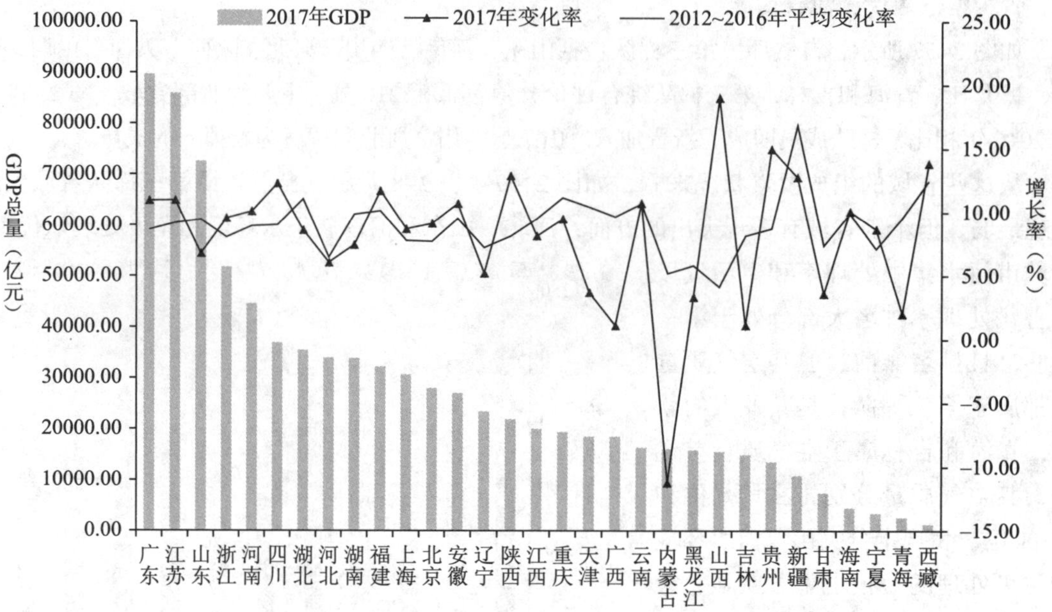

图 2–58　2017 年中国 31 个省域的 GDP 及其变化率

（数据来源:《中国统计年鉴 2013~2018》）

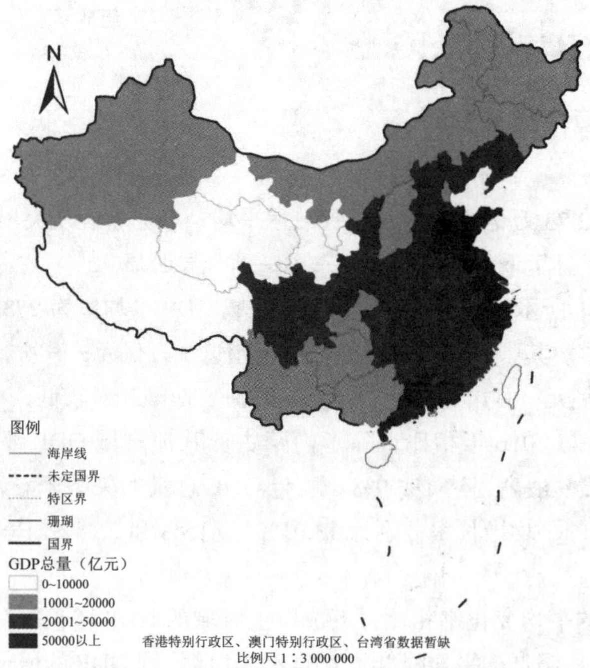

图 2–59　2017 年中国 31 个省域 GDP 空间分布

（数据来源:《中国统计年鉴 2018》）

人均 GDP：平均 6.07 万元，小幅增长，三成省域达平均，京沪津苏表现突出；2017 年增长率约为 7%，山西表现突出；近五成省域增长趋缓；省际差异小且稳定，具沿海—内陆分异特征。

如表 2–7、图 2–60 所示，2017 年中国 31 个省域人均 GDP 的平均值为 6.07 万元，10 个省域达到均值。其中，北京、上海、天津和江苏的人均 GDP 较高，超过 10 万元；其次，浙江、福建、广东、山东、内蒙古、重庆和湖北的人均 GDP 也较高，都超过 6 万元；甘肃的人均 GDP 最低。

如图 2–60 所示，与 2016 年相比，除了内蒙古和青海以外，其他省域 2017 年人均 GDP 都实现增加，平均增幅 8.36%，其中，山西增幅最大。从分段来看，2017 年人均 GDP 排名前 10、中等和后 10 省域的平均增长率分别为 6.39%、8.06% 和 5.11%，中等水平的省域增长率最大。

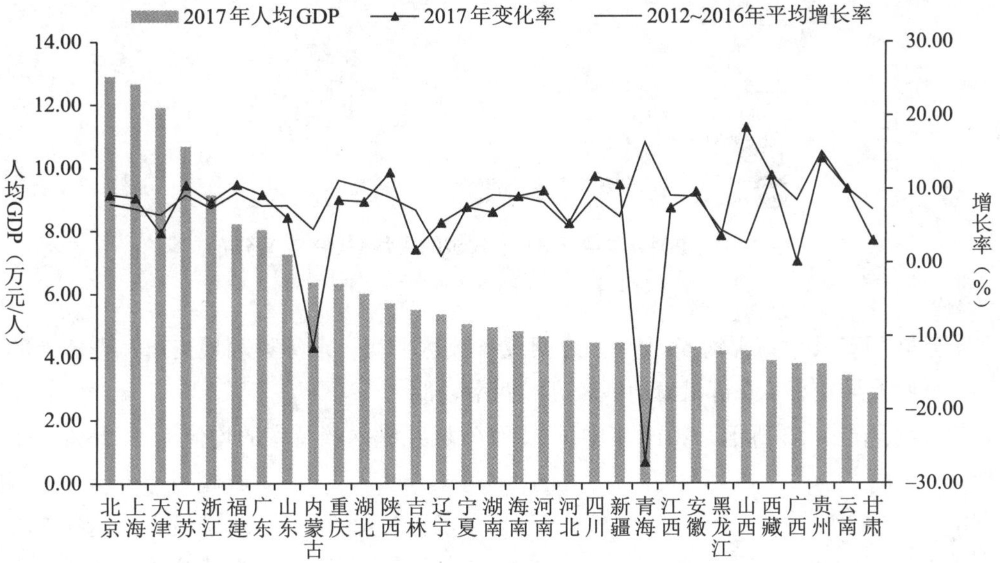

图 2–60 2017 年中国 31 个省域的人均 GDP 及变化率

（数据来源:《中国统计年鉴 2013~2018》）

与 2012~2016 年的平均增长率相比，17 个省域 2017 年人均 GDP 增长率有所增加，平均增加了 2.43%，14 个省域 2017 年人均 GDP 增长率有所降低，平均降低了 6.56%，人均 GDP 的增长亦趋缓。

如表 2–7 所示，中国 31 个省域人均 GDP 的变异系数为 0.45，较 2016 年增加了 0.01，且在社会经济环境的四个评价指标中较低，表明人均 GDP 的省际差异小幅上升。从空间上来看，人均 GDP 较高的省域集中在东南沿海地区，呈现出明显的沿海—内陆分异格局（图 2–61）。

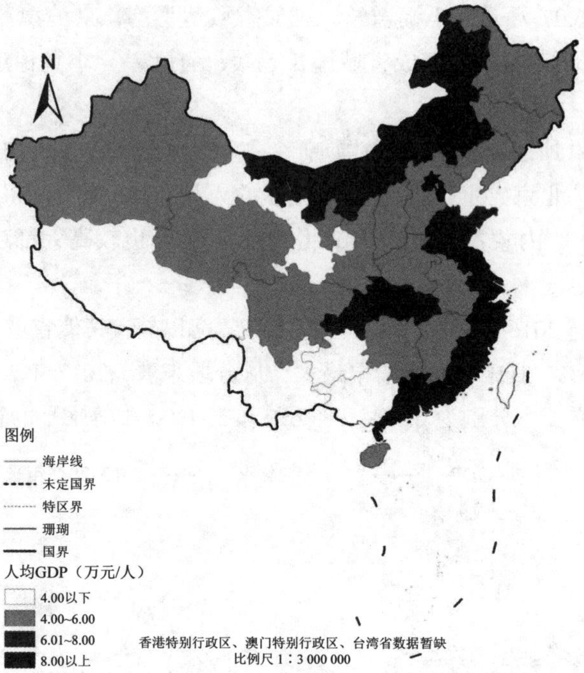

图 2-61　2017 年中国 31 个省域的人均 GDP 空间分布

（数据来源:《中国统计年鉴 2018》）

（2）互联网普及率：平均 54.26%，近四成省域达平均；京沪粤表现突出；整体上的普及率不高，城际差异较小，东部沿海地区较高，西南较低

如表 2-7、图 2-62 所示，2017 年中国 31 个省域互联网普及率的均值为 54.26%，11 个省域超过平均水平。其中，北京最高，达到 78%；其次为广东、上海和福建，超过 65%；而甘肃、西藏和云南的普及率最低，不到 45%。总体来看，省域的互联网普及率尚需不断提升。

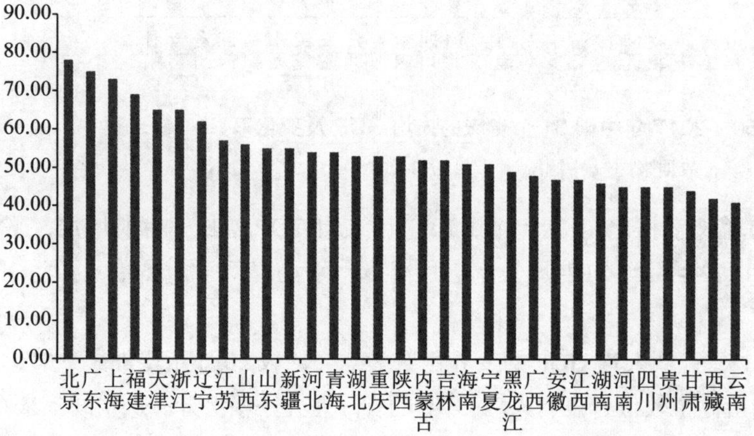

图 2-62　2017 年中国 31 个省域的互联网普及率

（数据来源:《中国互联网发展报告 2017》，互联网普及率 =（全国省市）网民数 / 人口数 ×100）

如表 2-7 所示，2017 年中国 31 个省域互联网普及率的变异系数为 0.18，在社会经济环境的 5 个评价指标中最小，表明互联普及率的省际差异较小。从空间分布来看，东部及北部普及率较高，西南各省和甘肃、河南普及率较低（图 2-63）。

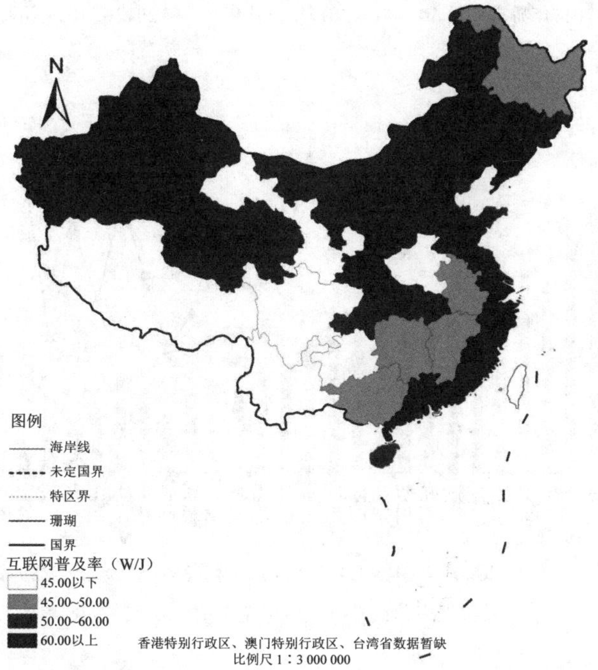

图 2–63　2017 年中国 31 个省域的互联网普及率空间分布

（数据来源:《中国互联网发展报告 2017》，互联网普及率 =（全国省市）网民数 / 人口数 ×100）

（3）年旅客周转量：平均 751.60 亿人公里，近五成省域超平均，广东最高；过半省域有所增加，但增幅偏小；省级差异较大且呈扩大趋势，较高省域集中于中部和东南部

如表 2–7、图 2–64 所示，2017 年中国 31 个省域年旅客周转量平均为 751.60 亿人公里，14 个省域超过均值。其中，广东最高，为 2012.47 亿人公里。河南、湖南、江苏、河北、湖北、山东、安徽、浙江和江西的年旅客周转量都在 1000 亿人公里；宁夏和西藏相对较低，在 100 亿人公里以下。

如图 2–64 所示，与 2016 年相比，2017 年 21 个省域年旅客周转量有小幅增加，平均增幅为 4.2%，其中，西藏、青海和海南的增幅较大；四川、新疆和宁夏降幅也较大，平均降幅为 4.16%。

与 2012~2016 年平均变化率相比，有 24 个省域 2017 年旅客周转量的增长率有所提高，平均提高了 4.39%；海南和山东提高较多，分别为 12.67% 和 10.11%；新疆和宁夏降幅较大，分别降低了 5.36% 和 9.27%。

如表 2–7 所示，2017 年中国 31 个省域年旅客周转量的变异系数为 0.70，在社会经济环境的五个评价指标中相对较大，与 2016 年相比增加了 0.03，表明年旅客周转量的省际差异较大且呈现扩大的趋势。从空间上看，年旅客周转量较高（大于 800 亿人公里）的省域集中分布在中部和东南地区（图 2–65）。

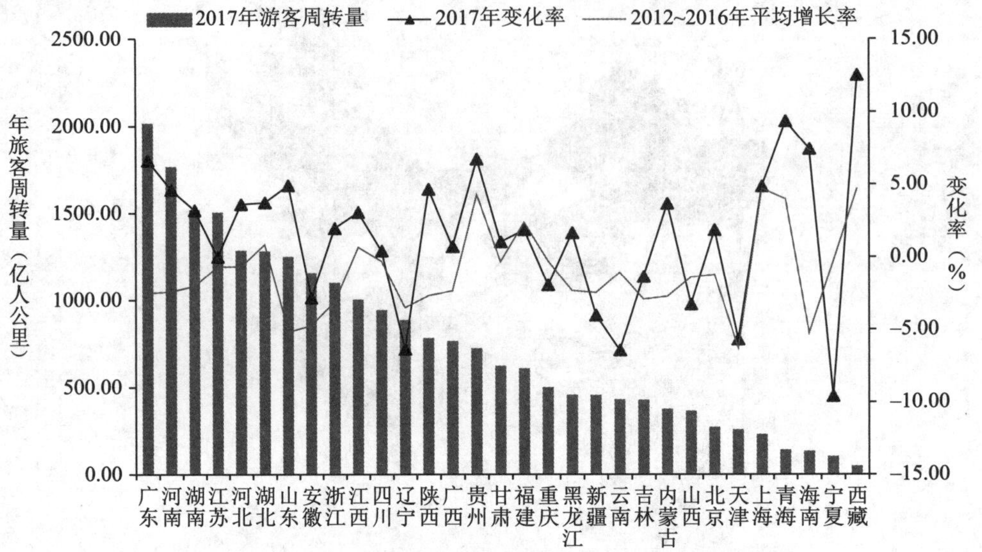

图 2-64　2017 年中国 31 个省域的年旅客周转量及变化率

（数据来源：《中国统计年鉴 2012~2018》）

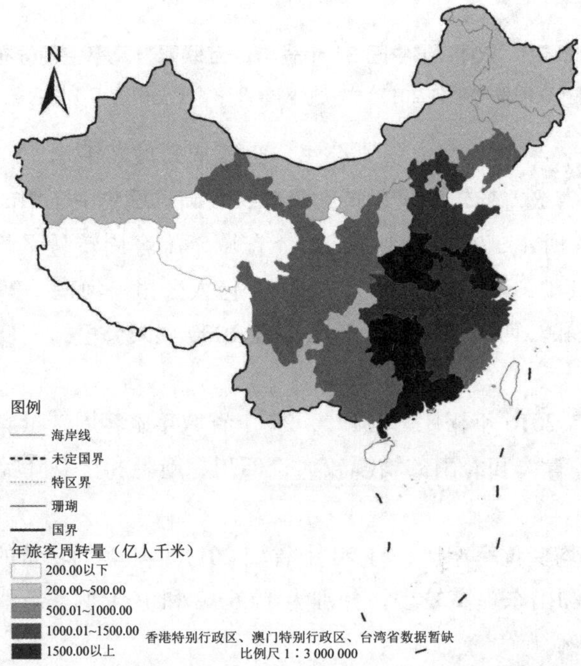

图 2-65　2017 年中国 31 个省域的年旅客周转量空间分布

（数据来源：《中国统计年鉴 2018》）

（4）万人专利授权数：平均 11.21 件，近三成省域达平均，京浙沪较高；八成省域有增加；省际差异大且稳定

如表 2-7、图 2-66 所示，2017 年中国 31 个省域万人专利授权数的平均值为 11.21 件，8 个省域超过均值。其中，北京、浙江和上海较高，均为 30 件以上；西藏最低，不到 2 件。

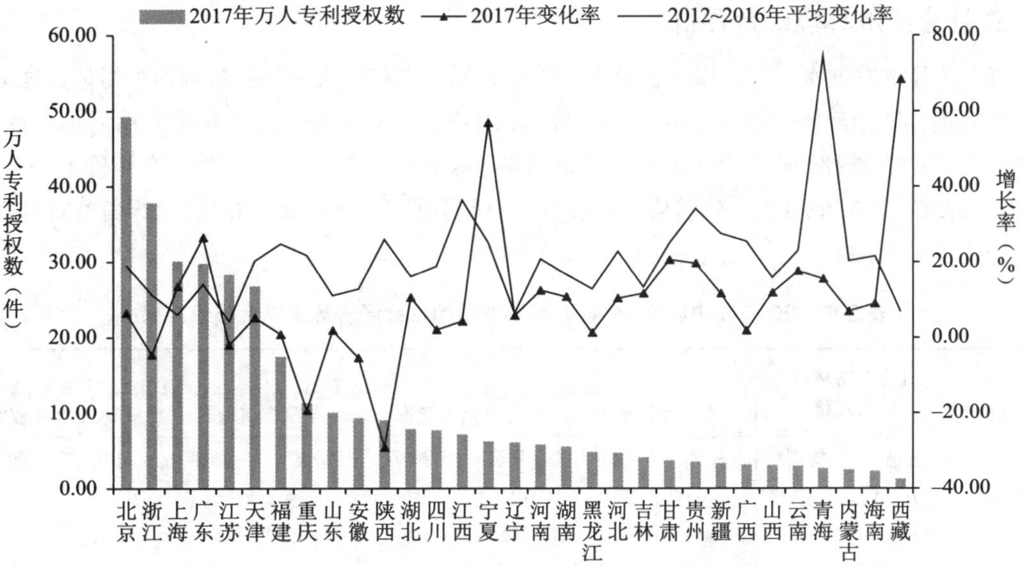

图 2-66　2017 年中国 31 个省域的万人专利授权数及变化率

（数据来源:《中国统计年鉴 2013~2018》）

与 2016 年相比，2017 年 26 个省域万人专利授权数有所增加，平均增幅为 13.94%，其中，西藏和宁夏增幅较大，分别为 68.38% 和 56.91%；5 个省域有所下降，平均降幅为 12.10%。其中，重庆和陕西降低较多，分别降低了 19.33% 和 29.10%。从分段来看，2017 年万人专利授权数排名前 10、中等和后 10 省域的平均变化率分别为 2.28%、8.79% 和 18.25%，年万人专利授权数较低的省域增长相对较快。

与 2012~2016 年的平均变化率相比，如图 2-66 所示，2017 年 27 个省域万人专利授权数的增长率有所降低，平均降低了 16.52%，其中青海降幅最大，降低了 59.10%；西藏、宁夏、广东、上海有所提高，平均提高了 28.35%，其中西藏增幅最大，提高了 61.61%。

如表 2-7 所示，2017 年 31 个省域万人专利授权数的变异系数为 1.08，在社会经济环境的四个评价指标中最高，且与 2016 年相比仅增加了 0.01，表明万人专利授权数的省际差异较大且稳定。从空间上看，万人专利授权数较高的省域集中在东部沿海地区（图 2-67）。

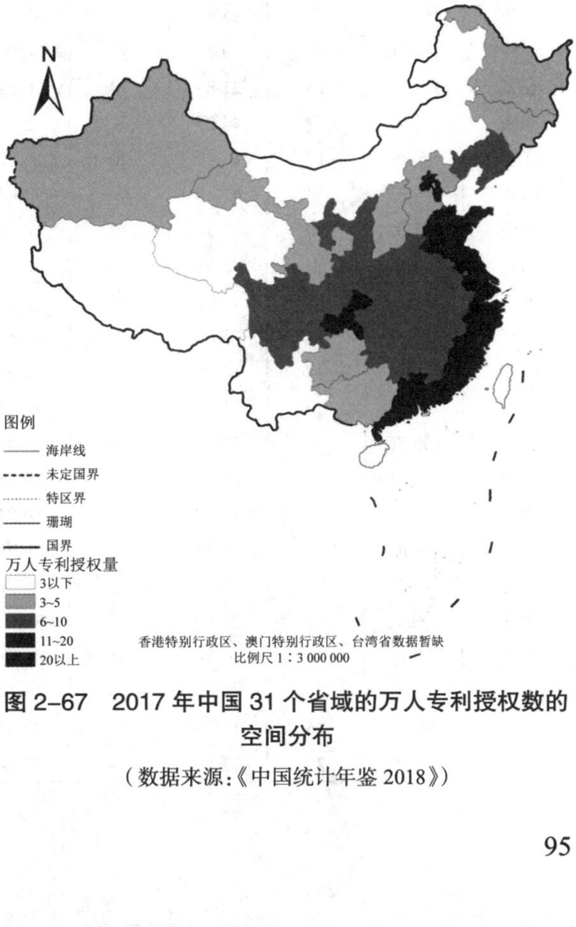

图 2-67　2017 年中国 31 个省域的万人专利授权数的空间分布

（数据来源:《中国统计年鉴 2018》）

2. 社会经济环境综合评价

将上述经济发展水平、互联网普及率、年旅客周转率和万人专利授权数四个指标数据进行归一化处理，其中经济发展水平取GDP和人均GDP归一化处理后的平均值，而后加和计算，得到中国31个省域社会经济环境的综合评价结果（表2-9、图2-68）。依据综合评价得分高低，将31个省域分为三个梯队，分别从梯队成员、空间分布、各指标的相对状况等角度对各个梯队进行分析。

表2-9　2017年中国31个省域旅游发展的社会经济环境综合评价结果

省域	社会经济环境综合评价		经济发展水平		互联网普及率		年旅客周转量		万人专利授权数	
	分值	排序	分值	排序	分值	排序	分值	排序	分值	排序
北京	275.70	2	65.11	4	100.00	1	10.59	26	100.00	1
天津	184.13	6	54.83	7	64.86	5	11.29	25	53.15	6
河北	132.11	12	26.86	14	35.14	12	62.92	5	7.19	20
山西	75.80	20	14.77	22	40.54	9	16.72	23	3.77	26
内蒙古	74.33	23	25.87	16	29.73	17	16.16	24	2.57	29
辽宁	137.29	11	25.01	17	56.76	7	45.49	11	10.03	16
吉林	75.90	19	20.93	19	29.73	17	19.34	22	5.91	21
黑龙江	64.73	24	14.99	21	21.62	21	20.70	20	7.42	19
上海	221.17	5	65.42	3	86.49	3	9.15	27	60.11	3
江苏	261.16	3	86.85	1	43.24	8	74.73	3	56.33	5
浙江	254.30	4	59.89	6	64.86	5	53.43	9	76.12	2
安徽	111.25	14	21.89	18	16.22	23	56.36	8	16.79	10
福建	182.12	7	44.23	8	75.68	4	28.43	17	33.78	7
江西	95.03	17	17.97	20	16.22	23	48.56	10	12.29	14
山东	179.57	8	62.30	5	37.84	10	61.11	7	18.33	9
河南	141.05	10	33.50	10	10.81	26	87.26	2	9.48	17
湖北	143.96	9	35.08	9	32.43	14	62.68	6	13.77	12
湖南	125.29	13	28.88	11	13.51	25	73.98	4	8.92	18
广东	327.12	1	75.79	2	91.89	2	100.00	1	59.43	4
广西	74.57	22	14.46	23	18.92	22	37.28	13	3.91	25
海南	45.14	29	11.61	26	27.03	19	4.30	29	2.20	30
重庆	103.86	16	27.52	13	32.43	14	22.95	18	20.96	8
四川	94.99	18	28.19	12	10.81	26	42.52	12	13.46	13
贵州	61.44	25	11.60	27	10.81	26	34.32	15	4.71	23
云南	35.70	30	11.35	28	0.00	31	20.77	19	3.58	27
西藏	7.92	31	5.21	30	2.70	30	0.00	31	0.00	31
陕西	110.90	15	25.90	15	32.43	14	36.39	14	16.17	11
甘肃	45.88	28	3.48	31	8.11	29	29.22	16	5.08	22
青海	51.16	27	8.44	29	35.14	12	4.68	28	2.91	28
宁夏	52.34	26	12.18	25	27.03	19	2.77	30	10.36	15
新疆	75.05	21	13.41	24	37.84	10	19.50	21	4.30	24

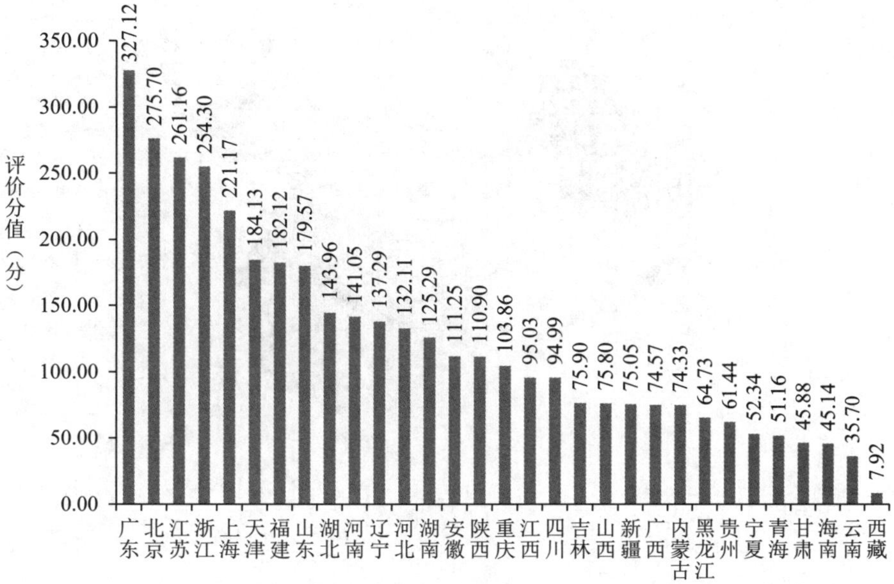

图 2-68　2017 年中国 31 个省域旅游发展的社会经济环境综合评价结果示意

（1）社会经济环境第一梯队：成员基本稳定，多为东南部省域；粤浙鲁苏均衡，京津沪为经济—信息—创新三优，鄂为经济—交通双优，豫为交通单优

如图 2-69、表 2-9 所示，社会经济环境第一梯队包括广东、北京、江苏、浙江、上海、天津、福建、山东、湖北和河南，综合评价分值都高于 140 分，多为东南部省域（图 2-70），与 2016 年相比，福建是新成员。

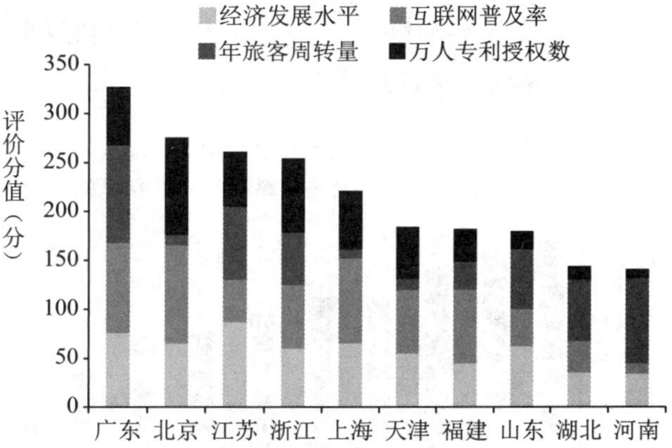

图 2-69　2017 年社会经济环境综合评价第一梯队省域及要素组成示意

从这些省域的组成要素状况来看，如图 2-69、表 2-9 所示，社会经济环境第一梯队省域有四种不同类型：广东、江苏、浙江和山东属于均衡型，四个方面的排名都在前 10，没有明显的短板；天津、北京和上海属于经济、信息和创新三优型，其经济发展水平、互联网普及率和万人专利授权数的排名都在前 10；湖北属于经济、交通双优型，其经济发展水平和年旅客周转量的排名都在前 10，但万人专利授权数和互联网普及率排名较弱；河南属于交通单优型，其年旅客周转量排在第 2 位，但经济发展水平、万人专利授权数的排名均在第二梯队。

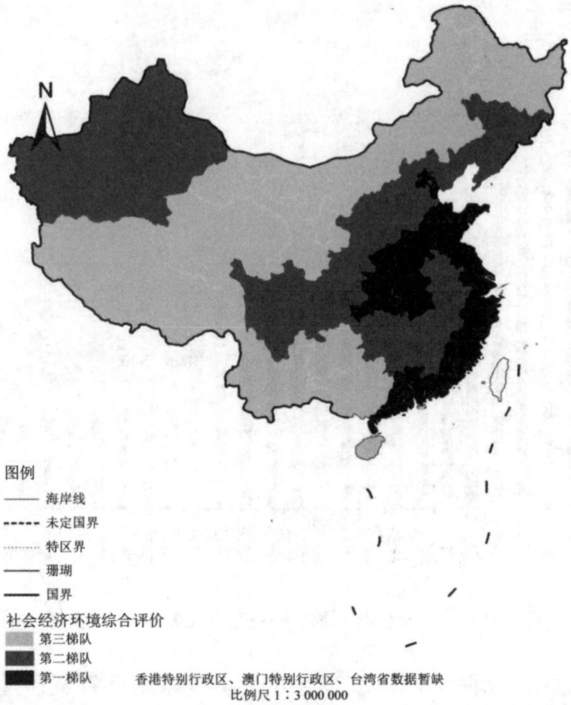

图 2-70　2017 年中国 31 个省域旅游发展的社会经济环境综合评价空间分布

（2）社会经济环境第二梯队：多为东部和西北部省域；陕均衡，辽晋为信息单优，冀湘皖赣为交通单优，渝为创新单优

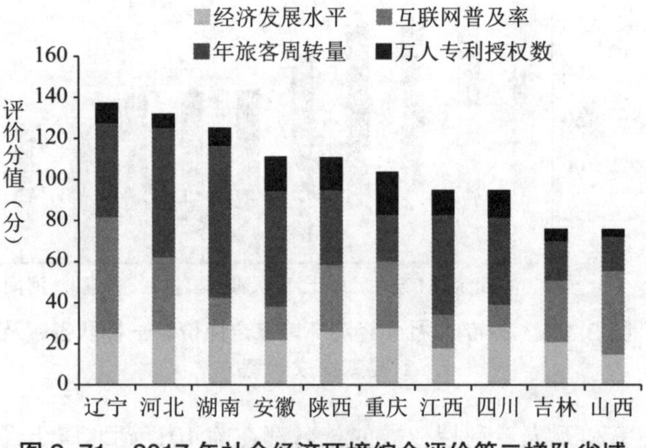

图 2-71　2017 年社会经济环境综合评价第二梯队省域及要素组成示意

如图 2-71 所示，社会经济环境第二梯队包括辽宁、河北、湖南、安徽、陕西、重庆、江西、四川、吉林和山西，综合评价分值为 75.50~140 分，从空间分布来看，多为东部和西北部省域（图 2-70）。与 2016 年相比，梯队成员湖南由第一梯队掉入，吉林和陕西由第三梯队进入。

从这些省域的组成要素状况来看，如图 2-71、表 2-9 所示，社会经济环境第二梯队省域多数有表现突出的方面：陕西四个指标得分都位于第二梯队，较均衡；辽宁和山西互联网普及率得分排名位于第一梯队，而其他三个指标的得分均处在第二梯队和第三梯队；河北、湖南、安徽和江西属于交通单优型，其年旅客周转量分别排在第 5 位、第 4 位、第 8 位和第 10 位，进入第一梯队，而其他两个方面处于一般水平；重庆属于创新单优型，其万人专利授权数排在第 8 位，其他两个方面表现一般。

（3）社会经济环境第三梯队：分散分布；琼青新为信息单优，内蒙古为经济—信息双优，宁夏为创新单优

如图 2–72 所示，社会经济环境第三梯队包括新疆、广西、内蒙古、黑龙江、贵州、宁夏、青海、甘肃、海南、云南和西藏，综合评价分值都小于 75.50 分，分布较分散（图 2–70）。与 2016 年相比，梯队成员只有内蒙古和广西是新掉入成员。

从这些省域的组成要素状况来看，如图 2–72、表 2–9 所示，社会经济环境第三梯队省域各方面表现都很弱，只有个别省域有表现相对较强的方面：海南、新疆和青海互联网普及率得分排名均位于第二梯队，其他三个方面都位于第三梯队；内蒙古经济发展水平和互联网普及率分布排第 16 位、第 17 位，而万人专利授权数和年旅客周转量则排在第 24 位和第 29 位，短板突出；宁夏万人专利授权数得分排名第 15，排名较靠前，但其他三个方面则是其短板；广西、甘肃、贵州和云南年旅客周转量位于第二梯队，相对较强，但经济发展水平、创新能力和信息化能力则较弱。

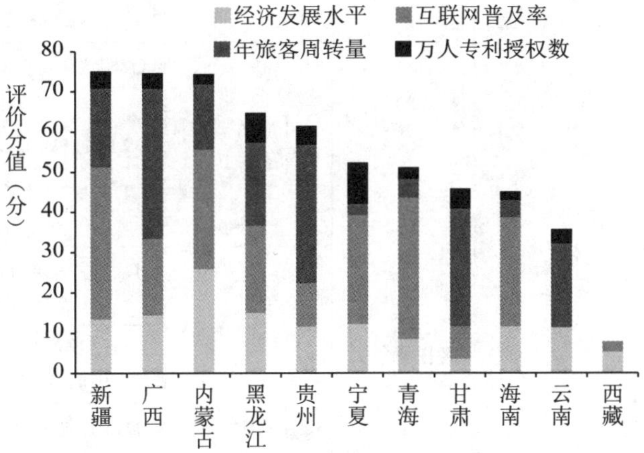

图 2–72　2017 年社会经济环境综合评价第三梯队省域及要素组成示意

四、省域旅游业发展综合评价

将本章前述省域旅游业发展评价的各项指标按现实竞争力、潜在竞争力和环境竞争力进行汇总，全面评价中国 31 个省域的旅游竞争力。其中现实竞争力和潜在竞争力分别由旅游需求、旅游供给两个方面的现实竞争力和潜在竞争力合并构成，环境竞争力由自然环境竞争力、社会经济环境竞争力两部分构成。评价指标详见表 2–10。

表 2–10　2017 年中国 31 个省域旅游业发展综合评价指标体系

A 层	B 层	C 层	D 层	数据来源
综合竞争力	B1 现实竞争力	C1 旅游需求现实竞争力	D1 旅游接待总人数（万人）	《中国旅游统计年鉴 2018》，2018 年各省统计年鉴
			D2 旅游总收入（亿元）	2018 年各省统计年鉴
		C2 旅游供给现实竞争力	D3 住宿设施总数（家）	2017 年全国星级饭店统计公报，2017 年个省份精品酒店统计，携程网；2017 年中国露营地行业投资报告

续表

A层	B层	C层	D层	数据来源
综合竞争力	B1 现实竞争力	C2 旅游供给现实竞争力	D4 星级饭店利润（亿元）	2017 全国星级饭店统计公报
			D5 景区旅游企业数量（家）	《中国旅游统计年鉴 2018》
			D6 景区营业收入（亿元）	《中国旅游统计年鉴 2018》
			D7 旅行社数量（个）	《中国旅游统计年鉴 2018》
	B2 潜在竞争力	C3 旅游需求潜在竞争力	D8 旅游接待总人数增长率（%）	《中国旅游统计年鉴 2017/2018》，2017/2018 年各省统计年鉴
			D9 旅游总收入增长率（%）	2017/2018 年各省统计年鉴
			D10 入境游客人均花费（美元 / 人）	《中国旅游统计年鉴 2018》
		C4 旅游供给潜在竞争力	D11 住宿接待业发展速度（%）	2016/2017 年全国星级饭店统计公报数据计算
			D12 星级饭店全员劳动生产率（万元 / 人）	2017 年全国星级饭店统计公报
			D13 旅游目的地发展速度（%）	《中国旅游统计年鉴 2017/2018》
			D14 景区人均营业收入（万元 / 人）	《中国旅游统计年鉴 2018》
			D15 旅行社业发展速度（%）	据《中国旅游统计年鉴》（2017/2018）数据计算
	B3 发展环境竞争力	C5 自然环境竞争力	D16 空气质量优良天数（天）	《中国统计年鉴 2018》《中国环境统计年鉴 2018》
			D17 城市污水集中处理率（%）	《2018 年中国环境统计年鉴》
			D18 生活垃圾无害化处理率（%）	《中国统计年鉴 2018》《中国环境统计年鉴 2018》
		C6 社会经济环境竞争力	D19 经济发展水平	《中国统计年鉴 2018》
			D20 互联网普及率（%）	《网宿・中国互联网发展报告 2017》
			D21 年旅客周转量（亿人公里）	《中国统计年鉴 2018》
			D22 万人专利授权数（件）	《中国统计年鉴 2018》

注：宁夏 2017 年旅游接待人数及旅游收入来自于宁夏回族自治区旅游和文化厅发布的新闻稿。重庆国内旅游收入及旅游人数数据来自于《2017 年重庆市旅游业统计公报》。

（一）综合竞争力评价结果

将反映中国 31 个省域 2017 年现实竞争力、潜在竞争力和发展环境竞争力的各项指标分别进行归一化处理后加和计算，得到 2017 年中国 31 个省域旅游综合竞争力的评价结果（表

2-11、图 2-73、图 2-74）。依据综合评价得分高低，将 31 个省域分为三个梯队，分别从梯队成员、空间分布、各方面竞争力的相对状况等角度对各个梯队进行分析。

表 2-11　2017 年中国 31 个省域旅游综合竞争力评价结果

省域	综合竞争力		现实竞争力		潜在竞争力		发展环境竞争力	
	分值	排序	分值	排序	分值	排序	分值	排序
北京	1036.07	6	289.57	10	237.07	22	509.43	2
天津	775.70	21	92.06	27	319.85	7	363.78	10
河北	836.28	16	255.69	15	249.20	20	331.40	17
山西	724.30	22	190.72	20	292.07	9	241.51	27
内蒙古	714.59	23	154.34	22	250.42	19	309.83	19
辽宁	805.18	18	245.95	16	199.45	30	359.77	11
吉林	534.25	29	116.12	26	217.84	25	200.29	31
黑龙江	550.73	28	132.78	24	199.59	29	218.37	29
上海	1057.18	5	266.16	14	328.65	6	462.38	5
江苏	1223.76	2	474.76	3	247.54	21	501.46	3
浙江	1212.59	3	462.37	4	253.91	18	496.31	4
安徽	931.69	12	312.75	7	276.00	14	342.95	14
福建	1030.15	7	219.37	19	366.78	2	444.00	6
江西	1020.03	9	326.00	6	349.53	3	344.50	13
山东	1083.05	4	483.77	2	209.74	26	389.53	7
河南	820.79	17	278.34	11	200.19	28	342.26	15
湖北	873.54	13	291.78	9	205.93	27	375.83	8
湖南	1020.62	8	312.12	8	343.49	4	365.00	9
广东	1331.33	1	524.60	1	236.45	23	570.28	1
广西	858.09	14	233.99	17	281.85	11	342.25	16
海南	564.90	27	60.54	29	222.97	24	281.39	23
重庆	799.51	20	174.03	21	276.18	13	349.30	12
四川	950.05	11	360.82	5	293.61	8	295.62	20
贵州	1002.63	10	268.54	13	412.56	1	321.54	18
云南	842.24	15	271.01	12	281.89	10	289.34	22
西藏	445.64	31	28.67	30	172.93	31	244.04	26
陕西	800.39	19	230.30	18	278.12	12	291.97	21
甘肃	668.66	24	135.36	23	270.20	16	263.10	25
青海	531.80	30	62.15	28	268.84	17	200.81	30
宁夏	632.42	25	26.19	31	332.03	5	274.20	24
新疆	628.24	26	123.63	25	273.07	15	231.54	28

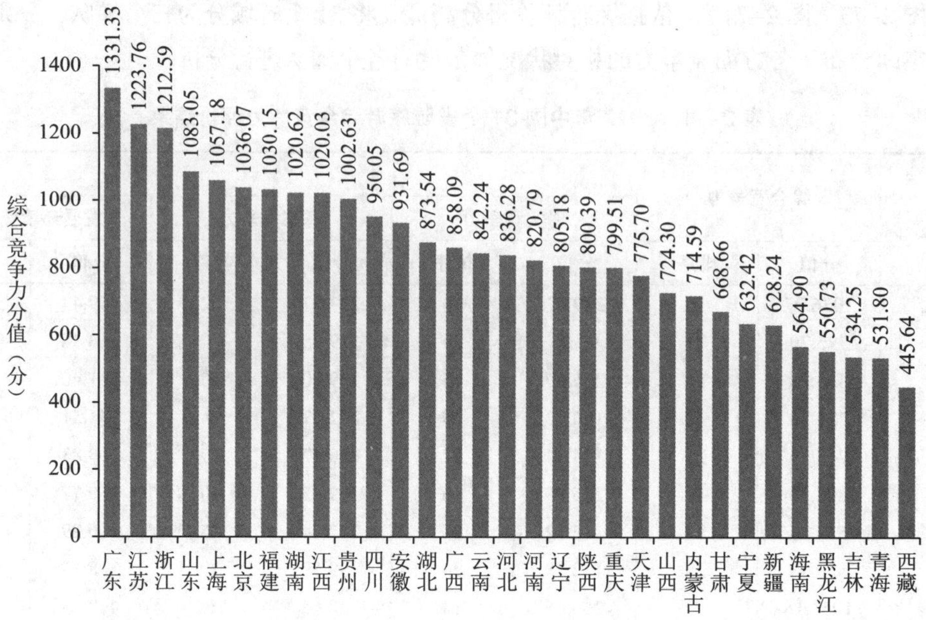

图 2-73　2017 年中国 31 个省域旅游综合竞争力评价结果示意

图 2-74　2017 年中国 31 个省域旅游综合竞争力空间分布

1. 综合竞争力第一梯队：成员基本稳定，沿海省域居多；湖南各项均衡，粤苏浙鲁京现实—发展环境双优，沪闽潜在—发展环境双优，黔潜在竞争力单优

如表 2–11、图 2–73 所示，综合竞争力第一梯队包括广东、江苏、浙江、山东、上海、北京、福建、湖南、江西、贵州，综合得分高于 1000 分，主要为沿海省域（图 2–74）。与 2016 年相比，梯队成员基本稳定，福建、江西、贵州由原第二梯队晋升至第一梯队，而四川、辽宁、河北三省被挤出第一梯队。

从综合竞争力第一梯队省域各方面的表现来看，如图 2–75 所示，不同省域存在不同的优势。湖南属于均衡发展型，其现实、潜在和发展环境三个方面的竞争力排名都在第一梯队，没有明显的短板；广东、江苏、浙江、山东、北京属于现实竞争力和发展环境竞争力优势型，它们在潜在竞争力方面表现较差，除浙江外，其余 4 个省潜在竞争力排位处于第三梯队；上海、福建属于潜在竞争力和发展环境竞争力优势型，两项指标排位均处于第一梯队；贵州的潜在竞争力表现十分突出，居省域第一位，其余两项指标表现一般。

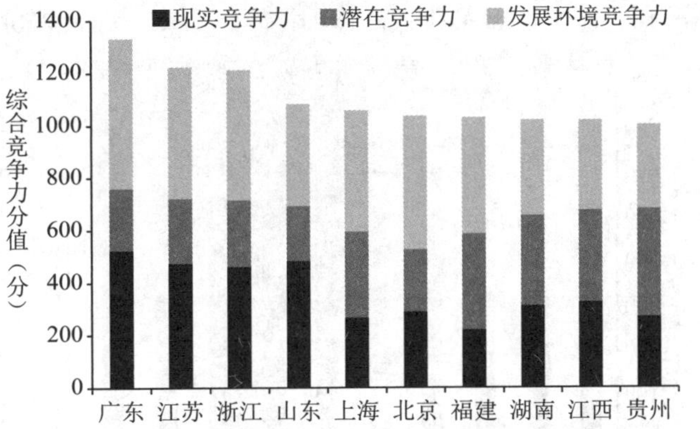

图 2–75 2017 年综合竞争力第一梯队省域及要素组成示意

2. 综合竞争力第二梯队：成员变动不大，中西部省份占七成：四川现实—潜在双优，湖北现实—环境竞争力双优，安徽现实竞争力单优，广西潜在竞争力单优

如表 2–11、图 2–73 所示，综合竞争力第二梯队包括四川、安徽、湖北、广西、云南、河北、河南、辽宁、陕西、重庆，综合评价得分为 790~1000 分。与上一年度相比，河北、河南、辽宁三省为新成员，替代了江西、福建及海南，变动不大。从成员的空间分布来看，中西部省份占七成。（图 2–74）

从综合竞争力第二梯队省域各方面的表现来看，如图 2–76 所示，虽整体表现一般，但各省域也存在相对优势的方面。四川属现实—潜在竞争力双优型，两项指标分别排第 5 位和第 8 位，高于其整体排名；湖北为现实—环境竞争力双优型，两项指标排位均处于第一梯队，但其潜在竞争力排在第 27 位，表现不尽如人意；安徽为现实竞争力单优，

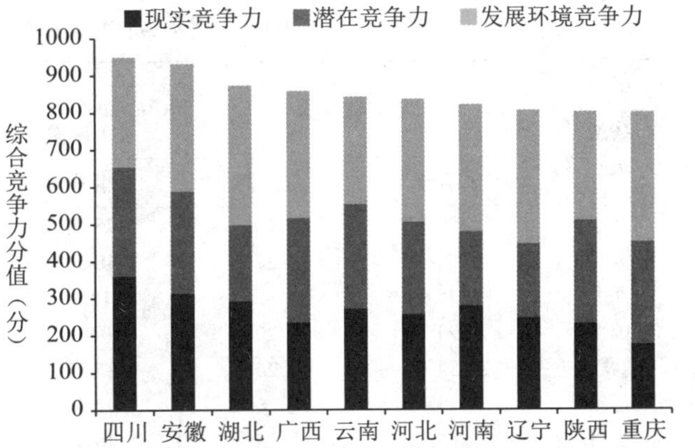

图 2–76 2017 年综合竞争力第二梯队省域及要素组成示意

现实竞争力排名第7位；广西属潜在竞争力单优，单项指标排在第10位。其余省份各项指标排位均处于第二或第三梯队，表现一般。

3. 综合竞争力第三梯队：成员变动较小，多为北部省份：天津潜在—环境双优，宁晋潜在单优

如表2-11、图2-73所示，综合竞争力第三梯队包括天津、山西、内蒙古、甘肃、宁夏、新疆、海南、黑龙江、吉林、青海、西藏，综合评价得分低于780分，多为北部、西部省份（图2-74）。与上一年度相比，成员变动较小，海南、黑龙江替代了河南、陕西两省，其余成员无变动。

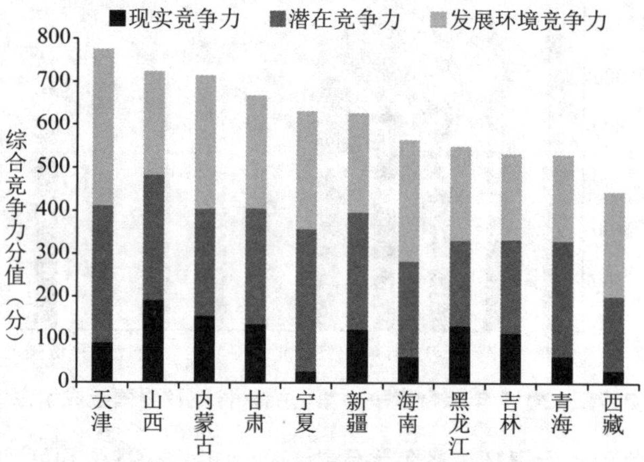

图2-77　2017年综合竞争力第三梯队省域及要素组成示意

从综合竞争力第三梯队省域各方面的表现来看，如图2-77所示，它们整体表现均较弱，但部分省域有相对较强的领域：天津为潜在—环境双优型，两项指标排在第7位和第10位，表现优异，但其现实竞争力排名第27位，拉低了整体排位；宁夏、山西两省其潜在竞争力表现十分突出，该项指标排位分别为第5位、第9位，远高于整体排名。

（二）现实竞争力评价结果

将中国31个省域2017年旅游需求及旅游供给现状的评价指标数据进行归一化处理，而后加和计算，得到中国31个省域现实竞争力的评价结果（表2-12、图2-78、图2-79）。依据评分高低，将31个省域分为三个梯队，分别从梯队成员、空间分布、各方面竞争力的相对状况等角度对各个梯队进行分析。

表2-12　2017年中国31个省域旅游现实竞争力评价结果

省域	现实竞争力		C1 旅游需求现实竞争力		C2 旅游供给现实竞争力	
	得分	排序	得分	排序	得分	排序
北京	289.57	10	75.41	20	214.15	5
天津	92.06	27	48.51	22	43.55	29
河北	255.69	15	111.85	13	143.84	15
山西	190.72	20	104.04	14	86.68	25
内蒙古	154.34	22	37.27	24	117.07	20
辽宁	245.95	16	92.44	17	153.52	12
吉林	116.12	26	46.44	23	69.68	26
黑龙江	132.78	24	29.25	26	103.53	21

续表

省域	现实竞争力		C1 旅游需求现实竞争力		C2 旅游供给现实竞争力	
	得分	排序	得分	排序	得分	排序
上海	266.16	14	69.73	21	196.43	8
江苏	474.76	3	178.08	2	296.68	4
浙江	462.37	4	145.96	5	316.41	3
安徽	312.75	7	118.86	9	193.88	9
福建	219.37	19	81.23	19	138.14	16
江西	326.00	6	114.45	11	211.55	7
山东	483.77	2	157.74	3	326.04	1
河南	278.34	11	127.47	8	150.87	14
湖北	291.78	9	114.11	12	177.66	11
湖南	312.12	8	131.73	7	180.39	10
广东	524.60	1	200.00	1	324.60	2
广西	233.99	17	101.55	15	132.44	18
海南	60.54	29	9.29	28	51.25	28
重庆	174.03	21	84.33	18	89.70	24
四川	360.82	5	147.01	4	213.81	6
贵州	268.54	13	139.73	6	128.81	19
云南	271.01	12	118.73	10	152.28	13
西藏	28.67	30	0.87	30	27.80	30
陕西	230.30	18	95.02	16	135.28	17
甘肃	135.36	23	35.27	25	100.09	23
青海	62.15	28	1.91	29	60.24	27
宁夏	26.19	31	0.61	31	25.58	31
新疆	123.63	25	22.23	27	101.41	22

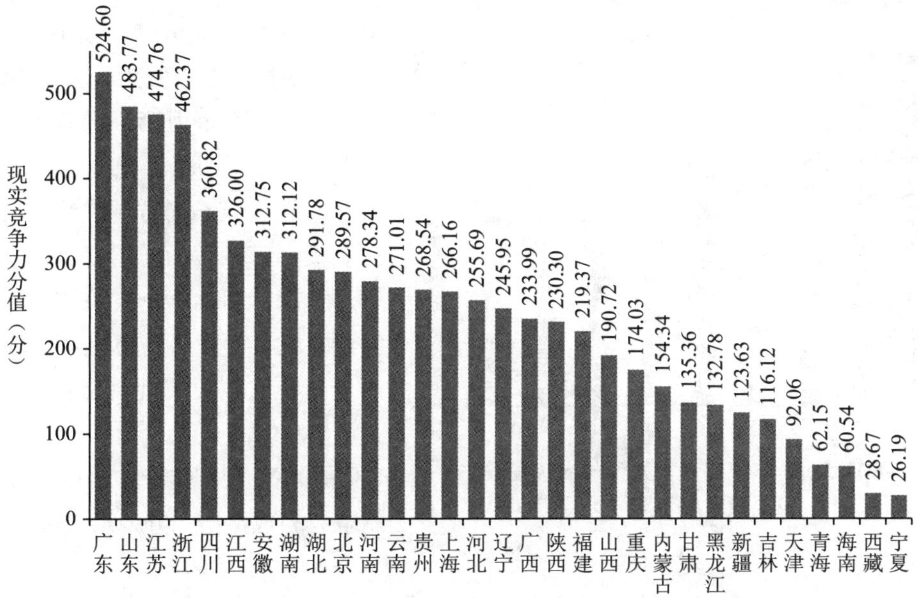

图 2-78　2017 年中国 31 个省域旅游现实竞争力评价结果示意

图 2–79　2017 年中国 31 个省域旅游现实竞争力空间分布

1. 现实竞争力第一梯队：成员变动较小，东中部省份居多；粤鲁苏浙川皖鄂供给—需求双优，赣京供给单优

如表 2–12、图 2–78 所示，现实竞争力第一梯队包括广东、山东、江苏、浙江、四川、江西、安徽、湖南、湖北、北京，现实竞争力得分在 280 分以上，东部省份居多（图 2–79）。与 2016 年相比，成员变动较小，上海、辽宁、河南被江西、安徽、湖北替代。

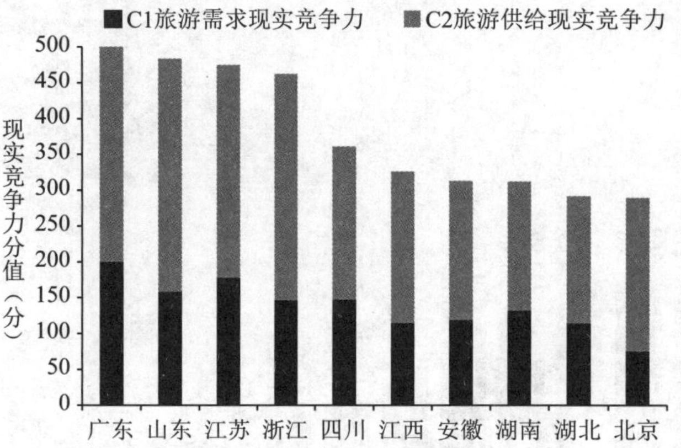

图 2–80　2017 年现实竞争力第一梯队省域及要素组成示意

从现实竞争力第一梯队省域各方面的表现来看，如图 2–80 所示，它们整体表现最强，但不同省域优势各异，也各有短板：广东、山东、江苏、浙江、四川、安徽、湖北 7 个省旅游需求与旅游供给的现实竞争力得分均处于第一梯队，在全国各省域中表现突出；江西、北京其旅游需求现实竞争力排位分列第 11 位和第 20 位，表现较差，但旅游供给现实竞争力表现不错，分列第 7 位、第 5 位。

2. 现实竞争力第二梯队：成员较为稳定，中西部省份占比高；豫滇黔需求单优，上海供给单优

如表 2-12、图 2-78 所示，现实竞争力第二梯队包括河南、云南、贵州、上海、河北、辽宁、广西、陕西、福建、山西，中西部省份占比较高（图 2-79）。成员得分为 190~280 分，成员结构较为稳定，变动不大；其中，湖北、安徽、江西升至第一梯队，河南、上海、辽宁为梯队新成员。

从梯队成员的各方面表现来看，如图 2-81 所示，它们虽然整体表现一般，但也存在相对优势的要素：河南、云南、贵州三省旅游需求现实竞争力表现较优，分别排在第 8 位、第 10 位、第 6 位，高于整体排名，但旅游供给的现实竞争力表现一般；相反，上海旅游供给现实竞争力表现优异，居于第 8 位，但其旅游需求现实竞争力表现一般。

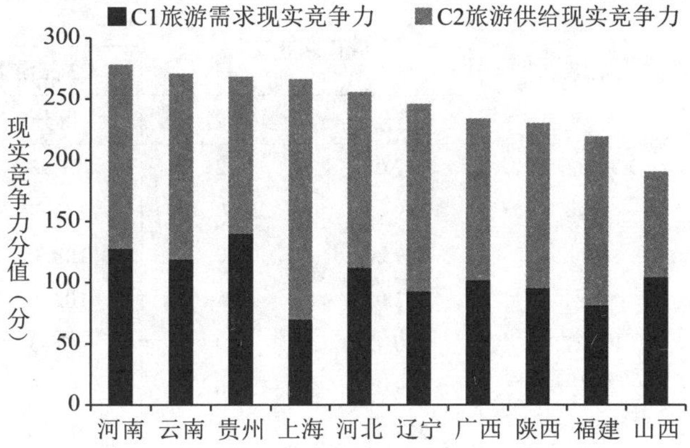

图 2-81 2017 年现实竞争力第二梯队省域及要素组成示意

3. 现实竞争力第三梯队：成员无变动，多西北、东北省省域；重庆旅游需求单优，内蒙古旅游供给单优

如表 2-12、图 2-78 所示，现实竞争力第三梯队包括重庆、内蒙古、甘肃、黑龙江、新疆、吉林、天津、青海、海南、西藏、宁夏，现实竞争力得分低于 180 分，多西北、东北省域（图 2-79），与上一年度相比，成员无变动。

从现实竞争力第三梯队省域各方面的表现来看，如图 2-82 所示，它们整体表现较弱，但部分省域也有表现相对较好的领域：重庆市旅游需求现实竞争力排在第 18 位，居于第二梯队；内蒙古旅游供给现实竞争力排在第 20 位，高于其整体排位。其余省份旅游需求与旅游供给的现实竞争力得分均处于第三梯队。

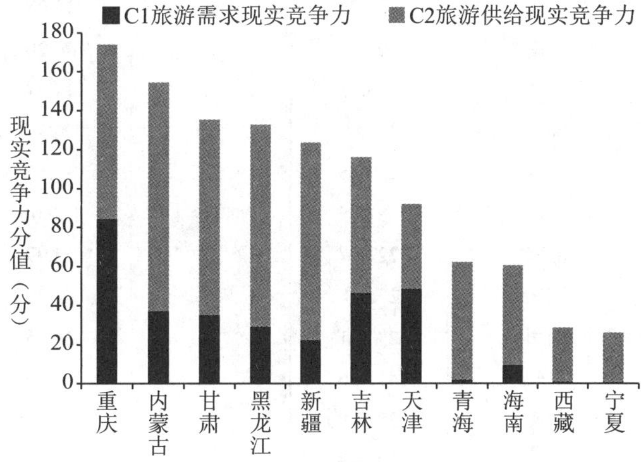

图 2-82 2017 年现实竞争力第三梯队省区市及要素组成示意

（三）潜在竞争力评价结果

将中国 31 个省域 2017 年旅游需求以及旅游供给发展潜力的评价指标进行归一化处理，而

后加和计算，得到中国31个省域潜在竞争力的评价结果（表2-13、图2-83、图2-84）。依据评价得分高低，将31个省域分为三个梯队，分别从梯队成员、空间分布、各方面竞争力的相对状况等角度对各个梯队进行分析。

表2-13　2017年中国31个省域旅游潜在竞争力评价结果

省域	潜在竞争力		C3旅游需求潜在竞争力		C4旅游供给潜在竞争力	
	得分	排名	得分	排名	得分	排名
北京	237.07	22	21.93	31	215.14	7
天津	319.85	7	123.57	6	196.28	12
河北	249.20	20	108.95	9	140.25	28
山西	292.07	9	102.21	10	189.86	14
内蒙古	250.42	19	87.53	14	162.89	23
辽宁	199.45	30	35.40	27	164.06	22
吉林	217.84	25	62.30	18	155.54	25
黑龙江	199.59	29	53.60	20	145.99	27
上海	328.65	6	39.56	24	289.09	1
江苏	247.54	21	41.51	23	206.03	8
浙江	253.91	18	36.39	26	217.52	6
安徽	276.00	14	85.37	15	190.63	13
福建	366.78	2	109.81	8	256.97	3
江西	349.53	3	92.67	13	256.86	4
山东	209.74	26	39.07	25	170.67	18
河南	200.19	28	46.20	22	153.99	26
湖北	205.93	27	34.57	28	171.36	17
湖南	343.49	4	139.40	4	204.09	9
广东	236.45	23	34.52	29	201.92	10
广西	281.85	11	120.05	7	161.80	24
海南	222.97	24	54.99	19	167.97	21
重庆	276.18	13	94.89	12	181.29	16
四川	293.61	8	24.55	30	269.06	2
贵州	412.56	1	169.89	1	242.67	5
云南	281.89	10	163.89	3	118.00	31
西藏	172.93	31	47.67	21	125.27	30
陕西	278.12	12	81.68	17	196.44	11
甘肃	270.20	16	100.65	11	169.55	19
青海	268.84	17	83.23	16	185.61	15
宁夏	332.03	5	163.97	2	168.06	20
新疆	273.07	15	136.04	5	137.03	29

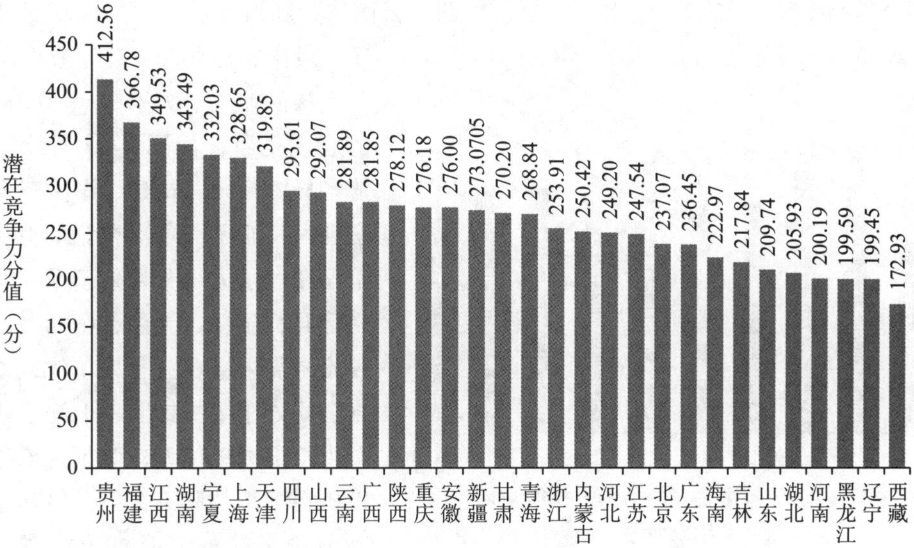

图 2-83　2017 年中国 31 个省域旅游潜在竞争力评价结果示意

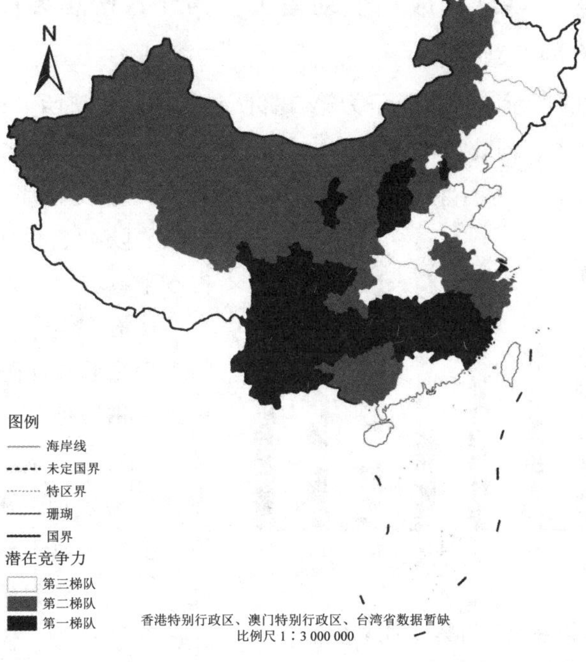

图 2-84　2017 年中国 31 个省域旅游潜在竞争力空间分布

1. 潜在竞争力第一梯队：成员变动较大，成员分布分散：黔闽湘供给—需求双优，宁津晋滇需求潜力单优，沪川旅游供给潜力单优

如表 2-13、图 2-83 所示，潜在竞争力第一梯队包括贵州、福建、江西、湖南、宁夏、上海、天津、四川、山西、云南，得分为 281~420 分，梯队成员空间分布比较分散。与上一年度

相比，成员变动较大，江西、湖南、宁夏、山西、云南均为新晋成员，原梯队成员北京、辽宁、重庆、黑龙江、江苏被替代。

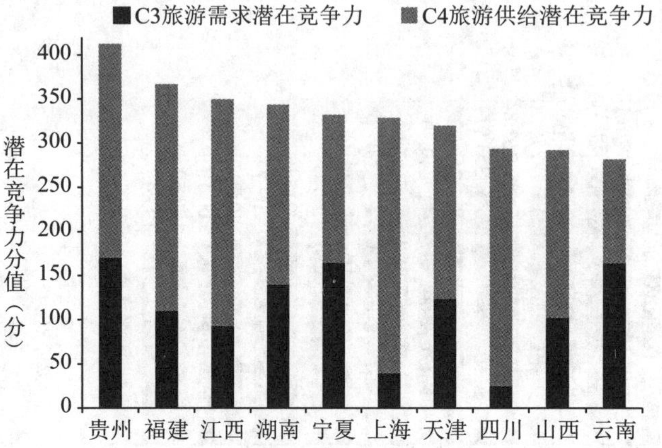

图 2–85 2017 年潜在竞争力第一梯队省域及要素组成示意

从潜在竞争力第一梯队省域各方面的表现来看，如图 2–85 所示，各省优势各异：贵州、福建、湖南三省属于均衡性，其旅游需求潜在竞争力与旅游供给潜在竞争力得分均处于第一梯队，表现优异；宁夏、天津、山西、云南 4 个省旅游需求潜在竞争力单优，该项指标排名均处于第一梯队；上海、四川属旅游供给潜力单优型，两个省该项指标分别排在第 1 位和第 2 位，但其旅游需求潜力排名较低（第 24 位、第 30 位），拉低了整体排名。

2. 潜在竞争力第二梯队：成员变动较大，西北省份居多；桂新冀需求潜力单优；浙江供给潜力单优

如表 2–13、图 2–83 所示，潜在竞争力第二梯队包括广西、陕西、重庆、安徽、新疆、甘肃、青海、浙江、内蒙古、河北，潜在竞争力得分为 240~285 分，西北省份居多（图 2–84）。与上一年度相比，梯队成员变动较大，广西、陕西、重庆、甘肃、青海、内蒙古 6 个省均为新成员。

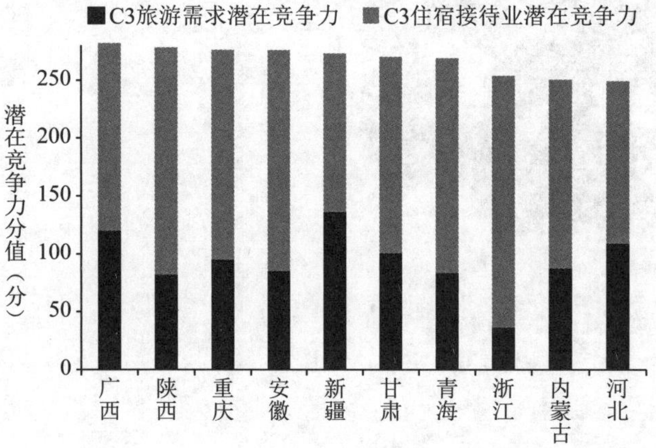

图 2–86 2017 年潜在竞争力第二梯队省域及要素组成示意

从潜在竞争力第二梯队省域各方面的表现来看，如图 2–86 所示，它们整体表现一般，但部分省域有表现突出的领域：广西、新疆、河北 3 个省旅游需求潜在竞争力表现突出，该指标排位均处于第一梯队，属于旅游需求潜在竞争力单优型；从旅游供给潜在竞争力来看，第二梯队成员中，仅浙江省该项指标排位靠前（第 6 位），其他省份排位均较后。

3. 潜在竞争力第三梯队：成员变动较大，东部省份居多；苏京粤旅游供给潜在竞争力单优，其余省份各指标表现一般

如表 2–13、图 2–83 所示，潜在竞争力第三梯队包括江苏、北京、广东、海南、吉林、山东、湖北、河南、黑龙江、辽宁、西藏，潜在竞争力得分为 170~250 分，东部省份居多

（图 2-84）。与 2016 年相比，成员变动大，除吉林、湖北外，其余成员均为新成员。

从潜在竞争力第三梯队省域各方面的表现来看，如图 2-87 所示，它们潜在竞争力整体表现较弱，但也有许多省域有相对较强的领域：江苏、北京、广东 3 个省，其旅游供给潜在竞争力得分排名处于第 8 位、第 7 位和第 10 位，表现十分突出；其余省份，旅游需求与供给潜在竞争力得分均处于第二或第三梯队。

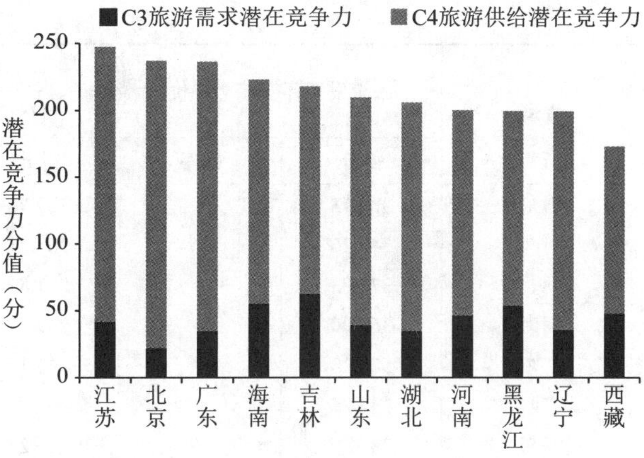

图 2-87 2017 年潜在竞争力第三梯队省域及要素组成示意

（四）发展环境竞争力评价结果

对反映 2017 年中国 31 个省域旅游发展环境的自然环境与社会经济环境的各项指标数据进行归一化处理后，加总求和，得到中国 31 个省域旅游发展环境竞争力评价结果（表 2-14、图 2-88、图 2-89）。依据综合评价得分高低，将 31 个省域分为三个梯队，分别从梯队成员、空间分布、各指标的相对状况等角度对各个梯队进行分析。由于各指标得分都是归一化处理后的得分，得分值只反映所处的相对位置，因此，在分析各省域各指标的相对状况时，通过比较各省域各指标的排名来反映各省域的相对优势领域和不足之处。

表 2-14 2017 年中国 31 个省域旅游发展环境综合评价结果

省域	旅游发展环境综合评价		自然环境综合评价		社会经济环境综合评价	
	得分	排序	得分	排序	得分	排序
北京	509.43	2	233.74	15	275.70	2
天津	363.78	10	179.65	26	184.13	6
河北	331.40	17	199.29	24	132.11	12
山西	241.51	27	165.71	27	75.80	20
内蒙古	309.83	19	235.50	14	74.33	23
辽宁	359.77	11	222.48	18	137.29	11
吉林	200.29	31	124.39	31	75.90	19
黑龙江	218.37	29	153.63	29	64.73	24
上海	462.38	5	241.21	9	221.17	5
江苏	501.46	3	240.30	10	261.16	3
浙江	496.31	4	242.01	8	254.30	4
安徽	342.95	14	231.70	17	111.25	14
福建	444.00	6	261.89	2	182.12	7
江西	344.50	13	249.47	5	95.03	17

续表

省域	旅游发展环境综合评价		自然环境综合评价		社会经济环境综合评价	
	得分	排序	得分	排序	得分	排序
山东	389.53	7	209.96	21	179.57	8
河南	342.26	15	201.21	22	141.05	10
湖北	375.83	8	231.87	16	143.96	9
湖南	365.00	9	239.72	11	125.29	13
广东	570.28	1	243.17	7	327.12	1
广西	342.25	16	267.68	1	74.57	22
海南	281.39	23	236.25	12	45.14	29
重庆	349.30	12	245.44	6	103.86	16
四川	295.62	20	200.63	23	94.99	18
贵州	321.54	18	260.10	3	61.44	25
云南	289.34	22	253.64	4	35.70	30
西藏	244.04	26	236.12	13	7.92	31
陕西	291.97	21	181.07	25	110.90	15
甘肃	263.10	25	217.22	20	45.88	28
青海	200.81	30	149.66	30	51.16	27
宁夏	274.20	24	221.87	19	52.34	26
新疆	231.54	28	156.49	28	75.05	21

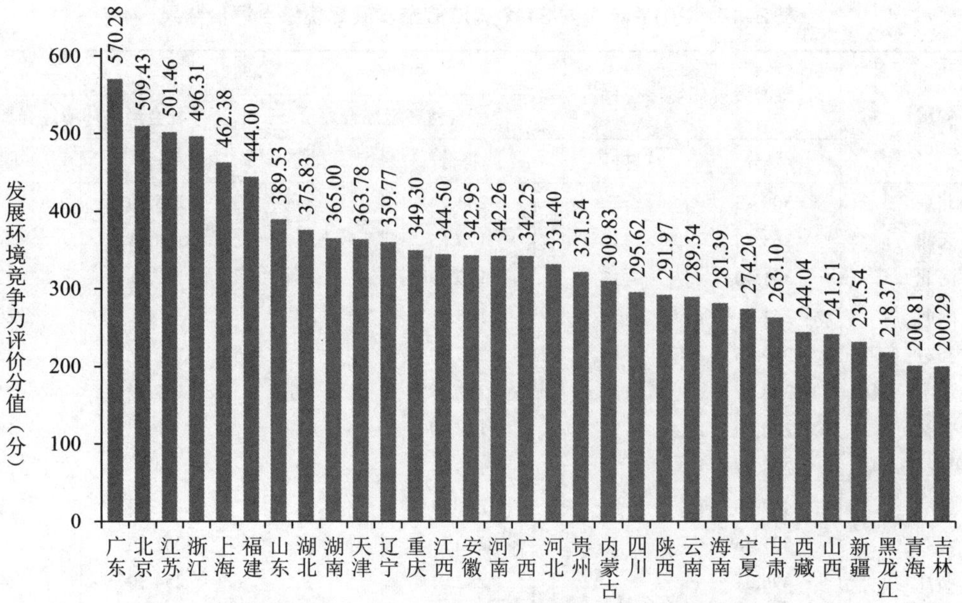

图 2–88　2017 年中国 31 个省域旅游发展环境竞争力评价结果示意

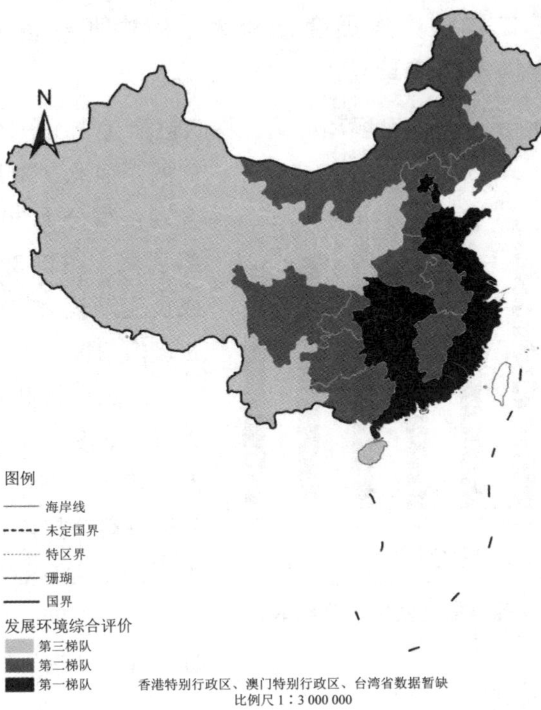

图 2-89　2017 年中国 31 个省域旅游发展环境综合评价结果空间分布

1. 旅游发展环境第一梯队：成员变动较大，以东部沿海省域为主；粤苏浙沪闽三省较均衡，京鲁鄂津社会经济环境单优

如表 2-14、图 2-88 所示，旅游发展环境第一梯队包括广东、北京、江苏、浙江、上海、福建、山东、湖北、湖南和天津，其综合得分均高于 360 分，主要分布于东部沿海地区（图 2-89）。与上一年度相比，成员发生一定的变动，江苏、上海、福建、天津均为新晋成员。

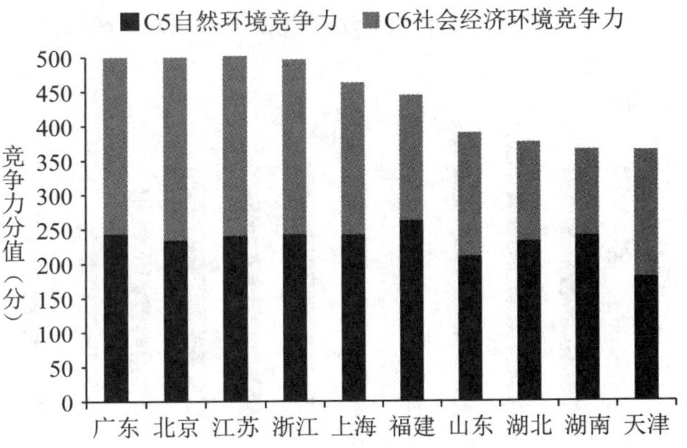

图 2-90　2017 年中国 31 个省域旅游发展环境竞争力评价结果示意

从第一梯队省域各要素的组成情况来看，如图 2-90 所示，广东、江苏、浙江、上海、福建为均衡型，其自然环境排名和社会经济环境排名都位于第一梯队；北京、山东、湖北、天津 4 个省为社会经济环境单优型，其社会经济环境得分排名靠前（第 2 位、第 8 位、第 9 位、第 6 位），但自然环境评分却较低。

2. 旅游发展环境第二梯队：成员变动较大，以中西部省域为主，桂黔赣渝为自然环境单优，豫社会经济环境单优

如表 2–14、图 2–88 所示，旅游发展环境第二梯队包括辽宁、重庆、江西、安徽、河南、广西、河北、贵州、内蒙古和四川，综合评价得分为 290~360 分，主要为中西部省域（图 2–89）。与上一年度相比，成员变动较大，重庆、河南、广西、贵州、内蒙古、四川均为新成员。

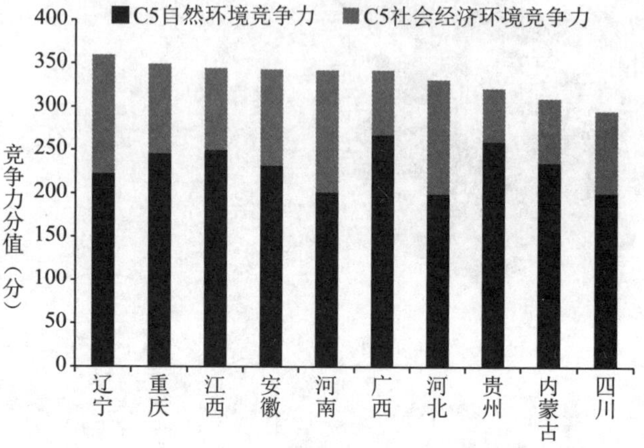

图 2–91　2017 年中国 31 个省域旅游发展环境竞争力评价结果示意

从第二梯队省域各要素的组成情况来看，如图 2–91 所示，广西、贵州、江西、重庆 4 个省为自然环境单优型，自然环境得分都处于第一梯队，其中广西、贵州两个省自然环境得分分列第 1 位和第 3 位，表明其旅游发展的自然环境基础良好；河南省社会经济环境得分较高，排在第 10 位，表现较为突出。

3. 旅游需求第三梯队：梯队成员变动较大，多为西部省份；云琼宁甘藏自然环境较优，陕晋吉社会经济环境较优

如表 2–14、图 2–88 所示，旅游发展环境第三梯队包括陕西、云南、海南、宁夏、甘肃、西藏、山西、新疆、黑龙江、青海和吉林，综合评价得分为 200~292 分，主要为西部省份（图 2–89），旅游发展环境整体较薄弱。与上一年度相比，梯队成员变动较大，云南、海南、宁夏、黑龙江 4 个省为梯队新成员。

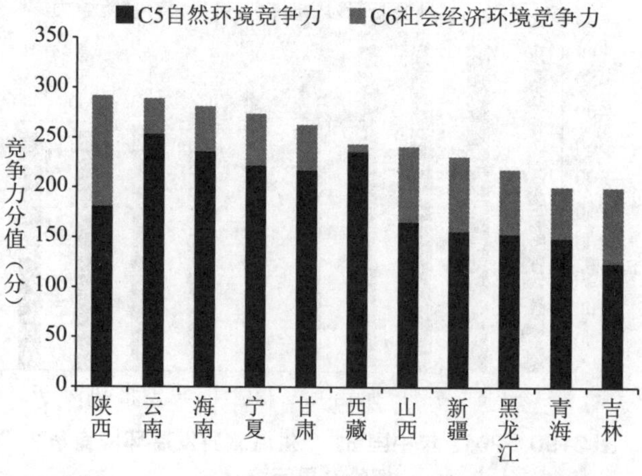

图 2–92　2017 年中国 31 个省域旅游发展环境竞争力评价结果示意

从第三梯队省域各要素的组成情况来看，如图 2–92 所示，云南、海南、宁夏、甘肃和西藏自然环境较优，它们的自然环境评价得分位于第一、第二梯队，高于整体排名，尤其是云南自然环境得分排在第 4 位，优势突出，但是社会经济环境得分却较低；陕西、山西和吉林为社会经济环境较优型，它们社会经济环境得分位于第二梯队，自然环境得分位于第三梯队。

第三章 重点城市旅游业发展评价

一、旅游供给评价

与省域旅游供给分析保持一致，本报告从旅游供给现状和旅游供给潜力两方面分析重点城市的旅游供给情况。分别选取住宿设施总数（包含星级饭店、精品酒店两种类型住宿设施的数量）、星级饭店利润反映旅游供给现状，选用星级饭店数量增长率、星级饭店利润增长率、星级饭店全员劳动生产率反映旅游供给潜力。这些评价指标及其基本描述统计如表 3–1 所示。

表 3–1 2018 年中国 15 个副省级城市旅游供给评价指标的基本描述统计

类型	评价指标	平均值	最大值	最小值	标准差	变异系数
旅游供给现状	住宿设施总数（家）*	85	166	31	37.41	0.44
	其中：星级饭店数量 *	79	157	31	31.42	0.40
	精品酒店数量 *	7	38	0	9.36	1.40
	星级饭店利润（亿元）	1.43	8.94	–1.09	2.71	1.90
旅游供给潜力	星级饭店数量增长率（%）*	–9.43	2.60	–29.47	9.96	–1.06
	星级饭店利润增长率（%）①	462.20	5761.50	–75.00	1470.65	3.18
	星级饭店全员劳动生产率（万元 / 人）②	21.11	28.94	14.09	3.85	0.18

（数据来源：2018 年第四季度全国星级饭店统计公报，中华人民共和国文化和旅游部官网，2019 年 7 月，http：//zwgk.mct.gov.cn/auto255/201907/t20190726_845334.html?keywords=；2018 年各城市精品酒店统计，携程网，2019 年 6 月，http：//hotels.ctrip.com/hotel/beijing1#ctm_ref=ctr_hp_sb_lst；2017 年度全国星级饭店统计公报，中华人民共和国文化和旅游部，2019 年 5 月，http：//zwgk.mct.gov.cn/auto255/201809/t20180930_835204.html?keywords=；* 这些指标为 2018 年数据）

（一）旅游供给现状

1. 住宿设施总数：平均 85 家，仅三成城市超过平均，广州保持领先；城际差异较小，且趋势较为稳定；呈东部沿海城市多，北部城市少的空间分异

副省级城市住宿设施总数由星级饭店数量、精品酒店数量两部分组成（以下合称住宿设施总数）。如表 3–1 所示，2018 年中国 15 个副省级城市的住宿设施总数平均为 85 家，较 2017 年减少了 8 家，降幅为 8.60%；5 个城市超过平均水平。如图 3–1 所示，广州和杭州遥遥领先，

① 该项使用 2017 年数据进行统计。
② 该项使用 2017 年数据进行统计。

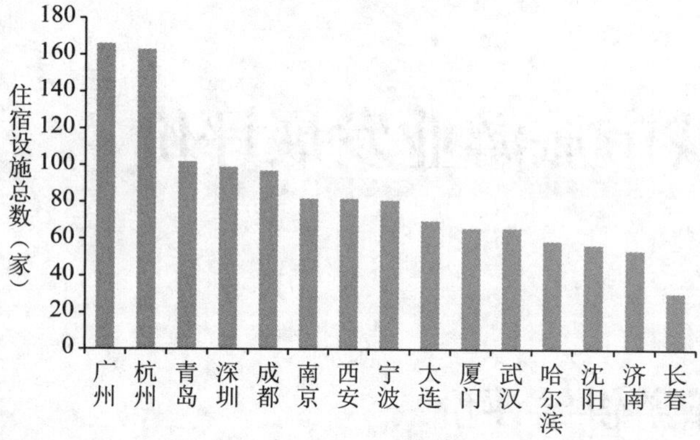

图 3–1 2018 年中国 15 个副省级城市住宿设施总数

（数据来源：同表 3–1）

住宿设施总数达 160 家以上；排名后 4 的哈尔滨、沈阳、济南和长春，住宿设施总数不足 60 家，尤其是长春，仅有 31 家。

从住宿设施总数的城际差异来看，2018 年中国 15 个副省级城市住宿设施总数的变异系数为 0.44，与 2017 年相比变动不大，仅增加了 0.03，表明住宿设施总数的城际差异较小，且趋势较为稳定。同时，如图 3–2 所示，住宿设施总数呈现出东部沿海城市相对较多、北部城市较少的空间分异格局。

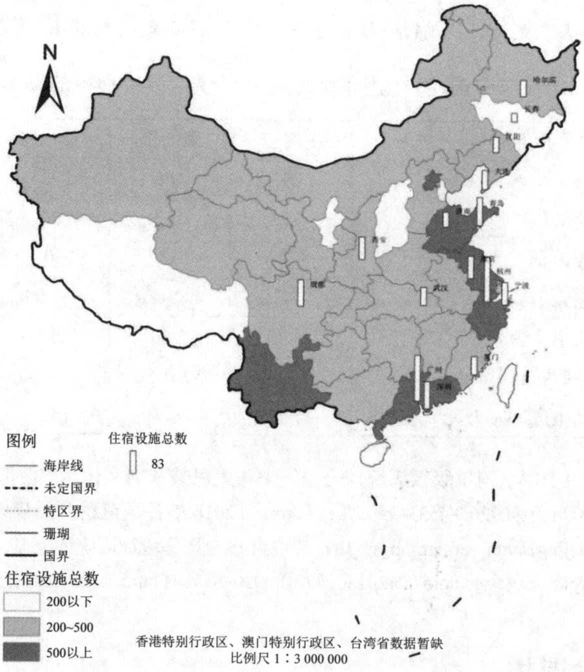

图 3–2 2018 年中国 15 个副省级城市住宿设施总数的空间分布

（数据来源：同表 3–1。）

（1）星级饭店数量：平均 79 家，同比上一年有所减少；近半数城市超平均，广州表现突出；城际差异不大，且趋势较为稳定，呈沿海—内陆空间分异

2018 年，中国 15 个副省级城市星级饭店数量的平均值为 79（表 3–1），较 2017 年减少了 7 家，降幅为 8.14%；7 个副省级城市达到和超过平均水平，其中，广州数量最多，为 157 家，而长春只有 31 家（图 3–3）。

从星级饭店数量占住宿设施总数的比例来看，如图 3–3 所示，整体占比较高。另外，从星级饭店数量占比与住宿设施总数的关系来看，目前星级饭店为城市旅游供给创造了有利的基础条件。

2018 年，中国 15 个副省级城市星级饭店数量的变异系数为 0.40，数值较小，与 2017 年相比略有增加，表明星级饭店数量的城际差异很小，且呈较为稳定趋势。同时，从空间分布来看，如图 3–4 所示，副省级城市星级饭店数量总体表现为沿海—内陆空间分异格局，沿海城市较多，7 个沿海城市的平均星级饭店数量为 98 家，而 8 个内陆城市的平均星级饭店数量只有 62 家。

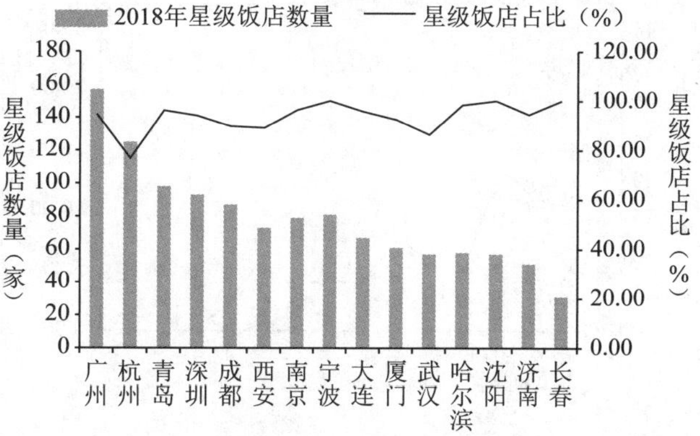

图 3–3　2018 年中国 15 个副省级城市的星级饭店数量及其占住宿设施总数的比例

（数据来源：2018 年第四季度全国星级饭店统计公报，中华人民共和国文化和旅游部官网，2019 年 7 月，http：//zwgk.mct.gov.cn/auto255/201907/t20190726_845334.html?keywords=）

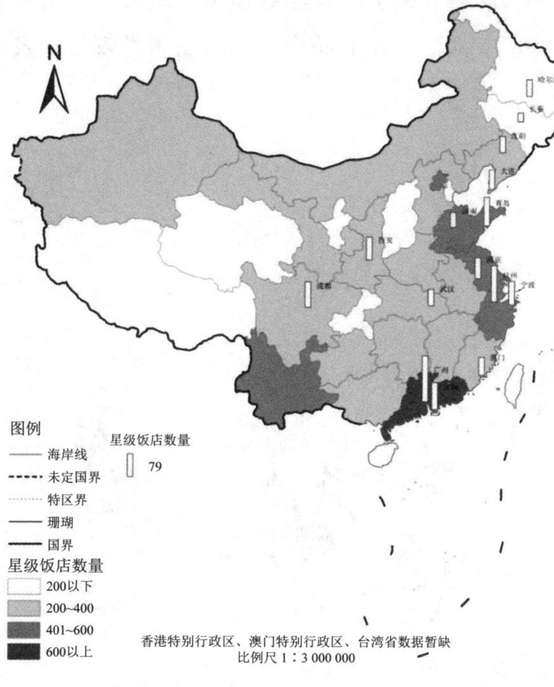

图 3–4　2018 年中国 15 个副省级城市星级饭店数量的空间分布

（数据来源：同图 3–3）

（2）精品酒店数量：平均为7家，同比上一年保持不变；仅三成城市达平均，杭州一枝独秀；精品酒店占住宿设施总数的比例较小；城际差异较大，趋势稳定，仍呈东南—西北空间分异

2018 年中国 15 个副省级城市精品酒店数量的平均值约为 7 家（表 3–1），与 2017 年一致；

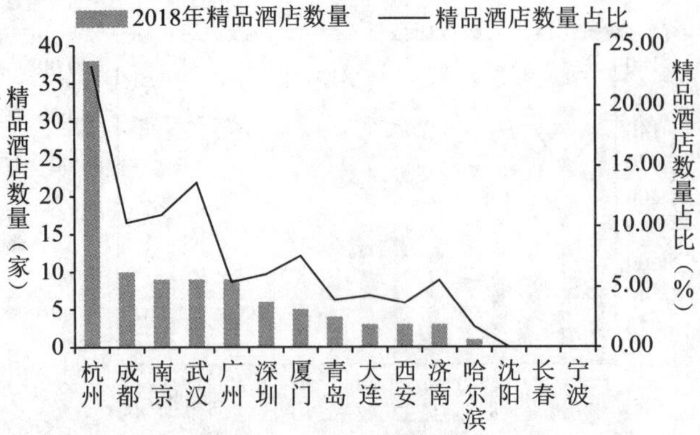

图 3–5　2018 年中国 15 个副省级城市的精品酒店数量及其占住宿设施总数的比例

（数据来源：2018 年各城市精品酒店统计，携程网，2019 年 5 月，http：//hotels.ctrip.com/hotel/beijing1#ctm_ref=ctr_hp_sb_lst）

5 个副省级城市达到或超过平均水平，其中，杭州一枝独秀，超过 35 家，而沈阳、长春和宁波数量为零（图 3–5）。

从精品酒店数量占住宿设施总数的比例来看，如图 3–5 所示，除杭州和成都以外，各副省级城市精品酒店数量的占比较小，不超过 15%，其中，杭州最高，为 46.34%。另外，从精品酒店数量占比与住宿设施总数的关系来看，住宿设施总数排名前 5 位、中间 5 位和后 5 位城市的精品酒店数量占比的平均值分别为 2.43%、3.43% 和 4.43%；总体上仍表现为住宿设施总数较少的城市，其精品酒店数量占比较大。

2018 年中国 15 个副省级城市精品酒店数量的变异系数为 1.40，数值较高，较 2017 保持不变，表明精品酒店数量的城际差异较大，且趋势稳定。同时，如图 3–6 所示，精品酒店较多的城市多分布于东南部，中部、西部、东北城市的精品酒店都较少，表现出较明显的东南—西北分异格局。

图 3–6　2018 年中国 15 个副省级城市精品酒店数量的空间分布

（数据来源：同图 3–5）

2. 星级饭店利润：平均 1.43 亿元，继续保持增长态势，仅 5 个城市亏损，大部分盈利，广州表现突出；城际差异较小，有显著缩小态势；整体呈西东南—西北空间分异

2017 年，中国 15 个副省级城市星级饭店利润平均为 1.43 亿元，较 2016 年增加了 1.19 亿元，保持增长态势；就单个城市来看，除大连、长春、宁波、杭州、济南 5 个城市利润为负值外，其他城市都处于盈利状态；其中，广州表现最为突出，盈利达 8 亿元以上（图 3–7）。

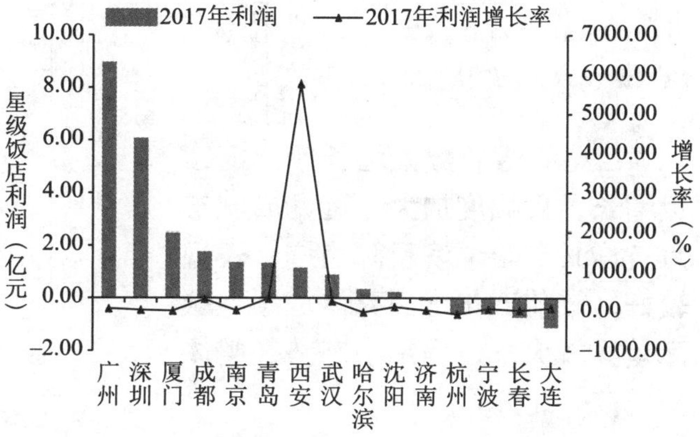

图 3–7　2017 年中国 15 个副省级城市的星级饭店利润

（数据来源：2017 年度全国星级饭店统计公报，中华人民共和国文化和旅游部，2019 年 5 月，http：//zwgk.mct.gov.cn/auto255/201809/t20180930_835204.html?keywords= ）

2017 年中国 15 个副省级城市中，星级饭店利润最多的达到 8.94 亿元，最少为 –1.09 亿元，变异系数为 1.90，比 2016 年减少了 7.88，可见，星级饭店利润的城际差异较小，且呈显著缩小态势。同时，如图 3–8 所示，15 个副省级城市星级饭店利润的空间分布表现为东南和中部地区城市较高，西北地区较低，呈现明显的东南—西北空间分异。

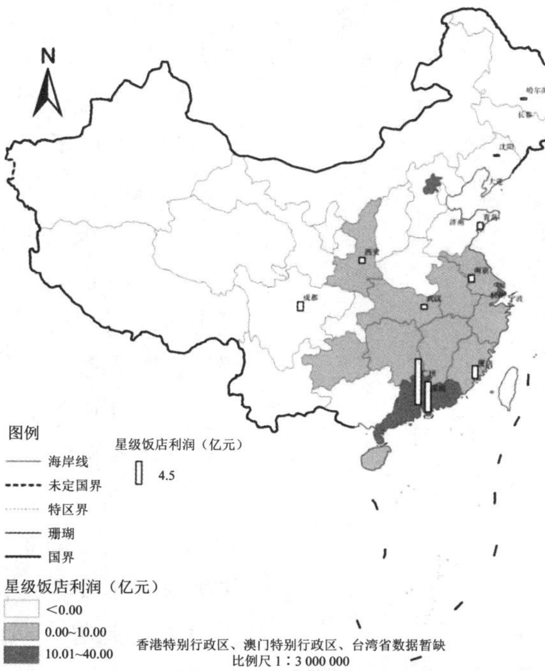

图 3–8　2017 年中国 15 个副省级城市星级饭店利润的空间分布

（数据来源：同图 3–7）

（二）旅游供给潜力

本报告选择 2018 年星级饭店数量增长率、2017 年星级饭店利润增长率、2017 星级饭店全员劳动生产率评价副省级城市旅游供给潜力情况，在综合评价中，为了保持与其他数据一致，均使用 2017 年的数据。

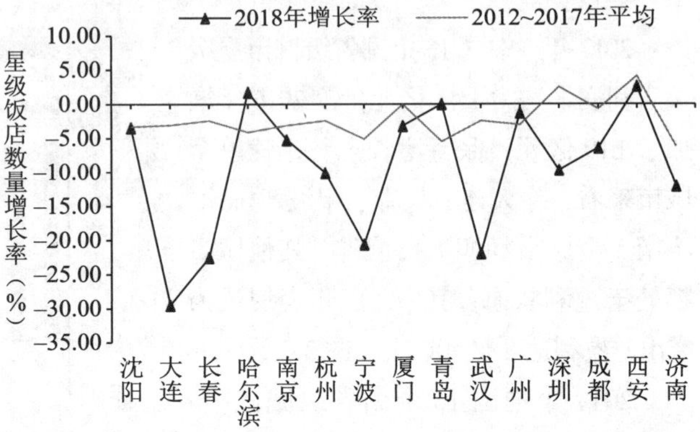

图 3–9　2018 年中国 15 个副省级城市星级饭店数量增长率

（数据来源：2018 年第四季度全国星级饭店统计公报，中华人民共和国文化和旅游部官网，2019 年 7 月，http：//zwgk.mct.gov.cn/auto255/201907/t20190726_845334.html?keywords= ）

1. 星级饭店数量增长率：继续负增长，且幅度加大，近九成城市为负增长；哈尔滨反降为增，表现较好；较前五年增速整体放缓；城际差异较大，但呈缩小态势，整体呈现南—北分异

如表 3–1、图 3–9 所示，2018 年中国 15 个副省级城市星级饭店数量的平均增长率为 –9.43%，降幅较 2017 年增加了 2.35 个百分点。哈尔滨、西安 2 个副省级城市星级饭店数量实现增长，增幅分别为 2.60% 和 1.75%；而大连、长春、宁波、武汉等 12 个城市的星级饭店数量都呈下降态势，且平均降幅超过 11%，其中，大连的降幅最大，达到 29.47%。

与 2012~2017 年的平均增长率相比较，如图 3–9 所示，2018 年除哈尔滨、青岛和广州外，其他 12 个城市星级饭店数量的增长率都有所降低，大连、长春、武汉和宁波的降幅较大；只有哈尔滨、西安 2 个城市 2018 年星级饭店数量的增长率有所提高，哈尔滨表现最好，增长率从 –9.52% 提高到了 1.75%。因此，总体来看，副省级城市星级饭店数量的增长处于继续放缓状态。

2018 年中国 15 个副省级城市星级饭店数量增长率的变异系数的绝对值为 1.06（表 3–1），在旅游供给评价指标中较大，但相较 2017 年 1.92 的变异系数有所下降，可见，星级饭店数量增长率的城际差异仍然较大，但呈缩小趋势。同时，从空间分布来看，如图 3–10 所示，2018 年星级饭店数量增长率整体呈现南—北分异。

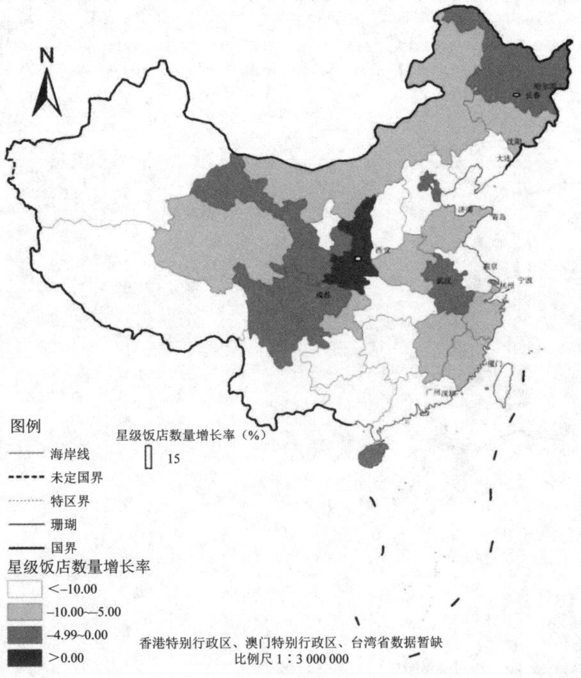

图 3–10　2018 年中国 15 个副省级城市星级饭店数量增长率的空间分布

（数据来源：同图 3–9）

2. 星级饭店利润增长率：平均值为 83.68%，有很大提高；近三成城市超平均水平，成都、青岛表现突出；城际差异较大，但呈缩小态势，整体呈现东北—西南分异

如表 3–1、图 3–7 所示，2017 年 15 个副省级城市星级饭店利润增长率均值为 83.68%①，比 2016 年提高了 69.05 个百分点；4 个城市超过平均水平，除沈阳以外，成都、青岛和武汉三个城市 2017 年星级饭店利润大幅增长，都超过 200%；而杭州和哈尔滨两个城市星级饭店利润呈负增长，降幅分别为 75% 和 27.54%。可见，副省级城市星级饭店的经营效益总体较 2016 年有显著好转，但仍有少数城市经营效益恶化。

2017 年 15 个副省级城市星级饭店利润增长率的变异系数为 3.18，数值较大，但与上一年度相比呈缩小态势。同时，如图 3–11 所示，2017 年 15 个副省级城市星级饭店利润增长率的整体呈东北—西南分异。

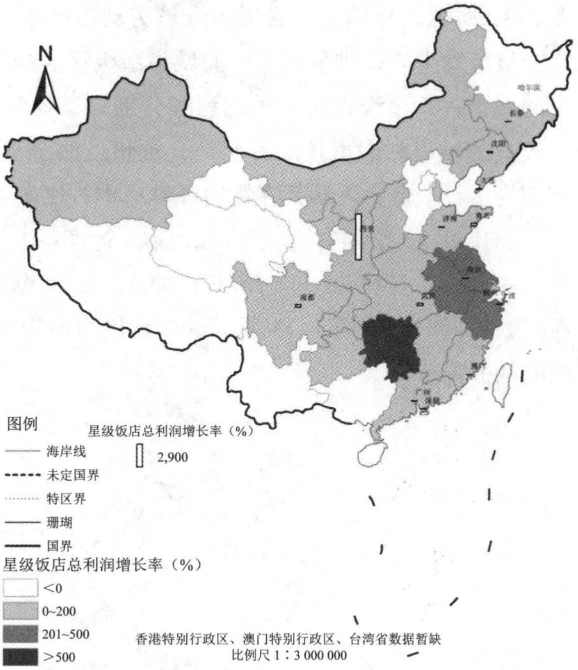

图 3–11　2017 年中国 15 个副省级城市星级饭店利润增长率的空间分布

（数据来源：2017 年度全国星级饭店统计公报，中华人民共和国文化和旅游部，2019 年 5 月，http：//zwgk.mct.gov.cn/auto255/201809/t20180930_835204.html?keywords=）

3. 星级饭店全员劳动生产率：平均 21.11 万元 / 人，有所上升；四成城市达平均，南京最佳；生产率较高的城市利润也较高；城际差异很小，但持续扩大，呈沿海—内陆分异

如表 3–1、图 3–12 所示，2017 年中国 15 个副省级城市星级饭店全员劳动生产率平均为 21.11 万元 / 人，较 2016 年上升了 2.59 万元 / 人，增幅为 13.69%；6 个副省级城市达到或超过平均水平，其中，南京位居第一，达到 28.94 万元 / 人；广州、杭州、深圳、厦门和青岛也比较高，都超过 21 万元 / 人；而哈尔滨较低，平均不到 15 万元 / 人。

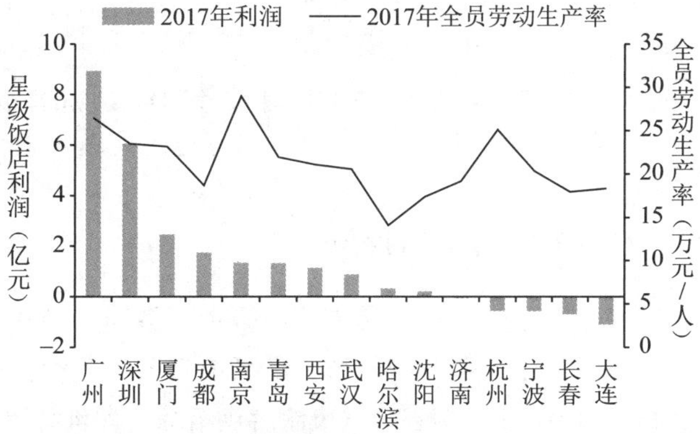

图 3–12　2017 年中国 15 个副省级城市星级饭店全员劳动生产率

（数据来源：同图 3–11）

从与星级饭店利润的关系来看，如

① 由于西安 2017 年星级饭店利润增长率高达 5761.50%，异常，所以不纳入本分析中。

图 3-12 所示，总体上星级饭店全员劳动生产率较高的城市，其星级饭店利润也较高，星级饭店全员劳动生产率排名前 5 位的城市星级饭店的平均利润为 3.64 亿元，而排名中间 5 位和后 5 位的城市，其星级饭店的平均利润分别只有 0.54 亿元和 0.10 亿元，总体呈现出全员劳动生产率较高的城市利润也较高。但是，杭州虽然全员劳动生产率都超过 25 万元 / 人，较高，但利润却为负，很低；表明其在饭店经营成本控制等方面还有很大的提升空间。

2017 年 15 个副省级城市星级饭店全员劳动生产率的变异系数为 0.18，在旅游供给的评价指标中最小，且比 2016 年增加了 0.02，表明星级饭店全员劳动生产率的城际差异虽小，但却在扩大。同时，如图 3-13 所示，东部沿海城市相对较高，内地相对较低，整体表现为沿海—内陆的分异特征。

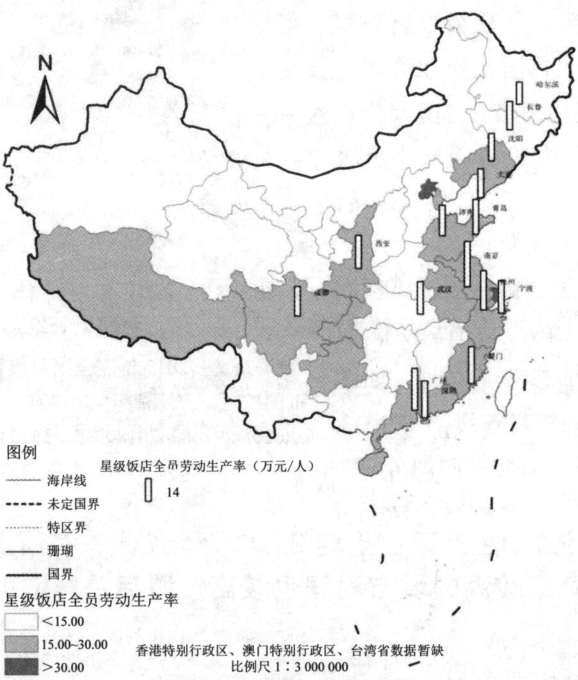

图 3-13　2017 年中国 15 个副省级城市星级饭店全员劳动生产率的空间分布

（数据来源：同图 3-11）

（三）旅游供给评价

将上文的住宿设施总数（星级饭店数量、精品酒店数量之和）、星级饭店利润、星级饭店数量增长率、利润增长率、星级饭店全员劳动生产率进行归一化处理后，加总计算，得到 2018 年中国 15 个副省级城市旅游供给综合评价结果（表 3-2、图 3-14、图 3-15）。依据综合评价得分高低将其分为 3 个梯队，然后分别从梯队成员及其空间分布、各指标的相对状况等角度进行分析。

1. 旅游供给第一梯队：多为东部沿海城市；广州表现突出，为现实—潜在竞争力双优；杭州、深圳供给基础较好；西安、南京发展潜力较大

第一梯队副省级城市包括广州、西安、杭州、深圳和南京（图3–14），综合得分为230~370分，主要分布在东部沿海地区（图3–15）。

从第一梯队副省级城市各要素的组成情况来看：广州属于现实—潜在双优型，扎实的现实基础，为其进一步发展提供有力的支撑；杭州、深圳现实供给基础表现抢眼，但潜在竞争力略有不足，仍需提升；西安、南京虽现实状况一般，但提升空间较大。

表3–2 2018年中国15个副省级城市旅游供给综合评价分值及排序

城市	综合评价		旅游供给现状		旅游供给潜力	
	分值	排序	分值	排序	分值	排序
沈阳	133.38	9	26.80	13	106.58	9
大连	73.42	14	42.34	11	31.08	15
长春	53.21	15	3.92	15	49.30	14
哈尔滨	125.37	10	27.19	12	98.18	10
南京	235.16	5	57.83	6	177.33	2
杭州	275.10	3	140.46	2	134.64	6
宁波	122.58	12	50.43	10	72.15	13
厦门	200.12	7	55.78	7	144.34	5
青岛	219.94	6	68.54	5	151.40	4
武汉	124.43	11	51.72	8	72.71	12
广州	367.10	1	193.43	1	173.67	3
深圳	249.00	4	122.29	3	126.71	7
成都	184.14	8	74.94	4	109.20	8
西安	298.36	2	51.36	9	247.00	1
济南	115.21	13	24.95	14	90.27	11

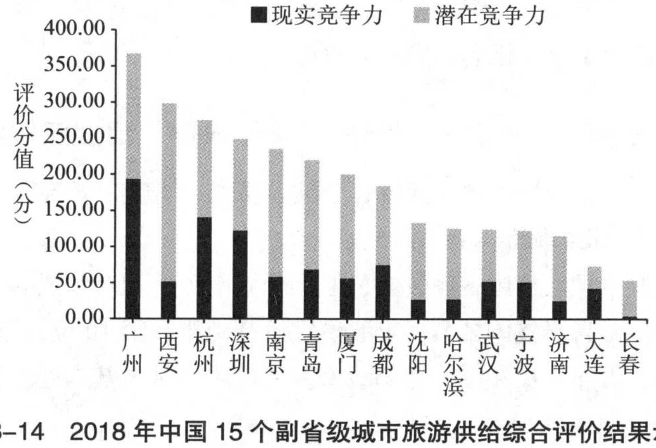

图3–14 2018年中国15个副省级城市旅游供给综合评价结果示意

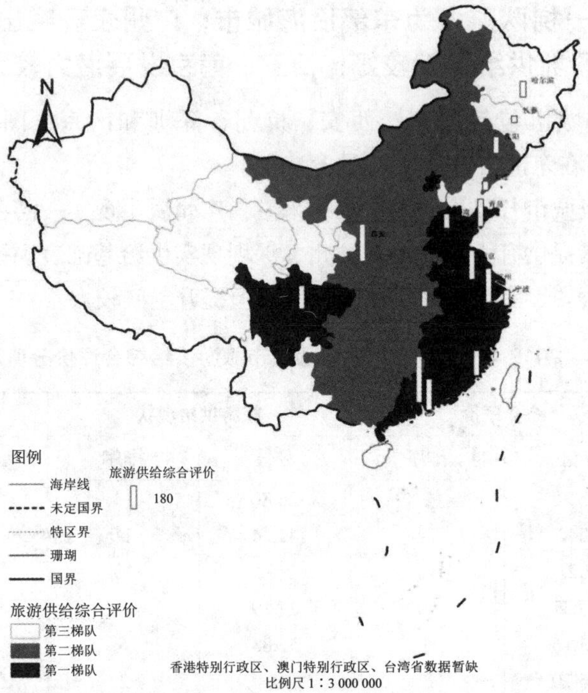

图 3–15　2018 年中国 15 个副省级城市旅游供给综合评价空间分布

2. 旅游供给第二梯队：多为北部城市；青岛、厦门、哈尔滨现实—潜在竞争力差距不大，相对稳定；成都、沈阳现实—潜在竞争力有明显优劣差距

旅游供给第二梯队副省级城市包括青岛、厦门、成都、沈阳和哈尔滨（图 3–14），综合评价得分为 135~220 分，多北部城市（图 3–15）。

从第二梯队副省级城市旅游供给的各组成要素来看，虽整体表现一般，但也有突出方面，如：青岛旅游供给现状和潜力分别排在第 5 位和第 4 位，发展较为均衡；厦门供给潜力排在第 5 位，有上升空间；成都供给现状排在第 4 位，表现不俗，但仍需加大发展力度，使其在未来发展中保持有利地位；沈阳和哈尔滨没有明显优势，但有明显的短板，其供给现状排名分别为第 13 位和第 12 位，落后于整体排名，需大力改进。

3. 旅游供给第三梯队：多为北部城市；整体很弱，但武汉供给基础较好

旅游供给第三梯队副省级城市包括武汉、宁波、济南、大连、长春（图 3–14），综合评价得分都低于 125，仍多为北部城市（图 3–15）。

第三梯队副省级城市虽然整体表现较弱，但部分城市也有相对较强的方面：武汉供给现状相对较好，排在第 8 位，高于整体排名；宁波虽供给基础排在第 10 位，但发展潜力很不理想，仍需大力改进；济南、大连、长春三个北部城市发展较弱，排名基本处于较后的位置，需全面发展和提升。

二、旅游需求分析

本报告从旅游需求现状和旅游需求潜力两方面分析副省级城市的旅游需求，其中从规模和效益角度选用旅游接待总人数（即国内旅游接待人数与入境旅游接待人数之和，以下同）、旅游总收入（即国内旅游收入与入境旅游收入之和，以下同）反映旅游需求现状，从速度和效率两个角度选用旅游接待人数增长率和旅游收入增长率以及人均花费反映旅游需求潜力。这些评价指标及其基本描述统计如表 3–3 所示。

表 3–3 2017 年中国 15 个副省级城市旅游需求评价指标及其基本描述

类型	评价指标	平均值	最大值	最小值	标准差	变异系数
旅游需求现状	旅游接待总人数（万人次）	11433.01	25964.01	6011.78	6088.92	0.53
	旅游总收入（亿元）	1869.79	3614.21	660.00	898.04	0.48
旅游需求潜力	旅游接待总人数增长率（%）	11.57	20.52	4.90	4.98	0.43
	旅游总收入增长率（%）	16.93	34.56	8.53	6.85	0.40
	入境游客人均花费（美元 / 人）	848.07	1057.94	631.30	125.75	0.15

（数据来源：入境过夜游客人数来自于《中国旅游统计年鉴 2017/2018》；国内旅游人数、国内旅游收入、旅游外汇收入来自于各城市或所在省域《统计年鉴 2017/2018》；入境游客人均花费来自于《旅游抽样调查报告 2018》；入境旅游收入以 1∶6.534 的美元兑元汇率换算）

（一）旅游需求现状

1. 旅游接待总人数：平均逾 1 亿人次，五城达平均；入境游客占比依旧较低，但沿海城市占比较高；城际间差异较大，中西部城市接待人数量多

如表 3–3 和图 3–16 所示，2017 年，中国 15 个副省级城市旅游接待总人数的平均值为 11433.01 万人次，较 2016 年增加约 1197 万人次，增幅为 11.70%；5 个城市高于平均水平，分别是武汉、成都、西安、杭州、南京。其中武汉、成都旅游接待总人数突破 2 亿人次，领跑全国；西安、杭州、南京、宁波四市紧随其后，旅游接待总人数突破 1 亿人次，表现抢眼；其余副省级城市旅游接待总人数不足 1 亿人次。

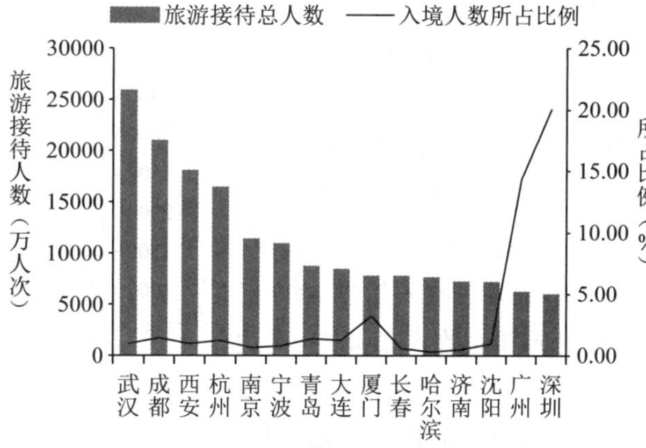

图 3–16 2017 年中国 15 个副省级城市的旅游接待总人数及入境旅游接待人数的占比

（数据来源：入境过夜游客人数数来自于《中国旅游统计年鉴 2018》，国内旅游人数来自于各城市或所在省域的《统计年鉴 2018》，其中西安、济南两市国内旅游接待人数来自对应年份统计公报）

如图 3–16 所示，2017 年中国 15 个副省级城市入境人数占比均值为 3.25%，但相较于省域入境接待人数占比，高出很多，体现出副省级城市在对外知名度、影

14.11% 和 8.68%，表现为“中间高，两头低”的特征。

与近五年副省级城市旅游接待总人数的平均增长率相比，如图 3-20 所示，2017 年的平均增长率略高于 2012~2016 年增长率均值，副省级城市接待人数仍呈持续增长的趋势。从具体城市来看，深圳、西安、杭州、宁波、沈阳、厦门、广州、哈尔滨 8 个城市 2017 年高于前期平均水平，青岛、济南等 7 个城市低于前五年人数增长率的平均水平。

2017 年 15 个副省级城市旅游接待总人数增长率的变异系数为 0.43，在旅游需求 5 个评价指标中较低（表 3-3），表明旅游接待总人数增长率的城际差异不大。如图 3-21 所示，2017 年 15 个副省级城市旅游接待总人数增长率在空间上高值区较为分散，但增长率低值区主要分布于东南部沿海区域，进一步说明，作为旅游发展起步较早、发展较为成熟的副省级城市，其增长呈现放缓趋势。

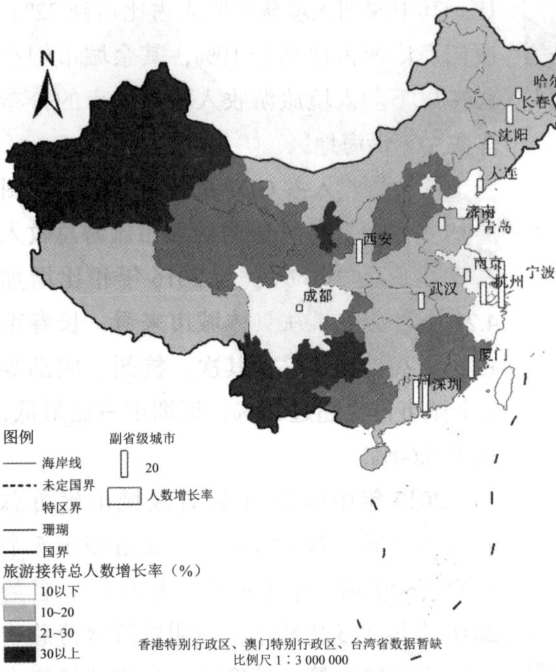

图 3-21　2017 年中国 15 个副省级城市旅游接待总人数增长率的空间分布

（数据来源：《中国旅游统计年鉴》2017、2018，各城市《统计年鉴》2017、2018 年）

2. 旅游总收入增长率：平均为 16.93%，6 个城市达平均，西安表现突出；纵向上整体呈增长趋势；城际差异较小，高值区分布较为分散

2017 年中国 15 个副省级城市旅游总收入增长率的平均值为 16.93%，6 个城市达到或超过平均水平，如图 3-22 所示，其中，西安增长率最高，达 34%，杭州、厦门、长春、成都 4 个城市增长率高于 20%；深圳市最低，为 8.53%。此外，对比旅游收入增长率与旅游总人数增长率发现，收入增长率明显高于人数增长率，表明旅游接待人数的人均消费水平有所提高，反映出旅游需求往深度消费发展的趋势。

图 3-22　2017 年中国 15 个副省级城市旅游总收入及 2010~2016 年平均增长率

（数据来源：各市 / 所属省域《统计年鉴 2013~2018》）

与近五年各副省级城市旅游总收入的平均增长率相比较，如图 3-22 所示，

2017年增长率均值略高于2012~2016年增长率均值（16.42%）。从具体城市来看，2017年西安、杭州、宁波、厦门、大连5个城市旅游收入增长率高于前5年平均水平，其余城市则低于前5年平均水平。

2017年中国15个副省级城市旅游总收入增长率的变异系数为0.40，在旅游需求的5个评价指标中较小（表3-3），与2016年变异系数（0.39）相比变化不大，表明旅游总收入增长率的城际差异较小，且较稳定。同时，如图3-23所示，2017年15个副省级城市旅游总收入增长率高值区在空间上分布较为分散。

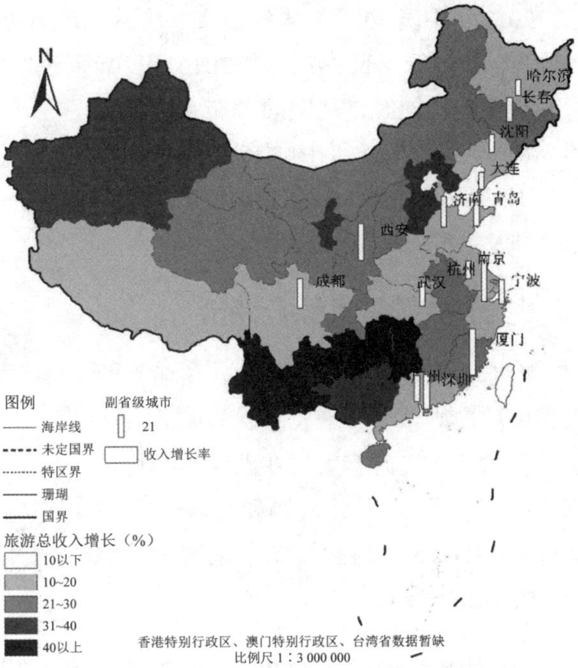

图3-23　2017年中国15个副省级城市旅游总收入增长率的空间分布

（数据来源：各市/所属省域《统计年鉴2017/2018》）

3. 入境游客人均花费：平均848.07美元；入境游客人均花费整体提升，沈阳增幅最大；城际差异较小且较稳定，高值区主要分布于东北、西南部

2017年中国15个副省级城市入境游客人均花费的均值为848.07美元，较2016年入境游客人均花费均值提高10.91%，7个城市均达到或超过平均水平。其中，如图3-24所示，大连、成都两个城市入境游客人均花费额度最高，人均突破1000美元，表现抢眼；济南入境游客人均花费依旧在副省级城市中最低，仅有631.30美元；其余城市人均花费保持在700~1000美元。

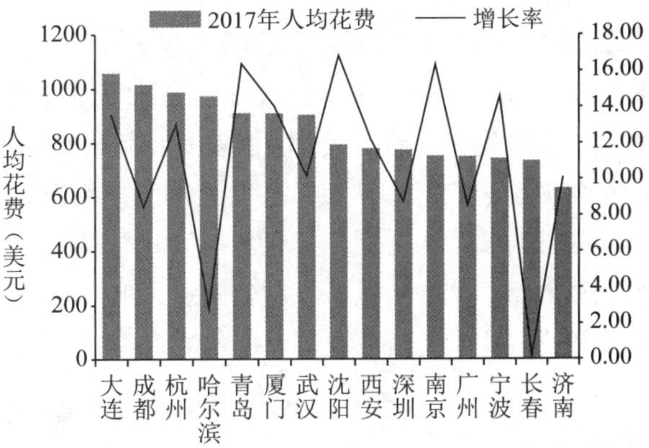

图3-24　2017年中国15个副省级城市入境游客人均花费及增长率

（数据来源：《旅游抽样调查资料2017/2018》）

如图3-24所示，与上一年度相比，2017年中国15个副省级城市人均花费均呈现增长趋势，各副省级城市的增长率均值为11.07%。从具体城市来看，沈阳、青岛、南京3个城市增幅较大，均高于16%；其次，深圳、广州、成都、哈尔滨及长春5个城市增幅较小，均在10%以下。对比2016年、2017年两个年度的入境游客人均停留时间及人均天花费发现，停留天数及人均天花费均有所提高，其中停留天数增加0.19天，人均天花费增加11.55美元，增幅5.28%。

2017年中国15个副省级城市入境游客人均花费的变异系数仅为0.15，在旅游需求的5个评价指标中最低（表3-3），与2016年变异系数相同，表明入境游客人均花费的城际差异很小，且表现稳定。同时，从空间分布来看，如图3-25所示，2017年中国15个副省级城市2017年入境游客人均花费高值区主要为东北部及沿海的副省级城市。

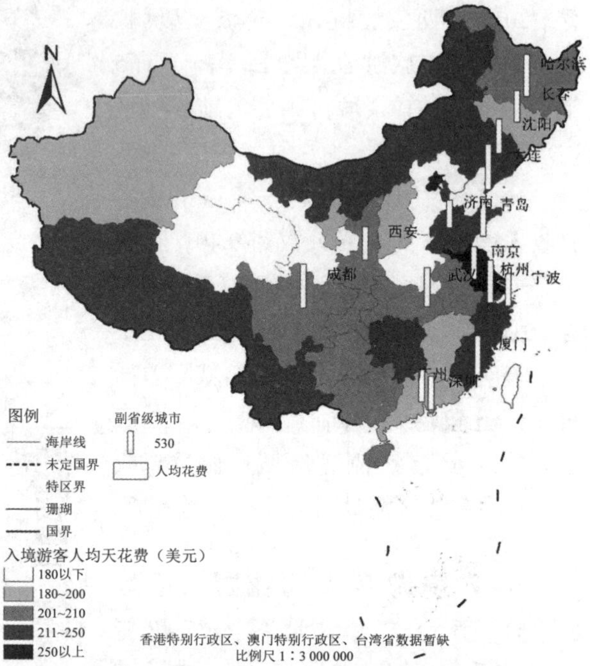

图3-25　2017年中国15个副省级城市入境游客人均花费的空间分布

（数据来源：《旅游抽样调查资料2018》）

（三）旅游需求综合评价

将上文的旅游接待总人数、旅游总收入、旅游接待总人数增长率、旅游总收入增长率以及入境游客人均花费5个指标分别进行归一化处理后，加和计算，得到2017年中国15个副省级城市旅游需求综合评价结果（表3-4，图3-26）。

1. 旅游需求第一梯队：成员变动不大，中部及西部城市居多；杭州、西安均衡，武汉、成都现状优势突出，宁波潜力大

如表3-4、图3-26所示，旅游需求第一梯队为杭州、西安、武汉、成都、宁波，得分为210~370分，中、西部城市居多。与2016年相比，成员构成变动不大，除西安外，其余城市均为梯队老成员。

从旅游需求第一梯队城市各要素的组成情况来看，如图3-26，各城市的突出优势各不相同：杭州、西安为均衡型，其现实竞争力与潜在竞争力排位均处于第一梯队；武汉、成都两市为现状取胜型，其现实竞争力排名分别为第1名、第2名，潜在竞争力排位相对较后；宁波为潜在竞争力较优型，潜在竞争力排名为第4名。

表3-4　2017年中国15个副省级城市旅游需求综合评价结果

城市	旅游需求综合评价		旅游接待总人数		旅游接待总收入		旅游接待总人数增长率		旅游接待总收入增长率		人均花费	
	得分	排名	得分	排名	得分	排名	得分	排名	得分	排名	得分	排名
沈阳	113.35	13	6.13	13	0.00	15	51.84	6	17.22	10	38.16	8
大连	180.39	8	12.55	8	20.94	11	33.03	9	13.87	14	100.00	1
长春	188.63	7	9.10	10	32.43	8	76.35	3	46.53	4	24.22	14
哈尔滨	152.14	10	8.53	11	17.50	12	27.68	11	18.25	9	80.19	4
南京	130.01	12	27.30	5	47.79	5	12.64	12	13.91	13	28.36	11

续表

城市	旅游需求综合评价		旅游接待总人数		旅游接待总收入		旅游接待总人数增长率		旅游接待总收入增长率		人均花费	
	得分	排名	得分	排名	得分	排名	得分	排名	得分	排名	得分	排名
杭州	366.24	1	52.52	4	88.39	2	71.03	4	70.79	2	83.51	3
宁波	212.83	5	25.00	6	35.75	6	87.15	2	38.83	6	26.11	13
厦门	207.36	6	9.12	9	17.21	13	68.91	5	46.68	3	65.45	6
青岛	158.91	9	13.94	7	29.59	9	29.29	10	20.42	8	65.67	5
武汉	292.31	3	100.00	1	72.87	4	41.20	7	14.31	12	63.93	7
广州	148.14	11	1.31	14	100.00	1	4.33	13	14.65	11	27.86	12
深圳	65.80	15	0.00	15	27.94	10	4.18	14	0.00	15	33.68	10
成都	291.08	4	75.15	2	80.39	3	0.00	15	45.23	5	90.32	2
西安	328.18	2	60.55	3	32.95	7	100.00	1	100.00	1	34.68	9
济南	73.51	14	6.38	12	10.52	14	33.17	8	23.43	7	0.00	15

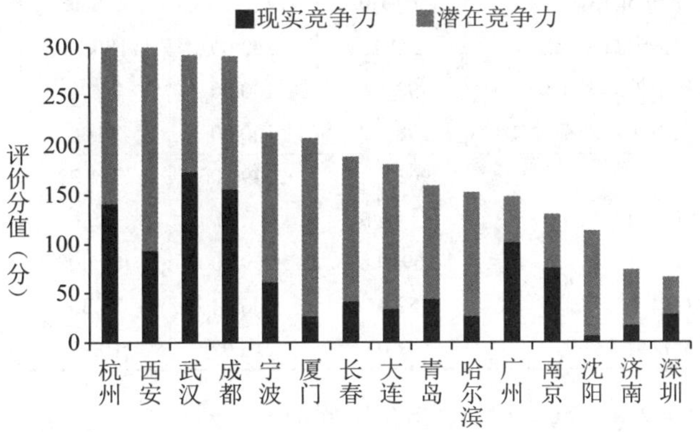

图 3–26　2017 年中国 15 个副省级城市旅游需求综合评价结果示意

2. 旅游需求第二梯队：成员变动较大，沿海城市居多；厦门、长春需求潜力大

如表 3–4、图 3–26 所示，旅游需求第二梯队包括厦门、长春、大连、青岛、哈尔滨，沿海城市居多，成员变动较大，厦门、长春、青岛均为梯队新成员。

从旅游需求第二梯队城市各要素的组成情况来看，如图 3–26，它们整体处于副省级城市的中等水平，表现一般，但不同的城市具有不同的突出优势：厦门、长春为旅游需求潜力较优，其旅游需求潜力分别位于第 3 位、第 5 位，表现优异；其余城市各项表现一般，无突出项。

3. 旅游需求第三梯队：成员略有变动；广州、南京现状优势突出

如表 3–4、图 3–26 所示，旅游需求第三梯队包括广州、南京、沈阳、济南、深圳，得分为 60~150 分。与上一年度相比，成员略有变动，广州、南京是新掉入的新成员，其他三位是梯队老成员。

从旅游需求第三梯队城市各要素的组成情况来看，如图 3–26 所示，它们整体表现较差，但个别城市具有一定的优势面：广州市旅游需求现实竞争力排在第 4 位，优势十分突出；南京市旅游需求现实竞争力排在第 6 位，表现同样抢眼。其余城市旅游需求现实与潜在竞争力排位均较为落后，处于第三梯度。

三、发展环境评价

本报告从自然环境和社会经济环境两方面对副省级城市旅游业发展的支撑环境状况进行评价。选取全年空气质量优良天数、城市污水集中处理率、生活垃圾无害化处理率三个指标评价自然环境，选取经济发展水平（综合 GDP 和人均 GDP）、年客运总量[①]、互联网普及率和万人专利授权数四个指标来评价社会经济环境。评价指标及其基本描述统计如表 3–5 所示。

表 3–5　2017 年中国 15 个副省级城市旅游发展的支撑环境评价指标及其基本描述统计

类型	评价指标	平均值	最大值	最小值	标准差	变异系数
自然环境	空气质量优良天数（天）	272.13	362.00	180.00	48.16	0.18
	城市污水集中处理率（%）	93.19	100.00	71.00	7.16	0.08
	生活垃圾无害化处理率（%）	98.52	100.00	87.00	3.36	0.03
社会经济环境	GDP（亿元）	9657.35	22490.06	4351.72	5597.65	0.58
	人均 GDP（万元 / 人）	14.49	51.70	4.93	11.19	0.77
	年客运总量（万人）	16910.87	99693.00	4015.00	22524.83	1.33
	互联网普及率（%）	52.31	106.44	23.35	23.36	0.45
	万人专利授权数（件）	47.01	216.67	10.93	49.15	1.05

（数据来源：《中国统计年鉴 2018》《中国城市统计年鉴 2018》）

（一）自然环境评价

1. 自然环境单因子分析

（1）空气质量优良天数：平均 272 天，小幅增加，厦门和深圳较优；城际间差异小且稳定，沿海优于内陆

如表 3–5、图 3–27 所示，2017 年中国 15 个副省级城市空气质量优良天数的平均值为 272.13 天，较 2016 年提高了 3 天[②]，7 个城市达到或超过平均水平。其中，厦门、深圳空气质量优良天数较多，都达到了 330 天；其次，宁波、大连、广州和青岛也均在 290 天以上；西安相对较低，只有 180 天，大气环境亟待改善。

① 由于城市空间范围有限，交通道路里程相对有限，因此，本报告采用反映旅客运送数量的年客运量作为副省级城市交通状况的评价指标。

② 数据来自《中国统计年鉴 2017/2018》。

如图 3–27 所示，与 2016 年相比较，2017 年 9 个城市空气质量优良天数有所增加，平均增幅为 4.72%，其中，成都的增幅最高，达到 9.81%；而深圳、青岛、哈尔滨、长春、广州和西安的空气质量优良天数有所减少，平均降幅为 4.50%，其中，西安降幅最大，达到 6.25%。总体来看，2017 年中国 15 个副省级城市的空气质量有所改善。

如表 3–5 所示，2017 年中国 15 个副省级城市空气质量优良天数的变异系数为 0.18，虽在反映自然环境的 3 个指标中较高（表 3–5），但与其他指标相比很低，且与 2016 年相同，表明空气质量优良天数的城际差异较小，且较稳定。另外，空气质量较好的城市大多为位于东南沿海的海滨型城市，而空气质量较差的城市多分布于中西部地区（图 3–28）。

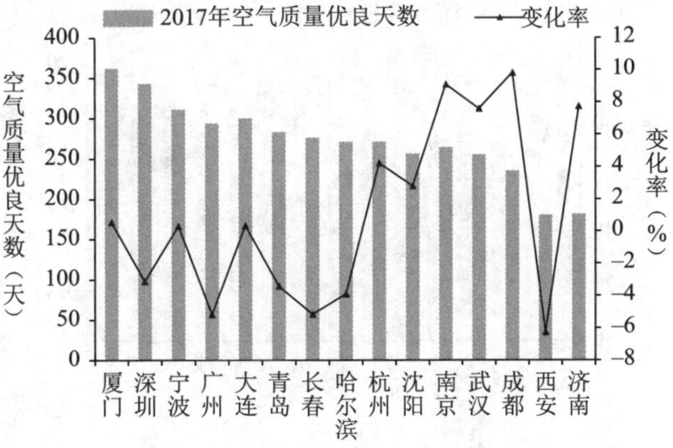

图 3–27 2017 年中国 15 个副省级城市空气质量优良天数及其年变化率

（数据来源：《中国统计年鉴 2017/2018》）

图 3–28 2017 年中国 15 个副省级城市空气质量优良天数空间分布

（数据来源：《中国统计年鉴 2018》）

（2）城市污水集中处理率：平均为 93.19%，八成城市达平均，沈阳最优；六成城市有提高；城际间差异很小且稳定，无明显空间分异

如表 3–5、图 3–29 所示，2017 年中国 15 个副省级城市污水集中处理率平均为 93.19%，

12个城市达到或超过平均。其中，沈阳污水集中处理率最高，达到100%；其次，广州、青岛、深圳、西安和武汉也较高，都超过96%；南京最低，仅为71%。

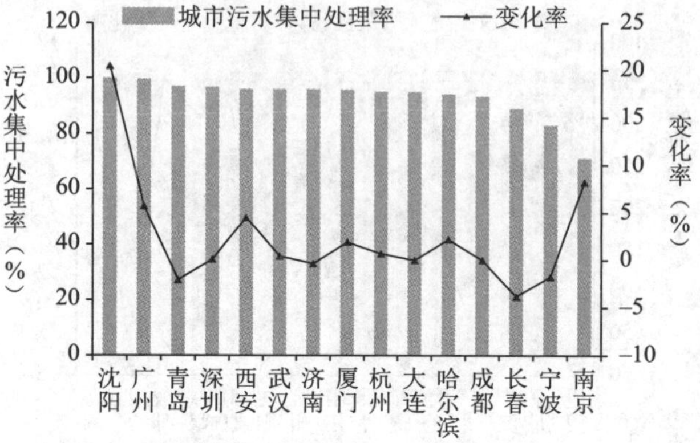

图 3–29 2017 年中国 15 个副省级城市污水集中处理率及其年变化率

（数据来源:《中国城市统计年鉴 2018》）

如图 3–29 所示，与 2016 年相比较，2017 年 9 个副省级城市的污水集中处理率有所增加，平均增幅为 4.91%，其中沈阳增幅最大，达到 20.48%；大连和成都城市污水集中处理率和上一年相比无变化；济南、宁波、青岛和长春的城市污水处理率出现下降，平均降幅为 2%，其中长春降幅较大，为 3.83%。总体上，2017 年中国 15 个副省级城市污水集中处理率整体提高。

如表 3–5 所示，2017 年中国 15 个副省级城市污水集中处理率的变异系数为 0.08，且比 2016 年减小了 0.01，表明城市污水集中处理率的城际差异很小且稳定。从空间分布来看，地域分异特征不明显（图 3–30）。

图 3–30 2017 年中国 15 个副省级城市污水集中处理率空间分布

（数据来源:《中国城市统计年鉴 2018》）

（3）生活垃圾无害化处理率：平均约 98.52%，七成城市达 100%；城际差异很小，无明显空间分异

如表 3–5、图 3–31 所示，2017 年中国 15 个副省级城市生活垃圾无害化处理率的平均值为

98.52%，较2016年增加了0.67个百分点，12个城市达到或超过均值。其中沈阳、大连、南京、杭州、宁波、厦门、济南、青岛、武汉和深圳的生活垃圾无害化处理率达到100%。

如图3–31所示，与2016年相比，2017年4个城市生活垃圾无害化处理率有所增加，增幅为2.42%；仅哈尔滨有所降低，降幅为0.34%。可见，2017年15个副省级的城市生活垃圾无害化处理整体有提高的趋势。

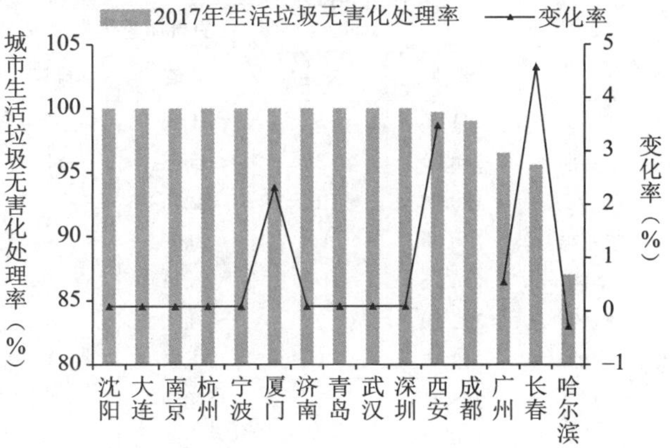

图3–31 2017年中国15个副省级城市生活垃圾无害化处理率及其年变化率

注：2016成都数据缺失，因此没有将成都的变化率纳入比较。

（数据来源：《中国城市统计年鉴2018》）

如表3–5所示，2017年中国15个副省级城市生活垃圾无害化处理率的变异系数为0.03，比2016年下降了0.01，表明生活垃圾无害化处理率的城际差异很小且较稳定。因此，副省级城市生活垃圾无害化处理率大多优于其所在省份，且不存在空间分异（图3–32）。

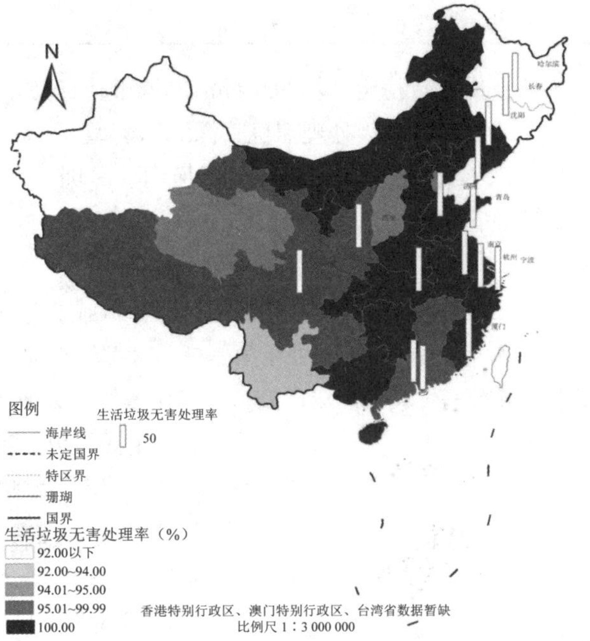

图3–32 2017年中国15个副省级城市生活垃圾无害化处理率空间分布

（数据来源：《中国城市统计年鉴2018》）

2. 自然环境综合评价

分别对空气质量优良天数、污水集中处理率、生活垃圾无害化处理率数据进行归一化处理，而后加和计算，得到2017年中国15个副省级城市自然环境综合评价结果（表3–6、图3–33、图3–34）。

表 3-6　2017 年中国 15 个副省级城市旅游自然环境综合评价结果

城市	自然环境综合评价		空气质量优良天数		污水集中处理率		生活垃圾无害化处理率	
	分值	排序	分值	排序	分值	排序	分值	排序
沈阳	241.76	5	41.76	11	100.00	1	100.00	1
大连	248.69	3	65.93	4	82.76	10	100.00	1
长春	180.75	13	52.75	7	62.00	13	66.00	14
哈尔滨	130.00	15	50.00	8	80.00	11	0.00	15
南京	146.15	14	46.15	10	0.00	15	100.00	1
杭州	233.10	7	50.00	8	83.10	9	100.00	1
宁波	213.17	9	71.97	3	41.21	14	100.00	1
厦门	285.41	1	100.00	1	85.41	8	100.00	1
济南	186.69	11	0.55	14	86.14	7	100.00	1
青岛	246.39	4	56.59	6	89.79	3	100.00	1
武汉	227.42	8	41.21	12	86.21	6	100.00	1
广州	234.33	6	62.64	5	98.62	2	73.08	13
深圳	278.56	2	89.56	2	89.00	4	100.00	1
成都	199.42	10	30.22	13	76.90	12	92.31	12
西安	184.14	12	0.00	15	86.45	5	97.69	11

（1）自然环境第一梯队：成员较稳定，均为东部沿海城市；青岛和沈阳均为垃圾处理—污水处理双优，厦门和大连空气质量—垃圾处理双优；深圳均衡型

如表 3-6 和图 3-33 所示，自然环境第一梯队包括厦门、深圳、大连、青岛和沈阳，综合评价分值都高于 240 分，全部分布在东部沿海地区（图 3-34）。与 2016 年相比，梯队成员较稳定，济南被挤出第一梯队。

从这些副省级城市的要素组成状况来看，自然环境第一梯队城市有三种类型：青岛和沈阳垃圾处理—污水处理双优型，这两方面的排名都处于第一梯队且都较靠前，但其空气质量是明显的短板；厦门和大连属于空气质量—垃圾处理双优型，空气质量优良天数排名分别为第 1 名和第 4 名，生活垃圾无害化处理率排名均为第 1 名，但城市污水集中处理率排名为第 8 名和第 10 名，需要加强；深圳的空气质量、城市污水集中处理、生活垃圾无害化处理率排名都在第一梯队，无明显的短板。

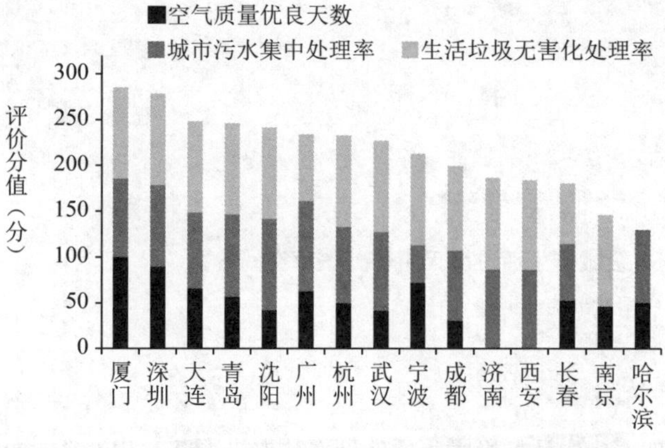

图 3-33　2017 年中国 15 个副省级城市旅游发展的自然环境综合评价结果及要素组成示意

（2）自然环境第二梯队：成员较稳定；广州污水—垃圾处理双优，宁波空气—垃圾处理双优，杭州和武汉垃圾处理单优，成都均衡

如表 3-6 和图 3-33 所示，自然环境第二梯队包括广州、杭州、武汉、宁波

和成都，综合分值为190~240分，分散于各个区域（图3–34）。与2016年相比，沈阳被挤出，成都从第三梯队掉入。

从这些副省级城市的要素组成状况来看，自然环境第二梯队城市虽然整体表现一般，但各有优势突出的领域：广州属于空气—污水处理双优型，其空气质量优良天数和城市污水集中处理率排名分别为第5位和第2位，生活垃圾无害化处理率均排在第13位，短板明显；宁波属于空气质量—垃圾处理双优型，其空气质量和生活垃圾无害化处理率排名分别为第3位和第1位，表现十分突出，但污水集中处理率排在第14位，是其短板；杭州和武汉属于垃圾处理单优型，其生活垃圾无害化处理率均排在第1位，但空气质量优良天数和城市污水集中处理率排名较靠后，有待加强；成都属于均衡型，其空气质量优良天数、城市污水集中处理率和生活垃圾无害化处理率均属第二梯队，还有上升空间。

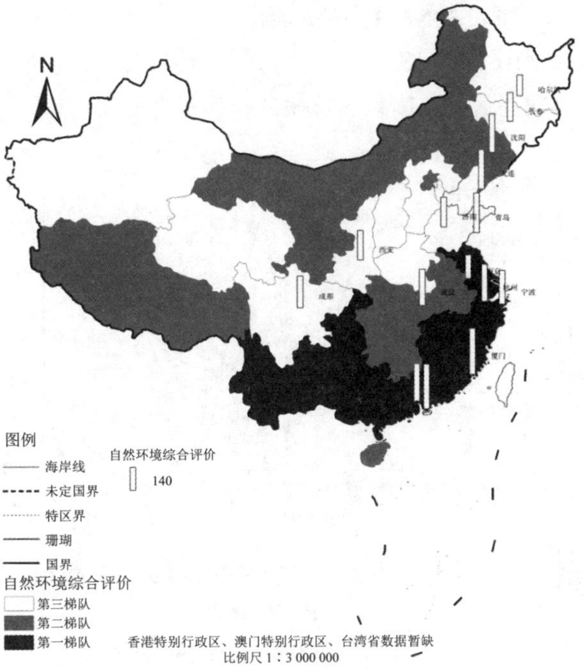

图3–34　2017年中国15个副省级城市旅游发展的自然环境综合评价空间分布

（3）自然环境第三梯队：成员稳定，分散布局；济南污水—垃圾处理双优，西安污水处理单优，长春空气质量较优，南京垃圾处理较优，哈尔滨均衡

如表3–6和图3–33所示，自然环境第三梯队包括济南、西安、长春、南京和哈尔滨，综合评价分值都低于190分，分散于各地（图3–34）。与2016年相比，梯队成员较稳定，只有济南由第一梯队掉入。

从这些副省级城市的要素组成状况来看，如表3–2、图3–7所示，自然环境方面该梯队城市虽然整体表现最弱，但其中济南污水处理—垃圾处理双优，这两方面的排名分别为第7名和第1名，但空气质量排在第14位，亟待改善；西安污水处理较优，长春空气质量较优，南京垃圾处理较优，它们另外两方面有待进一步的改善；哈尔滨属于均衡型，其空气质量、污水集中处理和垃圾无害化处理排名分别为第8名、第11名和第15名，三方面都有待改进。

（二）社会经济环境评价

1. 社会经济环境单因子分析

（1）经济发展水平

GDP总量：平均为9657.35亿元，广州和深圳独占鳌头；近五成城市增长，平均增幅11.74%；城际差异很小但略有扩大，南北分异明显。

如表 3–5、图 3–35 所示，2017 年中国 15 个副省级城市 GDP 的平均值为 9657.35 亿元，较 2016 年增长了 0.01%，有 6 个城市超过均值。其中，深圳、广州较高，均超过 2.1 万亿元；其次为武汉、南京、杭州、成都和青岛，均超过 1 万亿元；而厦门最低，不足 4500 亿元。

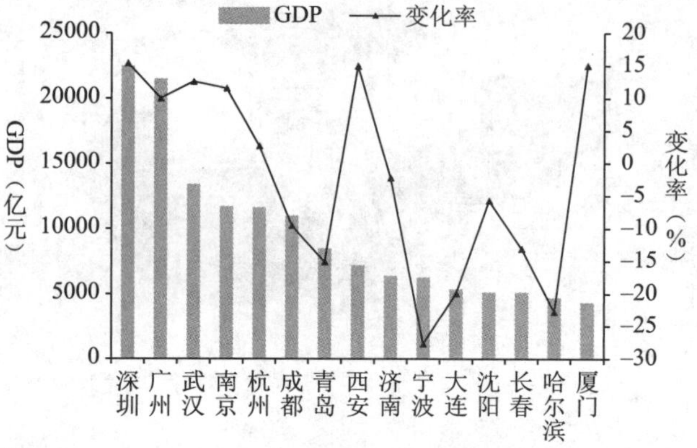

图 3–35　2017 年中国 15 个副省级城市 GDP 及其年变化率

（数据来源：《中国城市统计年鉴 2018》）

如图 3–35 所示，与 2016 年相比，2017 年 7 个副省级城市 GDP 有所增加，平均增长率为 11.74%，深圳和厦门的增长率较高，为 15.38% 和 14.99%；其他副省级城市 GDP 有所减少，平均降幅为 14.50%，宁波降幅最大，为 27.67%。从与 GDP 的关系来看，表现排名靠前的城市增长率也较高。

如表 3–5 所示，2017 年中国 15 个副省级城市 GDP 的变异系数为 0.58，在社会经济环境的 5 个评价指标中最低，相比 2016 年增加了 0.10，表明 GDP 的城际差异较小，略有扩大趋势。副省级城市 GDP 的空间分布呈现出明显的南北差异，GDP 达到万亿元以上的城市几乎都分布在南方地区（图 3–36）。

图 3–36　2017 年中国 15 个副省级城市 GDP 空间分布

（数据来源：《中国城市统计年鉴 2018》）

人均 GDP：平均 14 万元 / 人，增长放缓，深圳遥遥领先；五成城市有所增长，平均增幅为 6.02%；城际差异不大，但呈扩大态势，南北分异明显。

如表 3–5、图 3–37 所示，2017 年中国 15 个副省级城市人均 GDP 的平均值为 14.49 万元 / 人，6 个城市达到或超过均值。其中，深圳最高，达到 51.70 万元 / 人，遥遥领先于其他城市；广州次之，达到 23.95 万元 / 人；其次，厦门、南京、武汉、杭州、青岛和宁波的人均 GDP 也较高，都超过 10 万元；而西安、成都、沈阳、长春和哈尔滨相对较低，均在 8 万元以下。

如图 3–37 所示，与 2016 年相比，2017 年 7 个副省级城市人均 GDP 有所上升，平均增长率为 6.02%。其中，厦门增幅最大，为 10.02%；8 个副省级城市人均 GDP 有所下降，平均降幅为 15.15%，其中，宁波降幅最大，达

28.40%。从与 GDP 的关系来看，表现出人均 GDP 越大增长率亦越大的特征，GDP 排名前 5、中间和后 5 的城市人均 GDP 的平均增长率分别为 7.96%、–3.89% 和 –19.87%。

如表 3–5 所示，2017 年中国 15 个副省级城市人均 GDP 的变异系数为 0.77，比 2016 年增加 0.06，表明人均 GDP 的城际差异较小，略有扩大趋势。2017 年 15 个副省级城市人均 GDP 的空间分布有明显的南北差异，人均 GDP 超过 13 万元 / 人的城市几乎集中分布在东南部地区（图 3–38）。

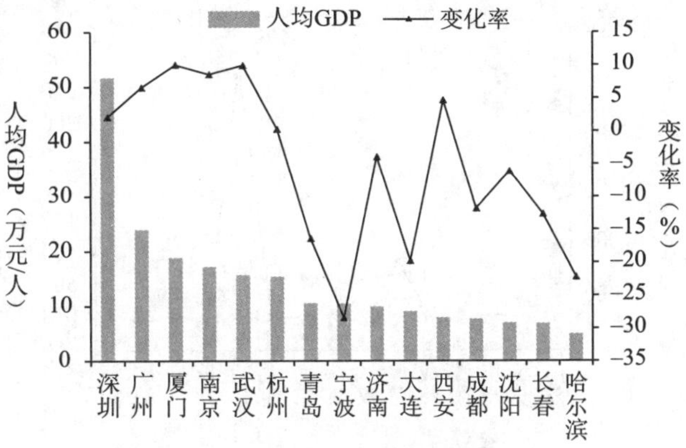

图 3–37　2017 年中国 15 个副省级城市人均 GDP 及其年增长率

（数据来源:《中国城市统计年鉴 2018》）

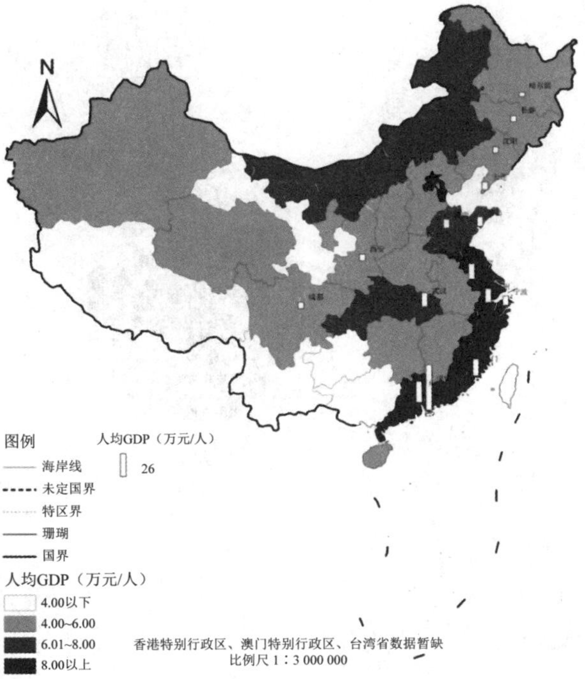

图 3–38　2017 年中国 15 个副省级城市人均 GDP 空间分布

（数据来源:《中国城市统计年鉴 2018》）

（2）年客运总量：平均 1.7 亿人，广州一枝独秀；城际差异较大，且呈缩小趋势

如表 3–5、图 3–39 所示，2017 年中国 15 个副省级城市年客运总量的均值为 16910.87 万人，较 2016 年增加 6.10%，仅 2 个城市达到或超过均值。其中，广州一枝独秀，年客运总量最高，达到 9.97 亿人；其次，西安、杭州、沈阳、成都、厦门、武汉、深圳和南京均超过 1.00 亿人；而济南的客运总量最低，不足 0.5 亿人。

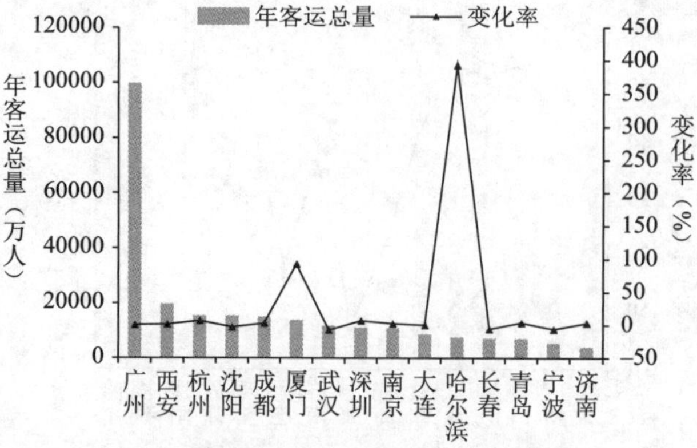

图 3-39　2017 年中国 15 个副省级城市的年客运总量及其年变化率

（数据来源:《中国城市统计年鉴 2018》）

如图 3-39 所示，与 2016 年相比，2017 年 11 个副省级城市年客运总量上升，平均增长率为 46.77%。其中，哈尔滨增幅最大，为 392.98%，4 个副省级城市年客运总量都有所下降，平均降幅为 5.29%，其中，武汉降幅最大，为 7.10%。

如表 3-5 所示，2017 年中国 15 个副省级城市年客运总量的变异系数为 1.33，在社会经济环境的 5 个评价指标中最高，但比 2016 年减少了 0.09，表明年客运总量的城际差异较大，但有所缩小。从空间分布来看，东北、胶东半岛地区相对较低（图 3-40）。

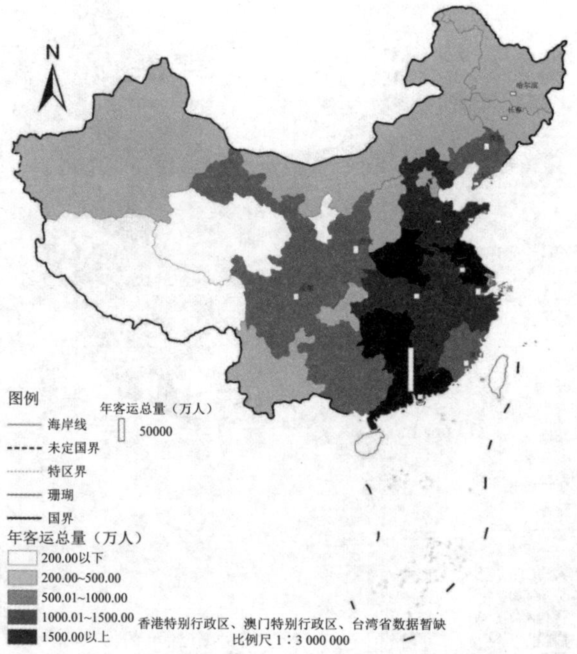

图 3-40　2017 年中国 15 个副省级城市的年客运总量空间分布

（数据来源:《中国城市统计年鉴》2018）

（3）互联网普及率：平均 52.31%，近四成城市达平均；深圳遥遥领先；城际差异较小，且呈减小趋势

如表 3-5、图 3-41 所示，2017 年中国 15 个副省级城市互联网普及率的均值为 52.31%，较 2016 年降低了 1.9%，6 个城市达到或超过平均水平。其中，深圳的互联网普及率最高，达到 106.44%；而大连、沈阳、长春和哈尔滨的普及率较低，都不到 30%。

如图 3–41 所示，与 2016 年相比，2017 年 10 个副省级城市互联网普及率有所提高，平均增幅为 20.12%，其中，长春、青岛和南京的增幅较大，分别为 78.95%、23.63% 和 18.96%；其他 5 个副省级城市的普及率有所下降，平均降幅为 14.36%，深圳降幅最大，达到了 35%。

如表 3–5 所示，2017 年 15 个副省级城市互联网普及率的变异系数为 0.45，在社会经济环境的 5 个评价指标中较小，与 2016 年相比减小了 0.20，表明互联普及率的城际差异较小且呈减小趋势。从空间分布来看，东南沿海城市普及率较高，东北地区相对较低（图 3–42）。

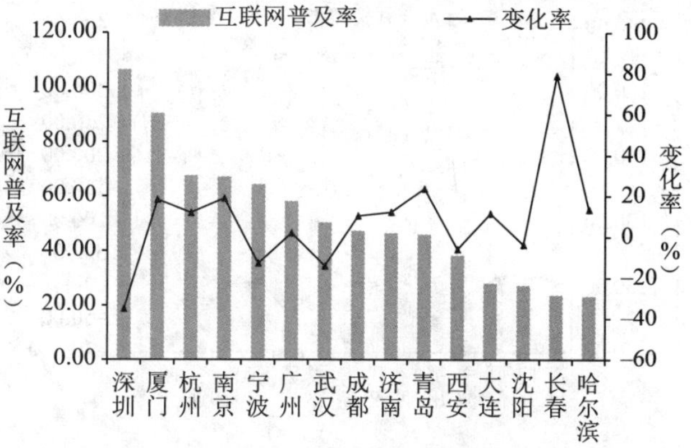

图 3–41　2017 年中国 15 个副省级城市的互联网普及率及其年变化率

（数据来源：利用《中国城市统计年鉴 2018》中的各城市的互联网宽带接入用户数（万人）去除其年末总人口数再乘以 100 获得）

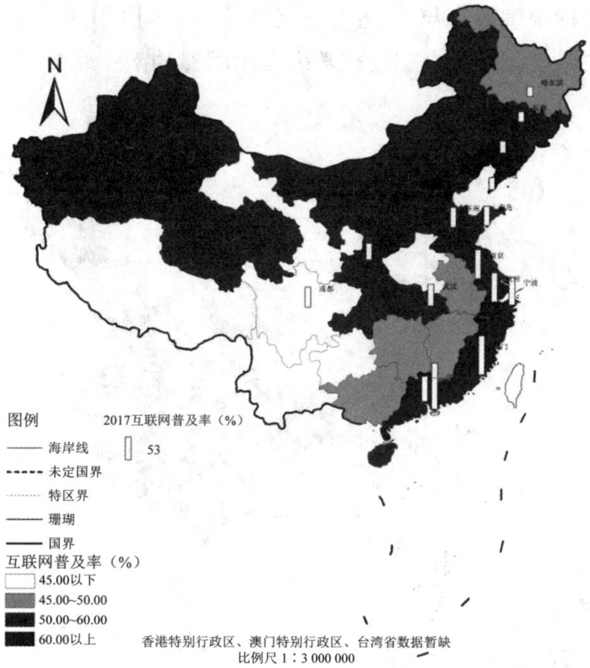

图 3–42　2017 年中国 15 个副省级城市的互联网普及率空间分布

（数据来源：利用《中国城市统计年鉴 2018》中的各城市的互联网宽带接入用户数（万人）去除其年末总人口数再乘以 100 获得）

（4）万人专利授权数：平均 47.01 件，四成城市达平均；深圳领跑；整体增幅较大；城际差异较大但趋于稳定，具有西南—东北分异特征

如表 3–5、图 3–43 所示，2017 年中国 15 个副省级城市万人专利授权数的均值为 47.01 件，

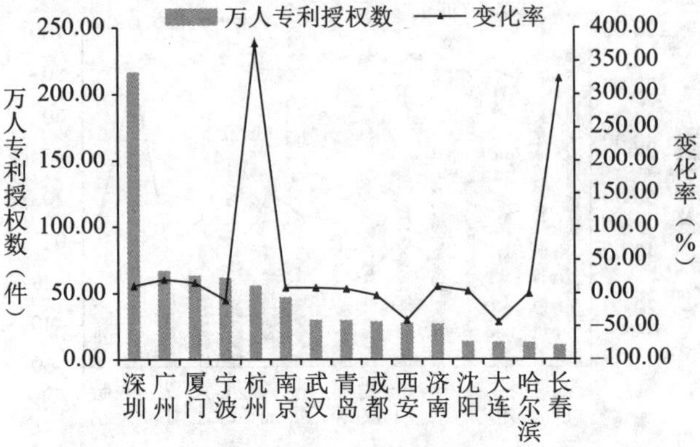

图 3-43　2017 年中国 15 个副省级城市万人专利授权数及其年变化率

（数据来源：《中国城市统计年鉴 2018》）

较 2016 年增加 10.79%，6 个城市达到或超过平均水平。其中，深圳的万人专利授权数最高，达到 216.67 件，继续领跑；其次，广州、厦门、宁波、杭州和南京的万人专利授权数均在 47 件以上；而长春最低。

如图 3-43 所示，与 2016 年相比，2017 年 10 个副省级城市的万人专利授权数有所增加，平均增幅为 78.56%；5 个副省级城市有所下降，平均降幅为 19.46%。总体来看，2017 年 15 个副省级城市的万人专利授权数有所增加，且整体增幅较大。

如表 3-5 所示，2017 年中国 15 个副省级城市万人专利授权数的变异系数为 1.05，在社会经济环境的 5 个评价指标中偏高，与 2016 相比无变化，表明万人专利授权数的城际差异较大，且较稳定。从空间分布来看，万人专利授权数表现出明显的南—北分异特征（图 3-44）。

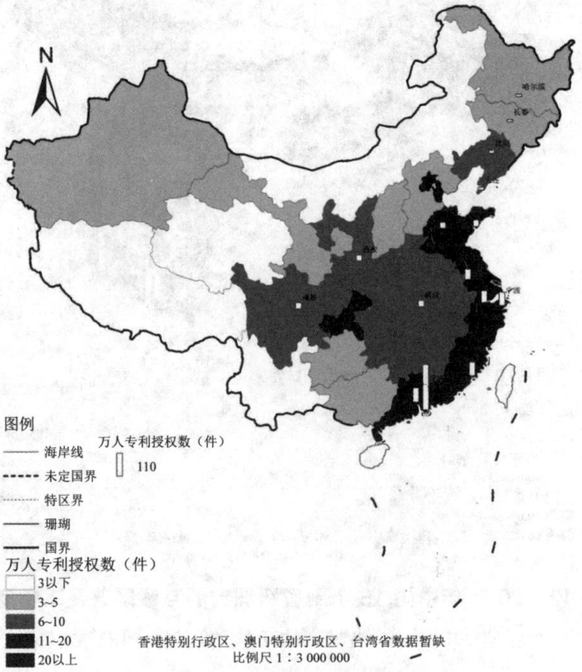

图 3-44　2017 年中国 15 个副省级城市万人专利授权数空间分布

（数据来源：《中国城市统计年鉴 2018》）

2. 社会经济环境综合评价

将前述的四个指标数据进行归一化处理（其中经济发展水平取 GDP 和人均 GDP 归一化处理后的平均值）后，加和计算，得到 2017 年中国副省级城市社会经济环境综合评价结果（表 3–7、图 3–45、图 3–46）。依据综合评价得分高低，将 15 个城市分为三个梯队，分别从梯队成员、空间分布、各指标的相对状况等角度对各个梯队进行分析。

表 3–7　2017 年中国 15 个副省级城市旅游发展的社会经济环境综合评价结果

城市	社会经济环境综合评价		经济发展水平		年客运总量		互联网普及率		万人专利授权数	
	分值	排序	分值	排序	分值	排序	分值	排序	分值	排序
沈阳	22.30	13	4.39	13	11.98	4	4.72	13	1.21	12
大连	19.03	12	7.28	12	5.05	10	5.68	12	1.03	13
长春	8.07	15	4.25	14	3.33	12	0.50	14	0.00	15
哈尔滨	5.73	14	1.00	15	3.88	11	0.00	15	0.85	14
南京	110.96	4	33.41	4	7.31	9	52.66	4	17.58	6
杭州	118.28	8	31.24	5	11.98	3	53.14	3	21.91	5
宁波	86.89	3	11.30	9	1.48	14	49.31	5	24.80	4
厦门	131.51	6	14.87	8	10.28	6	80.79	2	25.57	3
济南	46.49	11	10.95	11	0.00	15	27.78	9	7.77	11
青岛	57.00	9	17.47	7	3.19	13	27.20	10	9.13	8
武汉	86.41	5	36.48	3	8.22	7	32.50	7	9.21	7
广州	236.73	2	67.60	2	100.00	1	41.86	6	27.27	2
深圳	307.41	1	100.00	1	7.41	8	100.00	1	100.00	1
成都	70.23	7	21.28	6	11.58	5	28.76	8	8.60	9
西安	53.64	10	11.04	10	16.48	2	17.99	11	8.12	10

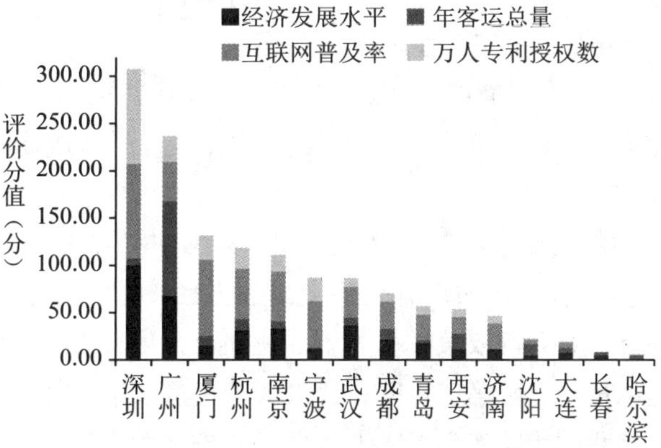

图 3–45　2017 年中国 15 个副省级城市旅游发展的社会经济环境综合评价结果示意

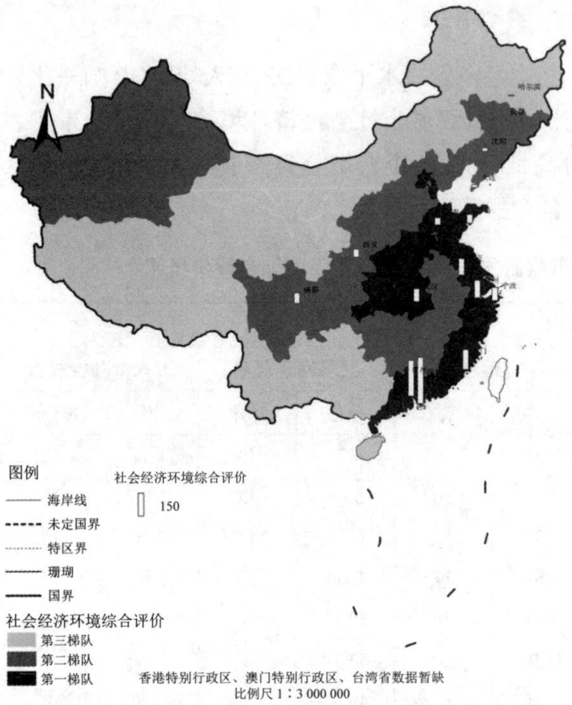

图 3–46　2017 年中国 15 个副省级城市旅游发展的社会经济环境综合评价空间分布

（1）社会经济环境第一梯队：成员四成为新加入，多为东南沿海地区城市；深圳经济—信息—创新三优，广州经济—交通—创新三优，厦门信息—创新双优，南京经济—信息双优，杭州均衡

如图 3–45 所示，社会经济环境第一梯队包括深圳、广州、厦门、杭州和南京，综合评价分值都高于 110 分。从空间分布来看，多为东南沿海地区城市（图 3–46）。与 2016 年相比，梯队成员中厦门和杭州是新晋升成员。

从这些副省级城市的组成要素来看，如图 3–45、表 3–7 所示，社会经济环境第一梯队城市的表现各异：深圳属于经济发展水平、信息化、创新能力三优型，其经济发展水平、互联网普及率和万人专利授权数排名均为第 1 位，但年客运总量排在第 8 位，处于第二梯队；广州属于经济发展水平、交通、创新能力三优型，其经济发展水平、年客运总量和万人专利授权数排名分别为第 2 名、第 1 名和第 2 名，但互联网普及率排名处于第二梯队；厦门属于信息化和创新能力双优型，其互联网普及率和万人专利授权数位于第一梯队，但经济发展水平和年客运总量位于第二梯队，是明显的短板；南京属于经济发展和信息化双优型，其经济发展水平和互联网普及率排名均为第 4 名，但年客运总量和万人专利授权数排名分别为第 9 名和第 6 名，均处于第二梯队；杭州属于均衡型，四个方面均位于第一梯队，且排名较靠前。

（2）社会经济环境第二梯队：有一定变化，分布分散；宁波信息—创新双优，武汉经济单优，成都均衡，西安交通单优，青岛经济—创新双优

如图 3–45 所示，社会经济环境第二梯队包括宁波、武汉、成都、青岛和西安，综合评价分值为 50~90 分，分布分散（图 3–46）。与 2016 年相比较，梯队成员有一定变化，宁波和武汉从第一梯队掉入。

从这些副省级城市的组成要素状况来看，如图 3–45、表 3–7 所示，社会经济第二梯队城市虽然整体表现一般，但也有一些城市有表现突出的方面：宁波属于信息化和创新能力双优型，其互联网普及率和万人专利授权数排名为第 5 位和第 4 位，表现突出，但其经济发展水平属于第二梯队，年客运总量均处于第三梯队；武汉属于经济水平单优型，其经济发展水平排在第 3 位，年客运总量、互联网普及率和万人专利授权数排名均为第 7 名，处于第二梯队；成都属于均衡型，经济发展水平、年客运总量、互联网普及率和万人专利授权数排名分别第 6 名、第 5 名、第 8 名和第 9 名，大部分处于第二梯队；西安属于交通单优型，其年客运总量排名

第2位，表现突出，但其经济发展水平、互联网普及率和万人专利授权数排名分别为第10名、第11名和第10名，有待提高；青岛属于经济发展和创新能力双优型，其经济发展水平和万人专利授权数排名分别为第7名和第8名，但其年客运总量和互联网普及率分别位于第三梯队和第二梯队，是其短板。

（3）社会经济环境第三梯队：成员较稳定，多为东北城市；沈阳交通单优，济南信息单优

如图3–45所示，社会经济环境第三梯队包括济南、沈阳、大连、长春和哈尔滨，综合评价分值低于50分，主要为东北部城市（图3–46）。与上一年度年相比，梯队成员没有变化。

从这些副省级城市的组成要素状况来看，如图3–45、表3–7所示，社会经济环境第三梯队城市在各方面表现都较弱，得分较低，排位靠后，只有沈阳的年客运总量排在第4位，进入第一梯队，属于交通单优型；济南互联网普及率排在第9位，位于第二梯队，属于信息单优型。

四、副省级城市旅游业发展综合评价

将本章前面所述的副省级城市旅游业发展评价的各项指标按现实竞争力、潜在竞争力和发展环境竞争力进行汇总，全面评价副省级城市的旅游竞争力。其中，现实竞争力和潜在竞争力分别由旅游需求和旅游供给两个方面的现实竞争力和潜在竞争力合并构成，环境竞争力由自然环境竞争力和社会经济环境竞争力合并构成。评价指标详见表3–8。

表3–8　2017年中国15个副省级城市旅游业发展综合评价指标体系

A层	B层	C层	D层	数据来源
综合竞争力	B1现实竞争力	C1旅游需求现实竞争力	D1旅游接待总人数（万人）	“入境人数”来自《中国旅游统计年鉴2018》，“国内人数”来自2018年各个城市统计年鉴或所属省域的统计年鉴
			D2旅游总收入（亿元）	“外汇收入”与“国内收入”来自2018年各个城市统计年鉴或所属省域的统计年鉴
		C2旅游供给现实竞争力	D3住宿设施总数（家）	《2017年第四季度全国星级饭店统计公报》《2017年城市精品酒店统计》
			D4星级饭店利润（亿元）	《2017年度全国星级饭店统计公报》
	B2潜在竞争力	C3旅游需求潜在竞争力	D5旅游接待总人数增长率（%）	“入境人数”来自2017/2018年中国旅游统计年鉴，“国内人数”来自2017/2018年各个城市统计年鉴或所属省域的统计年鉴
			D6旅游总收入增长率（%）	“外汇收入”与“国内收入”来自2017/2018年各个城市统计年鉴或所属省域统计年鉴
			D7入境游客人均花费（美元/人）	2018年各省的统计年鉴/2018年各个城市统计年鉴
		C4旅游供给潜在竞争力	D8住宿接待业发展速度（%）	2017年、2018年第四季度全国星级饭店统计公报；2017/2018年城市精品酒店统计
			D9星级饭店全员劳动生产率（万元/人）	《2017年度全国星级饭店统计公报》

续表

A层	B层	C层	D层	数据来源
综合竞争力	B3 发展环境竞争力	C5 自然环境竞争力	D10 空气质量优良天数（天）	《中国统计年鉴 2018》
			D11 污水集中处理率（%）	《中国城市统计年鉴 2018》
			D12 生活垃圾无害化处理率（%）	《中国城市统计年鉴 2018》
		C6 社会经济环境竞争力	D13 经济发展水平	《中国城市统计年鉴 2018》
			D14 年客运总量（万人）	《中国城市统计年鉴 2018》
			D15 互联网普及率（%）	《中国城市统计年鉴 2018》
			D16 万人专利授权数（件）	《中国城市统计年鉴 2018》

注：①西安、济南、厦门国内旅游人数来自统计公报；②西安、济南、厦门国内旅游收入来自统计公报；③西安、济南、厦门国内旅游人数两个年份均来自统计公报；④西安、济南、厦门国内旅游收入两个年份均来自统计公报。

（一）综合竞争力评价结果

将反映中国 15 个副省级城市 2017 年现实竞争力、潜在竞争力和发展环境竞争力的各项指标分别进行归一化处理后加和计算，得到中国 15 个副省级城市旅游综合竞争力的评价结果（表 3-9、图 3-47、图 3-48）。依据综合评价得分高低，将 15 个副省级城市分为三个梯队，分别从梯队成员、空间分布、各方面竞争力的相对状况等角度对各个梯队进行分析。

表 3-9　2017 年中国 15 个副省级城市旅游综合竞争力评价结果

城市	综合竞争力		现实竞争力		潜在竞争力		发展环境竞争力	
	得分	排名	得分	排名	得分	排名	得分	排名
沈阳	510.78	12	32.93	15	213.80	10	264.06	10
大连	521.53	11	75.83	11	177.97	13	267.73	9
长春	430.67	13	45.45	13	196.40	11	188.82	14
哈尔滨	413.24	15	53.21	12	224.30	7	135.73	15
南京	622.28	10	132.92	7	232.25	6	257.12	11
杭州	992.73	1	281.37	2	359.97	2	351.38	4
宁波	635.48	9	111.17	9	224.25	8	300.06	7
厦门	824.41	5	82.11	10	325.38	3	416.92	3
青岛	682.24	8	112.08	8	266.77	4	303.39	6
武汉	730.57	7	224.59	4	192.15	12	313.83	5
广州	986.30	2	294.74	1	220.50	9	471.07	2
深圳	900.77	3	150.23	5	164.57	14	585.97	1
成都	744.87	6	230.48	3	244.74	5	269.65	8
西安	864.32	4	144.85	6	481.68	1	237.78	12
济南	421.89	14	41.85	14	146.87	15	233.18	13

1. 综合竞争力第一梯队：成员稳定，沿海城市为主；杭州均衡，广州、深圳现实—发展环境双优，厦门潜在—发展环境双优

如表 3-9、图 3-47 所示，综合竞争力第一梯队包括杭州、广州、深圳、西安、厦门，综合评分为 820~1000 分，以沿海城市为主（图 3-48）。与上一年度相比，梯队成员较稳定，西安取代了青岛，成为第一梯队成员。

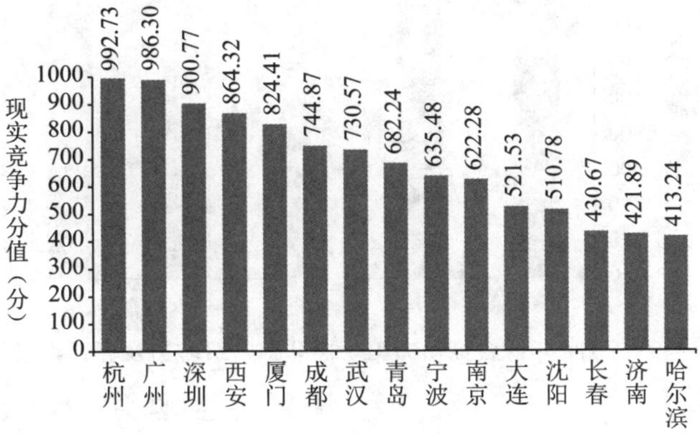

图 3-47 2017 年中国 15 个副省级城市旅游综合竞争力评价结果示意

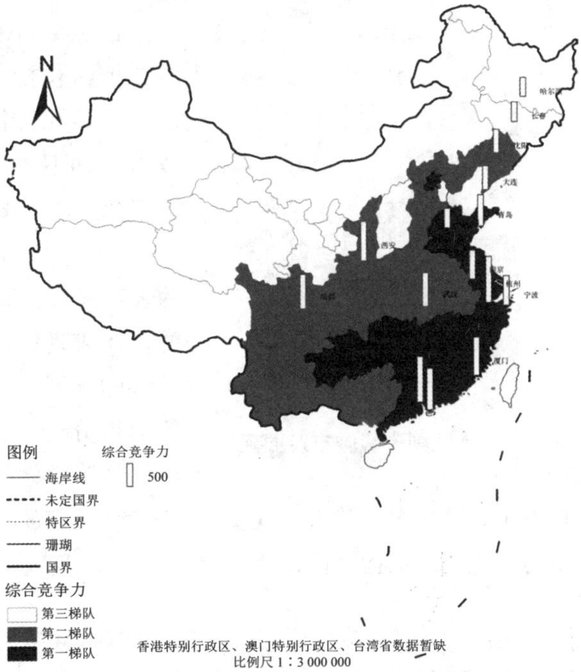

图 3-48 2017 年中国 15 个副省级城市旅游综合竞争力空间分布

从综合竞争力第一梯队城市各项指标的表现来看，如图 3-49 所示，它们整体表现最强，但不同城市的优势不同：杭州属均衡型，其现实竞争力、潜在竞争力及发展环境竞争力排名均

在第一梯队；广州、深圳现实竞争力得分十分靠前，分别排第 1 位和第 2 位，发展环境竞争力排位也十分靠前，排在第 2 位和第 4 位；厦门潜在竞争力与发展环境竞争力排在第 3 位，表现突出，属潜在—环境双优型。

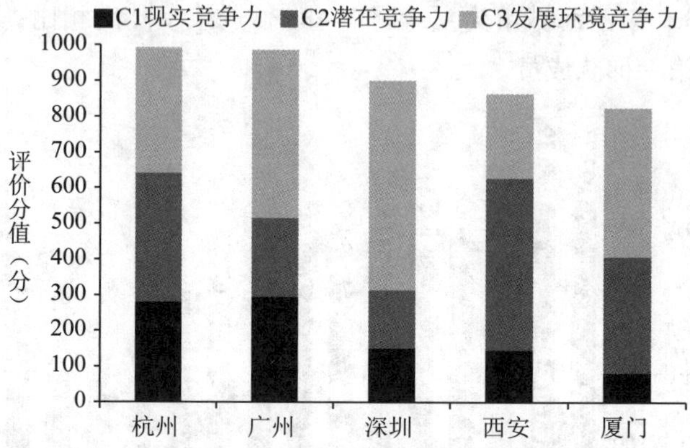

图 3–49　2017 年综合竞争力第一梯队副省级城市及要素组成示意

2. 综合竞争力第二梯队：成员变动不大，分布分散；成都现实—潜在竞争力双优，武汉现实—环境双优，青岛潜在竞争力单优

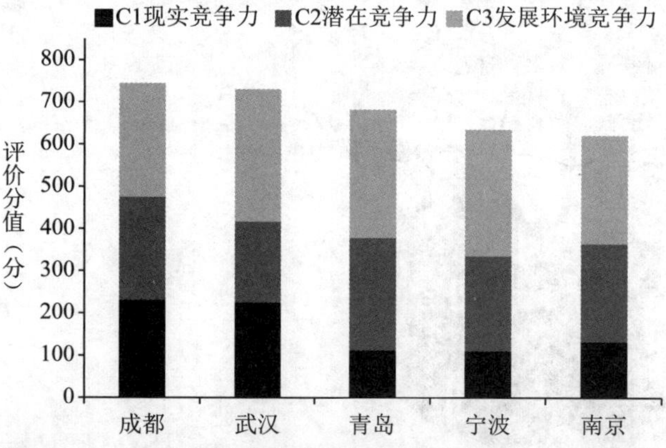

图 3–50　2017 年综合竞争力第二梯队副省级城市及要素组成示意

如表 3–9、图 3–47 所示，综合竞争力第二梯队包括成都、武汉、青岛、宁波、南京，综合得分为 620~750 分，梯队成员变动不大，青岛、宁波由原第一和第三梯队进入本梯队。

从综合竞争力第二梯队城市各项指标的表现来看，如图 3–50 所示，虽然它们的整体表现一般，但各城市也存在相对优势的领域：成都现实竞争力和潜在竞争力得分居于第 3 位和第 5 位，表现突出，高于整体排名，但其发展环境竞争力得分排在第 8 位，拉低了整体排名；武汉属现实—环境竞争力双优型，两项指标排名属于第一梯队；青岛潜在竞争力单优，该项指标排在第 4 位。

3. 综合竞争力第三梯队：成员较为稳定，东北城市为主；哈尔滨、沈阳潜在竞争力相对突出，大连、沈阳发展环境竞争力较优

如表 3–9、图 3–47 所示，综合竞争力第三梯队包括大连、沈阳、长春、济南、哈尔滨，综合得分为 410~525 分，多为东北城市（图 3–48）。与上一年度相比，成员较为稳定，大连替换原梯队成员宁波，成为新成员，其余城市无变动。

从综合竞争力第三梯队城市各项指标的表现来看，如图 3-51 所示，它们整体表现较差，但也有城市的部分指标表现优于整体表现：从现实竞争力来看，本梯队成员排位均处于 10 名以后，表现一般；潜在竞争力方面，哈尔滨、沈阳两个城市该项指标排名分别为第 7 名和第 10 名，高于整体排名；发展环境竞争力方面，大连、沈阳该项指标排名第 9 名和第 10 名，表现较好。

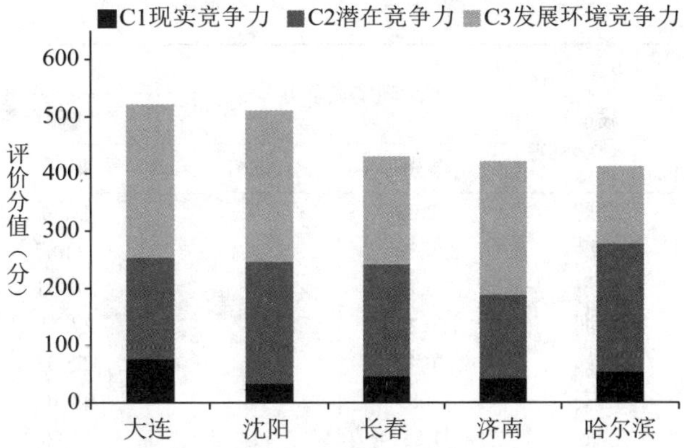

图 3-51 2017 年综合竞争力第三梯队副省级城市及要素组成示意

（二）现实竞争力评价结果

将中国 15 个副省级城市 2017 年旅游需求、旅游供给现状的评价指标进行归一化处理，而后加和计算，得到 2017 年中国 15 个副省级城市现实竞争力的评价结果（表 3-10、图 3-52、图 3-53）。依据评价得分高低，将 15 个副省级城市分为三个梯队，分别从梯队成员、空间分布、各方面竞争力的相对状况等角度对各个梯队进行分析。

1. 现实竞争力第一梯队：成员无变动，分布较为分散；广州、杭州、成都均衡，武汉需求单优，深圳供给单优

如表 3-10、图 3-52 所示，现实竞争力第一梯队包括广州、杭州、成都、武汉、深圳，综合得分在 150 分以上，分布较为分散（图 3-53）。与上一年度相比，成员无变动。

从现实竞争力第一梯队城市各项指标的表现来看，如图 3-54 所示，它们整体表现最强，但不同城市各有优势，也各有短板：广州、杭州、成都三市属于均衡型，其旅游需求与供给竞争力排名均处于副省级城市的前列，供需双方表现均优异；武汉旅游需求现实竞争力表现突出，居第 1 位，但其供给现实竞争力表现较弱（第 8 位），拉低了整体排名；深圳旅游供给现实竞争力表现优异（第 3 位），但其旅游需求现实竞争力排在第 11 位，表现一般。

表 3-10 2017 年中国 15 个副省级城市旅游现实竞争力评价结果

城市	现实竞争力		C1 旅游需求现实竞争力		C2 住宿供给现实竞争力	
	得分	排名	得分	排名	得分	排名
沈阳	32.93	15	6.13	15	26.80	13
大连	75.83	11	33.49	10	42.34	11
长春	45.45	13	41.53	9	3.92	15
哈尔滨	53.21	12	26.03	13	27.19	12
南京	132.92	7	75.09	6	57.83	6
杭州	281.37	2	140.91	3	140.46	2
宁波	111.17	9	60.74	7	50.43	10
厦门	82.11	10	26.33	12	55.78	7

续表

城市	现实竞争力		C1 旅游需求现实竞争力		C2 住宿供给现实竞争力	
	得分	排名	得分	排名	得分	排名
青岛	112.08	8	43.54	8	68.54	5
武汉	224.59	4	172.87	1	51.72	8
广州	294.74	1	101.31	4	193.43	1
深圳	150.23	5	27.94	11	122.29	3
成都	230.48	3	155.53	2	74.94	4
西安	144.85	6	93.50	5	51.36	9
济南	41.85	14	16.90	14	24.95	14

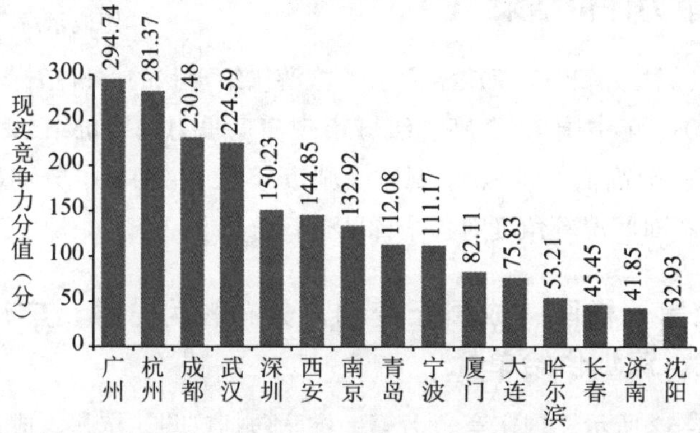

图 3-52　2017 年中国 15 个副省级城市旅游现实竞争力评价结果示意

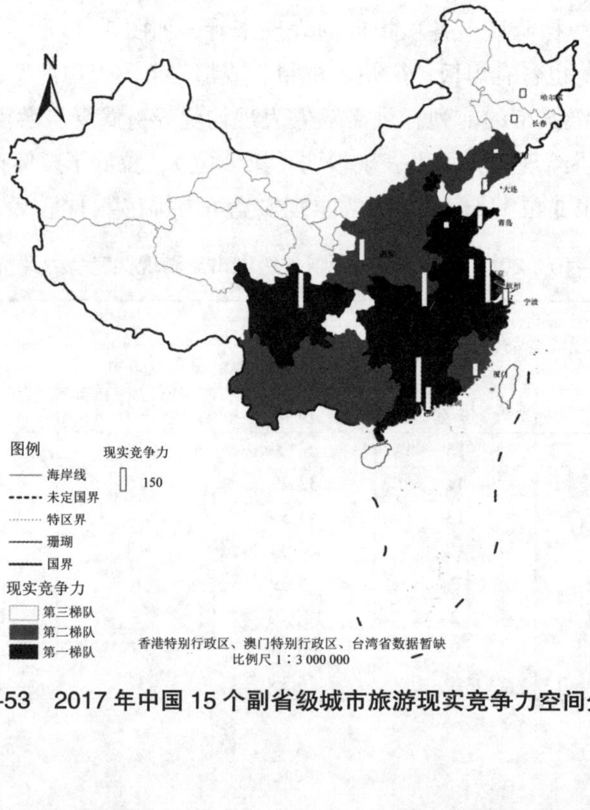

图 3-53　2017 年中国 15 个副省级城市旅游现实竞争力空间分布

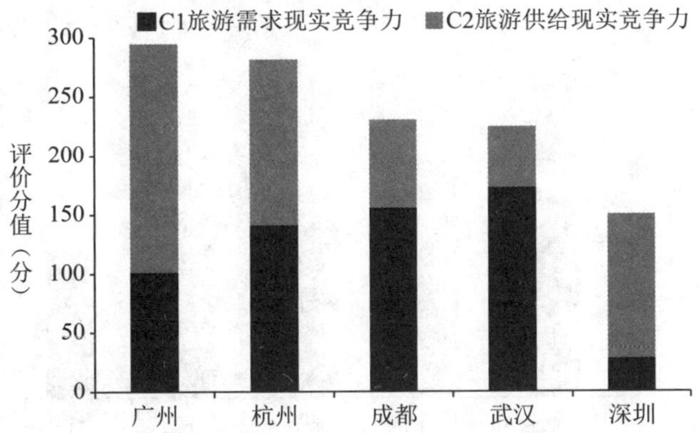

图 3–54　2017 年现实竞争力第一梯队副省级城市及要素组成示意

2. 现实竞争力第二梯队：成员变动较大，东部城市居多；西安旅游需求现实竞争力单优，青岛旅游供给现实竞争力单优

如表 3–10、图 3–54 所示，现实竞争力第二梯队包括西安、南京、青岛、宁波和厦门，得分在 150 分以下，东部城市居多（图 3–53）。与上一年度相比，成员变动不大，其中宁波替代了原梯队成员大连。

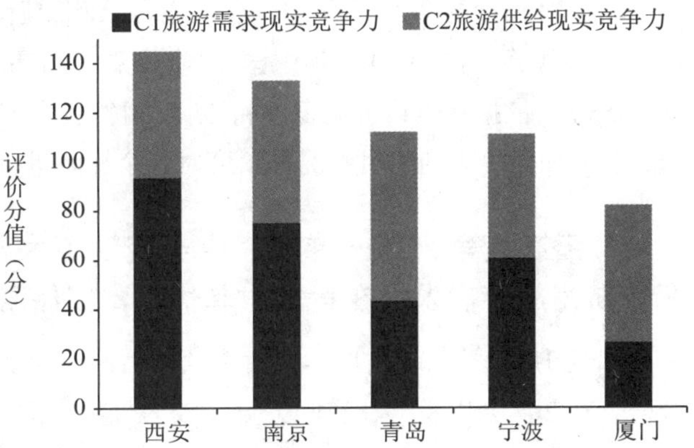

图 3–55　2017 年现实竞争力第二梯队副省级城市及要素组成示意

从现实竞争力第二梯队城市各项指标的表现来看，如图 3–55 所示，它们虽然整体表现一般，但部分城市也有优势方面：西安旅游需求现实竞争力得分排在第 5 位，表现突出；青岛旅游供给现实竞争力得分排在第 5 位，高于整体排名。除厦门旅游需求现实竞争力得分位于第三梯队外，其余指标均处于第二梯队。

3. 现实竞争力第三梯队：成员变动不大，东北城市居多；大连、长春旅游需求现实竞争力表现相对较优，其余城市旅游需求及供给现实竞争力表现一般

如表 3–10、图 3–52 所示，现实竞争力第三梯队包括大连、哈尔滨、长春、济南和沈阳，东北城市居多（图 3–53）。与上一年度相比，成员较为稳定，仅大连为梯队新成员，其余成员构成无变动。

从现实竞争力第三梯队城市各项指标的表现来看，如图 3–56 所示，它们整体表现都很弱，但部分城市有相对较优的领域：大连、长春旅游需求现实竞争力表现相对较优，该指标排名处于第二梯队，其余城市的旅游需求与供给指标排名均处于第三梯队，表现一般。

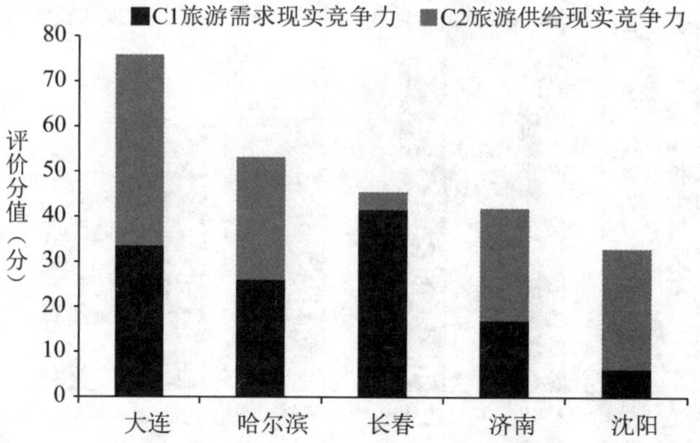

图 3-56　2017 年现实竞争力第三梯队副省级城市及要素组成示意

（三）潜在竞争力评价结果

将中国15个副省级城市2017年旅游需求和旅游供给发展潜力的评价指标进行归一化处理，而后加和计算，得到2017年中国15个副省级城市潜在竞争力评价结果（表3-11、图3-57、图3-58）。依据评价得分高低，将15个副省级城市分为三个梯队，分别从梯队成员、空间分布、各方面竞争力的相对状况等角度对各个梯队进行分析。

1. 潜在竞争力第一梯队：成员变动不大，空间分布较为分散；西安、厦门均衡，杭州旅游需求潜在竞争力单优，青岛旅游供给潜在竞争力单优

如表3-11、图3-57所示，潜在竞争力第一梯队包括西安、杭州、厦门、青岛和成都，综合得分在204分以上，在空间上分布较为分散（图3-58）。与上一年度相比，成员产生变动，除厦门、青岛外，其余成员均为新成员。

表 3-11　2017 年中国 15 个副省级城市旅游潜在竞争力评价结果

城市	潜在竞争力		C3 旅游需求潜在竞争力		C4 旅游供给潜在竞争力	
	得分	排名	得分	排名	得分	排名
沈阳	213.80	10	107.22	11	106.58	9
大连	177.97	13	146.89	6	31.08	15
长春	196.40	11	147.10	5	49.30	14
哈尔滨	224.30	7	126.12	8	98.18	10
南京	232.25	6	54.92	13	177.33	2
杭州	359.97	2	225.33	2	134.64	6
宁波	224.25	8	152.09	4	72.15	13
厦门	325.38	3	181.03	3	144.34	5
青岛	266.77	4	115.38	10	151.40	4
武汉	192.15	12	119.43	9	72.71	12
广州	220.50	9	46.83	14	173.67	3

续表

城市	潜在竞争力		C3 旅游需求潜在竞争力		C4 旅游供给潜在竞争力	
	得分	排名	得分	排名	得分	排名
深圳	164.57	14	37.86	15	126.71	7
成都	244.74	5	135.54	7	109.20	8
西安	481.68	1	234.68	1	247.00	1
济南	146.87	15	56.60	12	90.27	11

从潜在竞争力第一梯队城市各项指标的表现来看，如图 3–59 所示，它们整体表现最强，但优势各异：西安和厦门两个城市属均衡型，其中西安市旅游需求与旅游供给潜在竞争力得分均处于第一梯队，表现十分突出；杭州为旅游需求潜力单优型，该项指标排在第 2 位，但旅游供给潜在竞争力表现较差，排在第 6 位；相反，青岛旅游供给潜在竞争力（第 4 位）表现明显优于旅游需求的潜在竞争力（第 10 位），属于供给单优型。

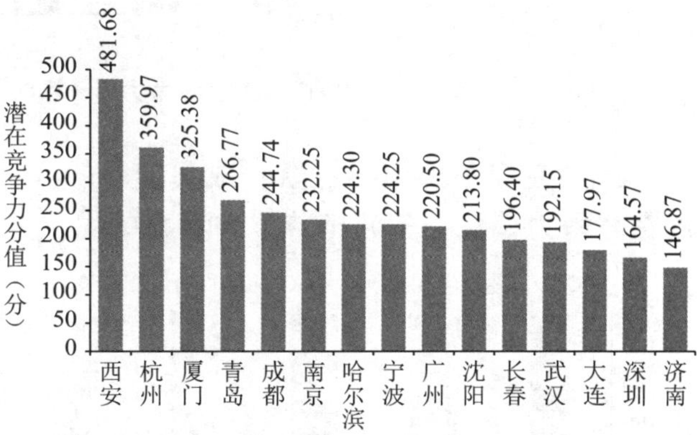

图 3–57　2017 年中国 15 个副省级城市旅游潜在竞争力评价结果示意

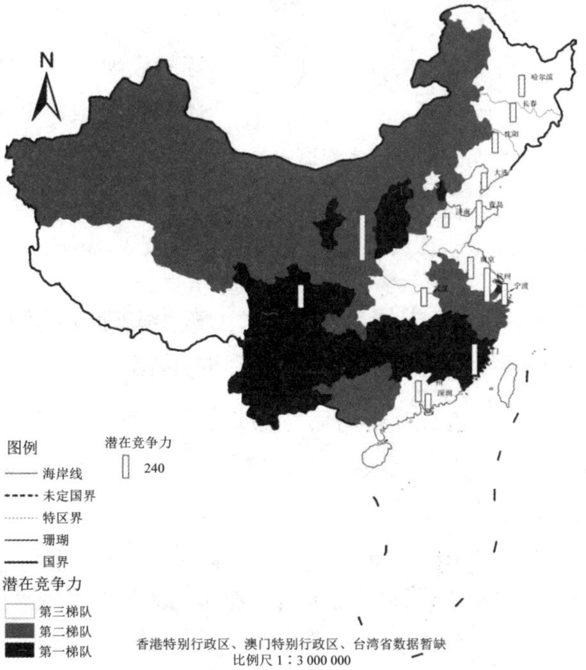

图 3–58　2017 年中国 15 个副省级城市旅游潜在竞争力的空间分布

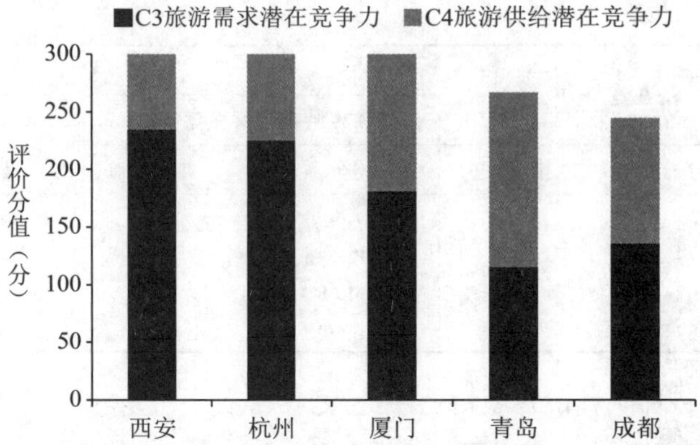

图 3-59 2017 年潜在竞争力第一梯队副省级城市及要素组成示意

2. 潜在竞争力第二梯队：成员变化较大，分布范围广；南京、广州旅游供给潜在竞争力单优，宁波旅游需求潜力单优

如表 3-11、图 3-57 所示，潜在竞争力第二梯队包括南京、哈尔滨、宁波、广州和沈阳，综合得分高于 210 分，分布范围较为分散（图 3-58）。与上一年度相比，成员变动较大，除宁波、沈阳外，其余城市均为梯队新成员。

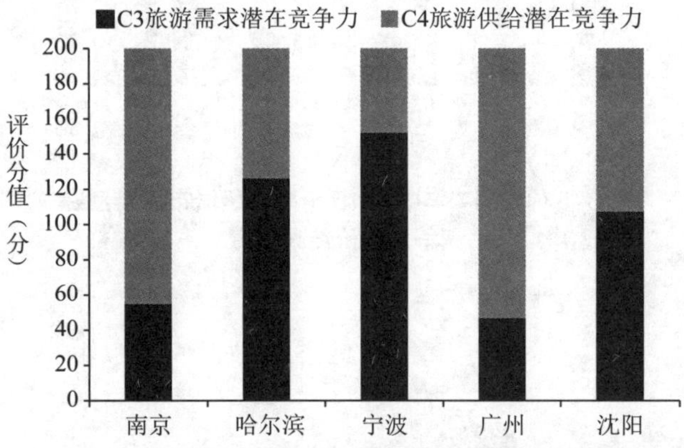

图 3-60 2017 年潜在竞争力第二梯队副省级城市及要素组成示意

从潜在竞争力第二梯队城市各项指标的表现来看，如图 3-60 所示，它们整体表现一般，但部分城市有表现突出的领域：南京、广州旅游供给潜在竞争力得分排名分别为第 2 名和第 3 名，表现突出，属于旅游供给潜力单优型；旅游需求潜力方面，宁波表现突出，排在第 4 位。

3. 潜在竞争力第三梯队：成员变动不大，东北城市居多；长春旅游需求潜在竞争力较优，深圳旅游供给潜在竞争力表现相对不错

如表 3-11、图 3-57 所示，潜在竞争力第三梯队包括长春、武汉、大连、深圳和济南，综合得分高于 140 分，在空间分布上东北城市居多（图 3-58）。与上一年度相比，成员变动不大，武汉、长春、济南均为梯队老成员。

从潜在竞争力第三梯队城市各项指标的表现来看，如图 3-61 所示，它们整体表现均很弱，但部分城市也有相对较强的领域：从旅游需求潜在竞争力来看，长春表现最优，得分较高，排在第 5 位；此外武汉、大连两个城市旅游需求潜在竞争力排在第 9 位和第 6 位，高于整体排名；旅游供给潜在竞争力方面，深圳市表现突出，该项指标排在第 7 位，高于整体排名。

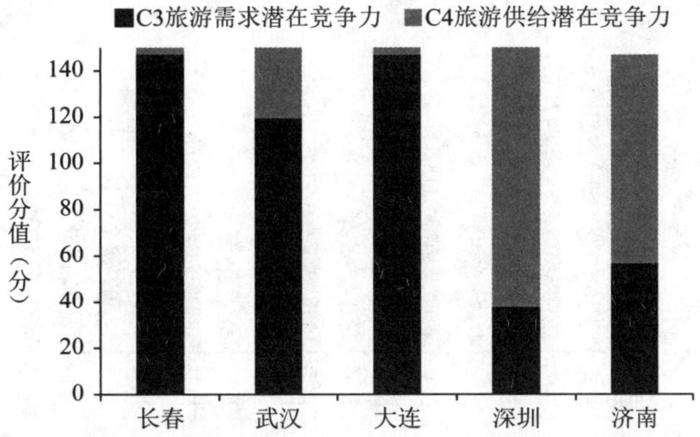

图 3-61 2017 年潜在竞争力第三梯队副省级城市及要素组成示意

（四）发展环境竞争力评价结果

分别对反映 2017 年中国 15 个副省级城市自然环境和社会经济环境的各项指标数据进行归一化处理，然后加总求和，得到 2017 年中国 15 个副省级城市的发展环境竞争力评价结果（表 3-12、图 3-62、图 3-63）。依据综合评价得分高低，将 15 个副省级城市分为三个梯队，分别从梯队成员、空间分布、各方面的相对状况等角度对各个梯队进行分析。

表 3-12 2017 年中国 15 个副省级城市旅游发展环境竞争力评价结果

城市	发展环境竞争力		自然环境竞争力		社会经济环境竞争力	
	得分	排序	得分	排序	得分	排序
沈阳	264.06	10	241.76	5	22.30	12
大连	267.73	9	248.69	3	19.03	13
长春	188.82	14	180.75	13	8.07	14
哈尔滨	135.73	15	130.00	15	5.73	15
南京	257.12	11	146.15	14	110.96	5
杭州	351.38	4	233.10	7	118.28	4
宁波	300.06	7	213.17	9	86.89	6
厦门	416.92	3	285.41	1	131.51	3
青岛	303.39	6	246.39	4	57.00	9
武汉	313.83	5	227.42	8	86.41	7
广州	471.07	2	234.33	6	236.73	2
深圳	585.97	1	278.56	2	307.41	1
成都	269.65	8	199.42	10	70.23	8
西安	237.78	12	184.14	12	53.64	10
济南	233.18	13	186.69	11	46.49	11

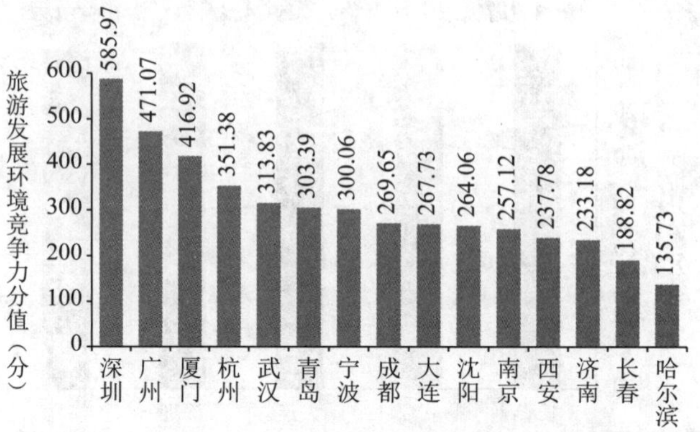

图 3-62　2017 年中国 15 个副省级城市旅游发展环境竞争力评价结果示意

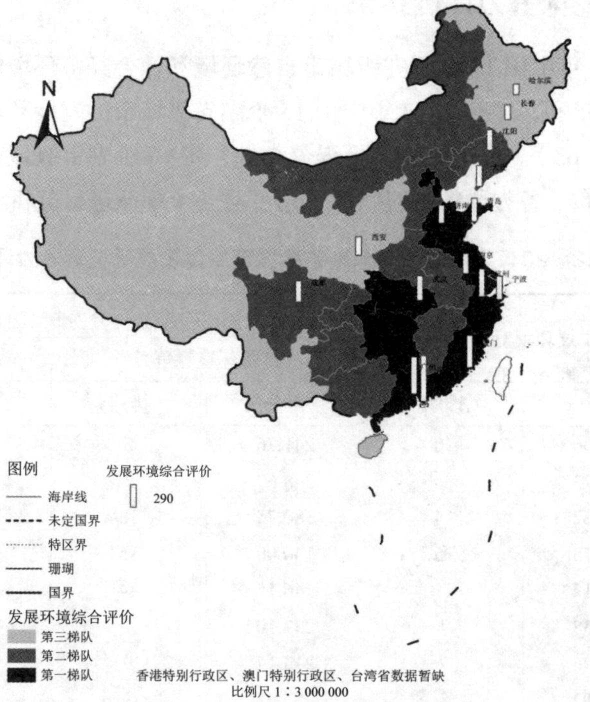

图 3-63　2017 年中国 15 个副省级城市旅游发展环境综合评价空间分布示意

1. 发展环境竞争力第一梯队：成员较稳定，南方城市居多；深圳、厦门自然—社会经济双优，广州、杭州社会经济单优

如表 3-12、图 3-62 所示，发展环境竞争力第一梯队包括深圳、广州、厦门、杭州和武汉，综合得分为 310~590 分，如图 3-63 所示，南方城市居多。与上一年度相比，成员较为稳定，厦门、武汉为新晋成员。

从发展环境竞争力第一梯队城市各项指标的表现来看，如图 3-64 所示，它们整体最强，但优势各异：深圳、厦门为均衡型，两个城市自然环境和社会经济环境均表现突出，各项指标排名均居于前 3；广州、杭州两个城市为社会经济环境单优型，两个城市自然环境排位处于第 6 位和第 7 位，低于整体排名。

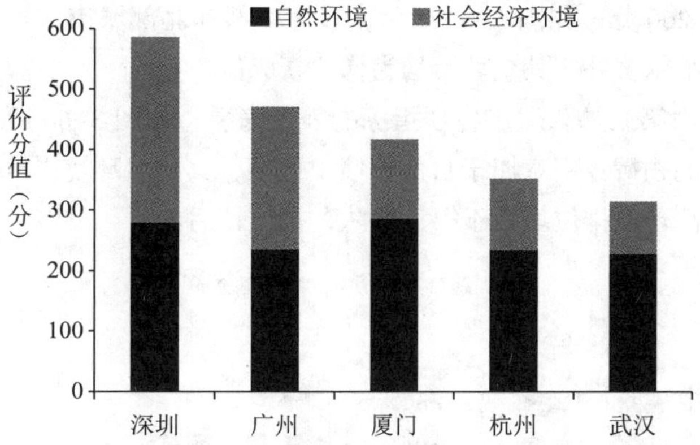

图 3–64 2017 年旅游发展环境竞争力第一梯队副省级城市及要素组成示意

2. 发展环境竞争力第二梯队：成员变动大，多东北及沿海城市；大连、青岛、沈阳自然环境单优，其余城市各指标得分表现一般

如表 3–11、图 3–62 所示，发展环境竞争力第二梯队包括青岛、宁波、成都、大连和沈阳，得分为 260~310 分，多为东北部及沿海城市（图 3–63）。与上一年度相比，成员变动较大，除宁波外，其余城市均为新成员。

从发展环境竞争力第二梯队城市各项指标的表现来看，如图 3–65 所示，它们虽然整体表现一般，但也各有相对优势：大连、青岛、沈阳自然环境竞争力较为突出，该指标排名分别为第 3 名、第 4 名、第 5 名，但其社会经济环境表现较差，排名较为落后（第 13 名、第 9 名、第 12 名）；其余城市各项指标表现一般。

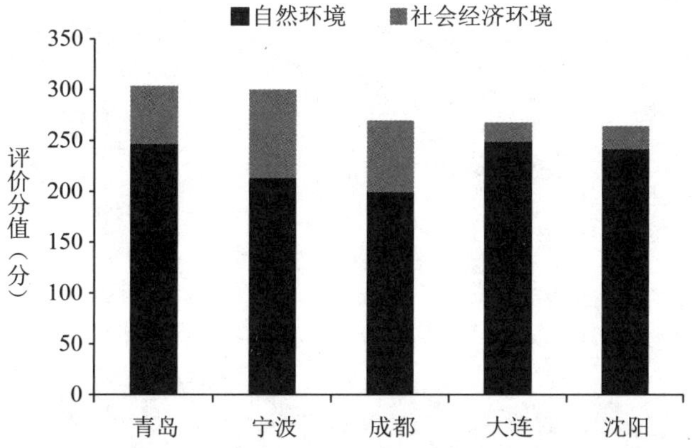

图 3–65 2017 年旅游发展环境竞争力第二梯队副省级城市及要素组成示意

3. 发展环境竞争力第三梯队：成员变动较大，中部、北部城市居多；南京自然环境单优

如表 3–12、图 3–62 所示，发展环境竞争力第三梯队成员包括南京、西安、济南、长春和哈尔滨，得分为 130~260 分，如图 3–63 所示，多为中部和北部城市。与上一年度相比，成员变动较大，除长春、哈尔滨外，其余城市均为梯队新成员。

从发展环境竞争力第三梯队城市各项指标的表现来看，如图 3–66 所示，它们整体表现较弱，但各有相对较强的领域：南京属于自然环境单优型，其自然环境得分处于第 5 位，其余城市自然环境及社会经济环境排位均处于第三梯队，排位较后。

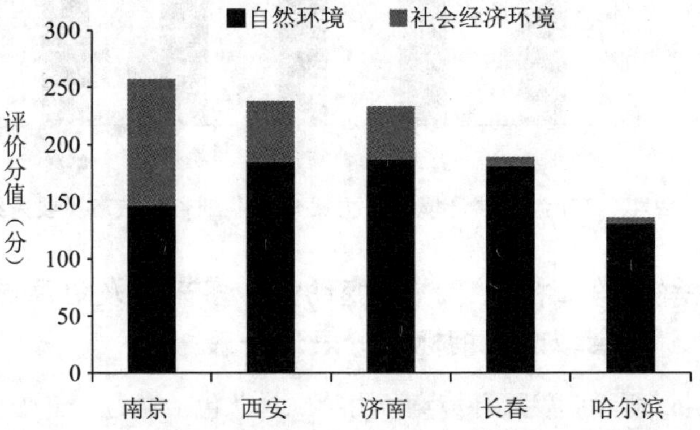

图 3–66　2017 年旅游发展环境竞争力第三梯队副省级城市及要素组成示意

第四章　中国旅游业发展对策

随着文化和旅游部的成立，紧抓机构改革、提供优秀文化产品和优质旅游产品成为当下旅游业发展的中心环节。推动文化与旅游融合发展，要把牢新发展方向，关注现实问题，在此基础上释放旅游新活力，引领发展新方向，促进产业新增长，打造市场新环境，顺应时代新需求，构建开发新格局。

一、宏观调控策略

（一）理念创新，释放旅游新活力

1. 以文促旅，打造旅游“点金石”

推广“以文促旅”理念，深刻认识到文化的生产、传播和消费与旅游活动密切相关，文化需求是旅游活动的重要动因，文化资源是旅游发展的核心资源，文化创意是提升旅游产品质量的重要途径。通过文化创意对旅游业的促进实现资源、文化、生态、经济和社会的可持续发展。

2. 以旅彰文，谱写文化“新篇章”

建立特色旅游形象，扩大文化产品与服务的受众群体和覆盖面，传播中国特色社会主义文化、弘扬社会主义核心价值观。利用旅游开发，综合外交、商务、教育等对外交流渠道，开展优秀文化产品与服务境外推广、营销活动，弘扬中国特色文化，增强国家文化软实力、提升中华文化影响力。

3. 多方协同，相辅相成“新局面”

推进文化和旅游相互支撑、优势互补、协同共进，形成新的发展优势和新的增长点，推动文化创造力持续迸发、旅游发展质量持续提升、优秀文化产品和优质旅游产品持续涌现，更好地满足人民对美好生活的新期待，促进经济社会发展、增强国家文化软实力和中华文化影响力。

（二）产业融合，促进行业新增长

1. 业态融合

推动文化旅游与相关产业融合发展，不断培育新业态，以“旅游 +”形式构建旅游产业价值网络。整合现有文化要素进行旅游项目打造，实现旅游产业升级，如民俗体验馆、主题民宿、文化艺术节等。将生产、生活、生态空间与旅游空间相融合，以旅游业为媒介，通过引入特色农业、特色工业以及特色休闲等具有差异化的产业形式，深挖文化内涵，打造文化体验项目，实现“三生”空间向旅游空间的拓展，向游客传递当地特色文化，提升经济与社会效益。

2. 产品融合

以文化为依托，推动更多资源转化为旅游产品，推出一系列具有文化内涵的旅游商品。用创意挖掘民族文化旅游资源，对具有旅游开发价值的资源进行抢救、整理与呈现。同时，对已经开发利用的民族文化资源进行更深层文化价值的探索、研究及整合，做到优化重组。围绕核心价值开发特色性、系列化和高品位的文化旅游产品，提升民族文化旅游产品和产业的品牌形象。

3. 技术融合

通过建立评测指标体系，了解地方文旅产业发展潜力，确定未来发展方向及趋势，进一步推动文化事业和旅游产业的结合，为推进文旅工作提供参考标准。全面提升地方公共文化旅游服务效能，提高人民群众获得感、幸福感、安全感，促进民族文化振兴和文旅融合发展，构建现代公共文化服务体系。

（三）市场融合，打造市场新环境

1. 市场主体融合

鼓励文化和旅游相关机构交流合作，促进文化机构支持旅游企业的发展；鼓励以资本运作为手段，以项目合作为平台，支持多种社会性资本参与自然资源、人文资源、人工项目等旅游项目的开发运营，加大社会资本在旅游业中的投资力度和广泛覆盖度，如投资交通、民宿、特色餐饮、游乐设施、电子商务、文创产品等；深度挖掘不同地域的文化特色和文化底蕴，加大特色小镇、田园综合体、乡村振兴、智慧旅游等产业的研究与开发，以项目带动文旅融合发展，增强旅游市场核心吸引力。逐渐改变景区建设由政府包揽的现象，完善文化旅游业发展的市场竞争机制，充分发挥旅游市场的调控功能，促进旅游业可持续发展。

2. 市场监管融合

针对文旅融合发展的新业态，加强市场监管力度。统筹考虑文化市场和旅游服务业市场，健全征信系统，建立文化旅游监督、举报、投诉、管理、保障等综合监管平台，形成信息汇集、及时研判、综合调度、联合执法、快速反应、高效处置的工作机制，发挥市场监管作用。

（四）服务融合，顺应时代新需求

1. 互联互通，健全网络

文化和旅游在公共服务对象上各有侧重，前者侧重本地居民，后者侧重外来游客。大众旅游时代的到来逐渐打破了两者的分界，文化和旅游在公共服务领域呈现出融合的趋势。旅游城市和旅游热点区域应在公共文化服务设施规划、建设的过程中充分考虑旅游需求。可从博物馆、展示馆、文化馆等公共文化设施入手，增加、完善其旅游服务功能，加快其与旅游市场的对接。在此基础上，进一步推进其他公共服务的融合发展，最终解决文化和旅游在公共服务上相互独立的问题。

2. 优化平台，共建共享

在旅游公共服务设施修建、改造中，增加文化内涵、彰显地方特色。强化公共文化机构的旅游服务功能，在旅游旺季适当延长公共文化机构的开放时间和服务时间，并在此基础上将延长重点旅游区域公共文化机构开放和服务时间制度化。通过典型示范等方式，指导各地公共文化机构提高旅游服务水平。推广文化讲解员持证上岗制度，全面提高公共文化机构的讲解水平。

3. 完善设施，智能服务

通过政府购买的方式，委托社会专业机构，完善公共文化设施建设，大力促进专业化、探索推进社会化、鼓励发展连锁化。充分整合社会场地资源，推动公共文化设施服务向嵌入式、渗透式转变，将公共文化服务拓展至人们的日常生活中，探索在咖啡馆、餐厅、购物空间、楼宇园区等生活空间当中提供公共文化服务。

二、部门管理策略

（一）推进部门职能深度整合

1. 落实“三定”规定，细化完善职能

以“三定”规定作为文旅部门履行职责的法定依据，将各项职能落到实处，并在工作中进一步细化、完善，依法依规调整内设部门职能，确保履职到位，并因地制宜，依据地方特征编制相关规定，打破文化和旅游行业边界，充分体现文旅融合发展要求。

2. 加强顶层设计，规划目标方向

“十三五”规划接近尾声，“十四五”规划即将开始编制，文旅部门应以此为契机，提前准备、及早谋划，开展充分、深入的调查研究，总结已有经验，研究融合发展新思路，制定体现融合发展、有前瞻性的发展规划和针对性政策。

3. 整合工作抓手，发挥最佳效益

文旅部门应加强文化和旅游领域政策、法规、规划、标准的清理、对接、修订等工作，确

保相互兼容、不留空白、不余死角。还应坚持从实际出发，积极推进资源、平台、工程、项目、活动等的清理、合并、扩大等工作，确保其发挥最佳效益。

（二）推动文旅产业创新发展

1. 发展差异化文旅产品

依托不同地区各具特色的民族文化资源和自然资源，将文化和旅游进行充分融合，挖掘地区的深厚文化底蕴，推出具有地区特色的山水文化、物质文化和非物质文化遗产旅游产品，形成具有地方文化特色的、以文化为灵魂、以旅游为载体的旅游发展模式。在保护非物质文化遗产的基础上，探索建立非物质文化遗产保护和旅游产业融合发展的新型模式。依托重大节会、赛事活动，将旅游产品与特色文化展演相结合，打造差异化文旅产品。通过开展特色文旅活动，提升旅游产品的观赏性、趣味性，增强文化旅游对游客的吸引力，促进文化旅游产业快速发展。

2. 发掘旅游资源文化内涵

深度挖掘历史文化，从历史文化中提炼出具有较高艺术价值、人们喜闻乐见的元素，将其融入旅游产业之中。尤其需要对一些考古遗存进行解读、转化和利用，发挥人力、资本的作用，并融入创意、科技等现代化因素，通过复原展示、活化展示、考古模拟、视觉影像化呈现等方式，将文化资源转化为游客能够接受和欣赏的文化旅游产品，把“文化优势”转化成“产业胜势”。

3. 推进特色文旅品牌形成

旅游文化资源开发利用的核心是文化创意，在分析地方文脉的基础上确定文化的开发方向和主体格调，明确定位并围绕主题组织内容，进而通过旅游产品加以体现，并不断丰富文化内涵，进行创造性的升级改造。应注重文化产业对旅游的文化重塑和文化传播的作用，通过电影、电视、节庆、会展、演艺、动漫等方式宣传旅游品牌。通过营销特色节事活动提升旅游品牌知名度、扩大旅游景区影响力。通过在线旅游大数据分析用户的评价、需求，实现精准的品牌定位、旅游产品设计与营销。

4. 优化文化旅游产业链

突出政府的引领作用，做好顶层设计及规划引导，促进文化产业、旅游产业的完整产业链打造，为文化旅游产业链发展奠定坚实基础。旅游企业应在遵循旅游产业链内在经济规律的基础上，积极参与旅游产业链的分工与合作，尤其是要做好对市场需求前景的预测，做到与旅游产业链其他环节的动态平衡、互补，同时实现自我优化。通过价值联系协调经营行为，利用上、下游价值链的耦合式连接来加强企业与产业链下游渠道、客户环节的有效联系，构建稳定的产业价值链。

（三）推进出入境文旅协同发展

1. 优化入境旅游环境

丰富旅游产品的中华民族传统文化内涵，将优势文化旅游资源转化为特色文化旅游产品，充分考虑不同国别旅游者的文化背景，开发具有针对性的旅游产品。在营销机制方面，应提升入境旅游统一宣传平台水平，鼓励各地开发一批适应外国游客需求的旅游线路、目的地、旅游演艺及特色商品，并在宣传平台上推荐。各省市企业应在以国家为首的整体海外营销基础上进行宣传，探索省间、市间捆绑营销的联合推广模式。

2. 创新出境旅游产品

旅游企业应开拓出境旅游目的地，如非洲、南美洲等，创新出境旅游产品，提升出境旅游产品的选择性。其次，要升级港澳游、台湾游、新马泰游、韩日游等热门出境旅游产品，优化传统旅游线路，发掘其文化内涵。同时也要迎合大众对个性化旅游的需求，结合不同旅游消费者的需求特点开发高端定制文化旅游产品。合理安排文化旅游项目，同时满足观光、娱乐、购物等需求，更好地服务旅游者，提升出境旅游产品的整体竞争力。

3. 促进文旅跨境合作

结合我国“一带一路”建设，推进建设边境旅游试验区和跨境旅游合作区等，强化与周边国家在旅游市场、产品、信息、服务等方面的融合发展，加强与“一带一路”沿线国家旅游投资互惠合作，打造具有边境特色和文化特色的旅游景区及国际旅游精品线路，促进“一带一路”沿线国家和地区的文化旅游交往，建设“一带一路”旅游品牌。

三、行业经营对策

（一）住宿接待业

1. 优化酒店设计，打造住宿新主题

随着更加注重消费产品个性特色的年轻消费者快速崛起，存在经营理念落后、设施单一和性价比较低等问题的传统酒店已难以满足游客的多方位消费要求。强调酒店与当地景区特色文化和民俗风情融合的主题文化酒店，是未来酒店发展的重要趋势。主题酒店应立足于当地的文化资源，根据市场需求做好主题的设计和产品开发，提供个性化装修和服务，形成新的竞争力，促进酒店的连锁化、品牌化发展。以特定文化为主题，在前台，客房，餐厅等区域增加相关文化元素，加强酒店的个性化装修，有利于极大地提升酒店对游客的吸引力。

2. 整合民宿资源，营造住宿新业态

在乡村旅游发展的带动下，民宿因其独具特色的装修方式和文化底蕴实现了快速发展。依托“度假村”“采摘园”等乡村旅游项目，整合民宿资源、融入当地民俗文化，形成“民宿+景点”“民宿+饮食”“民宿+文化”等发展模式是打造精品民宿产业的必然趋势。在民宿设计上应凸显当地民俗个性与特色，开发高质量的民宿产品，推出纪念卡、特色餐饮等，给游客提供独特的消费体验①。推动“民宿+互联网”形式的电子商务，通过微博、微信等媒体平台实时更新民宿房源，展示民宿文化底蕴、价格等信息，定时推送具有主题酒店特色的照片等，为游客提供自主查询，线上、线下预订等服务，创新营销模式和服务模式。

3. 依托信息技术，提供住宿新服务

智能化是住宿优质发展的必然趋势。利用信息技术，一方面，帮助游客随时查询酒店价格、文化风格、房源信息，提供代驾、代订门票等服务以便帮助游客方便快捷地找到满意酒店和节省旅游时间。另一方面，还能帮助住宿业利用VR、AR等互联网技术建立文化旅游资源库，增强游客的旅游体验；通过电子推送平台为游客推送文化景点旅游线路、实时更新的景点文化背景介绍等。游客也可通过对酒店的文化建设服务等进行评价和网络分享，为其他游客提供经验和借鉴。

（二）旅游目的地

1. 发展全域旅游大格局，用文化助力旅游新风尚

《关于促进全域旅游发展的指导意见》指出全域旅游已成为国家战略，当前应将促进全域旅游发展视为重要抓手，从旅游景区出发，统一整合规划旅游资源，拓宽文化旅游点，大力推进“旅游+文化”，促进产业融合、产城融合，也应凝聚全域旅游发展新功能，构建全域文化旅游共建共享新格局。在优化内容方面，要科学利用传统古村落、文物遗迹、纪念馆、博物馆等文化场所，推动当地演艺、民俗、自然生态与旅游业融合开展文化体验旅游；在旅游品质方面，深入挖掘地域特色文化、民俗风情文化、传统节日文化，开展传统工艺教学、体验、展览等活动，提升旅游产品文化质量；在运营模式方面，景区应从“门票经济”向“产业经济”转变，从景区独享向社会共建共享转变，从景区内部管理向全面依法治理转变，实现“旅游+”和“文化+”的双链互动；在推广方面，扩大旅游景区宣传范围，应深入挖掘当地文化，展现地域特色，用文化提升旅游整体观赏性与吸引力。

2. 挖掘文化遗产旅游资源，弘扬中华传统文化

文化遗产和旅游是一种相互包容、相互融合、共同繁荣的关系，文化遗产需要旅游实现和发挥其价值，旅游需要文化遗产作为资源。发展遗产旅游，要利用现代科技手段，提升文化遗

---

① 李燕，徐徐，彭聪聪.“旅游+互联网”背景下西安民宿经营模式及发展初探［J］.旅游纵览（下半月），2019（08）：146-147.

产地管理与服务智能化水平，打造智慧旅游景区，提升世界文化遗产地的数字化与智能化管理服务水平。细分游客市场需求，结合遗产价值、传播受众文化水平、消费行为习惯等，创新遗产解说主题、方式、内容。尊重场地特征和文脉延续，考虑遗产空间的保护与利用，提炼特定的文化主题，提供更多样的游憩性和参与性活动，建设戏剧主题旅游景区，创新演出模式，开展具有本地特色的音乐艺术节或舞蹈节、戏剧节，打造本土旅游 IP。

3. 传承革命文化精神，提升红色旅游品牌

发展红色革命景区，不仅要推出红色旅游精品线路，更要彰显革命文化内涵，逐步开展全域旅游红色示范城市和红色示范小镇创建活动。积极整合红色景区资源，依托周边特色乡村小镇、自然生态风光、传统地域文化等资源要素，打造出一批复合型旅游产品，形成覆盖更为全面、类型更为多样、主题更具特色的红色旅游景区体系。推进红色旅游内容形式和方法手段的创新，以增强红色旅游的时代感、现实感、使命感，将红色旅游打造成理想信念教育课堂。改进创新红色旅游宣讲与展陈方式，红色旅游地区还可以加强与当地演艺团体的合作，打造一批反映地方红色文化的舞台艺术精品。

4. “工业 + 文化 + 旅游”，打造新型旅游模式

工业文化旅游具有厚重的历史价值、丰富的审美价值、深刻的教育价值。“十三五”旅游业发展规划提出，要鼓励工业企业因地制宜发展旅游业，促进工业企业转型升级。景区要结合工业集聚区与功能区发展，创新资源开发方式，挖掘深层次工业文化内涵，同时加强专业化管理机构与工业景区合作，规范工业旅游景区功能组合，增加新技术体验、文化创意产品设计和精品设施配置，丰富工业产品内容。增设工业文化展示和固定活动场所，在旅游活动中灌注企业文化和地域文化，形成高品质工业旅游产业链。

5. 充分挖掘乡村旅游文化内涵，助力乡村扶贫发展

因地制宜地推进乡村旅游特色发展，鼓励根据区域文化特点和资源禀赋，开发特色化、差异化、多样化的乡村旅游产品，传承、保护与利用乡村传统文化。一方面，借鉴乡村旅游重点村的发展模式，结合本土特色推进乡村旅游精品工程建设，树立乡村旅游品牌意识，构建多层次的乡村旅游品牌体系；另一方面，充分挖掘乡村旅游文化内涵，提升乡村旅游品质，大力推广乡村旅游典型发展模式，包括乡村民宿带动型、民俗文化依托型、生态资源依托型和景区带动发展型等。加大对乡村文化的宣传，通过与各大媒体合作，推介乡村文化和乡村旅游产品信息，引导大众旅游消费，充分展现在乡村旅游语境下的乡村振兴成果。

（三）旅行社业

1. 培育文旅融合精品线路

为打造文旅融合发展精品旅游项目，需要培育体现中华优秀文化、古今特色文化旅游线

路。鼓励旅行社进一步梳理文化资源，充分调动导游积极性，将不同主题文化串点成线，发展一日或半日文化深度体验游，满足市场个性化、多样化、品质化需求。围绕“一带一路”、长江经济带等国家重点战略，开发精品文化线路；围绕国家重点文化景点，打造长城、大运河、黄河等文化旅游线路；围绕文保单位、博物馆、纪念馆等文博单位的旅游体验，收集文博单位的文化活动内容，提升游客文化活动参与度。

2. 打造多样化的旅游产品

随着我国经济和人均收入的快速增加，单一旅游产品难以满足游客需求，游客对旅游产品的需求呈现多元化趋势，旅游偏好也由传统的观光、度假游向文化精神追求方面转变，更加重视旅游过程中的愉悦性和知识性，提供“新体验”“新消费”等个性化产品成为旅行社持续发展的重要保障。旅行社要迎合旅游新业态格局，开发多样化、个性化的旅游产品，结合游客的个人需求，加强景区各项资源的挖掘，逐步加大对旅游演艺、研学旅游、养老养生度假旅游等旅游新业态的大胆尝试、创新。

3. 加强企业自身文化建设

旅行社首先要突破落后观念，要“以人为本”和“诚信为本”，尊重和保护游客的利益，推行服务承诺制，最大限度地满足游客的多样化需求。其次，应完善管理制度，一方面，要加强员工素质培训，建立奖励机制和人才引入机制，提升员工的知识技能和文化素养，另一方面，旅行社应积极开展文化活动，营造和谐的文化氛围，扩大企业的文化感召力，形成自己的核心竞争力。最后，品牌是旅行社竞争力的核心，随着游客维权意识的增强，旅行社必须要打造高质量的品牌，通过收购、合资等形式加强企业合作，形成规模化经营，同时借助互联网平台创新营销和宣传模式，扩大品牌影响力。

（四）在线旅游业

1. 打造“旅游 + 互联网”大数据平台，享智能化旅游环境

《关于实施“旅游 + 互联网”行动计划的通知》[①] 中明确了到 2020 年，旅游业与互联网要进行全面融合，互联网成为我国旅游业创新发展的关键动力和重要支撑。互联网大数据平台可以从多样化的数据中，快速地获得有价值的信息，其能运用多样化的数据类型和应用场景，高效精准地分析大众需求并做出预判。大数据平台应用于旅游领域时，可通过大数据对游客进行偏好度分析、消费行为分析、社会属性分析和旅游目的地人口流量预测等，从而实现旅游服务、旅游营销、旅游体验、旅游管理的智能化，促进旅游业态向综合性和融合性转型提升。

大数据平台通过互联网对游客量、游客构成以及游客兴趣、轨迹、景区偏好进行梳理，一

① 中国政府网 . 国家旅游局关于实施“旅游 + 互联网”行动计划的通知 旅发〔2015〕210 号 . 中国政府网，2015-09-18（http：//www.gov.cn/zhengce/2016-05/23/content_5075923.htm）.

方面有助于旅游目的地的战略定位与精准营销，另一方面有助于旅游业态与产品的创新，使景区由传统服务向信息智能化服务转变。数字化和互联网技术也为旅游市场提供了更多的可能性，通过数字化技术为游客创造个性化旅游模式，采用一对一在线旅游咨询模式，为游客量身定制旅游线路及产品，提供游客游前、游中、游后一站式电子服务体系，打造旅游目的地一体化服务平台。

2. 积极推进以旅游电商平台促进文化和旅游消费

伴随着消费需求结构的升级，电商平台的便利性日益受到大众的青睐，特别以其在旅游行业的发展中的运用最受关注，旅游电商平台已成为当前“O2O”模式的典型应用，通过互联网能集中分散的客户，整合旅游产业资源各要素，并对市场需求做出反应，及时提供优质化服务，促进消费升级。

电商旅游要释放旅游需求，促进文化和旅游的消费，需利用互联网技术充分整合线上线下资源，要加大布局范围和调度能力，让游客能在网上一键式解决旅游出行问题，提高旅游出行便利。要促进文化、旅游与现代技术相互融合，发展电商平台基于5G、超高清、虚拟现实、人工智能等技术的新一代沉浸式体验型文化和旅游消费内容。发挥文化和旅游拉动消费的作用，平台可通过与文化企业、文化旅游景点合作进行产品展示、信息推广，创新商业模式和营销方式，促文化产品和旅游产品线上消费。

3. 赋予移动端App新模式，丰富用户体验

旅游App作为一种旅游业发展的革新技术，包含了全国各地的旅游景点，针对客户需求，可以做到精准查询、准确定位，提供旅行时的食、住、行、游、购、娱等综合化的个性服务。为了更好地丰富用户体验，应做到以下几点：一是积极丰富App应用功能，包括“预订型”“攻略型”“分享型”和“工具型”，为游客随时提供住宿、交通、景区门票等预订服务，以及在线全方位导航指引，及时显示周边景点和商铺信息及服务评价，加深旅游过程的全体验；二是创新App模块与界面设置，做到功能的精准分类，界面布局清晰明了，操作简单易上手，采取图片、动图、动画形式，直观展现不同景观；三是开发更多差异化产品，要区别于市场传统产品模式，可以从旅行线路、住宿酒店、当地美食、交通设备方面出发，推出个性化服务，辅之相关的配套设施，如交通地图、目的地天气、官方指南和景区的实时客流量等配套的服务，让顾客在享受旅游App产品的时候，也能够体验到其他应用服务的特点，通过这种配套设施的建设，能够成为新型顾客交汇和共享信息的双向平台。

随着对用户体验研究的不断深入，未来旅游App用户体验的发展不局限于表象，更要注重视觉的舒适性和情感上的体验，强调用户的心里认可度。在线平台还应结合用户的消费行为、旅游需求等进行数据分析，实时为用户提供优质的线上服务，以获得客源市场，提高行业竞争力。

专题研究

专题一　长江经济带旅游业发展评价

一、引言

国家“十三五”规划提出：以长江经济带为引领，推动长江上中下游协调发展，东中西部互动合作，并将其建设成为我国流域经济协调发展带。长江经济带战略是我国实施新一轮区域开放开发的重要国家战略，在行政区划上包括上海、浙江、江苏、安徽、江西、湖北、湖南、重庆、四川、贵州、云南共九省二市的范围，面积占全国的21.28%，常住人口约占全国的42.87%，GDP约占全国的42.23%。长江经济带是我国综合实力最强、战略支撑作用最大的区域之一，也是我国经济结构调整和经济发展方式转变的重要战场。

党中央、国务院对长江经济带提出了共抓大保护、不搞大开发的绿色发展导向，旅游业是资源节约型和环境友好型产业，旅游业的发展对长江经济带具有重要的战略支撑作用。当前，长江经济带存在比较突出的区域旅游发展不平衡的问题，影响了整体旅游目的地竞争力的提升，亟待对长江经济带各省市旅游业发展水平进行科学评价，以找到区域差异，并针对性地提出改进策略。

本专题研究以长江经济带中的11个省市为研究对象，首先从长江经济带旅游业规模、长江经济带旅游业在全国的整体地位、长江经济带主要旅游企业规模与效益方面阐述长江经济带旅游业发展现状。其次从旅游需求、旅游供给、旅游支撑三个层面构建长江经济带旅游业发展水平评价指标体系。再使用SPSS22.0作为分析软件，运用主成分分析法，对长江经济带2017年的相关数据进行因子分析，通过提取主因子作为评价长江经济带旅游业发展水平的综合指标。最后对长江经济带11省市2017年的旅游业发展水平进行测度评价，分析其具体表现，并根据评价结果提出针对性的建议，以期为长江经济带旅游业发展水平的提升提供相应的指导，促进长江经济带生态优先、绿色发展战略目标的实现。

二、长江经济带旅游业发展概况

（一）长江经济带旅游业规模

旅游业规模的统计指标有入境和国内游客数量、入境旅游收入和国内旅游收入，还有旅游企业的数量规模和经济规模。本研究数据采用《中国统计年鉴2018》和《中国旅游统计年鉴2018》公布的数据。

1. 长江经济带三大类旅游企业数量在全国占比均在 40% 以上，数量规模可观

2017 年，长江经济带区域内的 11 个省市拥有 3888 家星级饭店，12394 家旅行社，4333 家 A 级旅游景区，占全国（本专题研究中全国不含港澳台）的比例分别是 40.64%、41.71%、40.10%。三大类旅游企业在全国的占比均在 40% 以上，数量规模可观，各省市详细数据见表专 1–1。

表专 1–1　长江经济带三大类旅游企业数量

省份	星级饭店数量（家）	旅行社数量（家）	A 级旅游景区数量（家）
上海	223	1382	99
江苏	514	2364	630
浙江	585	2216	700
安徽	294	1104	586
江西	281	765	357
湖北	364	1067	371
湖南	366	885	389
重庆	188	559	223
四川	323	773	492
贵州	232	379	255
云南	518	900	231
合计	3888	12394	4333
全国占比（%）	40.64	41.71	40.10

（数据来源:《中国统计年鉴 2018》《中国旅游统计年鉴 2018》）

2. 星级饭店和 A 级景区营收占比超 40%，旅行社国内旅游组织与接待效益好

2017 年，长江经济带区域内 11 个省市星级饭店实现营业收入 923.96 亿元，A 级旅游景区实现营业收入 2791.62 亿元。其中，星级饭店营业收入在全国占比为 44.34%，A 级旅游景区营业收入在全国占比为 64.33%，星级饭店和 A 级旅游景区经营效益良好，各省市详细数据见表专 1–2。

表专 1–2　长江经济带主要旅游企业营业收入

省份	星级饭店收入（亿元）	A 级旅游景区收入（亿元）
上海	212.65	52.97
江苏	163.40	223.97
浙江	186.57	221.34
安徽	51.16	277.72
江西	33.02	588.46
湖北	52.13	194.12
湖南	60.36	267.75
重庆	37.35	111.10
四川	61.96	475.99
贵州	26.16	309.18
云南	39.19	69.02
合计	923.96	2791.62
全国占比（%）	44.34	64.33

（数据来源:《中国统计年鉴 2018》《中国旅游统计年鉴 2018》）

2017 年，长江经济带区域内 11 个省市旅行社接待入境旅游者 709.90 万人次，接待国内游客 16912.78 万人次，在全国占比分别为 29.72% 和 68.83%。长江经济带区域内 11 个省市旅行社外联入境旅游者 297.78 万人次，组织国内游客 9405.94 万人次，在全国占比分别为 20.10% 和 55.99%。由此可见，长江经济带区域内 11 个省市旅行社在国内游客的组织和接待方面经营效益较好，在外联、接待入境旅游者方面经营效益在全国优势不明显。

3. 长江经济带接待入境过夜游客人数在全国占比超 3 成，是全国重要的入境旅游目的地

根据《中国旅游统计年鉴 2018》数据，2017 年，长江经济带区域内 11 个省市累计接待入境过夜游客 4155.81 万人次，全国 31 个省市累计接待入境过夜游客 11585.64 万人次，长江经济带区域内 11 个省市接待入境过夜游客占全国接待入境过夜游客人数的 35.87%。根据 2017 年长江经济带各省市国民经济和社会发展统计公报，2017 年长江经济带实现入境旅游收入 331.24 亿美元，根据《中国旅游统计年鉴 2018》，2017 年全国国际旅游收入 1234 亿美元，长江经济带入境旅游收入在全国占比为 26.84%。

4. 长江经济带 11 省市是国内旅游重要目的地

根据长江经济带 11 个省市 2017 年国民经济和社会发展统计公报，2017 年长江经济带 11 个省市累计接待国内游客数约 67.13 亿人次，长江经济带实现国内旅游收入 7.51 万亿元。根据《中国旅游统计年鉴 2018》，2017 年全国国内旅游人数为 50.01 亿人次，全国国内旅游收入为 4.57 万亿元，由于两者数据统计口径不一致，在此不作比较，长江经济带接待国内游客数量及国内旅游收入表明长江经济带是国内重要的旅游目的地。

（二）长江经济带旅游业在全国的整体地位

1. 长江经济带是国内重要的入境过夜游客和国内游客接待目的地

长江经济带覆盖 11 个省市，总面积约 205 万平方公里，约占全国的 21%，人口和经济总量均超过全国的 40%。自 2014 年政府出台《国务院关于依托黄金水道推动长江经济带发展的指导意见》（国发〔2014〕39 号），长江经济带旅游业发展势头迅猛。2017 年，长江经济带接待入境过夜游客数量占全国的 35.87%，长江经济带是全国重要的入境过夜游客接待目的地。其次，长江经济带入境旅游收入占全国的 26.84%，入境旅游收入有待进一步提高。最后，长江经济带 2017 年累计接待国内游客 67.13 亿人次，实现国内旅游收入 7.51 万亿元。

2. 三大类旅游企业数量规模和经营规模可观，A 级旅游景区营业收入在全国占比超六成

长江经济带已经成为除沿海开放地区外，我国经济密度最大的地区，对我国经济发展的战略意义是不可替代的。长江经济带星级饭店、旅行社、A 级旅游景区数量分别占全国的

40.64%、41.71%、40.10%；此外，星级饭店和A级旅游景区营业收入分别占全国的44.34%和64.33%。其次，2017年，长江经济带11个省市旅行社外联入境旅游者297.78万人次，组织国内游客9405.94万人次，在全国占比分别为20.10%和55.99%；2017年，长江经济带11个省市旅行社接待入境旅游者709.90万人次，接待国内游客16912.78万人次，在全国占比分别为29.72%和68.83%。由此可见，长江经济带旅游企业在全国旅游企业中处于重要地位。

3. 长江经济带旅游资源丰富，各主要类别旅游区均占全国三分之一以上

长江经济带依托长江黄金水道逆江而上，东起国际化都市上海，西至民俗文化胜地云南，是我国重要的经济走廊之一，此外，长江经济带也是我国旅游资源聚集区。长江经济带内的11个省市有国家级旅游度假区19个，国家生态旅游示范区14个，全域旅游示范区33个，5A级旅游景区114个，在全国占比分别为63.33%、40.00%、34.38%和45.60%，均占全国的1/3以上。

（三）长江经济带区域内主要旅游企业规模与效益

1. 星级饭店

2017年，长江经济带上游、中游、下游地区分别有星级饭店1261家、1305家、1322家。长江经济带下游地区星级饭店最多，占长江经济带星级饭店总数的34%。综合来看，上游、中游和下游地区星级饭店分布数量比较均衡，分别占经济带总量的近1/3（表专1–3）。

表专1–3　长江经济带11个省（市）星级饭店数量

流域	长江上游				长江中游				长江下游		
省（市）	重庆	四川	贵州	云南	江西	湖北	湖南	安徽	上海	江苏	浙江
数量（家）	188	323	232	518	281	364	366	294	223	514	585
占比（%）	32.43				33.57				34		

注：数据来自中国旅游统计年鉴（2018）。表专1–4同。

2017年，长江经济带3888家星级饭店实现营业收入923.96亿元，全国星级饭店营业收入为2083.93亿元，长江经济带占全国星级饭店营业收入的44.34%，下游地区星级饭店收入在整个长江经济带占比一半以上（表专1–4）。2017年长江经济带星级饭店实现利润53.68亿元，全国星级饭店利润为72.47亿元，长江经济带占全国星级饭店利润的74.08%，长江经济带星级饭店效益较好。

表专1–4　长江经济带11个省（市）星级饭店营业收入

	长江上游				长江中游				长江下游		
省（市）	重庆	四川	贵州	云南	江西	湖北	湖南	安徽	上海	江苏	浙江
收入（亿元）	37.35	61.96	26.16	39.19	33.02	52.13	60.36	51.16	212.65	163.40	186.57
占比（%）	17.82				21.29				60.89		

2. 旅行社

在长江经济带中，下游地区旅行社最多，达5900多家，占经济带总量的近1/2，上游和中游地区旅行社数量分别占经济带总量的1/5和1/3左右。长江下游两省一市的旅行社数量在长江经济带三大流域居首位，详细数据见表专1-5。

表专1-5　长江经济带11个省（市）旅行社数量

流域	长江上游				长江中游				长江下游		
省（市）	重庆	四川	贵州	云南	江西	湖北	湖南	安徽	上海	江苏	浙江
数量（家）	559	773	379	900	765	1067	885	1104	1382	2364	2216
占比（%）	21.07				30.83				48.10		

注：数据来自中国旅游统计年鉴（2018）。表专1-6和表专1-7同。

2017年，长江经济带11个省市旅行社外联入境旅游者297.78万人次，组织国内游客9405.94万人次，在全国占比分别为20.10%和55.99%。其中长江下游地区外联入境旅游者和组织国内游客人数累计在长江经济带占比达到58.12%，占据一半以上份额，可见长江下游地区是最重要的客源地，详细数据见表专1-6。

表专1-6　长江经济带11个省（市）旅行社外联入境、组织国内旅游者情况

	省（市）	外联入境（万人次）	组织国内（万人次）	累计占比（%）
长江上游	重庆	9.72	953.13	17.84
	四川	20.13	504.6	
	贵州	3.65	119.01	
	云南	4.02	116.61	
长江中游	江西	3.41	204.83	24.04
	湖北	44.89	915.99	
	湖南	66.05	639.01	
	安徽	9.87	448.54	
长江下游	上海	55.1	1662.42	58.12
	江苏	33.82	2240.1	
	浙江	47.13	1601.7	

2017年，长江经济带11个省市旅行社接待入境旅游者709.90万人次，接待国内游客16912.78万人次，在全国占比分别为29.72%和68.83%。长江下游地区旅行社接待入境旅游者和国内游客人数累计在长江经济带占比为68.43%（表专1-7）。长江下游的旅行社不仅具有数量优势，而且在组织、接待国内游客方面经济效益良好。

表专 1–7　长江经济带 11 个省（市）旅行社接待入境、国内游客情况

	省（市）	接待入境（万人次）	接待国内（万人次）	累计占比（%）
长江上游	重庆	55.7	577.19	11.97
	四川	32.47	504.69	
	贵州	12.72	245.19	
	云南	21.56	660.73	
长江中游	江西	3.18	264.59	19.60
	湖北	110.34	1381.31	
	湖南	115.19	829.42	
	安徽	30.94	718.38	
长江下游	上海	67.65	729.55	68.43
	江苏	189.3	9114.15	
	浙江	70.85	1887.58	

3. A 级旅游景区

长江经济带中游地区 A 级旅游景区最多，达 1700 多家。上游地区、中游地区、下游地区 A 级旅游景区数量分布相对比较均衡，约各占经济带总量的 1/3（表专 1–8）。

表专 1–8　长江经济带 11 个省（市）A 级旅游景区数量

流域	长江上游				长江中游				长江下游		
省（市）	重庆	四川	贵州	云南	江西	湖北	湖南	安徽	上海	江苏	浙江
数量（家）	223	492	255	231	357	371	389	586	99	630	700
占比（%）	27.72				39.30				32.98		

注：数据来自中国旅游统计年鉴（2018）。表专 1–9 同。

从 A 级旅游景区效益来看（表专 1–9），2017 年，长江经济带 A 级旅游景区实现营业收入 2791.62 亿元，全国 A 级旅游景区实现营业收入为 4339.83 亿元，长江经济带 A 级旅游景区营业收入占全国 64.33%。长江经济带中游 A 级旅游景区营业收入在区域内占比近 50%，中游省份在 A 级旅游景区经营效益方面优势明显。

表专 1–9　长江经济带 11 个省（市）A 级旅游景区营业收入

	长江上游				长江中游				长江下游		
省（市）	重庆	四川	贵州	云南	江西	湖北	湖南	安徽	上海	江苏	浙江
收入（亿元）	111.10	475.99	309.18	69.02	588.46	194.12	267.75	277.72	52.97	223.97	221.34
占比（%）	34.58				47.57				17.85		

三、长江经济带旅游业发展水平评价

（一）评价指标体系

1. 研究对象

本专题在研究过程中，根据长江经济带的经济发展水平和地理位置分布，将其划分为长江上游、长江中游、长江下游三大区域。其中，上游包括重庆市、四川省、云南省、贵州省，中游包括安徽省、江西省、湖北省、湖南省，下游包括上海市、浙江省、江苏省。

2. 评价指标体系构建

在参考前人研究的基础上，根据评价指标的代表性、全面性及可获得性原则，从旅游需求、旅游供给、旅游支撑三个层面构建“旅游业发展水平评价指标体系”。长江经济带旅游业发展水平评价指标体系如表专 1–10 所示。

表专 1–10　长江经济带旅游业发展水平评价指标体系

<table>
<tr><th>总指标</th><th>一级指标</th><th>指标类型</th><th>二级指标</th></tr>
<tr><td rowspan="6">旅游业发展水平综合指标</td><td rowspan="2">A 旅游需求</td><td>规模指标</td><td>A1 国内旅游接待人数（万人次）
A2 国内旅游收入（亿元）
A3 入境过夜游客人数（万人次）
A4 入境旅游收入（亿美元）</td></tr>
<tr><td>质量指标</td><td>A5 入境过夜游客人天数（万人天）
A6 入境过夜游客平均停留天数（天）
A7 入境过夜游客人均天花费（美元 / 人天）</td></tr>
<tr><td rowspan="2">B 旅游供给</td><td>规模指标</td><td>B1 星级饭店总数（家）
B2 旅行社总数（家）
B3 A 级旅游景区总数（家）</td></tr>
<tr><td>质量指标</td><td>B4 4 星级以上饭店数（家）
B5 营地数（家）
B6 4A 级以上景区数（家）
B7 全域旅游示范区数（个）</td></tr>
<tr><td rowspan="2">C 旅游支撑</td><td>规模指标</td><td>C1 旅游院校总数（所）
C2 旅游院校学生总数（人）
C3 旅游从业人员总数（人）
C4 GDP 总量（亿元）</td></tr>
<tr><td>质量指标</td><td>C5 城镇居民人均可支配收入（元）
C6 公路里程数（千米）
C7 铁路营业里程数（千米）
C8 区域整体创新能力（万人专利授权数）（件）
C9 政府工作报告提及“旅游”次数（次）</td></tr>
</table>

旅游需求一级指标划分为国内旅游接待人数、国内旅游收入、入境过夜游客人数、入境旅游收入、入境过夜游客人天数、入境过夜游客平均停留天数、入境过夜游客人均天花费 7 个二

级指标，从国内游、入境游两方面体现了区域旅游市场需求规模，同时也体现了入境游的需求质量。而入境游的需求质量在一定程度上也能体现目的地的旅游业发展水平，如桂林、杭州、西安等入境旅游发展较好的城市，旅游业总体发展水平也较高。

旅游供给一级指标划分为星级饭店总数、旅行社总数、A 级旅游景区总数、四星级以上酒店数、营地数、4A 级以上景区数、全域旅游示范区数 7 个二级指标，既能体现以星级酒店、旅行社、A 级旅游景区为代表的传统旅游供给侧发展规模和质量，也能体现营地、全域旅游示范区等新兴业态供给水平。

旅游支撑一级指标划分为旅游院校总数、旅游院校学生总数、旅游从业人员总数、GDP 总量、城镇居民人均可支配收入、公路里程数、铁路营业里程数、区域整体创新能力（万人专利授权数）、政府工作报告提及“旅游”次数 9 个二级指标。体现了人才支撑、经济支撑、基础设施支撑、政策支撑的规模和人才、经济、政策方面的支撑质量。

（二）评价方法

1. SPSS 主成分分析法

主成分分析也称主分量分析，旨在利用降维的思想，把多指标转化为少数几个综合指标（即主成分），其中每个主成分都能够反映原始变量的大部分信息，且所含信息互不重复。

主成分分析主要步骤如下：

（1）将原始数据按行排列组成矩阵 X。

（2）对 X 进行数据标准化，使其均值变为零。

（3）求 X 的协方差矩阵 C。

（4）将特征向量按特征值由大到小排列，取前 k 个按行组成矩阵 P。

（5）通过计算 $Y=PX$，得到降维后数据 Y。

（6）用下式计算每个特征根的贡献率 V_i；$V_i=x_i/(x_1+x_2+...)$。

（7）用各省市旅游业发展水平综合得分公式计算 11 个省市的综合得分并排名。

2. 数据来源

考虑到数据可获取性原则，本专题在研究长江经济带旅游业发展水平时，涉及的 23 个指标相关数据为长江经济带 11 个省市 2017 年的统计数据。数据来源于《中国统计年鉴 2018》《中国旅游统计年鉴 2018》、2017 年长江经济带各省市国民经济和社会发展统计公报、2017 年各省市政府官网《政府工作报告》《2017 中国露营地行业投资报告》等。个别省份的入境旅游收入缺失，研究时用插值法根据历年相关数据计算补全缺失值。

3. 数据处理

在研究过程中运用 SPSS22.0 统计软件进行分析，主要运用主成分分析法。首先对长江经济带旅游业发展水平的 23 项指标进行数据统计，运行 SPSS 软件进行指标数据 Z 标准化，然后判定指标之间的相关性，主要检查指标的KMO值和Bartlett's球型检验的显著水平Sig值，结果显示KMO值大于0.5，Sig值小于0.05，说明所选取的指标适合做因子分析，最后，按照特征值大于0.5的原则抽取主因子。运行SPSS，用主成分分析法共提取4个主因子。其中，4个主因子特征值解释了原有变量总方差的89.519%，说明主因子有较好的代表性。主因子特征值、贡献率，以及累计贡献率详细见表专1-11。

4. 数据计算

在数据计算时，运用回归法估计因子得分系数 H_i，把旋转后的主因子的方差贡献率占提取的4个主因子总方差贡献率的百分比作为权重，运用加权汇总计算得出各因子的权重 V_i（$X_i/\sum_{i=1}^{4}X_i$），表示第 i 个主因子旋转后的方差贡献率（i=1…4）。其中计算得出 V_1=0.4122，V_2=0.3574，V_3=0.1401，V_4=0.0903。

各省市旅游业发展水平综合得分计算公式如下：

$$I=\sum_{i=1}^{4}V_iX_i=0.4122\times X_1+0.3574\times X_2+0.1401\times X_3+0.0903\times X_4$$

表专1-11 因子特征值、贡献率以及累计贡献率

主因子	初始特征值			提取载荷平方和			旋转载荷平方和		
	特征值	贡献率（%）	累积贡献率（%）	特征值	贡献率（%）	累积贡献率（%）	特征值	贡献率（%）	累积（%）
X1	9.612	41.790	41.790	9.612	41.790	41.790	8.487	36.900	36.900
X2	7.670	33.347	75.137	7.670	33.347	75.137	7.358	31.991	68.890
X3	1.920	8.350	83.487	1.920	8.350	83.487	2.884	12.541	81.432
X4	1.387	6.032	89.519	1.387	6.032	89.519	1.860	8.088	89.519
X5	.780	3.393	92.912						
X6	.615	2.673	95.585						
X7	.474	2.060	97.645						
X8	.271	1.176	98.821						
X9	.161	.699	99.520						
X10	.110	.480	100.000						
X11	.000	.000	100.000						
X12	.000	.000	100.000						
X13	.000	.000	100.000						
X14	.000	.000	100.000						
X15	.000	.000	100.000						
X16	.000	.000	100.000						
X17	.000	.000	100.000						
X18	.000	.000	100.000						
X19	.000	.000	100.000						
X20	.000	.000	100.000						
X21	.000	.000	100.000						
X22	.000	.000	100.000						
X23	.000	.000	100.000						

提取方法：主成分分析

（三）评价结果

1. 长江经济带 11 个省市旅游业发展水平整体可划分为 3 阶梯队，长江下游省市全部处于第一阶梯队

运用以上评价模型计算出长江经济带 11 个省市旅游业发展水平主因子和综合得分，结果见表专 1–12。从各省市的综合得分情况来看，排名靠前的省市分别是浙江、江苏、上海，主要来自长江下游流域省市，也是经济相对发达的地区，这 3 个省市处于长江经济带旅游业发展水平第一阶梯队。排名在中间的 5 个省份分别是云南、四川、湖北、安徽、湖南，主要来自于长江中游流域省市以及长江上游流域的发达省份，这 5 个省份处于长江经济带旅游业发展水平第二阶梯队。长江经济带旅游产业发展水平得分靠后的省市是重庆、江西、贵州，主要来自于长江上游流域省市，这 3 个省市处于长江经济带旅游业发展水平第三阶梯队。

表专 1–12　2017 年长江经济带旅游业发展水平主因子、综合得分及排名

省（市）	主因子 X1	主因子 X2	主因子 X3	主因子 X4	综合得分	排名
上海	2.0837	−1.0859	−1.0487	−0.2719	0.2993	3
江苏	0.3570	1.9768	−0.1084	−0.9680	0.7511	2
浙江	1.1610	1.4791	−0.1209	0.4202	1.0282	1
安徽	−0.4466	0.1661	0.1573	−0.4162	−0.1403	7
江西	−0.9197	−0.2043	−1.1893	0.2827	−0.5932	10
湖北	−0.0483	−0.2742	0.4290	0.4438	−0.0177	6
湖南	−0.6891	0.1455	−0.5262	0.8717	−0.2271	8
重庆	−0.0370	−1.2503	0.7410	−2.1245	−0.5501	9
四川	−0.6235	0.2713	1.9996	0.0921	0.1284	5
贵州	−1.3984	−0.3177	−1.2555	−0.0830	−0.8734	11
云南	0.5609	−0.9064	0.9220	1.7532	0.1947	4

2. 长江经济带三大流域省市旅游业发展水平差异明显，下游省市遥遥领先，中上游省市难分伯仲

通过计算，长江经济带上、中、下游三大区域旅游业发展水平综合得分分别为 −1.100 分、−0.978 分、2.079 分。整体上看，长江经济带下游流域旅游业发展水平遥遥领先于上游、中游地区。长江经济带三大区域综合得分见表专 1–13。

表专 1–13　2017 年长江经济带上、中、下游旅游业发展水平综合得分

流域	长江上游				长江中游				长江下游		
省（市）	重庆	四川	贵州	云南	江西	湖北	湖南	安徽	上海	江苏	浙江
得分	−0.550	0.128	−0.873	0.195	−0.593	−0.018	−0.228	−0.140	0.299	0.751	1.028
综合得分	−1.100				−0.978				2.079		

3. 长江经济带下游省市旅游业发展水平整体较高，旅游业发展具有明显的区位优势和经济基础

分析结果可知，位于下游区域的上海、江苏、浙江因其旅游基础建设完善，以及国内、国际客源市场需求较大，为旅游业的发展提供了有利的条件。排名第一的浙江省 2017 年共接待入境游客 1211.7 万人次，实现国际（外汇）旅游收入 82.76 亿美元，入境旅游市场优势明显。其次，浙江省星级饭店数、A 级旅游景区数均居长江经济带首位，旅行社数仅次于江苏省，旅游供给数量规模较大。综合来看，浙江国际客源市场开发较好，国内外市场需求均衡，旅游供给、旅游支撑有明显优势，为其在长江经济带旅游业发展水平处于领先地位奠定了基础。排名第二的江苏省，2017 年国内旅游收入 11307.50 亿元，居长江经济带第一位，国内旅游市场需求较大。上海作为直辖市，国内外客源市场充足，旅游供给较为优质，入境游客接待量为长江经济带第一位，其城镇居民人均可支配收入在全国排名前列，旅游业发展动力充足。

4. 长江经济带中游省份旅游业发展水平难以拉开差距，湖北、安徽、湖南旅游业发展水平优于江西，中游省份旅游吸引力和旅游支撑有待提升

长江经济带中游的湖北、安徽、湖南、江西旅游业发展水平处于长江经济带中等偏下水平，湖北省旅游业发展水平在长江中游排名第一位。一方面，湖北省区位优势较明显，旅游院校数和旅游人才供给充足。另一方面，湖北旅游需求增速较快，但是湖北省国内游客旅游消费水平不及云南，有待进一步提升，同时其国际旅游客源市场也有待拓展。安徽省旅行社数量、A 级旅游景区数量在长江中游、上游省市居第一位，旅游供给方面在长江中游省份具有一定优势，但其 GDP 总量和城镇居民可支配收入不及湖北、湖南两省，旅游业发展支撑偏弱。湖南省旅游资源较分散，旅游景点之间交通通达性较差，抑制了其旅游业的发展。江西省旅游业发展水平在长江中游省份垫底，其发展水平位于长江经济带旅游业发展水平第三阶梯，一方面，江西省的 GDP 水平偏低，国民经济发展对旅游业的支撑作用有限，另一方面，江西省国内客源市场的开发还显不足。综合来看，长江中游省份旅游需求尤其是国际旅游客源市场需求有待提升，旅游支撑也需进一步强化。

5. 长江经济带上游省市旅游业发展水平差异较大，云南、四川两省旅游业发展水平靠前，重庆、贵州两省旅游业发展水平较低，长江上游省市旅游资源丰富，旅游供给体系有待完善

长江经济带上游的云南省和四川省旅游业发展水平排名分别为第 4 名和第 5 名。2017 年，云南省入境过夜游客数量仅次于上海，国际旅游需求较大；其次，云南省旅游支撑体系中旅游院校数量充足，为其旅游业发展输送了充足的人才。四川省国内游客接待量仅次于江苏，此外，其旅游资源吸引力大，4A 级旅游景区数量居长江经济带第一位，旅游业发展供给充分，需求旺盛。但是，同样位于长江上游的重庆和贵州旅游业发展处于低水平阶段，在长江经济带垫底。贵州省国际旅游市场需求不足，入境过夜游客数及旅游收入居长江经济带倒数第一；旅

游供给方面，星级饭店数量明显不足，旅游基础设施匮乏；旅游支撑方面，贵州省GDP在经济带垫底，旅游院校数量及旅游从业人数较少，导致贵州省旅游业发展水平较低，但是贵州省政府工作报告提及“旅游”次数达21次，其国内旅游收入在2017年也取得较大突破，其旅游业提升空间较大。重庆市旅游业发展存在旅游供给不充分，旅游基础建设不足等问题。作为直辖市，重庆市的GDP总量和人均可支配收入具有一定的发展优势，但需进一步完善铁路建设，减少其交通可达性方面的缺陷。

四、研究结论与政策启示

（一）研究结论

1. 长江经济带旅游业发展总体水平较高，长江下游省市旅游业发展势头好，长江中游省份旅游业发展水平差异总体较小，长江上游省市旅游业发展水平差距较大

总体而言，长江经济带旅游业发展相对较好，在全国旅游经济格局中占有重要的地位。通过构建长江经济带旅游业发展水平评价指标体系，运用主成分分析法，得出浙江、江苏、上海3个省市的旅游业发展水平居长江经济带前三位，且3个省市均处于长江下游流域。长江中游的4个省份旅游业发展在长江经济带处于中等水平，发展水平相对较近，江西相对比较落后。长江上游的云南、四川两省旅游业发展水平较高，重庆和贵州的发展水平在长江经济带垫底。总体而言，长江下游省市旅游业发展势头好，长江中游省份旅游业发展水平差异总体较小，长江上游省市旅游业发展水平差距较大。

2. 长江经济带各省市旅游业发展的优劣势差异明显，长江上游部分省市有待进一步开拓入境旅游市场和提升旅游供给能力

长江下游省市旅游需求、旅游供给、旅游支撑均比较突出，旅游业发展水平较高。长江中游省份旅游需求和旅游支撑有待提升。长江上游省市旅游业发展水平差异较大，云南、四川旅游需求旺盛，重庆、贵州旅游供给、旅游支撑均有待提升，贵州省入境旅游市场有待进一步开发。

3. 长江经济带三大流域间亟须加强旅游合作，促进不同流域各省市旅游业发展水平均衡有序提升

长江经济带旅游业发展水平最高的浙江与最低的贵州，发展水平综合得分平均差距达到1.58，长江经济带下游、中游、上游地区旅游业发展水平依次递减。2019年《政府工作报告》明确指出，“将长三角区域一体化发展上升为国家战略，编制实施发展规划纲要”，在这一政策背景下，长江下游3个省市有望进一步加强旅游合作，促进区域旅游发展。长江中游和长江上游各省市之间的合作还需要提升政策支持力度。

（二）政策启示

1. 长江经济带 11 个省市应加大对旅游业的重视与投入，找准各省市旅游业发展优势与劣势，扬长补短

长江经济带 11 个省市应加大对旅游业的重视与投入，以旅游为引擎，充分发挥旅游业综合带动强、环境效益好的产业特征，通过旅游业的大发展，推动区域经济社会绿色发展，促进长江经济带战略目标的实现。其次，长江经济带 11 个省市应找准旅游业发展优势与劣势，扬长补短。长江下游省市应保持目前旅游业发展态势，同时，进一步加大市场开拓力度，当好长江经济带旅游业发展龙头。

2. 长江中游省份应进一步开拓入境旅游市场

长江中游省份应加大市场开发力度，尤其是入境旅游市场开拓力度，加大区域经济社会发展对旅游业的支持力度，加大基础设施、公共服务体系的投入，营造优良的旅游环境，提升旅游服务质量。同时，应加大对旅游目的地的投入和开发力度，提供更多的优质旅游产品。

3. 长江上游省市应进一步完善旅游基础设施建设

长江上游省市应加大对旅游市场和公共交通等基础设施、公共服务体系的投入，提升旅游服务质量，尤其是要加强区域经济社会发展对旅游业的辐射力度和支撑力度，以全域旅游的理念推动区域社会经济绿色发展。同时，应全面提高旅游人才素质和水平，尤其是增加贵州、重庆等地旅游从业人员数量，提高云南等地旅游从业人员服务水平。

4. 长江经济带 11 个省市应加强旅游协作，进行合理的区域分工合作

在整体上，长江经济带应建立相应的管理机构，以起到协调各省市旅游业发展，加强各省市旅游合作的作用。在不同区域上，长江下游省市应担当起长江经济带旅游龙头和发动机的角色，通过市场辐射、管理输出、智力支持等机制，将长江中游和上游地区作为腹地，引领长江经济带 11 个省市实行区域旅游一体化战略。长江中游省份应发挥好承东启西的联通作用，发挥其中心辐射能力和接受辐射能力，保障长江经济带区域旅游一体化旅游通道的畅通。长江上游省市应做好旅游目的地建设工作和生态保育工作，以全域旅游理念指导旅游发展实践，加大“旅游 +”和“+ 旅游”的产业融合力度，为长江经济带区域旅游一体化建设提供坚实的产业支撑，发挥腹地的作用。

专题二　2018年湖北省游客满意度研究

一、引言

2018年是贯彻落实党的十九大精神的开局之年，是改革开放40周年，是决胜全面建成小康社会、实施“十三五”规划承上启下的关键一年，也是湖北省推动旅游业高质量发展和文旅深入融合的战略关键年。

“人民对美好生活的向往，就是我们的奋斗目标！”当今旅游是人民美好生活的重要表现形式，旅游已成为人民群众重要的生活方式，旅游业正在成为一种新民生，成为解决新时代社会主要矛盾的新动力。近年来，大众旅游需求持续释放，居民消费升级，国内旅游市场持续高速增长，全国旅游人数已突破50亿人次大关，湖北省年接待旅游者已超过6亿人次，人均出游已近4次。巨量的游客需求对旅游产业供给提出了更高要求，游客满意是新时代旅游发展的战略导向。

通过游客满意度评价来建立和完善湖北省的旅游服务质量评价机制，旨在了解全省及市州和重点区域等不同空间尺度的旅游目的地的游客满意度状况，促进湖北省文化和旅游产业深入融合、优化旅游供给改革、深入推进全域旅游战略、持续改善旅游环境、全面提升旅游要素等。为加快推进旅游强省建设，把湖北打造成为国内一流旅游目的地和长江国际黄金旅游带核心区提供参考依据。

湖北省游客满意度调查项目自2012年开展以来，对提升湖北省旅游服务质量，规范旅游市场秩序，促进旅游业优质发展，起到了重要的推动作用，并形成了良好的社会效应。2018年，基于过去几年游客满意度调查的实践经验，把游客满意度的调查评价扩展到湖北省的5个空间尺度，即从省域、区域、市州、县域、重点景区的不同空间尺度，以游客的视角对湖北省旅游事业和旅游产业的发展进行调查和评价。

二、数据来源与研究方法

（一）数据来源

指标体系中的调查数据主要采用问卷抽样调查的形式获取，通过网络调查和现场调查两种渠道开展。网络调查环节，项目组利用在线调查系统，生成电子问卷，嵌入“原湖北旅游网”（原湖北省旅游发展委员会官方网站）、原湖北旅游微信公众号、中国旅游研究院武汉分院的官方网站、中国旅游研究院武汉分院的微信公众号等平台，通过网络渠道收集游客意见。

在现场抽样调查环节，共开展了5次大规模的抽样调查。调查时间既涵盖周末、法定节假日（中秋节、国庆节）和暑假等出游高峰期，又覆盖普通工作日时段；调查地点覆盖湖北省各市州、23个重点县（市、区）的主要旅游景区、湖北省10个5A级景区以及火车站、汽车站、酒店宾馆、旅行社等318个主要游客聚集场所。湖北省各市州采集的有效样本量为14622个，各重点县（市、区）采集的样本量为5309个，各5A景区采集的有效样本量为2402个。

按计划应回收样本12000个，实际回收样本22333个，其中网络调查样本6127个，现场调查样本16206个。调查样本数量充足、分布合理，信度和效度均达到95%以上，调查结果能够真实有效地反映湖北省游客满意度和旅游服务质量的客观情况。

（二）评价指标体系

2018年湖北省游客满意度调查项目设计了两套游客满意度评价体系，第一个体系是湖北省旅游目的地游客满意度评价体系，为保证与往年数据的可比性和连续性，继续沿用2017年的评价指标体系，该指标体系由旅游环境、旅游公共服务和旅游要素3个B级指标构成，每个B级指标又由若干个C级指标构成，C级指标共包括如旅游形象、旅游市场秩序、景区服务等在内的22个具体评分项构成。详见表专2-1。

第二个体系是湖北省5A级景区游客满意度评价体系，该指标体系由旅游形象、旅游资源、价格合理性、服务水平、管理水平、旅游配套设施、旅游交通、旅游餐饮、旅游购物、旅游娱乐这10个B级指标构成，每个B级指标又由若干个C级指标构成，C级指标共有如景区形象宣传力度、景区门票价格等48个具体评分项构成。详见表专2-2。

两个评价体系都由三个指标层级构成。A至C级指标既是游客满意度评价工作的主要指标，也是对市州进行评价排序的主要依据。

表专2-1　2018年湖北省旅游目的地游客满意度评价指标体系

评价准则层	评价项目层	评价因子层
A 游客满意度	B1 旅游环境	C1 市州旅游形象（辨认度、知名度、美誉度、城市特色等）
		C2 市区环境卫生
		C3 景区周边环境（秩序、卫生、停车）
		C4 居民友好
		C5 游客安全感
		C6 文明旅游氛围
		C7 市州大交通（交通状况及机场、火车站、客运站服务）

续表

评价准则层	评价项目层	评价因子层
A 游客满意度	B2 旅游公共服务	C8 旅游市场秩序
		C9 公共厕所（城区和旅游公厕）
		C10 交通标识及引导系统（高速公路、市区及景区道路指标牌）
		C11 旅游集散中心（便利度、完善度等指标）
		C12 旅游信息咨询中心（便利度、完善度等指标）
		C13 景区停车场（便利度、充足度等指标）
		C14 旅游信息化水平（智慧旅游）
		C15 便民惠民措施
	B3 旅游要素	C16 旅游景区服务
		C17 星级饭店服务
		C18 旅行社服务
		C19 旅游餐饮服务
		C20 旅游交通服务（市内微循环“最后一公里”问题）
		C21 旅游购物服务
		C22 旅游娱乐服务

表专 2-2　2018 年湖北省 5A 级景区游客满意度评价指标体系

评价准则层	评价项目层	评价因子层
A 5A 级景区 游客满意度	B1 旅游形象	C1 形象定位
		C2 宣传口号
		C3 宣传力度
	B2 旅游资源	C4 景观吸引力
		C5 景观特色
		C6 景区游览价值
		C7 资源丰富性
	B3 价格合理性	C8 景区门票价格
		C9 商品价格
		C10 餐饮价格
		C11 住宿价格
		C12 景区交通价格
		C13 娱乐项目价格
	B4 服务水平	C14 景区咨询服务
		C15 景区讲解服务
		C16 景区票务服务
		C17 景区投诉服务
		C18 工作人员专业素质
		C19 工作人员服务态度

续表

评价准则层	评价项目层	评价因子层
A 5A级景区 游客满意度	B5 管理水平	C20 景区环境卫生
		C21 旅游市场秩序
		C22 景区安全管理
		C23 景区客流管理
	B6 旅游配套设施	C24 景区停车场
		C25 旅游厕所
		C26 便民惠民措施
		C27 旅游信息化建设
		C28 景区游览标识及指示牌
	B7 旅游交通	C29 景区可进入性
		C30 景区内部交通
		C31 交通引导标识
	B8 旅游餐饮	C32 地方特色
		C33 就餐环境
		C34 就餐便利
		C35 食品卫生
		C36 服务态度
		C37 发票开具
	B9 旅游购物	C38 商品特色
		C39 商品种类
		C40 商品质量
		C41 诚信经营
		C42 服务态度
	B10 旅游娱乐	C43 娱乐活动丰富性
		C44 娱乐活动趣味性
		C45 娱乐活动特色性
		C46 娱乐设施完善性
		C47 娱乐项目体验性
		C48 娱乐项目安全性

（三）数据分析方法

1. 分值设定

本次游客满意度调查采用李克特五级尺度量表，即被访者需要对各项指标按照“很满意、满意、基本满意、不太满意、不满意”的五个级别进行满意度评价，其中 5 分代表很满意，4 分代表满意，3 分代表基本满意，2 分代表不太满意，1 分代表不满意。根据被访者对指标评价的结果，得出每个指标评价百分比，如指标“旅游环境”，被访者的总体评价情况见表专 2–3。

表专 2–3　湖北省游客满意度被访者的总体评价情况

5 分制	各分值代表含义	选择各选项的被访者百分比
1 分	不满意	1.4%
2 分	不太满意	10.8%
3 分	基本满意	21.6%
4 分	满意	40.5%
5 分	很满意	25.7%

上述得出的为 5 分制满意度评分结果，但具体计算过程中采用百分制方法进行计算，项目组将采用国际上通用的规则，即将“很满意”（5 分）赋值为 100 分，“满意”（4 分）赋值为 80 分，“基本满意”（3 分）赋值为 60 分，“不太满意”（2 分）赋值为 30 分，“不满意”（1 分）赋值为 0 分。各指标的得分为 5 分制各选项百分比与对应分值乘积之和。即

选择 1 的百分比 ×0 分 + 选择 2 的百分比 ×30 分 + 选择 3 的百分比 ×60 分 + 选择 4 的百分比 ×80 分 + 选择 5 的百分比 ×100 分。

例如，指标“旅游环境”的游客满意度得分 =1.4%×0 分 +10.8%×30 分 +21.6%×60 分 +40.5%×80 分 +25.7%×100 分 =74.3 分。

2. 权重确定

B 层指标权重——德尔菲法和信息熵赋权法

德尔菲法是以问卷的形式对一组选定的专家进行征询，然后对专家意见进行统计、处理、分析和归纳，客观地综合多数专家经验与主观判断，对大量难以采用技术方法进行定量分析的因素做出合理估算，经过多轮意见征询、反馈和调整后，使专家的意见收敛到一定的范围内。项目组选定了 10 名专家进行指标权重的赋权意见征询，10 位均为相关研究领域的博士生导师或硕士生导师，具有较高的权威性。

信息熵赋权法是一种定性分析与定量分析相结合的权重系数结构分析方法，其基本思想是：将采集专家意见的德尔菲法与模糊分析法相结合，用熵理论对权重排序结构定量化分析，通过分析系统的指标及其相互关系，将其分解为若干个互不相同的层次结构，并对同一层次各指标的相对重要性排序结构，确定出每一层次同类指标重要程度数值，即指标的权重。

C 层指标权重——因子分析法

因子分析是把具有复杂关系的多个变量根据其相关性大小进行分组，使得同组内的变量之间相关性较高，但不同组的变量不相关或相关性较低，每组变量代表一个基本结构——公共因子。通过因子分析后，原始变量综合为少数几个公共因子，并给出原始变量与公共因子之间的相关关系，通过一定的数学求逆运算得出每个原始指标的权重。

表专 2-4 湖北省各市州游客满意度调查样本配额

市州	市州编号	现场样本量	网络样本量	合计样本量
武汉市	1	1578	1369	2947
黄石市	2	398	205	603
襄阳市	3	557	294	851
荆州市	4	442	291	733
宜昌市	5	583	354	937
十堰市	6	534	319	853
孝感市	7	394	204	598
荆门市	8	427	203	630
鄂州市	9	312	176	488
黄冈市	10	475	343	818
咸宁市	11	582	971	1553
随州市	12	391	223	614
恩施州	13	564	336	900
仙桃市	14	318	187	505
潜江市	15	281	158	439
天门市	16	267	159	426
神农架林区	17	392	335	727
全省		8495	6127	14622

表专 2-5 湖北省重点县游客满意度调查样本配额

县（市、区）	县（市、区）编号	现场样本量
黄陂区	1	227
铁山区	2	209
襄城区	3	242
南漳县	4	223
荆州区	5	218
夷陵区	6	235
西陵区	7	224
远安县	8	223
秭归县	9	242
长阳土家族自治县	10	234
五峰土家族自治县	11	238
郧西县	12	227
房县	13	210
武当山旅游经济特区	14	241
应城市	15	239
京山县	16	216
红安县	17	235
罗田县	18	238
英山县	19	239
麻城市	20	236
通山县	21	231
赤壁市	22	239
随县	23	243
合计		5309

表专 2–6　湖北省 5A 级景区游客满意度调查样本配额

5A 级景区	景区编号	现场样本量
东湖生态旅游风景区	1	246
黄鹤楼公园	2	238
木兰文化生态旅游区	3	227
三峡人家风景区	4	240
三峡大坝旅游区	5	235
清江画廊旅游度假区	6	241
武当山风景区	7	245
恩施大峡谷景区	8	243
神农溪纤夫文化旅游区	9	245
神农架生态旅游区	10	242
合计		2402

由于湖北省 17 个市州、23 个重点县、10 个 5A 级景区的样本量比较大，符合统计学意义上的分层抽样中的大样本要求。另外，游客满意度主要以衡量游客感知为主，主观性较强，个体之间的差异性较大，为了减少主观性因素，项目组采用比较客观的因子分析进行赋权（表专 2–4~2–6）。

3. 市州（县、市、区）游客满意度计算模型

通过模型计算，得出游客满意度指标体系各级指标的权重，如表专 2–7 所示：

表专 2–7　市州（县、市、区）游客满意度指标体系计算模型

细分准则层	指标层	权重	
B1 旅游环境评价	C1 市州旅游形象	0.16	0.33
	C2 市区环境卫生	0.13	
	C3 景区周边环境（秩序、卫生、停车）	0.14	
	C4 居民友好	0.14	
	C5 游客安全感	0.12	
	C6 文明旅游氛围	0.14	
	C7 市州大交通（交通状况及机场、火车站、客运站服务）	0.17	
B2 旅游公共服务评价	C8 旅游市场秩序	0.12	0.35
	C9 公共厕所（城区和旅游公厕）	0.14	
	C10 交通标识及引导系统（高速公路、市区及景区道路指标牌）	0.12	
	C11 旅游集散中心（便利度、完善度等指标）	0.14	
	C12 旅游信息咨询中心（便利度、完善度等指标）	0.13	
	C13 景区停车场（便利度、充足度等指标）	0.12	
	C14 旅游信息化水平（智慧旅游）	0.12	
	C15 便民惠民措施	0.11	

续表

细分准则层	指标层	权重	
B3 旅游要素评价	C16 旅游景区服务	0.15	0.32
	C17 星级饭店服务	0.13	
	C18 旅行社服务	0.13	
	C19 旅游餐饮服务	0.13	
	C20 旅游交通服务（市内微循环“最后一公里”问题）	0.17	
	C21 旅游购物服务	0.14	
	C22 旅游娱乐服务	0.15	

对于湖北省 5A 级景区游客满意度样本，观测到 48 个指标，按照以上步骤进行原始数据标准化过程、因子模型的建立、使用主成分方法估计系数矩阵 A，确定权重可最终得到湖北省 5A 级景区各项指标权重。

5A 级景区游客满意度计算模型：通过模型计算，得出 5A 级景区游客满意度指标体系各级指标的权重，如表专 2–8 所示。

表专 2–8　5A 级游客满意度指标体系计算模型

评价项目层	评价因子层	权重	
B1 旅游形象	C1 形象定位	0.45	0.11
	C2 宣传口号	0.27	
	C3 宣传力度	0.28	
B2 旅游资源	C4 景观吸引力	0.36	0.18
	C5 景观特色	0.27	
	C6 景区游览价值	0.25	
	C7 资源丰富性	0.12	
B3 价格合理性	C8 景区门票价格	0.29	0.12
	C9 商品价格	0.08	
	C10 餐饮价格	0.14	
	C11 住宿价格	0.13	
	C12 景区交通价格	0.17	
	C13 娱乐项目价格	0.19	
B4 服务水平	C14 景区咨询服务	0.20	0.13
	C15 景区讲解服务	0.15	
	C16 景区票务服务	0.16	
	C17 景区投诉服务	0.09	
	C18 工作人员专业素质	0.18	
	C19 工作人员服务态度	0.22	
B5 管理水平	C20 景区环境卫生	0.25	0.10
	C21 旅游市场秩序	0.30	
	C22 景区安全管理	0.28	
	C23 景区客流管理	0.17	

续表

评价项目层	评价因子层	权重	
B6 旅游配套设施	C24 景区停车场	0.24	0.13
	C25 旅游厕所	0.30	
	C26 便民惠民措施	0.13	
	C27 旅游信息化建设	0.12	
	C28 景区游览标识及指示牌	0.21	
B7 旅游交通	C29 景区可进入性	0.50	0.11
	C30 景区内部交通	0.20	
	C31 交通引导标识	0.30	
B8 旅游餐饮	C32 地方特色	0.20	0.04
	C33 就餐环境	0.18	
	C34 就餐便利	0.17	
	C35 食品卫生	0.25	
	C36 服务态度	0.16	
	C37 发票开具	0.04	
B9 旅游购物	C38 商品特色	0.24	0.02
	C39 商品种类	0.13	
	C40 商品质量	0.26	
	C41 诚信经营	0.21	
	C42 服务态度	0.16	
B10 旅游娱乐	C43 娱乐活动丰富性	0.10	0.06
	C44 娱乐活动趣味性	0.18	
	C45 娱乐活动特色性	0.19	
	C46 娱乐设施完善性	0.07	
	C47 娱乐项目体验性	0.21	
	C48 娱乐项目安全性	0.25	

（四）数学模型

1. 湖北省旅游目的地游客满意度计算模型

A 游客满意度 $=X\times B1$ 旅游环境 $+Y\times B2$ 旅游公共服务 $+Z\times B3$ 旅游要素

$B1$ 旅游环境 $=X01\times C1$ 市州（县、市、区）旅游形象 $+X02\times C2$ 市区（县、市、区）环境卫生 $+\cdots+X07\times C7$ 市州（县、市、区）大交通

……

$B3$ 旅游要素 $=Z01\times$ 旅游景区服务 $+Z02\times$ 星级饭店服务 $+Z03\times$ 旅行社服务 $+Z04$ 旅游餐饮服务 $+Z05$ 旅游交通服务 $+Z06$ 旅游购物服务 $+Z07$ 旅游娱乐服务

其中：$X+Y+Z=100\%$

$X01+X02+\cdots+X07=100\%$

$Z01+Z02+\cdots+Z07=100\%$

2. 湖北省 5A 级景区游客满意度计算模型

A 游客满意度 $=X\times B1$ 旅游形象 $+Y\times B2$ 旅游资源 $+\cdots+Z\times B10$ 旅游娱乐

$B1$ 旅游形象 $=X01\times C1$ 形象定位 $+X02\times C2$ 宣传口号 $+X03\times C3$ 宣传力度

……

$B10$ 旅游娱乐 $=Z01\times C43$ 娱乐活动丰富性 $+Z02\times C44$ 娱乐活动趣味性 $+Z03\times C45$ 娱乐活动特色性 $+Z04\times C46$ 娱乐设施完善性 $+Z05\times C47$ 娱乐项目体验性 $+Z06\times C48$ 娱乐项目安全性

其中：$X+Y+Z=100\%$

$X01+X02+X03=100\%$

$Z01+Z02+\cdots+Z06=100\%$

三、评价结果

（一）湖北游客画像

2018 年游客满意度调查的受访样本反映出的湖北游客基本特征是：以中青年游客为主（45 岁以下游客达 80% 以上）；男女性别比例较为均衡；职业多元，企业职员占比最高（27.1%）；收入以中等和中低人群占多数，表现出“中间大，两头小”（比例大约为 7.5∶2.5）的特点；旅游消费 3000 元以下占多数（83.5%）；观光客占比 1/2，度假游客达 1/3；近 70% 游客来自省内；自助游已成为主要的出行方式（近 90%）（表专 2–9）。

表专 2–9　2018 年湖北省游客样本特征一览

游客性别构成	男性	51.8%	核心景区游客停留时间构成	一日游	27.5%
	女性	48.2%		过夜游	72.5%
游客职业构成	机关 / 事业单位人员	7.6%	游客年龄构成	30 岁及以下	36.2%
	企业职员	27.1%		31~45 岁	45.4%
	企业管理人员	11.7%		46~60 岁	15.8%
	文教科技人员	8.6%		60 岁以上	2.6%
	个体经营及自由职业者	18.2%	游客月收入水平构成	1500 元及以下	11.0%
	农民 / 农民工	2.5%		1501~5000 元	37.6%
	学生	16.5%		5001~10000 元	35.8%
	无业及离退休人员	4.4%		10001~20000 元	11.8%
	其他	3.4%		20000 元以上	3.8%

续表

游客预计旅游花费构成	500 元及以下	24.9%	旅游方式构成	自助游	86.7%
	501~1000 元	23.4%		旅行社	7.1%
	1001~3000 元	35.2%		单位组织	6.2%
	3001~5000 元	10.6%	出游方式构成	与家人同游	51.1%
	5001~8000 元	4.2%		与亲朋好友同游	37.6%
	8000 元以上	1.7%		情侣同游	6.4%
国内游客十大客源地	湖北省	69.2%		单独出游	4.9%
	河南省	5.8%	旅游目的构成	观光 / 游览	52.4%
	湖南省	3.8%		休闲 / 度假	34.1%
	广东省	3.0%		探亲访友	6.3%
	江西省	2.5%		文化 / 体育 / 科技交流	2.1%
	四川省	1.9%			
	北京市	1.7%		商务 / 会议	0.8%
	重庆市	1.4%		购物 / 逛街	0.4%
	河北省	1.1%		美食	0.1%
	安徽省	0.9%		其他	3.8%

1. 游客的性别构成

2018 年湖北省游客市场中，男女比例较为均衡。湖北省游客中男性比例占 51.8%，女性占 48.2%，女性所占比例略低于男性 3.6 个百分点。

2. 游客的年龄构成

31~45 岁的中青年游客为湖北省游客市场的主体。调查结果图专 2–1 显示，31~45 岁年龄段的游客人数最多，占全省旅游人数的 45.4%；30 岁及以下年龄段游客，占 36.2%；46~60 岁占 15.8%；60 岁以上的游客占 2.6%。

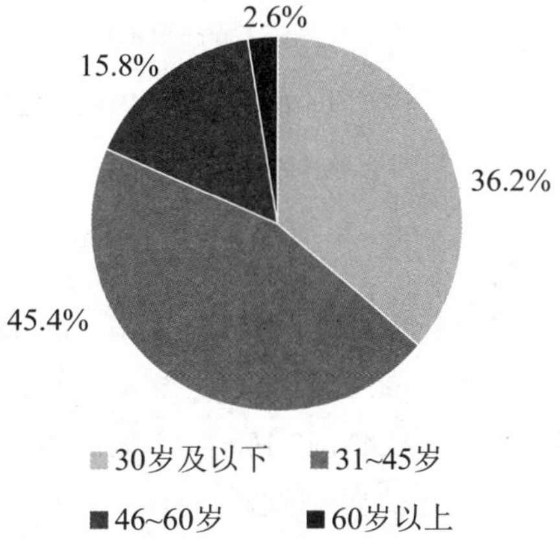

图专 2–1　2018 年湖北省游客年龄构成

3. 游客的职业构成

企业职员、个体经营及自由职业者、学生为湖北省国内旅游市场的主体。2018 年到本省的国内游客中企业职员最多，占旅游人数的 27.1%；其次是个体经营及自由职业者和学生，分别占 18.2% 和 16.5%；企业管理人员、文教科技人员和机关事业单位人员所占比例紧随其后，分别为 11.7%、8.6% 和 7.6%（图专 2–2）。

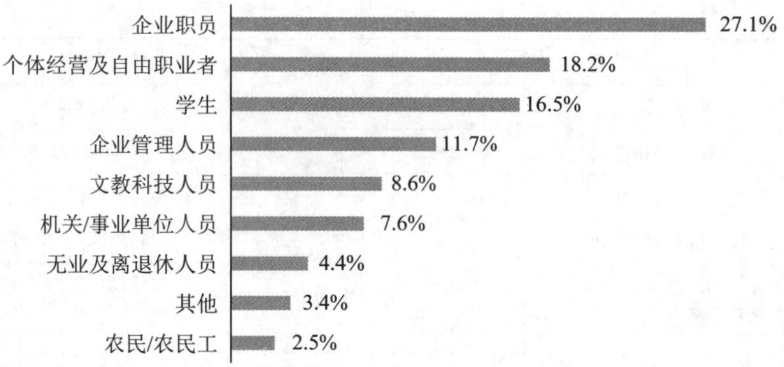

图专 2–2　2018 年湖北省游客职业构成

4. 游客收入和旅游花费构成

2018 年湖北省游客市场中，中低收入人群为主体。调查结果显示，月收入在 1501~5000 元的游客人数最多，占 37.6%；月收入在 5001~10000 元的占 35.8%；月收入 10001~20000 元和 1500 元及以下的游客人数占比是 11.8% 和 11.0%；月收入 20000 元以上的高收入人群，占 3.8%（图专 2–3）。

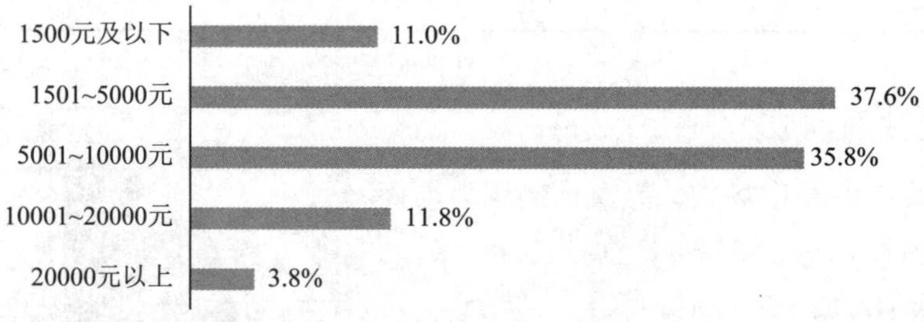

图专 2–3　2018 年湖北省游客收入构成

2018 年，湖北省国内游客中旅游消费金额在 1001~3000 元的游客最多，占 35.2%；旅游消费金额在 500 元及以下的游客，占 24.9%；旅游消费金额为 501~1000 元和 3001~5000 元的游客分别占 23.4% 和 10.6%；旅游消费金额为 5001~8000 元的游客数量占 4.2%；旅游消费金额为 8000 元以上的游客数量最少，占 1.7%（图专 2–4）。

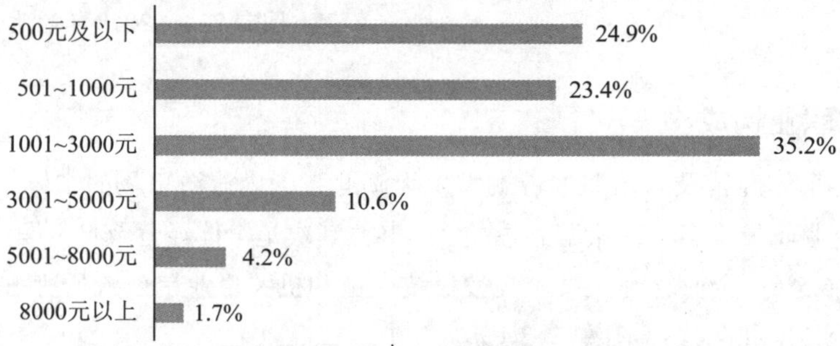

图专 2–4　2018 年湖北省游客预计花费构成

5. 游客的来源构成

本省游客是 2018 年湖北省国内游客市场的主体。调查结果显示，湖北本省游客占 69.2%，外地游客占 30.8%。全省游客来源占比前 10 的省份（直辖市）分别是湖北省、河南省、湖南省、广东省、江西省、四川省、北京市、重庆市、河北省和安徽省（图专 2–5）。

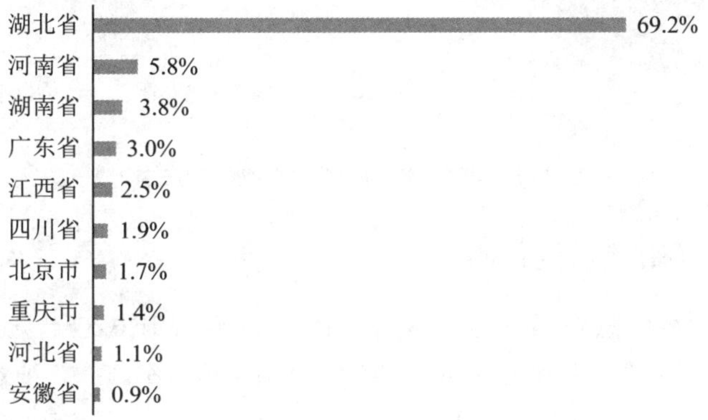

图专 2–5　2018 年湖北省旅游客源地构成（前 10）

6. 游客的旅游目的构成

观光游览和休闲度假是湖北省国内游客的主要旅游动机。调查表明，52.4% 的游客到湖北旅游的目的是观光游览，34.1% 的游客以休闲度假为目的，两者的占比超过 80%，说明湖北省作为旅游目的地的地位日渐稳定和巩固（图专 2–6）。

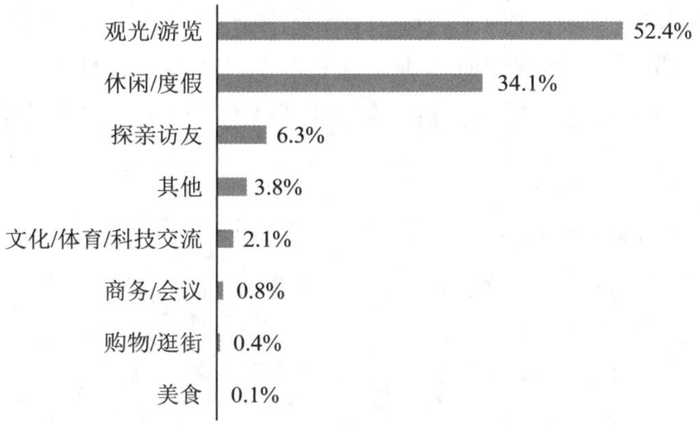

图专 2–6　2018 年湖北省游客旅游目的构成

7. 游客的旅游方式构成

家庭出游、与亲朋好友结伴出游依旧为主流，自助出游成为发展趋势。调查表明，与家人同游比例最高，达到 51.1%，与亲朋好友同游的比例达 37.6%，两者合计高达 88.7%。情侣同游的游客比重位居其后，占 6.4%；单独出游排到最后，占 4.9%。调查结果图专 2–7 显示：全省旅游市场自助游为主体，旅行社团队出游逐步减少，自助游占比 86.7%，旅行社团队游占 7.1%。

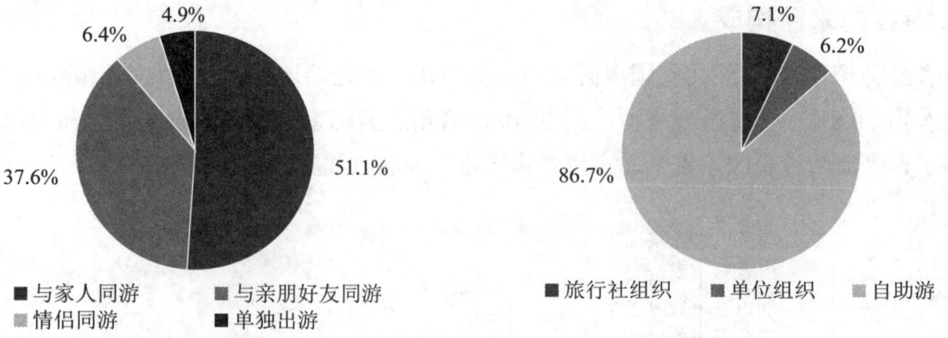

图专 2–7　2018 年湖北省游客旅游方式构成

（二）全省及市州满意度评价

2018 年湖北省游客满意度得分为 79.3 分，比 2017 年提升 0.3 分。全省游客满意度排名前 10 的市州依次为：①恩施州（82.1 分）；②宜昌市（81.8 分）；③神农架林区（81.6 分）；④黄冈市（80.9 分）；⑤武汉市（80.8 分）、十堰市（80.8 分）；⑦襄阳市（80.5 分）；⑧咸宁市（79.3 分）；⑨随州市（79.2 分）；⑩荆州市（79.1 分）（图专 2–8）。

与去年相比，全省游客满意度稳中有增，多数市州的游客满意度有小幅提升，排名也较为稳定。湖北省“一江两山”等优质旅游资源聚集的鄂西板块的市州是湖北生态文化旅游的主要目的地，其满意度得分和排名都显著高于其他市州，如恩施州、宜昌市、神农架林区、十堰市连续 3 年游客满意度名列前 5；湖北省“一主两副”的武汉市、宜昌市、襄阳市是湖北都市旅游的主要目的地和省内游客的主要客源地及旅游集散地，武汉市和襄阳市的游客满意度也名列前茅；鄂东板块和武汉都市旅游板块中旅游资源较密集的黄冈市、咸宁市的游客满意度排名也连续两年稳居前十；鄂中板块城市的游客满意度相对偏低，特别是地处江汉平原的天门、潜江等省直管市，游客满意度得分和排名在近三年持续靠后。2018 年游客满意度提升显著的市州

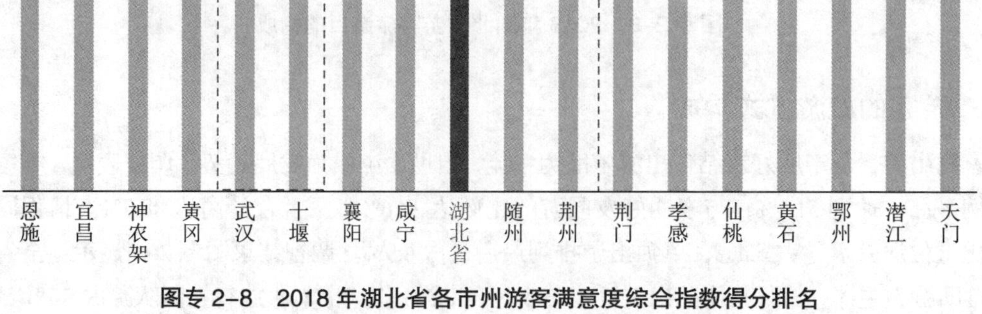

图专 2–8　2018 年湖北省各市州游客满意度综合指数得分排名

有武汉市，游客满意度提升0.6分，排名上升2位，升至第5名。咸宁市和随州市有小幅提升，排名各上升1位，分别为第8名和第9名。

（三）全省及市州游客满意度分项评价

2018年全省及市州游客满意度评价主要由旅游环境、旅游公共服务、旅游要素3个二级指标组成，其中全省旅游环境满意度得分为80.4分，得分与去年持平；全省旅游公共服务得分为78.7分，比去年提升0.3分；全省旅游要素满意度得分为78.9分，比去年提升0.7分，提升最为显著（图专2-9）。

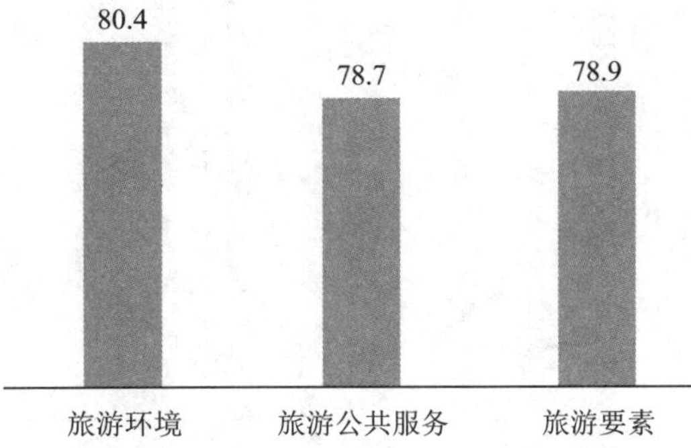

图专2-9 2018年湖北省游客满意度二级指标得分

1. 旅游环境评价

湖北省旅游环境的满意度总体评价为80.4分，得分与去年持平，在3个B级指标中排名第一。旅游环境满意度由7项评价指标构成，其中游客对市州大交通（80.8分）、居民友好（80.8分）评价最高；对文明旅游氛围（80.7分）、游客安全感（80.5分）、市州旅游形象（80.5分）评价较高；对市区环境卫生（79.9分）、景区周边环境（79.5分）评价较低。

总体而言，游客对我省的旅游环境感到满意，满意度得分较高。其中文明旅游氛围和市州大交通有明显提升，分别提升了0.5分和0.9分，而景区周边环境和居民友好得分下滑较大，分别降低了0.5分和1.3分（图专2-10）。

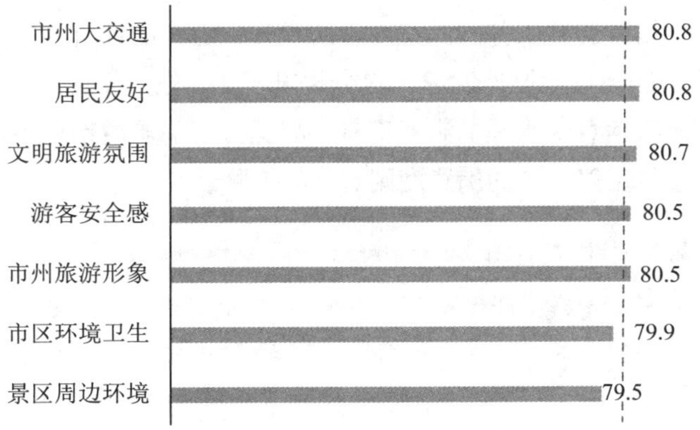

图专2-10 2018年湖北省旅游环境细分指标得分

旅游环境满意度得分前10的市州依次为：①恩施州（83.4分）；②神农架林区（82.6分）；③黄冈市（82.4分）；④襄阳市（82.1分）；⑤宜昌市（81.9分）、十堰市（81.9分）；⑦武汉市（81.5分）；⑧荆州市（80.8分）；⑨随州市（80.5分）；⑩咸宁市（80.1分）。排名前9的市州得分要高于湖北省旅游环境满意度得分（80.4分）（图专2-11）。

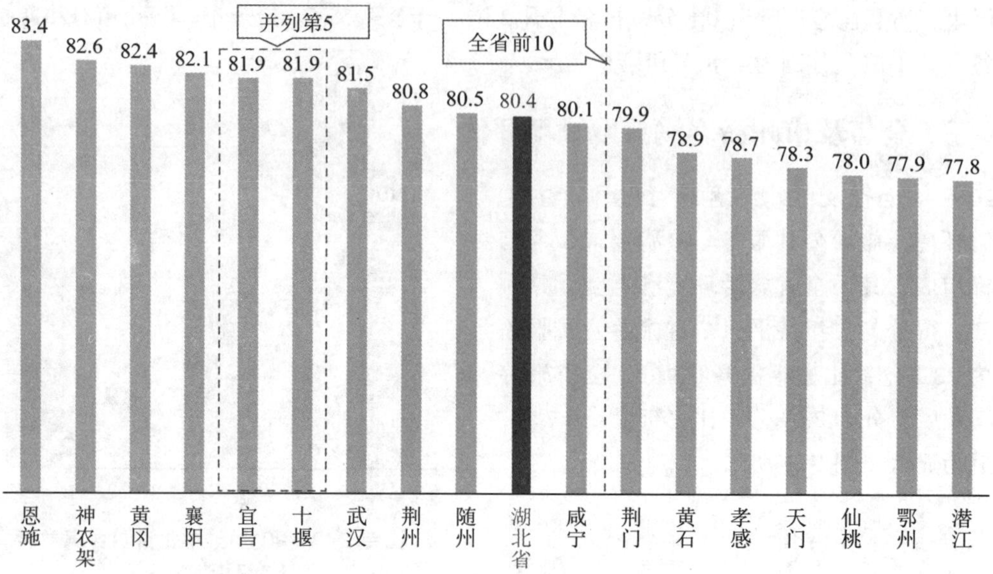

图专 2-11　2018 年湖北省各市州旅游环境得分排名

2. 旅游公共服务评价

2018 年湖北省旅游公共服务的满意度总体评价为 78.7 分，比去年提升了 0.3 分，在三个 B 级指标中排名第三。旅游公共服务满意度由 8 项评价指标构成，其中，旅游市场秩序（79.8 分）、交通标识及引导系统（79.5 分）、旅游集散中心（79.4 分）这三个方面评价较高；旅游信息咨询中心（78.8 分）、公共厕所（78.4 分）、便民惠民措施（78.3 分）这三个方面评价居中；旅游信息化水平（77.6 分）、景区停车场（77.3 分）这两个方面评价最低（图专 2-12）。

与去年相比，全省旅游公共服务的满意度有所提升，游客的评价为比较满意。其中公共厕所（城区和旅游公厕）的满意度增速明显，得分提升了 1.7 分，增长了 2.2%；旅游集散中心、旅游信息咨询中心和旅游信息化水平的满意度有小幅提升，而旅游市场秩序、交通标识及引导系统、便民惠民措施、景区停车场的满意度则有小幅下降。

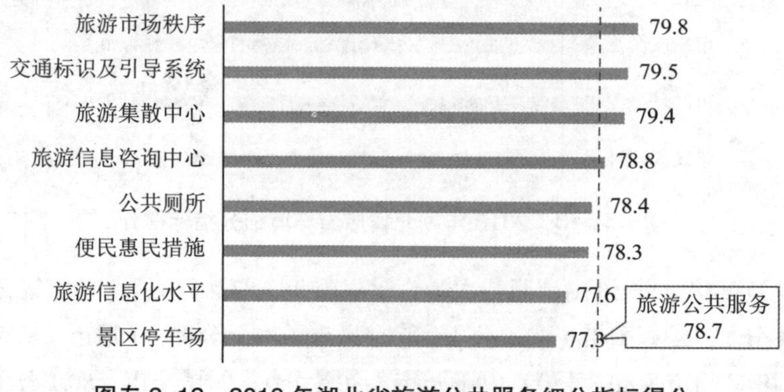

图专 2-12　2018 年湖北省旅游公共服务细分指标得分

旅游公共服务满意度得分前 10 的市州依次为：①宜昌市（82.1 分）；②恩施州（81.6 分）；③神农架林区（80.9 分）；④武汉市（80.8 分）、十堰市（80.8 分）；⑥黄冈市（80.3 分）；⑦襄阳市（79.4 分）；⑧咸宁市（78.9 分）；⑨随州市（78.4 分）；⑩孝感市（78.1 分）。排名前 8 的市州得分要高于全省旅游公共服务满意度得分（78.7 分）（图专 2–13）。

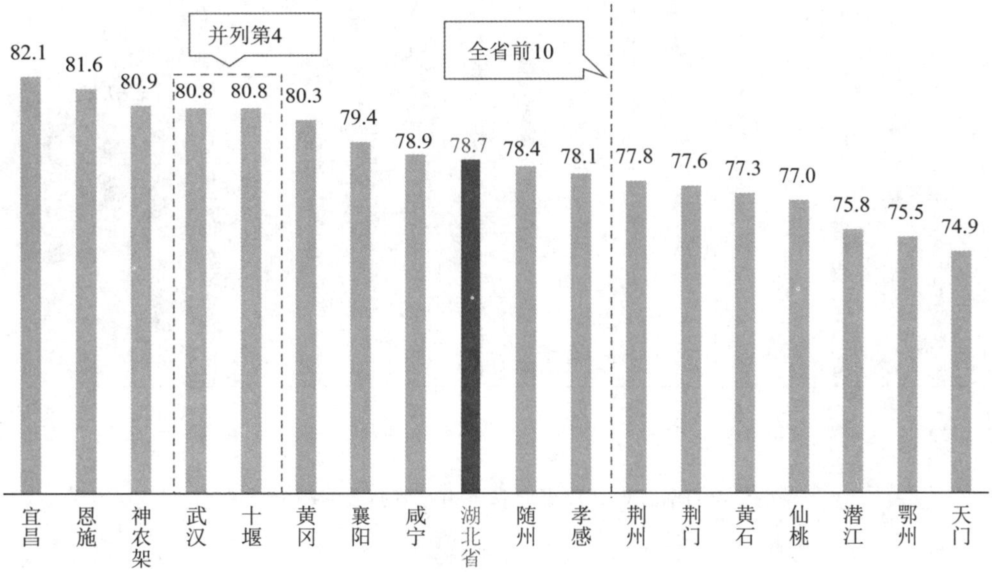

图专 2–13　2018 年湖北省各市州旅游公共服务得分排名

3. 旅游要素评价

湖北省旅游要素的满意度总体评价为 78.9 分，比去年提升 0.7 分，在三个二级指标中排名第二。旅游要素满意度由七项评价指标构成，其中旅行社服务（80.1 分）的满意度评价最高，星级饭店服务（79.4 分）、旅游交通服务（79.2 分）、旅游景区服务（79.2 分）、旅游餐饮服务（79.1 分）这四项的满意度较高，旅游娱乐服务（77.7 分）、旅游购物服务（77.4 分）这两项的满意度偏低（图专 2–14）。

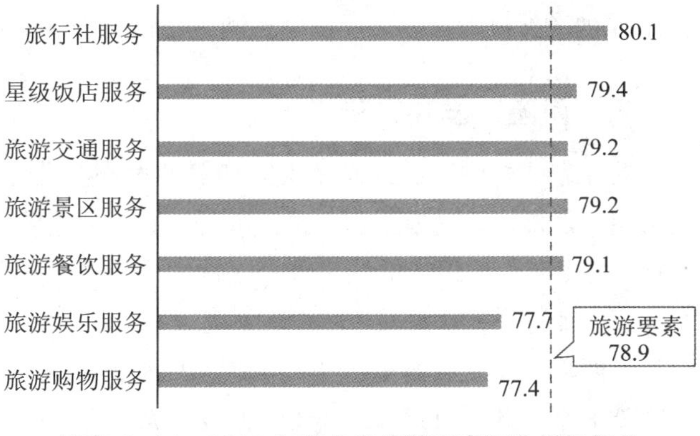

图专 2–14　2018 年湖北省旅游要素细分指标得分

与去年相比，全省旅游要素的满意度有所提升，游客的满意度评价为比较满意。其中旅游娱乐服务、旅游交通服务、旅游景区服务的满意度提升幅度较大，分别提升了 0.9 分，0.9 分和 0.8 分。

旅游要素满意度得分前 10 的市州依次为：①宜昌市（81.5 分）；②恩施州（81.4 分）、神农架林区（81.4 分）；④武汉市（80.2 分）、襄阳市（80.2 分）；⑥黄冈市（80.0 分）；⑦十堰市（79.8 分）；⑧咸宁市（78.9 分）；⑨荆州市（78.8 分）；⑩随州市（78.6 分）。排名前 7 的市州得分要高于全省旅游要素满意度得分（78.9 分）（图专 2–15）。

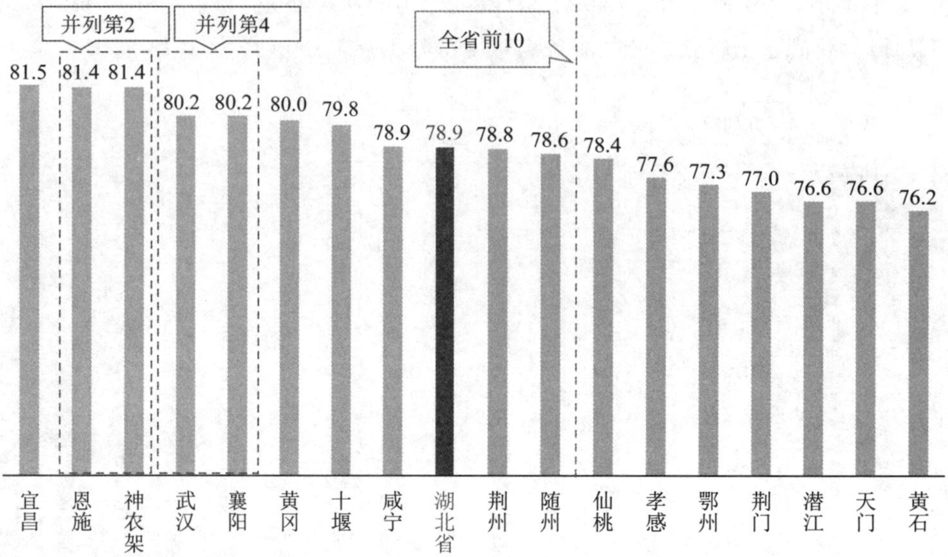

图专 2–15　2018 年湖北省各市州旅游要素得分排名

（四）区域满意度评价

1.“一带”发展评价

“一带”即湖北长江黄金旅游带，长江流经湖北省的武汉、黄石、宜昌、荆州、鄂州、黄冈、咸宁、恩施 8 个市州的 48 个县市区。湖北长江沿线城市集聚了湖北省近八成的旅游接待人数和旅游总收入，是湖北省旅游业发展中最有活力、最具创新能力、最具带动性的区域。在 2018 年的游客满意度发展评价中，湖北长江黄金旅游带得分为 79.8 分，比全省得分高 0.5 分。

2.“两圈”发展评价

湖北省“两圈”由武汉城市圈和鄂西生态文化旅游圈组成。武汉城市圈又称武汉“1+8”城市圈，是指以武汉为圆心，覆盖黄石、鄂州、黄冈、孝感、咸宁、仙桃、潜江、天门等周边 8 个大中型城市所组成的城市群，是湖北省的主要客源地和都市旅游目的地。在 2018 年的游客满意度评价中，武汉城市圈游客满意度得分为 78.3 分，比全省得分低 1.0 分。

鄂西生态文化旅游圈包括位于湖北西部的襄阳、荆州、宜昌、十堰、荆门、随州、恩施、神农架 8 个市州（林区），其人口总量、版图面积分别约占全省 50% 和 70%，是湖北省“一江两山”等核心旅游资源的密集地和主要的旅游目的地。在 2018 年的游客满意度评价中，鄂西生态文化旅游圈游客满意度得分为 80.4 分，高出全省得分 1.1 分。

3. “四板块”发展评价

湖北省四大旅游板块由武汉都市旅游板块、鄂西生态旅游板块、鄂东人文旅游板块、鄂中文化旅游板块组成。

武汉都市旅游板块，以武汉为中心，南北联动咸宁、孝感，是湖北省旅游产业水平发展最高的区域。在 2018 年的游客满意度评价中，武汉都市旅游板块游客满意度得分为 79.4 分，比全省得分高 0.1 分。

鄂西生态旅游板块，以宜昌为中心，南北连接恩施、神农架、十堰，是湖北省旅游资源密集区和主要的旅游目的地。在 2018 年的游客满意度评价中，鄂西生态旅游板块游客满意度得分为 81.6 分，比全省得分高 2.3 分。

鄂东人文旅游板块，包括黄冈、黄石、鄂州，是湖北省旅游递进发展的重要区域。在 2018 年的游客满意度评价中，鄂东人文旅游板块游客满意度得分为 78.4 分，低于全省得分 0.9 分。

鄂中文化旅游板块，以襄阳为中心，连接荆州、荆门、随州和直管市，是湖北省荆楚文化的密集区。在 2018 年的游客满意度评价中，鄂中文化旅游板块游客满意度得分为 78.3 分，低于全省得分 1.0 分（图专 2–16）。

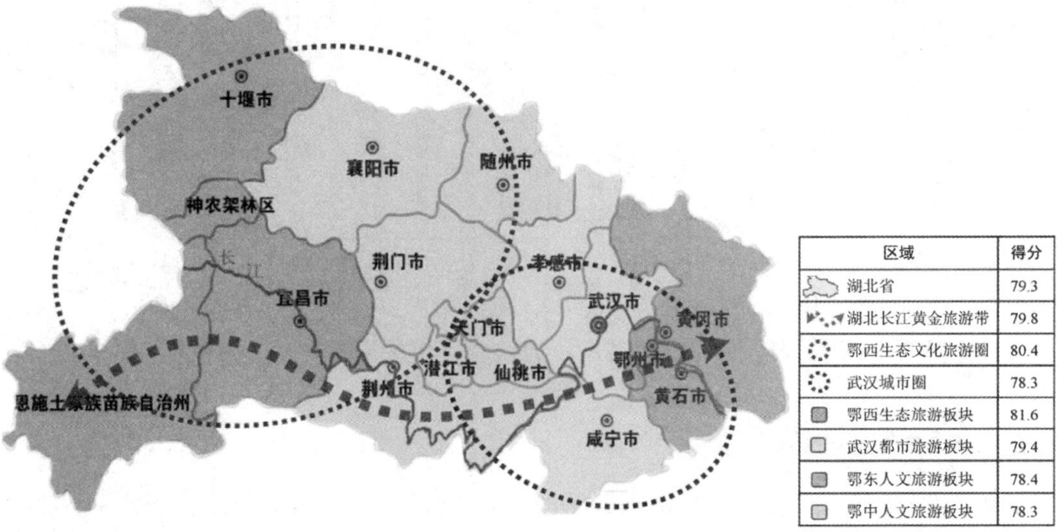

图专 2–16　2018 年湖北省游客满意度区域得分

（五）重点县域发展评价

2018 年湖北省 23 个重点县游客满意度平均得分为 78.9 分，比 2017 年得分提升 0.4 分，其中排名前 10 的县（市、区）依次为：①夷陵区（82.4 分）；②武当山旅游经济特区（81.9 分）；③罗田县（81.7 分）；④襄城区（81.5 分）；⑤黄陂区（81.1 分）；⑥长阳土家族自治县（80.9 分）；⑦赤壁市（80.7 分）；⑧西陵区（80.6 分）；⑨荆州区（80.2 分）；⑩麻城市（80.0 分）。

与去年相比，排名前 10 的重点县域的游客满意度排名较为稳定，游客评价总体为满意。其中，夷陵区的优势明显，作为湖北省鄂西生态旅游圈核心示范区和国家全域旅游示范区，辖区内有三峡大坝、三峡人家、三峡大瀑布等优质旅游景区，游客满意度连续两年排名第一，得分提升了 0.3 分，为 82.4 分，比全省平均得分高出 3.9%。武当山旅游经济特区、罗田县、襄城区、黄陂区的游客满意度得分和排名较高，分列第 2~5 位，满意度得分都在 81~82 分的区间内。长阳县、赤壁市、西陵区、荆州区、麻城市的游客满意度得分也高于全省的平均值，得分在 80~81 分的区间内，分列第 6~10 位。其中，罗田县、黄陂区、赤壁市和武当山旅游经济特区的游客满意度提升最为明显，得分分别提升了 1.1 分、1.0 分、0.8 分和 0.8 分，排名分别上升了 2 位、2 位、1 位和 1 位（图专 2–17）。

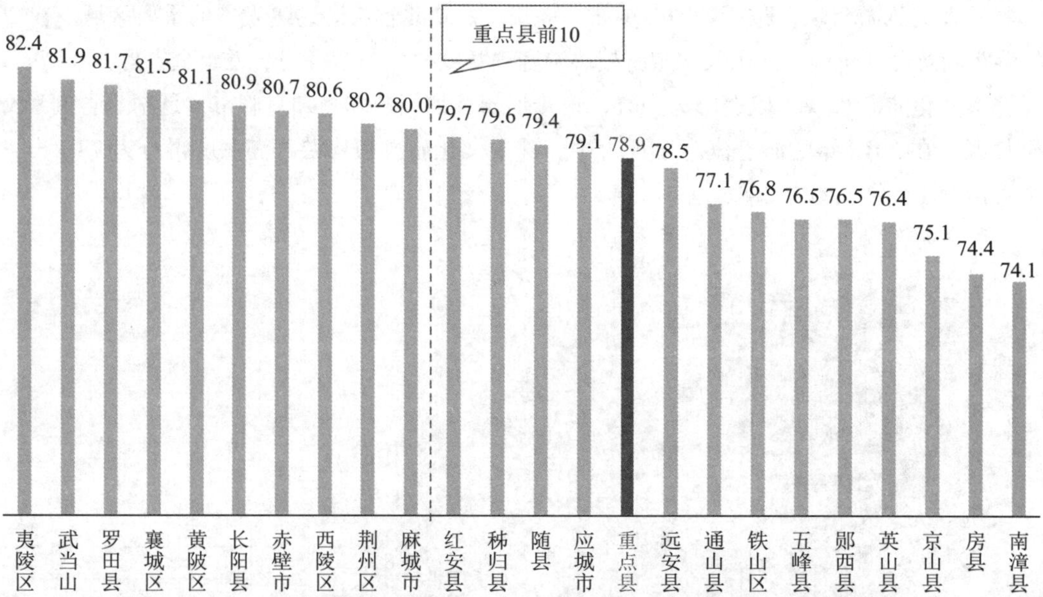

图专 2–17　2018 年湖北省各重点县（市、区）游客满意度综合指数得分排名

（六）5A 级景区发展评价

2018 湖北省游客满意度对全省 10 家 5A 级景区满意度进行调查和评价（不含 2018 年 10 月新获批 5A 的赤壁古战场景区），具体排名和得分为：①神农架生态旅游区（82.8 分）；②恩施大峡谷景区（82.6 分）；③东湖生态旅游风景区（82.6 分）；④三峡人家风景区（82.3 分）；⑤武当山风景区（82.1 分）；⑥三峡大坝旅游区（81.9 分）；⑦黄鹤楼公园（81.4 分）；⑧清江画廊旅游度假区（81.2 分）；⑨木兰文化生态旅游区（80.8 分）；⑩神农溪纤夫文化旅游区（80.2 分）（图专 2–18）。

湖北省 10 家 5A 级景区的满意度均值为 81.8 分，游客的评价为满意。其中神农架生态旅游区、恩施大峡谷景区、东湖生态旅游风景区、三峡人家风景区、武当山风景区位列前 5，游客满意度得分均在 82 分以上。三峡大坝旅游区、黄鹤楼公园、清江画廊旅游度假区排名分列第 6 位、第 7 位和第 8 位，游客满意度得分均在 81~82 分的区间内。木兰文化生态旅游区、神农溪纤夫文化旅游游区排名为第9和第10，游客满意度得分均在80~81分的区间内。总体而言，自然景观类的5A级景区更受游客的欢迎，其满意度的得分比人文资源类5A级景区高，平均高出0.8分。

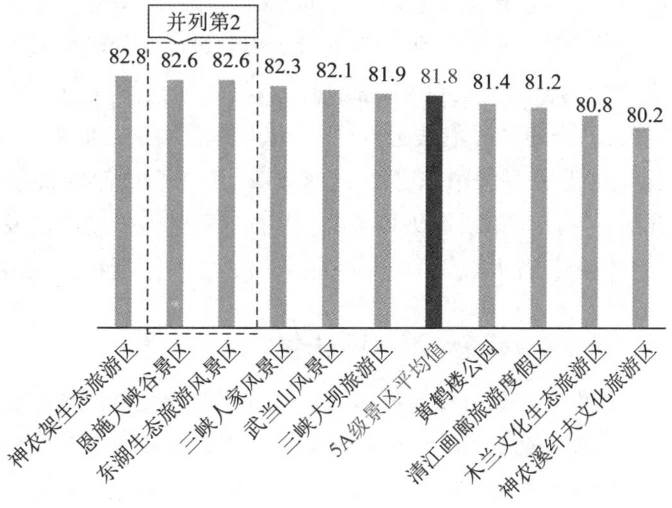

图专2-18 2018年湖北省各5A级景区游客满意度综合指数得分排名

四、评价分析

（一）优势

1. 全域旅游加速推进，游客满意度持续提升

2018年，湖北省以全域旅游为引领，掀开了新时代旅游高质量发展的新篇章。湖北省召开全省旅游发展大会，发布《湖北省人民政府关于促进全域旅游的实施意见》，提出7大类25条措施，强化旅游产业战略地位，加快全域旅游发展，提出“把湖北打造成为国内一流旅游目的地和长江国际黄金旅游带核心区”的目标。全省以“八推进八统筹”为着力点，以16个国家全域旅游示范区、17个省级全域旅游示范区创建单位为龙头，推动全域旅游发展取得了新成效。旅游产品供给不断丰富，“旅游+”“+旅游”系列新业态、新产品、新线路层出不穷，更好地满足了大众化旅游时代自助游、自驾游、团队游等多样化旅游需求。全域旅游发展理念在全省形成广大共识，各市州旅游发展环境持续改善，“安全、有序、优质、高效”成为湖北旅游发展的关键词和风向标，赢得了广大游客纷纷点赞。2018年全省游客满意度得分为79.3分，比2017年提升了0.3分，连续三年保持稳步增长。

2. 交通条件不断改善，“快旅慢游”效应凸显

调查数据显示，游客对湖北省的公共交通评价较高，其中市州大交通的得分为80.8分，

比去年提升了 0.9 分。2018 年湖北省实施旅游基础设施建设行动，大力推进 4A 级景区通达二级及以上公路，5A 级景区通达一级以上公路，实现了重点景区的互联互通。加快自驾游服务设施建设，将观景台、旅游标识标牌等设施与交通基础设施统一规划、设计，绿化美化自驾游公路，统筹布局沿线旅游驿站、旅游厕所、观景台等服务设施，使湖北成为自驾游的乐园。此外，武汉作为全国综合交通枢纽中心的功能凸显。武汉天河机场成为中部最大的国际门户枢纽，截至 2018 年年底，已开通国际航线近 60 条，年客运量突破 200 万人次，稳居中部第一。在高铁方面，武汉已辐射形成我国中东部 26 个重要城市的“4.5 小时高铁圈”，特别是 2018 年广深港高铁全线开通，在武汉市乘高铁可 4.5 小时直达香港，推动湖北及武汉再次成为全国热门的旅游目的地和中转地，有力巩固了远程客源市场，提升了近程客源市场。

3. A 级景区提档升级，旅游体验不断优化

高品质旅游景区是吸引游客前来旅游的基础，也是旅游业发展的核心要素。2018 年，湖北省 A 级旅游景区的游览品质加速提升，赤壁古战场景区正式荣升国家 5A 级景区，全省 5A 级景区数量达到 11 家，襄阳古隆中、炎帝神农故里、三峡大瀑布、南水北调中线源头旅游区、荆州古城、江汉朝宗、荆门明显陵等十多家景区加强 5A 级景区创建，另有 100 多家景区（点）申报创建 3A、4A 级景区，一批在 2017 年受到警告或限期整改的景区也正视问题，奋起直追。一年来，湖北省各大景区以“货真价实”、设施完善、服务温馨、管理规范、体验丰富、智慧旅游、文明安全和共建共享”为重点，显著提升了景区游览价值和服务品质。2018 年全省旅游景区服务满意度为 79.2 分，相比 2017 年度提升 0.8 分，增幅达到 1.02%，赢得了游客的好评与市场的认可。

4. 厕所革命深入推进，旅游公共服务稳步提升

2018 年湖北省以厕所革命为突破口，扎实推进公共服务体系基础设施建设并取得明显成效。2018 年湖北省旅游厕所新建、改扩建 1000 多座，特别是部分 4A 级景区和所有 5A 级景区已经配套建有“第三卫生间”，如厕环境、便捷程度明显提升，游客如厕难的短板问题得到了显著的改善。2018 年，受访游客对湖北省城区和旅游景区公共场所的评价大幅提升，全省公共厕所满意度达到 78.4 分，相比 2017 年度增长 2.22%，成为游客满意度评价因素中提升最快的一项。此外，各市州旅游集散中心、旅游信息中心等基础设施建设同步推进，进一步完善了旅游集散咨询服务体系，规范了旅游引导标识系统，丰富了旅游便民惠民措施，不断提升了旅游公共服务的有效供给。2018 年，游客对湖北省的旅游集散咨询服务、旅游交通服务等指标的评价也有所提升。

5. 文明新风吹拂荆楚，旅游形象巩固提升

2018 年，湖北省开展“文明旅游荆楚行”“赛晒文明　为中国加分”系列活动，广泛发布文明旅游出行提示和“游客文明行为红黑榜”，特别是各市州组织旅游志愿者，在各大旅游景区、旅游饭店、机场、车站、码头等游客密集的场所，开展文明宣传、秩序维护和旅游咨询等公益服务，营造了文明和谐有序的旅游环境。武汉市、宜昌市和襄阳市参与文明旅游百城联动

活动，并在襄阳市设立全国启动式的城市分会场，吸引全国多家新闻媒体跟踪展播，充分展示了良好的文明旅游形象。2018 年，受访游客对湖北省文明旅游氛围、居民友好、游客安全感、市州旅游形象 4 个分项指标的评价较高，得分均达到 80.5 分以上，成为全省整体游客满意度提升的“加分项”。

（二）不足

1. 游客满意度区域差异有待缩小

调查数据显示，虽然各市州和全省总体游客满意度持续提升，但各市州之间游客满意度水平分布不均，且市州差异呈现放大趋势。2017 年度排名首位与排名末位的满意度相差 5.4 分，2018 年度相差 5.5 分。2018 年全省整体游客满意度比上年度增长 0.3 分，但排名后 4 的黄石、鄂州、潜江、仙桃市仅平均增长 0.15 分。游客满意度主要包括旅游者期望与旅游者感知两个方面的多种因素，满意度水平会影响到旅游者对旅游目的地的选择和对旅游目的地的忠诚度。湖北省一些旅游业发展相对滞后的城市的游客满意度提升缓慢，不仅影响全省整体旅游形象，也会制约当地旅游业健康快速发展。

2. 旅游区“最后一公里”问题仍然存在

受访游客普遍反映，湖北省各市州区位条件和公路状况良好，但通往部分旅游景区仍然存在乘车难、停车难、行车难等“最后一公里”问题，影响了游客正常的游览活动和旅游体验。一是部分地处偏远的景区尚未开通旅游专线车辆，部分县（市）旅游集散中心发往旅游景区的专线车较少，给自助游造成不便。二是在节假日期间，通往热点旅游景区和乡村旅游点的道路交通拥堵，车辆滞留等现象较为普遍。三是在旅游高峰期，各大热点旅游景区停车场处于满载状态，临时停车区域规划不足，无法满足自驾游客停车需要。

3. 旅游信息化水平有待进一步提升

旅游信息化应用不足制约了湖北省旅游公共服务满意度的提升。在 2018 年湖北省旅游公共服务细分指标中，旅游信息化水平得分仅为 77.6 分，比旅游公共服务整体得分低了 2.1 分。从游客体验来看，主要存在两个方面问题。一是各级旅游部门和旅游企业宣传营销平台多，而方便游客在线购票、快速入园、自助导游等服务性平台开发不够，游客在热点旅游景区长时间排队购票、排队入园较为普遍；二是对旅游目的地天气、交通、人流等实时信息发布数量不多、不及时，实用性不高，比如旅游者还无法查看全省重点旅游景区实时游客量，旅游旺季道路交通信息发布渠道不广，导致旅游目的地引导游客分流方面效果尚不明显。

4. 娱乐购物等高附加值旅游产品供给不足

受访游客对湖北省旅游娱乐和旅游购物两个方面的评价不高，分别是 77.4 分和 77.7 分，在“食住行游购娱”等旅游要素评价方面排名靠后。在购物方面，多数旅游商品在产品质量、文化特色、销售价格、市场品牌等方面对旅游者缺乏足够的吸引力，不能充分激发游客的购买欲望。在旅游娱乐方面，游客集中反映部分市州缺少大型文化旅游项目，市区内现有的文化娱乐活动与旅游行程安排的融合度不高，外地游客参与体验不便；旅游景区对人文资源挖掘不够，一些以荆楚文化、三国文化、民族文化、地域文化为主题的文化娱乐活动未充分彰显特有的文化内涵和价值，缺乏深入的体验感和强烈的获得感。

5. 旅游景区周边环境有待改善

2018 年度游客对全省旅游景区周边环境的满意度评价为 79.5 分，比上年度下降 0.5 分，在旅游环境的 7 个评价因素中排名末位。在全域旅游发展背景下，旅游者对旅游目的地整体环境的期望值不断提高，景区作为旅游活动的主要吸引物，与周边环境“两重天”的问题，成为影响游客体验和旅游形象的主要方面。一是部分景区，特别是乡村旅游点周边，秩序不佳，存在占道经营、招手揽客、出售假冒伪劣商品等行为；二是部分景区周边“黑车”载客屡禁不止，各类车辆违章停放，易发交通堵塞；三是景区周边市容市貌不佳，特别是部分景区周边道路两侧存在垃圾带、卫生死角等问题。

五、发展对策建议

（一）进一步优化旅游产业发展布局

针对各市州游客满意度水平参差不齐的问题，建议湖北省及各市州，紧扣全省“一芯驱动，两带支撑、三区协同”的区域和产业发展战略，进一步优化旅游产业结构和空间布局。瞄准“打造国内一流旅游目的地和长江国际黄金旅游带核心区”的目标，按照全域化布局、差异化定位、特色化发展思路，深入推进全域旅游发展。坚持以市场需求和游客评价为导向，着力补齐发展短板，加强旅游公共服务体系建设，丰富旅游产品供给，提升旅游服务质量，优化旅游市场综合环境，持续推动全省旅游业高质量发展。

（二）进一步完善旅游交通网络体系

针对景区的“最后一公里”问题，应着力畅通旅游交通“毛细血管”，提升旅游交通网络内外畅联水平，让广大旅游者在湖北全境都能享受“快旅慢游”的惬意。建议全面提高连接 A 级以上景区和大型乡村旅游点干线公路等级，提高通行能力；开通和增加旅游客运专线，实现城市中心区、机场、车站、码头等到景区之间的旅游交通无缝对接；加大景区和乡村旅游点停车场建设力度，鼓励在交通干线和旅游景区之间增设停车场并提供景区接驳服务。

（三）进一步推进文化和旅游融合发展

以文化和旅游融合发展为突破口，丰富和提升各类文化旅游产品供给，从观光、休闲、购物、娱乐等多个环节充分满足广大旅游者日益增长的消费需求。发挥湖北作为文化大省、旅游大省的优势，按照“宜融则融、能融尽融”的原则，积极推进文化和旅游在资源、产品和服务等方面的深度融合。着力抓转化，把全省文物、非遗、演艺、文创等文化资源变成旅游资源，把文化产品变成旅游产品，完善各类文化场馆的旅游服务功能，以特色文创产品激活旅游购物消费，以精品演艺剧目丰富旅游娱乐活动。着力抓提升，支持引导旅游景区挖掘文化内涵，提升主题文化建设，打造精品演艺项目，培育一批特色鲜明，表现力、亲和力、吸引力强的文化旅游主题景区。

（四）进一步提升智慧旅游服务能力

建议以提供更多方便快捷的旅游服务体验为目标，以破解市场难题，优化公共服务为重点，推进“一部手机游湖北”旅游信息化工程，提升全省智慧旅游服务能力。一是提升旅游流量监控预警服务。以市州为单元，开发旅游景区流量实时查询平台，发布当地 A 级以上景区人流量动态数据，高效引导游客分流。二是提升旅游景区游览服务。鼓励和支持景区开发在线旅游服务平台，完善重点景区门票预订、分时段游览、在线排队、智能导游、电子讲解等实用功能。三是提升在线旅游监管能力。完善旅游监管服务平台，加强旅游行业信用信息动态管理，运用大数据实现精准监管和分类监管。

（五）进一步推进旅游市场综合整治

以优化旅游景区周边环境为重点，加强旅游与相关部门的合作联动，加大联合执法力度，深入推进旅游市场综合整治。优化景区周边市容环境，清理各类占道经营等行为，实施美化亮化工程，有条件的地方应规划建设景区周边商业服务区，鼓励和引导小餐饮、小摊贩进场进店经营。优化景区周边市场秩序，推进“旅游警察”“旅游巡回法庭”“工商旅游分局”在旅游景区的站点建设，加强日常巡回监管，严厉打击欺客宰客、价格虚高、出售假冒伪劣商品和“黑车”“黑导”等违法违规行为，努力营造舒心放心的旅游消费环境。

附：2018 年湖北省各市州游客满意度评价结果

一、游客满意度——A 层指标

表专 2–10 2018 年湖北省各市州游客满意度 A 层指标得分排名

城市	得分			排名		
	2018 年	2017 年	分数变动	2018 年	2017 年	排名升降
武汉	80.8	80.2	0.6	5	7	2
黄石	77.5	76.7	0.8	14	14	0

续表

城市	得分			排名		
	2018 年	2017 年	分数变动	2018 年	2017 年	排名升降
襄阳	80.5	80.3	0.2	7	6	−1
荆州	79.1	79.1	0	10	8	−2
宜昌	81.8	81.6	0.2	2	2	0
十堰	80.8	80.7	0.1	5	4	−1
孝感	78.1	78.3	−0.2	12	11	−1
荆门	78.2	77.6	0.6	11	12	1
鄂州	76.9	76.7	0.2	15	14	−1
黄冈	80.9	80.7	0.2	4	4	0
咸宁	79.3	78.8	0.5	8	9	1
随州	79.2	78.6	0.6	9	10	1
恩施	82.1	81.9	0.2	1	1	0
仙桃	77.8	77.3	0.5	13	13	0
潜江	76.7	76.6	0.1	16	16	0
天门	76.6	76.5	0.1	17	17	0
神农架	81.6	81.5	0.1	3	3	0
湖北省	79.3	79.0	0.3	/	/	/

二、游客满意度——B 层指标

表专 2–11　2018 年湖北省各市州游客满意度 B 层指标得分排名

城市	游客满意度					
	B1 旅游环境		B2 旅游公共服务		B3 旅游要素	
	得分	排名	得分	排名	得分	排名
武汉	81.5	7	80.8	4	80.2	4
黄石	78.9	12	77.3	13	76.2	17
襄阳	82.1	4	79.4	7	80.2	4
荆州	80.8	8	77.8	11	78.8	9
宜昌	81.9	5	82.1	1	81.5	1
十堰	81.9	5	80.8	4	79.8	7
孝感	78.7	13	78.1	10	77.6	12
荆门	79.9	11	77.6	12	77.0	14
鄂州	77.9	16	75.5	16	77.3	13
黄冈	82.4	3	80.3	6	80.0	6

续表

城市	游客满意度					
	B1 旅游环境		B2 旅游公共服务		B3 旅游要素	
	得分	排名	得分	排名	得分	排名
咸宁	80.1	10	78.9	8	78.9	8
随州	80.5	9	78.4	9	78.6	10
恩施	83.4	1	81.6	2	81.4	2
仙桃	78.0	15	77.0	14	78.4	11
潜江	77.8	17	75.8	15	76.6	15
天门	78.3	14	74.9	17	76.6	15
神农架	82.6	2	80.9	3	81.4	2
湖北省	80.4		78.7		78.9	

三、游客满意度——C层指标

表专2-12 2018年湖北省各市州游客满意度C层指标得分排名——B1旅游环境

城市	C1 市州旅游形象		C2 市区环境卫生		C3 景区周边环境		C4 居民友好		C5 游客安全感		C6 文明旅游氛围		C7 市州大交通	
	得分	排名	得分	排名	得分	排名	得分	排名	得分	排名	得分	排名	得分	排名
武汉	83.4	3	79.6	10	81.3	6	77.5	16	81.2	9	82.8	3	83.8	1
黄石	78.4	14	77.8	15	78.1	13	79.7	10	76.6	16	79.1	13	81.8	9
襄阳	82.5	7	82.1	4	81.2	7	82.2	7	80.9	10	82.6	5	83.0	2
荆州	80.3	9	79.9	8	79.5	8	83.9	2	82.5	5	81.3	9	78.8	12
宜昌	82.7	6	81.5	5	82.1	3	82.6	5	81.4	8	80.5	10	82.0	8
十堰	83.4	3	82.3	3	79.5	8	81.9	8	82.5	5	81.7	7	82.1	7
孝感	77.3	16	78.8	11	73.3	17	78.3	15	78.5	13	81.8	6	82.3	4
荆门	78.7	11	78.4	13	81.8	4	82.5	6	80.1	11	79.4	11	78.7	13
鄂州	73.7	17	77.6	16	74.3	16	79.5	11	82.9	3	78.7	14	79.8	11
黄冈	82.9	5	80.5	6	81.8	4	83.6	3	82.7	4	83.2	2	82.2	5
咸宁	82.3	8	80.4	7	78.5	12	80.6	9	77.3	15	79.2	12	81.2	10
随州	79.7	10	78.6	12	79.3	10	79.5	11	82.0	7	81.7	7	82.2	5
恩施	83.7	2	82.9	2	83.4	2	84.2	1	83.6	1	83.3	1	82.6	3
仙桃	77.5	15	76.0	17	78.1	13	78.7	14	79.1	12	77.8	16	78.5	14
潜江	78.5	13	79.9	8	77.3	15	76.4	17	76.2	17	78.3	15	77.8	17
天门	78.6	12	78.1	14	78.7	11	79.0	13	78.3	14	77.5	17	77.9	16
神农架	84.3	1	83.6	1	83.8	1	83.2	4	83.1	2	82.7	4	78.2	15
湖北省	80.5	/	79.9	/	79.5	/	80.8	/	80.5	/	80.7	/	80.8	/
数据来源	调查机构													

表专 2–13　2018 年湖北省各市州游客满意度 C 层指标得分排名——B2 旅游公共服务

城市	C8 旅游市场秩序		C9 公共厕所（城区和旅游公厕）		C10 交通标识及引导系统		C11 旅游集散中心		C12 旅游信息咨询中心		C13 景区停车场		C14 旅游信息化水平		C15 便民惠民措施	
	得分	排名	得分	排名	得分	排名	得分	排名	得分	排名	得分	排名	得分	排名	得分	排名
武汉	80.3	7	80.9	2	82.4	2	81.0	6	81.9	3	76.9	10	83.6	1	79.4	8
黄石	76.8	17	79.1	7	77.5	14	76.8	16	76.3	16	78.5	7	78.8	7	73.9	15
襄阳	80.3	7	80.5	4	77.9	12	81.4	5	78.4	8	78.7	5	76.5	12	81.6	3
荆州	78.9	11	78.6	11	77.9	12	77.2	15	77.8	11	75.8	13	76.1	14	80.2	6
宜昌	80.8	6	82.4	1	82.0	4	83.1	1	82.3	2	81.8	2	81.7	3	82.9	1
十堰	82.0	4	80.8	3	81.5	6	81.0	6	79.8	6	82.8	1	78.5	8	80.1	7
孝感	78.2	13	74.6	16	80.1	9	79.4	9	77.3	14	79.3	4	77.5	9	79.1	9
荆门	78.8	12	78.5	12	74.5	17	77.3	13	78.6	7	75.7	14	79.5	6	77.5	12
鄂州	77.9	15	75.1	15	82.5	1	79.1	10	76.8	15	69.1	17	65.5	17	77.9	10
黄冈	83.1	1	79.1	7	81.1	7	82.5	2	80.6	5	77.8	8	77.4	10	80.4	5
咸宁	81.0	5	78.7	10	79.1	11	80.0	8	78.3	9	77.6	9	79.9	5	76.1	13
随州	79.1	10	78.8	9	79.4	10	77.9	12	78.2	10	78.7	5	76.9	11	77.8	11
恩施	82.2	3	80.1	6	82.0	4	81.8	3	82.6	1	80.5	3	81.9	2	81.5	4
仙桃	79.4	9	78.4	13	75.8	15	77.3	13	77.5	12	76.2	12	76.3	13	74.6	14
潜江	77.6	16	71.1	17	80.5	8	78.1	11	77.5	12	74.6	15	73.5	16	73.2	17
天门	78.1	14	76.5	14	74.9	16	74.2	17	73.8	17	73.5	16	74.5	15	73.8	16
神农架	82.5	2	80.2	5	82.1	3	81.5	4	81.9	3	76.9	10	80.8	4	81.7	2
湖北省	79.8	/	78.4	/	79.5	/	79.4	/	78.8	/	77.3	/	77.6	/	78.3	/
数据来源	调查机构															

表专 2–14　2018 年湖北省各市州游客满意度 C 层指标得分排名——B3 旅游要素

城市	C16 旅游景区服务		C17 星级饭店服务		C18 旅行社服务		C19 旅游餐饮服务		C20 旅游交通服务		C21 旅游购物服务		C22 旅游娱乐服务	
	得分	排名	得分	排名	得分	排名	得分	排名	得分	排名	得分	排名	得分	排名
武汉	80.1	6	79.9	11	81.7	6	79.3	10	79.2	10	80.7	3	80.5	3
黄石	72.8	17	80.6	8	78.6	11	76.8	15	75.7	16	71.2	17	78.3	11
襄阳	83.3	1	80.0	10	79.8	9	79.2	11	81.8	2	76.1	13	80.4	4
荆州	79.2	10	78.7	12	81.4	7	79.6	8	76.8	14	77.3	9	79.3	7
宜昌	82.7	2	81.2	4	82.6	4	79.4	9	83.3	1	81.1	1	79.8	5
十堰	77.6	13	81.9	1	83.6	1	80.3	5	80.5	5	76.3	12	78.7	8
孝感	78.5	12	78.2	13	82.5	5	73.2	17	77.6	13	77.3	9	76.2	12

续表

城市	C16 旅游景区服务		C17 星级饭店服务		C18 旅行社服务		C19 旅游餐饮服务		C20 旅游交通服务		C21 旅游购物服务		C22 旅游娱乐服务	
	得分	排名	得分	排名	得分	排名	得分	排名	得分	排名	得分	排名	得分	排名
荆门	79.5	7	76.9	14	78.4	12	77.7	14	75.3	17	78.4	7	73.1	16
鄂州	77.6	13	75.9	15	77.3	16	81.8	1	78.7	11	79.2	6	70.7	17
黄冈	81.5	5	80.8	6	80.2	8	80.0	6	79.7	7	79.3	5	78.6	9
咸宁	79.4	9	81.5	3	78.2	15	78.6	13	81.8	2	76.9	11	75.3	13
随州	79.5	7	81.2	4	78.8	10	76.5	16	79.3	9	75.3	14	79.6	6
恩施	82.3	4	81.7	2	82.7	3	81.3	3	80.3	6	80.8	2	81.2	2
仙桃	78.8	11	80.7	7	78.3	13	78.8	12	79.6	8	74.3	15	78.5	10
潜江	75.8	15	75.3	16	78.3	13	81.1	4	78.7	11	73.1	16	74.1	14
天门	75.8	15	74.6	17	76.3	17	81.7	2	76.7	15	77.6	8	73.6	15
神农架	82.4	3	80.4	9	83.0	2	79.8	7	80.7	4	80.5	4	82.9	1
全省	79.2	/	79.4	/	80.1	/	79.1	/	79.2	/	77.4	/	77.7	/
数据来源	调查机构													

附表一　2017年中国31个省域旅游竞争力分指标的评价结果

附表1-1　各省域旅游接待人数计算分值

省域	得分	排序	省域	得分	排序
北京	31.23	21	湖北	69.42	8
天津	20.71	23	湖南	72.89	6
河北	61.83	13	广东	100.00	1
山西	60.67	14	广西	56.35	16
内蒙古	10.29	26	海南	4.74	28
辽宁	54.39	18	重庆	58.47	15
吉林	18.89	24	四川	73.26	5
黑龙江	15.33	25	贵州	81.36	4
上海	33.97	20	云南	62.03	11
江苏	81.62	3	西藏	0.00	31
浙江	68.95	9	陕西	56.30	17
安徽	68.41	10	甘肃	24.16	22
福建	40.38	19	青海	1.04	29
江西	61.91	12	宁夏	0.61	30
山东	85.88	2	新疆	9.07	27
河南	72.24	7			

附表1-2　各省域旅游总收入计算分值

省域	得分	排序	省域	得分	排序
北京	44.19	15	湖北	44.70	14
天津	27.80	21	湖南	58.84	6
河北	50.02	12	广东	100.00	1
山西	43.38	16	广西	45.20	13
内蒙古	26.99	23	海南	4.56	28
辽宁	38.05	19	重庆	25.86	24
吉林	27.55	22	四川	73.75	4
黑龙江	13.91	25	贵州	58.37	7
上海	35.75	20	云南	56.71	8
江苏	96.46	2	西藏	0.87	29
浙江	77.01	3	陕西	38.71	18
安徽	50.45	11	甘肃	11.12	27
福建	40.84	17	青海	0.86	30
江西	52.54	10	宁夏	0.00	31
山东	71.86	5	新疆	13.16	26
河南	55.23	9			

附表 1-3 各省域住宿设施总数计算分值

省域	得分	排序	省域	得分	排序
北京	76.52	5	湖北	56.44	7
天津	4.53	30	湖南	45.40	11
河北	44.84	12	广东	100.00	1
山西	21.36	24	广西	52.05	8
内蒙古	30.27	20	海南	13.01	27
辽宁	41.58	14	重庆	20.08	25
吉林	12.31	28	四川	49.50	10
黑龙江	19.24	26	贵州	25.74	22
上海	29.70	21	云南	74.54	6
江苏	80.20	3	西藏	0.00	31
浙江	93.78	2	陕西	34.09	19
安徽	37.20	16	甘肃	37.20	17
福建	42.72	13	青海	24.19	23
江西	36.92	18	宁夏	4.95	29
山东	78.78	4	新疆	38.19	15
河南	50.92	9			

附表 1-4 各省域星级饭店利润计算分值

省域	得分	排序	省域	得分	排序
北京	56.87	3	湖北	19.68	12
天津	15.91	22	湖南	27.10	6
河北	0.00	31	广东	72.89	2
山西	8.61	30	广西	15.92	21
内蒙古	13.90	26	海南	26.35	7
辽宁	11.26	29	重庆	17.32	15
吉林	13.91	25	四川	16.53	19
黑龙江	16.31	20	贵州	21.88	9
上海	100.00	1	云南	17.22	17
江苏	30.86	5	西藏	17.01	18
浙江	37.58	4	陕西	18.32	13
安徽	20.07	11	甘肃	14.76	24
福建	26.14	8	青海	17.64	14
江西	20.09	10	宁夏	17.24	16
山东	12.51	28	新疆	15.03	23
河南	13.07	27			

附表 1-5　各省域景区旅游企业数量计算分值

省域	得分	排序	省域	得分	排序
北京	17.43	21	湖北	28.33	15
天津	4.83	28	湖南	29.94	13
河北	31.19	11	广东	25.56	17
山西	10.55	25	广西	32.89	7
内蒙古	28.60	14	海南	0.00	31
辽宁	35.75	6	重庆	15.10	24
吉林	16.44	22	四川	39.14	5
黑龙江	31.81	10	贵州	17.96	20
上海	4.02	29	云南	15.82	23
江苏	51.47	3	西藏	5.45	26
浙江	57.73	2	陕西	32.53	8
安徽	47.54	4	甘肃	19.66	19
福建	20.20	18	青海	4.92	27
江西	27.08	16	宁夏	1.70	30
山东	100.00	1	新疆	30.47	12
河南	31.99	9			

附表 1-6　各省域旅游企业营业收入计算分值

省域	得分	排序	省域	得分	排序
北京	8.71	22	湖北	32.75	9
天津	3.31	29	湖南	45.31	5
河北	13.79	17	广东	26.15	10
山西	17.63	14	广西	11.30	20
内蒙古	7.07	25	海南	5.65	28
辽宁	16.75	15	重庆	18.60	12
吉林	6.01	27	四川	80.82	2
黑龙江	8.02	24	贵州	52.38	3
上海	8.68	23	云南	11.42	19
江苏	37.84	7	西藏	0.00	31
浙江	37.40	8	陕西	24.09	11
安徽	47.01	4	甘肃	12.24	18
福建	15.94	16	青海	6.74	26
江西	100.00	1	宁夏	1.68	30
山东	44.65	6	新疆	8.89	21
河南	18.43	13			

附表 1-7　各省域旅行社数量计算分值

省域	得分	排序	省域	得分	排序
北京	54.63	5	湖北	40.46	10
天津	14.98	25	湖南	32.63	15
河北	54.02	6	广东	100.00	1
山西	28.54	16	广西	20.28	22
内蒙古	37.24	11	海南	6.24	29
辽宁	48.17	8	重庆	18.60	23
吉林	21.01	21	四川	27.81	18
黑龙江	28.15	17	贵州	10.85	26
上海	54.02	6	云南	33.28	13
江苏	96.30	2	西藏	5.34	30
浙江	89.93	4	陕西	26.26	20
安徽	42.06	9	甘肃	16.23	24
福建	33.15	14	青海	6.76	28
江西	27.46	19	宁夏	0.00	31
山东	90.10	3	新疆	8.82	27
河南	36.46	12			

附表 1-8　各省域旅游接待总人数增长率计算分值

省域	得分	排序	省域	得分	排序
北京	0.00	31	湖北	18.74	22
天津	15.76	25	湖南	36.05	15
河北	46.82	8	广东	15.55	26
山西	56.51	6	广西	60.22	5
内蒙古	37.07	14	海南	19.88	21
辽宁	20.13	20	重庆	40.71	12
吉林	30.21	17	四川	5.28	30
黑龙江	25.62	18	贵州	90.79	2
上海	8.39	29	云南	72.99	3
江苏	13.87	28	西藏	16.40	23
浙江	14.23	27	陕西	31.10	16
安徽	39.75	13	甘肃	53.17	7
福建	43.83	10	青海	42.97	11
江西	44.18	9	宁夏	100.00	1
山东	15.80	24	新疆	72.49	4
河南	25.24	19			

附表 1–9　各省域旅游总收入增长率计算分值

省域	得分	排序	省域	得分	排序
北京	0.00	31	湖北	9.61	28
天津	7.81	29	湖南	100.00	1
河北	53.02	6	广东	14.05	25
山西	39.89	13	广西	55.71	5
内蒙古	41.07	11	海南	27.47	18
辽宁	6.85	30	重庆	37.25	15
吉林	27.96	17	四川	16.70	22
黑龙江	23.44	19	贵州	75.16	3
上海	15.22	23	云南	86.43	2
江苏	10.77	27	西藏	23.33	20
浙江	14.33	24	陕西	39.99	12
安徽	38.45	14	甘肃	47.48	8
福建	46.32	9	青海	33.56	16
江西	46.00	10	宁夏	53.79	4
山东	12.91	26	新疆	48.93	7
河南	19.06	21			

附表 1–10　各省域入境游客人均花费计算分值

省域	得分	排序	省域	得分	排序
北京	26.64	2	湖北	6.78	18
天津	100.00	1	湖南	4.25	26
河北	9.93	15	广东	6.57	20
山西	6.97	17	广西	4.57	25
内蒙古	10.45	13	海南	5.09	23
辽宁	10.49	12	重庆	23.72	3
吉林	5.96	21	四川	3.20	27
黑龙江	5.74	22	贵州	3.09	28
上海	18.96	6	云南	4.68	24
江苏	19.47	5	西藏	11.25	11
浙江	9.48	16	陕西	14.45	7
安徽	6.69	19	甘肃	0.00	31
福建	21.71	4	青海	10.18	14
江西	2.33	30	宁夏	12.83	10
山东	13.94	8	新疆	13.84	9
河南	3.01	29			

附表 1–11　各省域住宿接待业发展速度计算分值

省域	得分	排序	省域	得分	排序
北京	28.76	12	湖北	30.66	9
天津	14.05	26	湖南	7.06	29
河北	32.17	6	广东	14.28	25
山西	53.45	2	广西	17.11	21
内蒙古	28.84	11	海南	28.87	10
辽宁	25.44	15	重庆	18.01	20
吉林	0.00	31	四川	15.34	22
黑龙江	15.31	23	贵州	0.99	30
上海	24.93	17	云南	27.60	13
江苏	32.15	7	西藏	100.00	1
浙江	9.79	28	陕西	24.99	16
安徽	18.92	18	甘肃	26.60	14
福建	13.85	27	青海	48.78	4
江西	18.69	19	宁夏	49.42	3
山东	15.28	24	新疆	31.82	8
河南	48.22	5			

附表 1–12　各省域星级饭店全员劳动生产率计算分值

省域	得分	排序	省域	得分	排序
北京	65.61	2	湖北	15.14	18
天津	28.61	8	湖南	15.81	17
河北	9.24	25	广东	33.29	7
山西	2.00	30	广西	9.38	24
内蒙古	9.99	23	海南	38.79	4
辽宁	19.72	12	重庆	21.93	10
吉林	13.68	19	四川	18.20	16
黑龙江	8.23	27	贵州	18.52	15
上海	100.00	1	云南	0.00	31
江苏	38.52	5	西藏	42.40	3
浙江	36.58	6	陕西	19.88	11
安徽	18.60	14	甘肃	5.16	28
福建	25.60	9	青海	4.64	29
江西	11.94	22	宁夏	8.80	26
山东	19.57	13	新疆	13.47	20
河南	13.01	21			

附表 1-13 各省域旅游目的地发展速度计算分值

省域	得分	排序	省域	得分	排序
北京	12.68	23	湖北	8.63	27
天津	0.00	31	湖南	44.28	6
河北	29.35	12	广东	24.16	13
山西	30.52	11	广西	49.24	5
内蒙古	21.25	16	海南	11.46	25
辽宁	31.16	10	重庆	16.32	19
吉林	3.18	30	四川	40.59	8
黑龙江	14.37	20	贵州	100.00	1
上海	11.82	24	云南	5.70	28
江苏	4.86	29	西藏	11.21	26
浙江	54.47	4	陕西	57.95	3
安徽	18.82	17	甘肃	18.80	18
福建	70.96	2	青海	13.44	21
江西	40.89	7	宁夏	13.41	22
山东	31.20	9	新疆	22.29	14
河南	22.22	15			

附表 1-14 各省域旅游景区人均营业收入计算分值

省域	得分	排序	省域	得分	排序
北京	14.36	17	湖北	21.21	8
天津	7.23	20	湖南	16.16	14
河北	0.00	31	广东	5.57	25
山西	51.73	2	广西	6.90	22
内蒙古	10.51	19	海南	6.90	21
辽宁	4.57	27	重庆	24.56	6
吉林	15.03	15	四川	30.27	4
黑龙江	3.85	29	贵州	50.24	3
上海	24.13	7	云南	1.51	30
江苏	14.71	16	西藏	29.40	5
浙江	17.23	13	陕西	12.93	18
安徽	20.91	10	甘肃	17.67	11
福建	17.49	12	青海	21.18	9
江西	100.00	1	宁夏	6.46	24
山东	3.91	28	新疆	5.03	26
河南	6.89	23			

附表 1–15　各省域旅行社业发展速度计算分值

省域	得分	排序	省域	得分	排序
北京	30.07	18	湖北	26.39	25
天津	50.33	5	湖南	32.26	14
河北	26.02	26	广东	51.41	4
山西	27.14	24	广西	27.77	23
内蒙古	29.94	19	海南	11.93	30
辽宁	23.99	27	重庆	28.19	22
吉林	21.42	28	四川	100.00	1
黑龙江	41.19	6	贵州	36.42	9
上海	37.28	8	云南	31.83	16
江苏	32.11	15	西藏	53.46	3
浙江	35.33	11	陕西	32.62	13
安徽	29.20	20	甘肃	36.35	10
福建	33.11	12	青海	54.10	2
江西	28.75	21	宁夏	38.34	7
山东	31.45	17	新疆	0.00	31
河南	20.83	29			

附表 1–16　各省域空气质量优良天数计算分值

省域	得分	排序	省域	得分	排序
北京	35.71	24	湖北	49.52	18
天津	27.62	26	湖南	52.86	16
河北	0.00	31	广东	68.10	8
山西	11.90	29	广西	88.57	6
内蒙古	49.52	18	海南	95.71	3
辽宁	50.00	17	重庆	60.00	10
吉林	59.52	11	四川	40.00	21
黑龙江	57.14	13	贵州	93.33	5
上海	59.05	12	云南	99.52	2
江苏	53.81	15	西藏	100.00	1
浙江	57.14	13	陕西	13.81	28
安徽	34.76	25	甘肃	38.57	22
福建	94.29	4	青海	68.10	8
江西	70.95	7	宁夏	38.57	22
山东	14.29	27	新疆	42.86	20
河南	7.14	30			

附表 1–17　各省域城市污水集中处理率计算分值

省域	得分	排序	省域	得分	排序
北京	98.38	2	湖北	82.70	15
天津	71.89	21	湖南	87.57	7
河北	100.00	1	广东	82.16	16
山西	71.89	21	广西	79.46	19
内蒙古	88.11	6	海南	40.54	30
辽宁	75.68	20	重庆	87.57	7
吉林	64.86	26	四川	65.95	25
黑龙江	57.84	27	贵州	83.78	14
上海	82.16	16	云南	80.00	18
江苏	86.49	10	西藏	52.43	29
浙江	84.86	12	陕西	70.81	23
安徽	97.30	3	甘肃	84.32	13
福建	69.73	24	青海	0.00	31
江西	87.03	9	宁夏	86.49	10
山东	95.68	4	新疆	54.05	28
河南	95.14	5			

附表 1–18　各省域生活垃圾无害化处理率计算分值

省域	得分	排序	省域	得分	排序
北京	99.65	6	湖北	99.65	6
天津	80.14	27	湖南	99.29	10
河北	99.29	10	广东	92.91	21
山西	81.91	25	广西	99.65	6
内蒙古	97.87	13	海南	100.00	1
辽宁	96.81	16	重庆	97.87	13
吉林	0.00	31	四川	94.68	19
黑龙江	38.65	30	贵州	82.98	24
上海	100.00	1	云南	74.11	28
江苏	100.00	1	西藏	83.69	23
浙江	100.00	1	陕西	96.45	18
安徽	99.65	6	甘肃	94.33	20
福建	97.87	13	青海	81.56	26
江西	91.49	22	宁夏	96.81	16
山东	100.00	1	新疆	59.57	29
河南	98.94	12			

附表 1–19　各省域生经济发展水平计算分值

省域	得分	排序	省域	得分	排序
北京	65.11	4	湖北	35.08	9
天津	54.83	7	湖南	28.88	11
河北	26.86	14	广东	75.79	2
山西	14.77	22	广西	14.46	23
内蒙古	25.87	16	海南	11.61	26
辽宁	25.01	17	重庆	27.52	13
吉林	20.93	19	四川	28.19	12
黑龙江	14.99	21	贵州	11.60	27
上海	65.42	3	云南	11.35	28
江苏	86.85	1	西藏	5.21	30
浙江	59.89	6	陕西	25.90	15
安徽	21.89	18	甘肃	3.48	31
福建	44.23	8	青海	8.44	29
江西	17.97	20	宁夏	12.18	25
山东	62.30	5	新疆	13.41	24
河南	33.50	10			

附表 1–20　各省域互联网普及率计算分值

省域	得分	排序	省域	得分	排序
北京	100.00	1	湖北	32.43	14
天津	64.86	5	湖南	13.51	25
河北	35.14	12	广东	91.89	2
山西	40.54	9	广西	18.92	22
内蒙古	29.73	17	海南	27.03	19
辽宁	56.76	7	重庆	32.43	14
吉林	29.73	17	四川	10.81	26
黑龙江	21.62	21	贵州	10.81	26
上海	86.49	3	云南	0.00	31
江苏	43.24	8	西藏	2.70	30
浙江	64.86	5	陕西	32.43	14
安徽	16.22	23	甘肃	8.11	29
福建	75.68	4	青海	35.14	12
江西	16.22	23	宁夏	27.03	19
山东	37.84	10	新疆	37.84	10
河南	10.81	26			

附表 1-21　各省域年旅客周转量计算分值

省域	得分	排序	省域	得分	排序
北京	10.59	26	湖北	62.68	6
天津	11.29	25	湖南	73.98	4
河北	62.92	5	广东	100.00	1
山西	16.72	23	广西	37.28	13
内蒙古	16.16	24	海南	4.30	29
辽宁	45.49	11	重庆	22.95	18
吉林	19.34	22	四川	42.52	12
黑龙江	20.70	20	贵州	34.32	15
上海	9.15	27	云南	20.77	19
江苏	74.73	3	西藏	0.00	31
浙江	53.43	9	陕西	36.39	14
安徽	56.36	8	甘肃	29.22	16
福建	28.43	17	青海	4.68	28
江西	48.56	10	宁夏	2.77	30
山东	61.11	7	新疆	19.50	21
河南	87.26	2			

附表 1-22　各省域万人专利授权数计算分值

省域	得分	排序	省域	得分	排序
北京	100.00	1	湖北	13.77	12
天津	53.15	6	湖南	8.92	18
河北	7.19	20	广东	59.43	4
山西	3.77	26	广西	3.91	25
内蒙古	2.57	29	海南	2.20	30
辽宁	10.03	16	重庆	20.96	8
吉林	5.91	21	四川	13.46	13
黑龙江	7.42	19	贵州	4.71	23
上海	60.11	3	云南	3.58	27
江苏	56.33	5	西藏	0.00	31
浙江	76.12	2	陕西	16.17	11
安徽	16.79	10	甘肃	5.08	22
福建	33.78	7	青海	2.91	28
江西	12.29	14	宁夏	10.36	15
山东	18.33	9	新疆	4.30	24
河南	9.48	17			

附表二　2017年中国31个省域旅游竞争力分省域评价结果

附表 2-1　北京市旅游竞争力评价指标一览

因子层	指标	得分	排名
A	综合竞争力	1036.07	6
B1	现实竞争力	289.57	10
C1	旅游需求现实竞争力	75.42	20
D1	旅游接待总人数	31.23	21
D2	旅游总收入	44.19	15
C2	旅游供给现实竞争力	214.15	5
D3	住宿设施总数	76.52	5
D4	星级饭店利润	56.87	3
D5	景区旅游企业数量	17.43	21
D6	景区旅游企业营业收入	8.71	22
D7	旅行社数量	54.63	5
B2	潜在竞争力	237.07	22
C3	旅游需求潜在竞争力	26.64	30
D8	旅游接待总人数增长率	0.00	31
D9	旅游总收入增长率	0.00	31
D10	入境游客人均花费	26.64	2
C4	旅游供给潜在竞争力	215.14	7
D11	住宿接待业发展速度	28.76	12
D12	星级饭店全员劳动生产率	65.61	2
D13	旅游目的地发展速度	12.68	23
D14	景区人均营业收入	14.36	17
D15	旅行社业发展速度	30.07	18
B3	发展环境竞争力	509.43	2
C5	自然环境竞争力	233.74	15
D16	空气质量优良天数	35.71	24
D17	城市污水集中处理率	98.38	2
D18	生活垃圾无害化处理率	99.65	6
C6	社会经济环境竞争力	275.70	2
D19	经济发展水平	65.11	4
D20	互联网普及率	100.00	1
D21	年旅客周转量	10.59	26
D22	万人专利授权数	100.00	1

附表 2-2　天津市旅游竞争力评价指标一览

因子层	指标	得分	排名
A	综合竞争力	775.70	21
B1	现实竞争力	92.06	27
C1	旅游需求现实竞争力	48.51	22
D1	旅游接待总人数	20.71	23
D2	旅游总收入	27.80	21
C2	旅游供给现实竞争力	43.55	29
D3	住宿设施总数	4.53	30
D4	星级饭店利润	15.91	22
D5	景区旅游企业数量	4.83	28
D6	景区旅游企业营业收入	3.31	29
D7	旅行社数量	14.98	25
B2	潜在竞争力	319.85	7
C3	旅游需求潜在竞争力	123.57	6
D8	旅游接待总人数增长率	15.76	25
D9	旅游总收入增长率	7.81	29
D10	入境游客人均花费	100.00	1
C4	旅游供给潜在竞争力	196.28	12
D11	住宿接待业发展速度	14.05	26
D12	星级饭店全员劳动生产率	28.61	8
D13	旅游目的地发展速度	0.00	31
D14	景区人均营业收入	7.23	20
D15	旅行社业发展速度	50.33	5
B3	发展环境竞争力	363.78	10
C5	自然环境竞争力	233.74	15
D16	空气质量优良天数	27.62	26
D17	城市污水集中处理率	71.89	21
D18	生活垃圾无害化处理率	80.14	27
C6	社会经济环境竞争力	275.70	2
D19	经济发展水平	54.83	7
D20	互联网普及率	64.86	5
D21	年旅客周转量	11.29	25
D22	万人专利授权数		

附表2-3　河北省旅游竞争力评价指标一览

因子层	指标	得分	排名
A	综合竞争力	836.28	16
B1	现实竞争力	255.69	15
C1	旅游需求现实竞争力	111.85	13
D1	旅游接待总人数	61.83	13
D2	旅游总收入	50.02	12
C2	旅游供给现实竞争力	143.84	15
D3	住宿设施总数	44.84	12
D4	星级饭店利润	0.00	31
D5	景区旅游企业数量	31.19	11
D6	景区旅游企业营业收入	13.79	17
D7	旅行社数量	54.02	6
B2	潜在竞争力	249.20	20
C3	旅游需求潜在竞争力	140.25	28
D8	旅游接待总人数增长率	46.82	8
D9	旅游总收入增长率	53.02	6
D10	入境游客人均花费	9.93	15
C4	旅游供给潜在竞争力	109.77	9
D11	住宿接待业发展速度	32.17	6
D12	星级饭店全员劳动生产率	9.24	25
D13	旅游目的地发展速度	29.35	12
D14	景区人均营业收入	0.00	31
D15	旅行社业发展速度	26.02	26
B3	发展环境竞争力	331.40	17
C5	自然环境竞争力	199.29	24
D16	空气质量优良天数	0.00	31
D17	城市污水集中处理率	100.00	1
D18	生活垃圾无害化处理率	99.29	10
C6	社会经济环境竞争力	132.11	12
D19	经济发展水平	26.86	14
D20	互联网普及率	35.14	12
D21	年旅客周转量	62.92	5
D22	万人专利授权数	7.19	20

附表 2-4 山西省旅游竞争力评价指标一览

因子层	指标	得分	排名
A	综合竞争力	724.30	22
B1	现实竞争力	190.72	20
C1	旅游需求现实竞争力	104.05	14
D1	旅游接待总人数	60.67	14
D2	旅游总收入	43.38	16
C2	旅游供给现实竞争力	86.68	25
D3	住宿设施总数	21.36	24
D4	星级饭店利润	8.61	30
D5	景区旅游企业数量	10.55	25
D6	景区旅游企业营业收入	17.63	14
D7	旅行社数量	28.54	16
B2	潜在竞争力	292.07	9
C3	旅游需求潜在竞争力	103.37	10
D8	旅游接待总人数增长率	56.51	6
D9	旅游总收入增长率	39.89	13
D10	入境游客人均花费	6.97	17
C4	旅游供给潜在竞争力	189.86	14
D11	住宿接待业发展速度	53.45	2
D12	星级饭店全员劳动生产率	2.00	30
D13	旅游目的地发展速度	30.52	11
D14	景区人均营业收入	51.73	2
D15	旅行社业发展速度	27.14	24
B3	发展环境竞争力	241.51	27
C5	自然环境竞争力	165.71	27
D16	空气质量优良天数	11.90	29
D17	城市污水集中处理率	71.89	21
D18	生活垃圾无害化处理率	81.91	25
C6	社会经济环境竞争力	75.80	20
D19	经济发展水平	14.77	22
D20	互联网普及率	40.54	9
D21	年旅客周转量	16.72	23
D22	万人专利授权数	3.77	26

附表 2–5　内蒙古自治区旅游竞争力评价指标一览

因子层	指标	得分	排名
A	综合竞争力	714.59	23
B1	现实竞争力	154.34	22
C1	旅游需求现实竞争力	37.28	24
D1	旅游接待总人数	10.29	26
D2	旅游总收入	26.99	23
C2	旅游供给现实竞争力	117.07	20
D3	住宿设施总数	30.27	20
D4	星级饭店利润	13.90	26
D5	景区旅游企业数量	28.60	14
D6	景区旅游企业营业收入	7.07	25
D7	旅行社数量	37.24	11
B2	潜在竞争力	250.42	19
C3	旅游需求潜在竞争力	88.59	14
D8	旅游接待总人数增长率	37.07	14
D9	旅游总收入增长率	41.07	11
D10	入境游客人均花费	10.45	13
C4	旅游供给潜在竞争力	162.89	23
D11	住宿接待业发展速度	28.84	11
D12	星级饭店全员劳动生产率	9.99	23
D13	旅游目的地发展速度	21.25	16
D14	景区人均营业收入	10.51	19
D15	旅行社业发展速度	29.94	19
B3	发展环境竞争力	309.83	19
C5	自然环境竞争力	235.50	14
D16	空气质量优良天数	49.52	18
D17	城市污水集中处理率	88.11	6
D18	生活垃圾无害化处理率	97.87	13
C6	社会经济环境竞争力	74.33	23
D19	经济发展水平	25.87	16
D20	互联网普及率	29.73	17
D21	年旅客周转量	16.16	24
D22	万人专利授权数	2.57	29

附表 2-6　辽宁省旅游竞争力评价指标一览

因子层	指标	得分	排名
A	综合竞争力	805.18	18
B1	现实竞争力	245.95	16
C1	旅游需求现实竞争力	92.44	17
D1	旅游接待总人数	54.39	18
D2	旅游总收入	38.05	19
C2	旅游供给现实竞争力	153.52	12
D3	住宿设施总数	41.58	14
D4	星级饭店利润	11.26	29
D5	景区旅游企业数量	35.75	6
D6	景区旅游企业营业收入	16.75	15
D7	旅行社数量	48.17	8
B2	潜在竞争力	199.45	30
C3	旅游需求潜在竞争力	37.47	27
D8	旅游接待总人数增长率	20.13	20
D9	旅游总收入增长率	6.85	30
D10	入境游客人均花费	10.49	12
C4	旅游供给潜在竞争力	164.06	22
D11	住宿接待业发展速度	25.44	15
D12	星级饭店全员劳动生产率	19.72	12
D13	旅游目的地发展速度	31.16	10
D14	景区人均营业收入	4.57	27
D15	旅行社业发展速度	23.99	27
B3	发展环境竞争力	359.77	11
C5	自然环境竞争力	222.48	18
D16	空气质量优良天数	50.00	17
D17	城市污水集中处理率	75.68	20
D18	生活垃圾无害化处理率	96.81	16
C6	社会经济环境竞争力	137.29	11
D19	经济发展水平	25.01	17
D20	互联网普及率	56.76	7
D21	年旅客周转量	45.49	11
D22	万人专利授权数	10.03	16

附表 2-7　吉林省旅游竞争力评价指标一览

因子层	指标	得分	排名
A	综合竞争力	534.25	29
B1	现实竞争力	116.12	26
C1	旅游需求现实竞争力	46.44	23
D1	旅游接待总人数	18.89	24
D2	旅游总收入	27.55	22
C2	旅游供给现实竞争力	69.68	26
D3	住宿设施总数	12.31	28
D4	星级饭店利润	13.91	25
D5	景区旅游企业数量	16.44	22
D6	景区旅游企业营业收入	6.01	27
D7	旅行社数量	21.01	21
B2	潜在竞争力	217.84	25
C3	旅游需求潜在竞争力	64.13	18
D8	旅游接待总人数增长率	30.21	17
D9	旅游总收入增长率	27.96	17
D10	入境游客人均花费	5.96	21
C4	旅游供给潜在竞争力	155.54	25
D11	住宿接待业发展速度	0.00	31
D12	星级饭店全员劳动生产率	13.68	19
D13	旅游目的地发展速度	3.18	30
D14	景区人均营业收入	15.03	15
D15	旅行社业发展速度	21.42	28
B3	发展环境竞争力	200.29	31
C5	自然环境竞争力	124.39	31
D16	空气质量优良天数	59.52	11
D17	城市污水集中处理率	64.86	26
D18	生活垃圾无害化处理率	0.00	31
C6	社会经济环境竞争力	75.90	19
D19	经济发展水平	20.93	19
D20	互联网普及率	29.73	17
D21	年旅客周转量	19.34	22
D22	万人专利授权数	5.91	21

附表 2–8 黑龙江省旅游竞争力评价指标一览

因子层	指标	得分	排名
A	综合竞争力	550.73	28
B1	现实竞争力	132.78	24
C1	旅游需求现实竞争力	29.24	26
D1	旅游接待总人数	15.33	25
D2	旅游总收入	13.91	25
C2	旅游供给现实竞争力	103.53	21
D3	住宿设施总数	19.24	26
D4	星级饭店利润	16.31	20
D5	景区旅游企业数量	31.81	10
D6	景区旅游企业营业收入	8.02	24
D7	旅行社数量	28.15	17
B2	潜在竞争力	199.59	29
C3	旅游需求潜在竞争力	54.80	19
D8	旅游接待总人数增长率	25.62	18
D9	旅游总收入增长率	23.44	19
D10	入境游客人均花费	5.74	22
C4	旅游供给潜在竞争力	145.99	27
D11	住宿接待业发展速度	15.31	23
D12	星级饭店全员劳动生产率	8.23	27
D13	旅游目的地发展速度	14.37	20
D14	景区人均营业收入	3.85	29
D15	旅行社业发展速度	41.19	6
B3	发展环境竞争力	218.37	29
C5	自然环境竞争力	153.63	29
D16	空气质量优良天数	57.14	13
D17	城市污水集中处理率	57.84	27
D18	生活垃圾无害化处理率	38.65	30
C6	社会经济环境竞争力	64.73	24
D19	经济发展水平	14.99	21
D20	互联网普及率	21.62	21
D21	年旅客周转量	20.70	20
D22	万人专利授权数	7.42	19

附表 2-9　上海市旅游竞争力评价指标一览

因子层	指标	得分	排名
A	综合竞争力	1057.18	5
B1	现实竞争力	266.16	14
C1	旅游需求现实竞争力	69.72	21
D1	旅游接待总人数	33.97	20
D2	旅游总收入	35.75	20
C2	旅游供给现实竞争力	196.43	8
D3	住宿设施总数	29.70	21
D4	星级饭店利润	100.00	1
D5	景区旅游企业数量	4.02	29
D6	景区旅游企业营业收入	8.68	23
D7	旅行社数量	54.02	6
B2	潜在竞争力	328.65	6
C3	旅游需求潜在竞争力	42.57	25
D8	旅游接待总人数增长率	8.39	29
D9	旅游总收入增长率	15.22	23
D10	入境游客人均花费	18.96	6
C4	旅游供给潜在竞争力	289.09	1
D11	住宿接待业发展速度	24.93	17
D12	星级饭店全员劳动生产率	100.00	1
D13	旅游目的地发展速度	11.82	24
D14	景区人均营业收入	24.13	7
D15	旅行社业发展速度	37.28	8
B3	发展环境竞争力	462.38	5
C5	自然环境竞争力	241.21	9
D16	空气质量优良天数	59.05	12
D17	城市污水集中处理率	82.16	16
D18	生活垃圾无害化处理率	100.00	1
C6	社会经济环境竞争力	221.17	5
D19	经济发展水平	65.42	3
D20	互联网普及率	86.49	3
D21	年旅客周转量	9.15	27
D22	万人专利授权数	60.11	3

附表 2-10 江苏省旅游竞争力评价指标一览

因子层	指标	得分	排名
A	综合竞争力	1223.76	2
B1	现实竞争力	474.76	3
C1	旅游需求现实竞争力	178.08	2
D1	旅游接待总人数	81.62	3
D2	旅游总收入	96.46	2
C2	旅游供给现实竞争力	296.68	4
D3	住宿设施总数	80.20	3
D4	星级饭店利润	30.86	5
D5	景区旅游企业数量	51.47	3
D6	景区旅游企业营业收入	37.84	7
D7	旅行社数量	96.30	2
B2	潜在竞争力	247.54	21
C3	旅游需求潜在竞争力	44.11	23
D8	旅游接待总人数增长率	13.87	28
D9	旅游总收入增长率	10.77	27
D10	入境游客人均花费	19.47	5
C4	旅游供给潜在竞争力	206.03	8
D11	住宿接待业发展速度	32.15	7
D12	星级饭店全员劳动生产率	38.52	5
D13	旅游目的地发展速度	4.86	29
D14	景区人均营业收入	14.71	16
D15	旅行社业发展速度	32.11	15
B3	发展环境竞争力	501.46	3
C5	自然环境竞争力	240.30	10
D16	空气质量优良天数	53.81	15
D17	城市污水集中处理率	86.49	10
D18	生活垃圾无害化处理率	100.00	1
C6	社会经济环境竞争力	261.16	3
D19	经济发展水平	86.85398	1
D20	互联网普及率	43.24	8
D21	年旅客周转量	74.73	3
D22	万人专利授权数	56.33	5

附表 2-11　浙江省旅游竞争力评价指标一览

因子层	指标	得分	排名
A	综合竞争力	1212.59	3
B1	现实竞争力	462.37	4
C1	旅游需求现实竞争力	145.96	5
D1	旅游接待总人数	68.95	9
D2	旅游总收入	77.01	3
C2	旅游供给现实竞争力	316.41	3
D3	住宿设施总数	93.78	2
D4	星级饭店利润	37.58	4
D5	景区旅游企业数量	57.73	2
D6	景区旅游企业营业收入	37.40	8
D7	旅行社数量	89.93	4
B2	潜在竞争力	253.91	18
C3	旅游需求潜在竞争力	38.04	26
D8	旅游接待总人数增长率	14.23	27
D9	旅游总收入增长率	14.33	24
D10	入境游客人均花费	9.48	16
C4	旅游供给潜在竞争力	217.52	6
D11	住宿接待业发展速度	9.79	28
D12	星级饭店全员劳动生产率	36.58	6
D13	旅游目的地发展速度	54.47	4
D14	景区人均营业收入	17.23	13
D15	旅行社业发展速度	35.33	11
B3	发展环境竞争力	496.31	4
C5	自然环境竞争力	242.01	8
D16	空气质量优良天数	57.14	13
D17	城市污水集中处理率	84.86	12
D18	生活垃圾无害化处理率	100.00	1
C6	社会经济环境竞争力	254.30	4
D19	经济发展水平	59.89	6
D20	互联网普及率	64.86	5
D21	年旅客周转量	53.43	9
D22	万人专利授权数	76.12	2

附表 2–12　安徽省旅游竞争力评价指标一览

因子层	指标	得分	排名
A	综合竞争力	931.69	12
B1	现实竞争力	312.75	7
C1	旅游需求现实竞争力	118.86	9
D1	旅游接待总人数	68.41	10
D2	旅游总收入	50.45	11
C2	旅游供给现实竞争力	193.88	9
D3	住宿设施总数	37.20	16
D4	星级饭店利润	20.07	11
D5	景区旅游企业数量	47.54	4
D6	景区旅游企业营业收入	47.01	4
D7	旅行社数量	42.06	9
B2	潜在竞争力	276.00	14
C3	旅游需求潜在竞争力	84.89	17
D8	旅游接待总人数增长率	39.75	13
D9	旅游总收入增长率	38.45	14
D10	入境游客人均花费	6.69	19
C4	旅游供给潜在竞争力	190.63	13
D11	住宿接待业发展速度	18.92	18
D12	星级饭店全员劳动生产率	18.60	14
D13	旅游目的地发展速度	18.82	17
D14	景区人均营业收入	20.91	10
D15	旅行社业发展速度	29.20	20
B3	发展环境竞争力	342.95	14
C5	自然环境竞争力	231.70	17
D16	空气质量优良天数	34.76	25
D17	城市污水集中处理率	97.30	3
D18	生活垃圾无害化处理率	99.65	6
C6	社会经济环境竞争力	111.25	14
D19	经济发展水平	21.89	18
D20	互联网普及率	16.22	23
D21	年旅客周转量	56.36	8
D22	万人专利授权数	16.79	10

附表 2–13　福建省旅游竞争力评价指标一览

因子层	指标	得分	排名
A	综合竞争力	1030.15	7
B1	现实竞争力	219.37	19
C1	旅游需求现实竞争力	81.22	19
D1	旅游接待总人数	40.38	19
D2	旅游总收入	40.84	17
C2	旅游供给现实竞争力	138.14	16
D3	住宿设施总数	42.72	13
D4	星级饭店利润	26.14	8
D5	景区旅游企业数量	20.20	18
D6	景区旅游企业营业收入	15.94	16
D7	旅行社数量	33.15	14
B2	潜在竞争力	366.78	2
C3	旅游需求潜在竞争力	111.86	8
D8	旅游接待总人数增长率	43.83	10
D9	旅游总收入增长率	46.32	9
D10	入境游客人均花费	21.71	4
C4	旅游供给潜在竞争力	256.97	3
D11	住宿接待业发展速度	13.85	27
D12	星级饭店全员劳动生产率	25.60	9
D13	旅游目的地发展速度	70.96	2
D14	景区人均营业收入	17.49	12
D15	旅行社业发展速度	33.11	12
B3	发展环境竞争力	444.00	6
C5	自然环境竞争力	261.89	2
D16	空气质量优良天数	94.29	4
D17	城市污水集中处理率	69.73	24
D18	生活垃圾无害化处理率	97.87	13
C6	社会经济环境竞争力	182.12	7
D19	经济发展水平	44.23	8
D20	互联网普及率	75.68	4
D21	年旅客周转量	28.43	17
D22	万人专利授权数	33.78	7

附表 2-14　江西省旅游竞争力评价指标一览

因子层	指标	得分	排名
A	综合竞争力	1020.03	9
B1	现实竞争力	326.00	6
C1	旅游需求现实竞争力	114.45	11
D1	旅游接待总人数	61.91	12
D2	旅游总收入	52.54	10
C2	旅游供给现实竞争力	211.55	7
D3	住宿设施总数	36.92	18
D4	星级饭店利润	20.09	10
D5	景区旅游企业数量	27.08	16
D6	景区旅游企业营业收入	100.00	1
D7	旅行社数量	27.46	19
B2	潜在竞争力	349.53	3
C3	旅游需求潜在竞争力	92.51	13
D8	旅游接待总人数增长率	44.18	9
D9	旅游总收入增长率	46.00	10
D10	入境游客人均花费	2.33	30
C4	旅游供给潜在竞争力	256.86	4
D11	住宿接待业发展速度	18.69	19
D12	星级饭店全员劳动生产率	11.94	22
D13	旅游目的地发展速度	40.89	7
D14	景区人均营业收入	100.00	1
D15	旅行社业发展速度	28.75	21
B3	发展环境竞争力	344.50	13
C5	自然环境竞争力	249.47	5
D16	空气质量优良天数	70.95	7
D17	城市污水集中处理率	87.03	9
D18	生活垃圾无害化处理率	91.49	22
C6	社会经济环境竞争力	95.03	17
D19	经济发展水平	17.97	20
D20	互联网普及率	16.22	23
D21	年旅客周转量	48.56	10
D22	万人专利授权数	12.29	14

附表 2-15 山东省旅游竞争力评价指标一览

因子层	指标	得分	排名
A	综合竞争力	1083.05	4
B1	现实竞争力	483.77	2
C1	旅游需求现实竞争力	157.74	3
D1	旅游接待总人数	85.88	2
D2	旅游总收入	71.86	5
C2	旅游供给现实竞争力	326.04	1
D3	住宿设施总数	78.78	4
D4	星级饭店利润	12.51	28
D5	景区旅游企业数量	100.00	1
D6	景区旅游企业营业收入	44.65	6
D7	旅行社数量	90.10	3
B2	潜在竞争力	209.74	26
C3	旅游需求潜在竞争力	42.65	24
D8	旅游接待总人数增长率	15.80	24
D9	旅游总收入增长率	12.91	26
D10	入境游客人均花费	13.94	8
C4	旅游供给潜在竞争力	170.67	18
D11	住宿接待业发展速度	15.28	24
D12	星级饭店全员劳动生产率	19.57	13
D13	旅游目的地发展速度	31.20	9
D14	景区人均营业收入	3.91	28
D15	旅行社业发展速度	31.45	17
B3	发展环境竞争力	389.53	7
C5	自然环境竞争力	209.96	21
D16	空气质量优良天数	14.29	27
D17	城市污水集中处理率	95.68	4
D18	生活垃圾无害化处理率	100.00	1
C6	社会经济环境竞争力	179.57	8
D19	经济发展水平	62.30	5
D20	互联网普及率	37.84	10
D21	年旅客周转量	61.11	7
D22	万人专利授权数	18.33	9

附表 2-16　河南省旅游竞争力评价指标一览

因子层	指标	得分	排名
A	综合竞争力	820.79	17
B1	现实竞争力	278.34	11
C1	旅游需求现实竞争力	127.47	8
D1	旅游接待总人数	72.24	7
D2	旅游总收入	55.23	9
C2	旅游供给现实竞争力	150.87	14
D3	住宿设施总数	50.92	9
D4	星级饭店利润	12.51	28
D5	景区旅游企业数量	31.99	9
D6	景区旅游企业营业收入	18.43	13
D7	旅行社数量	36.46	12
B2	潜在竞争力	200.19	28
C3	旅游需求潜在竞争力	47.31	22
D8	旅游接待总人数增长率	25.24	19
D9	旅游总收入增长率	19.06	21
D10	入境游客人均花费	3.01	29
C4	旅游供给潜在竞争力	153.99	26
D11	住宿接待业发展速度	48.22	5
D12	星级饭店全员劳动生产率	13.01	21
D13	旅游目的地发展速度	22.22	15
D14	景区人均营业收入	6.89	23
D15	旅行社业发展速度	20.83	29
B3	发展环境竞争力	342.26	15
C5	自然环境竞争力	201.21	22
D16	空气质量优良天数	7.14	30
D17	城市污水集中处理率	95.14	5
D18	生活垃圾无害化处理率	98.94	12
C6	社会经济环境竞争力	141.05	10
D19	经济发展水平	33.50	10
D20	互联网普及率	10.81	26
D21	年旅客周转量	87.26	2
D22	万人专利授权数	9.48	17

附表 2-17　湖北省旅游竞争力评价指标一览

因子层	指标	得分	排名
A	综合竞争力	873.54	13
B1	现实竞争力	291.78	9
C1	旅游需求现实竞争力	114.12	12
D1	旅游接待总人数	69.42	8
D2	旅游总收入	44.70	14
C2	旅游供给现实竞争力	177.66	11
D3	住宿设施总数	56.44	7
D4	星级饭店利润	19.68	12
D5	景区旅游企业数量	28.33	15
D6	景区旅游企业营业收入	32.75	9
D7	旅行社数量	40.46	10
B2	潜在竞争力	205.93	27
C3	旅游需求潜在竞争力	35.13	29
D8	旅游接待总人数增长率	18.74	22
D9	旅游总收入增长率	9.61	28
D10	入境游客人均花费	6.78	18
C4	旅游供给潜在竞争力	171.36	17
D11	住宿接待业发展速度	30.66	9
D12	星级饭店全员劳动生产率	15.14	18
D13	旅游目的地发展速度	8.63	27
D14	景区人均营业收入	21.21	8
D15	旅行社业发展速度	26.39	25
B3	发展环境竞争力	375.83	8
C5	自然环境竞争力	231.87	16
D16	空气质量优良天数	49.52	18
D17	城市污水集中处理率	82.70	15
D18	生活垃圾无害化处理率	99.65	6
C6	社会经济环境竞争力	143.96	9
D19	经济发展水平	35.08	9
D20	互联网普及率	32.43	14
D21	年旅客周转量	62.68	6
D22	万人专利授权数	13.77	12

附表 2-18　湖南省旅游竞争力评价指标一览

因子层	指标	得分	排名
A	综合竞争力	1020.62	8
B1	现实竞争力	312.12	8
C1	旅游需求现实竞争力	131.73	7
D1	旅游接待总人数	72.89	6
D2	旅游总收入	58.84	6
C2	旅游供给现实竞争力	180.39	10
D3	住宿设施总数	45.40	11
D4	星级饭店利润	27.10	6
D5	景区旅游企业数量	29.94	13
D6	景区旅游企业营业收入	45.31	5
D7	旅行社数量	32.63	15
B2	潜在竞争力	343.49	4
C3	旅游需求潜在竞争力	140.30	4
D8	旅游接待总人数增长率	36.05	15
D9	旅游总收入增长率	100.00	1
D10	入境游客人均花费	4.25	26
C4	旅游供给潜在竞争力	204.09	9
D11	住宿接待业发展速度	7.06	29
D12	星级饭店全员劳动生产率	15.81	17
D13	旅游目的地发展速度	44.28	6
D14	景区人均营业收入	16.16	14
D15	旅行社业发展速度	32.26	14
B3	发展环境竞争力	365.00	9
C5	自然环境竞争力	239.72	11
D16	空气质量优良天数	52.86	16
D17	城市污水集中处理率	87.57	7
D18	生活垃圾无害化处理率	99.29	10
C6	社会经济环境竞争力	125.29	13
D19	经济发展水平	28.88	11
D20	互联网普及率	13.51	25
D21	年旅客周转量	73.98	4
D22	万人专利授权数	8.92	18

附表 2-19　广东省旅游竞争力评价指标一览

因子层	指标	得分	排名
A	综合竞争力	1331.33	1
B1	现实竞争力	524.60	1
C1	旅游需求现实竞争力	200.00	1
D1	旅游接待总人数	100.00	1
D2	旅游总收入	100.00	1
C2	旅游供给现实竞争力	324.60	2
D3	住宿设施总数	100.00	1
D4	星级饭店利润	72.89	2
D5	景区旅游企业数量	25.56	17
D6	景区旅游企业营业收入	26.15	10
D7	旅行社数量	100.00	1
B2	潜在竞争力	236.45	23
C3	旅游需求潜在竞争力	36.17	28
D8	旅游接待总人数增长率	15.55	26
D9	旅游总收入增长率	14.05	25
D10	入境游客人均花费	6.57	20
C4	旅游供给潜在竞争力	201.92	10
D11	住宿接待业发展速度	14.28	25
D12	星级饭店全员劳动生产率	33.29	7
D13	旅游目的地发展速度	24.16	13
D14	景区人均营业收入	5.57	25
D15	旅行社业发展速度	51.41	4
B3	发展环境竞争力	570.28	1
C5	自然环境竞争力	243.17	7
D16	空气质量优良天数	68.10	8
D17	城市污水集中处理率	82.16	16
D18	生活垃圾无害化处理率	92.91	21
C6	社会经济环境竞争力	327.12	1
D19	经济发展水平	75.79	2
D20	互联网普及率	91.89	2
D21	年旅客周转量	100.00	1
D22	万人专利授权数	59.43	4

附表 2-20　广西壮族自治区旅游竞争力评价指标一览

因子层	指标	得分	排名
A	综合竞争力	858.09	14
B1	现实竞争力	233.99	17
C1	旅游需求现实竞争力	101.55	15
D1	旅游接待总人数	56.35	16
D2	旅游总收入	45.20	13
C2	旅游供给现实竞争力	132.44	18
D3	住宿设施总数	52.05	8
D4	星级饭店利润	15.92	21
D5	景区旅游企业数量	32.89	7
D6	景区旅游企业营业收入	11.30	20
D7	旅行社数量	20.28	22
B2	潜在竞争力	281.85	11
C3	旅游需求潜在竞争力	120.50	7
D8	旅游接待总人数增长率	60.22	5
D9	旅游总收入增长率	55.71	5
D10	入境游客人均花费	4.57	25
C4	旅游供给潜在竞争力	161.80	24
D11	住宿接待业发展速度	17.11	21
D12	星级饭店全员劳动生产率	9.38	24
D13	旅游目的地发展速度	49.24	5
D14	景区人均营业收入	6.90	22
D15	旅行社业发展速度	27.77	23
B3	发展环境竞争力	342.25	16
C5	自然环境竞争力	267.68	1
D16	空气质量优良天数	88.57	6
D17	城市污水集中处理率	79.46	19
D18	生活垃圾无害化处理率	99.65	6
C6	社会经济环境竞争力	74.57	22
D19	经济发展水平	14.46	23
D20	互联网普及率	18.92	22
D21	年旅客周转量	37.28	13
D22	万人专利授权数	3.91	25

附表 2-21　海南省旅游竞争力评价指标一览

因子层	指标	得分	排名
A	综合竞争力	564.90	27
B1	现实竞争力	60.54	29
C1	旅游需求现实竞争力	9.30	28
D1	旅游接待总人数	4.74	28
D2	旅游总收入	4.56	28
C2	旅游供给现实竞争力	51.25	28
D3	住宿设施总数	13.01	27
D4	星级饭店利润	26.35	7
D5	景区旅游企业数量	0.00	31
D6	景区旅游企业营业收入	5.65	28
D7	旅行社数量	6.24	29
B2	潜在竞争力	222.97	24
C3	旅游需求潜在竞争力	52.44	20
D8	旅游接待总人数增长率	19.88	21
D9	旅游总收入增长率	27.47	18
D10	入境游客人均花费	5.09	23
C4	旅游供给潜在竞争力	167.97	21
D11	住宿接待业发展速度	28.87	10
D12	星级饭店全员劳动生产率	38.79	4
D13	旅游目的地发展速度	11.46	25
D14	景区人均营业收入	6.90	21
D15	旅行社业发展速度	11.93	30
B3	发展环境竞争力	281.39	23
C5	自然环境竞争力	236.25	12
D16	空气质量优良天数	95.71	3
D17	城市污水集中处理率	40.54	30
D18	生活垃圾无害化处理率	100.00	1
C6	社会经济环境竞争力	45.14	29
D19	经济发展水平	11.61	26
D20	互联网普及率	27.03	19
D21	年旅客周转量	4.30	29
D22	万人专利授权数	2.20	30

附表 2–22　重庆市旅游竞争力评价指标一览

因子层	指标	得分	排名
A	综合竞争力	799.51	20
B1	现实竞争力	174.03	21
C1	旅游需求现实竞争力	84.33	18
D1	旅游接待总人数	58.47	15
D2	旅游总收入	25.86	24
C2	旅游供给现实竞争力	89.70	24
D3	住宿设施总数	20.08	25
D4	星级饭店利润	17.32	15
D5	景区旅游企业数量	15.10	24
D6	景区旅游企业营业收入	18.60	12
D7	旅行社数量	18.60	23
B2	潜在竞争力	276.18	13
C3	旅游需求潜在竞争力	101.68	11
D8	旅游接待总人数增长率	40.71	12
D9	旅游总收入增长率	37.25	15
D10	入境游客人均花费	23.72	3
C4	旅游供给潜在竞争力	181.29	16
D11	住宿接待业发展速度	18.01	20
D12	星级饭店全员劳动生产率	21.93	10
D13	旅游目的地发展速度	16.32	19
D14	景区人均营业收入	24.56	6
D15	旅行社业发展速度	28.19	22
B3	发展环境竞争力	349.30	12
C5	自然环境竞争力	245.44	6
D16	空气质量优良天数	60.00	10
D17	城市污水集中处理率	87.57	7
D18	生活垃圾无害化处理率	97.87	13
C6	社会经济环境竞争力	103.86	16
D19	经济发展水平	27.52	13
D20	互联网普及率	32.43	14
D21	年旅客周转量	22.95	18
D22	万人专利授权数	20.96	8

附表 2–23　四川省旅游竞争力评价指标一览

因子层	指标	得分	排名
A	综合竞争力	950.05	11
B1	现实竞争力	360.82	5
C1	旅游需求现实竞争力	147.01	4
D1	旅游接待总人数	73.26	5
D2	旅游总收入	73.75	4
C2	旅游供给现实竞争力	213.81	6
D3	住宿设施总数	49.50	10
D4	星级饭店利润	16.53	19
D5	景区旅游企业数量	39.14	5
D6	景区旅游企业营业收入	80.82	2
D7	旅行社数量	27.81	18
B2	潜在竞争力	293.61	8
C3	旅游需求潜在竞争力	25.18	31
D8	旅游接待总人数增长率	5.28	30
D9	旅游总收入增长率	16.70	22
D10	入境游客人均花费	3.20	27
C4	旅游供给潜在竞争力	269.06	2
D11	住宿接待业发展速度	15.34	22
D12	星级饭店全员劳动生产率	18.20	16
D13	旅游目的地发展速度	40.59	8
D14	景区人均营业收入	30.27	4
D15	旅行社业发展速度	100.00	1
B3	发展环境竞争力	295.62	20
C5	自然环境竞争力	200.63	23
D16	空气质量优良天数	40.00	21
D17	城市污水集中处理率	65.95	25
D18	生活垃圾无害化处理率	94.68	19
C6	社会经济环境竞争力	94.99	18
D19	经济发展水平	28.19	12
D20	互联网普及率	10.81	26
D21	年旅客周转量	42.52	12
D22	万人专利授权数	13.46	13

附表 2-24 贵州省旅游竞争力评价指标一览

因子层	指标	得分	排名
A	综合竞争力	1002.63	10
B1	现实竞争力	268.54	13
C1	旅游需求现实竞争力	139.73	6
D1	旅游接待总人数	81.36	4
D2	旅游总收入	58.37	7
C2	旅游供给现实竞争力	128.81	19
D3	住宿设施总数	25.74	22
D4	星级饭店利润	21.88	9
D5	景区旅游企业数量	17.96	20
D6	景区旅游企业营业收入	52.38	3
D7	旅行社数量	10.85	26
B2	潜在竞争力	412.56	1
C3	旅游需求潜在竞争力	169.04	1
D8	旅游接待总人数增长率	90.79	2
D9	旅游总收入增长率	75.16	3
D10	入境游客人均花费	3.09	28
C4	旅游供给潜在竞争力	242.67	5
D11	住宿接待业发展速度	0.99	30
D12	星级饭店全员劳动生产率	18.52	15
D13	旅游目的地发展速度	100.00	1
D14	景区人均营业收入	50.24	3
D15	旅行社业发展速度	36.42	9
B3	发展环境竞争力	321.54	18
C5	自然环境竞争力	260.10	3
D16	空气质量优良天数	93.33	5
D17	城市污水集中处理率	83.78	14
D18	生活垃圾无害化处理率	82.98	24
C6	社会经济环境竞争力	61.44	25
D19	经济发展水平	11.60	27
D20	互联网普及率	10.81	26
D21	年旅客周转量	34.32	15
D22	万人专利授权数	4.71	23

附表 2-25　云南省旅游竞争力评价指标一览

因子层	指标	得分	排名
A	综合竞争力	842.24	15
B1	现实竞争力	271.01	12
C1	旅游需求现实竞争力	118.74	10
D1	旅游接待总人数	62.03	11
D2	旅游总收入	56.71	8
C2	旅游供给现实竞争力	152.28	13
D3	住宿设施总数	74.54	6
D4	星级饭店利润	17.22	17
D5	景区旅游企业数量	15.82	23
D6	景区旅游企业营业收入	11.42	19
D7	旅行社数量	33.28	13
B2	潜在竞争力	281.89	10
C3	旅游需求潜在竞争力	164.10	3
D8	旅游接待总人数增长率	72.99	3
D9	旅游总收入增长率	86.43	2
D10	入境游客人均花费	4.68	24
C4	旅游供给潜在竞争力	118.00	31
D11	住宿接待业发展速度	27.60	13
D12	星级饭店全员劳动生产率	0.00	31
D13	旅游目的地发展速度	5.70	28
D14	景区人均营业收入	1.51	30
D15	旅行社业发展速度	31.83	16
B3	发展环境竞争力	289.34	22
C5	自然环境竞争力	253.64	4
D16	空气质量优良天数	99.52	2
D17	城市污水集中处理率	80.00	18
D18	生活垃圾无害化处理率	74.11	28
C6	社会经济环境竞争力	35.70	30
D19	经济发展水平	11.35	28
D20	互联网普及率	0.00	31
D21	年旅客周转量	20.77	19
D22	万人专利授权数	3.58	27

附表 2-26 西藏自治区旅游竞争力评价指标一览

因子层	指标	得分	排名
A	综合竞争力	445.64	31
B1	现实竞争力	28.67	30
C1	旅游需求现实竞争力	0.87	30
D1	旅游接待总人数	0.00	31
D2	旅游总收入	0.87	29
C2	旅游供给现实竞争力	27.80	30
D3	住宿设施总数	0.00	31
D4	星级饭店利润	17.01	18
D5	景区旅游企业数量	5.45	26
D6	景区旅游企业营业收入	0.00	31
D7	旅行社数量	5.34	30
B2	潜在竞争力	172.93	31
C3	旅游需求潜在竞争力	50.98	21
D8	旅游接待总人数增长率	16.40	23
D9	旅游总收入增长率	23.33	20
D10	入境游客人均花费	11.25	11
C4	旅游供给潜在竞争力	125.27	30
D11	住宿接待业发展速度	100.00	1
D12	星级饭店全员劳动生产率	42.40	3
D13	旅游目的地发展速度	11.21	26
D14	景区人均营业收入	29.40	5
D15	旅行社业发展速度	53.46	3
B3	发展环境竞争力	244.04	26
C5	自然环境竞争力	236.12	13
D16	空气质量优良天数	100.00	1
D17	城市污水集中处理率	52.43	29
D18	生活垃圾无害化处理率	83.69	23
C6	社会经济环境竞争力	7.92	31
D19	经济发展水平	5.21	30
D20	互联网普及率	2.70	30
D21	年旅客周转量	0.00	31
D22	万人专利授权数	0.00	31

附表 2–27　陕西省旅游竞争力评价指标一览

因子层	指标	得分	排名
A	综合竞争力	800.39	19
B1	现实竞争力	230.30	18
C1	旅游需求现实竞争力	95.01	16
D1	旅游接待总人数	56.30	17
D2	旅游总收入	38.71	18
C2	旅游供给现实竞争力	135.28	17
D3	住宿设施总数	34.09	19
D4	星级饭店利润	18.32	13
D5	景区旅游企业数量	32.53	8
D6	景区旅游企业营业收入	24.09	11
D7	旅行社数量	26.26	20
B2	潜在竞争力	278.12	12
C3	旅游需求潜在竞争力	85.54	16
D8	旅游接待总人数增长率	31.10	16
D9	旅游总收入增长率	39.99	12
D10	入境游客人均花费	14.45	7
C4	旅游供给潜在竞争力	196.44	11
D11	住宿接待业发展速度	24.99	16
D12	星级饭店全员劳动生产率	19.88	11
D13	旅游目的地发展速度	57.95	3
D14	景区人均营业收入	12.93	18
D15	旅行社业发展速度	32.62	13
B3	发展环境竞争力	291.97	21
C5	自然环境竞争力	181.07	25
D16	空气质量优良天数	13.81	28
D17	城市污水集中处理率	70.81	23
D18	生活垃圾无害化处理率	96.45	18
C6	社会经济环境竞争力	110.90	15
D19	经济发展水平	25.90	15
D20	互联网普及率	32.43	14
D21	年旅客周转量	36.39	14
D22	万人专利授权数	16.17	11

附表 2–28　甘肃省旅游竞争力评价指标一览

因子层	指标	得分	排名
A	综合竞争力	668.66	24
B1	现实竞争力	135.36	23
C1	旅游需求现实竞争力	35.28	25
D1	旅游接待总人数	24.16	22
D2	旅游总收入	11.12	27
C2	旅游供给现实竞争力	100.09	23
D3	住宿设施总数	37.20	16
D4	星级饭店利润	14.76	24
D5	景区旅游企业数量	19.66	19
D6	景区旅游企业营业收入	12.24	18
D7	旅行社数量	16.23	24
B2	潜在竞争力	270.20	16
C3	旅游需求潜在竞争力	100.65	12
D8	旅游接待总人数增长率	53.17	7
D9	旅游总收入增长率	47.48	8
D10	入境游客人均花费	0.00	31
C4	旅游供给潜在竞争力	169.55	19
D11	住宿接待业发展速度	26.60	14
D12	星级饭店全员劳动生产率	5.16	28
D13	旅游目的地发展速度	18.80	18
D14	景区人均营业收入	17.67	11
D15	旅行社业发展速度	36.35	10
B3	发展环境竞争力	263.10	25
C5	自然环境竞争力	217.22	20
D16	空气质量优良天数	38.57	22
D17	城市污水集中处理率	84.32	13
D18	生活垃圾无害化处理率	94.33	20
C6	社会经济环境竞争力	45.88	28
D19	经济发展水平	3.48	31
D20	互联网普及率	8.11	29
D21	年旅客周转量	29.22	16
D22	万人专利授权数	5.08	22

附表 2-29　青海省旅游竞争力评价指标一览

因子层	指标	得分	排名
A	综合竞争力	531.80	30
B1	现实竞争力	62.15	28
C1	旅游需求现实竞争力	1.90	29
D1	旅游接待总人数	1.04	29
D2	旅游总收入	0.86	30
C2	旅游供给现实竞争力	60.24	27
D3	住宿设施总数	24.19	23
D4	星级饭店利润	17.64	14
D5	景区旅游企业数量	4.92	27
D6	景区旅游企业营业收入	6.74	26
D7	旅行社数量	6.76	28
B2	潜在竞争力	268.84	17
C3	旅游需求潜在竞争力	86.71	15
D8	旅游接待总人数增长率	42.97	11
D9	旅游总收入增长率	33.56	16
D10	入境游客人均花费	10.18	14
C4	旅游供给潜在竞争力	185.61	15
D11	住宿接待业发展速度	48.78	4
D12	星级饭店全员劳动生产率	4.64	29
D13	旅游目的地发展速度	13.44	21
D14	景区人均营业收入	21.18	9
D15	旅行社业发展速度	54.10	2
B3	发展环境竞争力	200.81	30
C5	自然环境竞争力	149.66	30
D16	空气质量优良天数	68.10	8
D17	城市污水集中处理率	0.00	31
D18	生活垃圾无害化处理率	81.56	26
C6	社会经济环境竞争力	51.16	27
D19	经济发展水平	8.44	29
D20	互联网普及率	35.14	12
D21	年旅客周转量	4.68	28
D22	万人专利授权数	2.91	28

附表 2-30 宁夏回族自治区旅游竞争力评价指标一览

因子层	指标	得分	排名
A	综合竞争力	632.42	25
B1	现实竞争力	26.19	31
C1	旅游需求现实竞争力	0.61	31
D1	旅游接待总人数	0.61	30
D2	旅游总收入	0.00	31
C2	旅游供给现实竞争力	25.58	31
D3	住宿设施总数	4.95	29
D4	星级饭店利润	17.24	16
D5	景区旅游企业数量	1.70	30
D6	景区旅游企业营业收入	1.68	30
D7	旅行社数量	0.00	31
B2	潜在竞争力	332.03	5
C3	旅游需求潜在竞争力	166.62	2
D8	旅游接待总人数增长率	100.00	1
D9	旅游总收入增长率	53.79	4
D10	入境游客人均花费	12.83	10
C4	旅游供给潜在竞争力	168.06	20
D11	住宿接待业发展速度	49.42	3
D12	星级饭店全员劳动生产率	8.80	26
D13	旅游目的地发展速度	13.41	22
D14	景区人均营业收入	6.46	24
D15	旅行社业发展速度	38.34	7
B3	发展环境竞争力	274.20	24
C5	自然环境竞争力	221.87	19
D16	空气质量优良天数	38.57	22
D17	城市污水集中处理率	86.49	10
D18	生活垃圾无害化处理率	96.81	16
C6	社会经济环境竞争力	52.34	26
D19	经济发展水平	12.18	25
D20	互联网普及率	27.03	19
D21	年旅客周转量	2.77	30
D22	万人专利授权数	10.36	15

附表 2–31　新疆维吾尔自治区旅游竞争力评价指标一览

因子层	指标	得分	排名
A	综合竞争力	628.24	26
B1	现实竞争力	123.63	25
C1	旅游需求现实竞争力	22.23	27
D1	旅游接待总人数	9.07	27
D2	旅游总收入	13.16	26
C2	旅游供给现实竞争力	101.42	22
D3	住宿设施总数	38.19	15
D4	星级饭店利润	15.03	23
D5	景区旅游企业数量	30.47	12
D6	景区旅游企业营业收入	8.89	21
D7	旅行社数量	8.82	27
B2	潜在竞争力	273.07	15
C3	旅游需求潜在竞争力	135.26	5
D8	旅游接待总人数增长率	72.49	4
D9	旅游总收入增长率	48.93	7
D10	入境游客人均花费	13.84	9
C4	旅游供给潜在竞争力	137.03	29
D11	住宿接待业发展速度	31.82	8
D12	星级饭店全员劳动生产率	13.47	20
D13	旅游目的地发展速度	22.29	14
D14	景区人均营业收入	5.03	26
D15	旅行社业发展速度	0.00	31
B3	发展环境竞争力	231.54	28
C5	自然环境竞争力	156.49	28
D16	空气质量优良天数	42.86	20
D17	城市污水集中处理率	54.05	28
D18	生活垃圾无害化处理率	59.57	29
C6	社会经济环境竞争力	75.05	21
D19	经济发展水平	13.41	24
D20	互联网普及率	37.84	10
D21	年旅客周转量	19.50	21
D22	万人专利授权数	4.30	24

附表三　2017年中国15个副省级城市旅游竞争力分指标的评价结果

附表 3-1　各副省级城市旅游总人数计算分值

省域	得分	排序	省域	得分	排序
沈阳	6.13	13	青岛	13.94	7
大连	12.55	8	武汉	100	1
长春	9.1	10	广州	1.31	14
哈尔滨	8.53	11	深圳	0	15
南京	27.3	5	成都	75.15	2
杭州	52.52	4	西安	60.55	3
宁波	25	6	济南	6.38	12
厦门	9.12	9			

附表 3-2　各副省级城市旅游总收入计算分值

省域	得分	排序	省域	得分	排序
沈阳	0	15	青岛	29.59	9
大连	20.94	11	武汉	72.87	4
长春	32.43	8	广州	100	1
哈尔滨	17.5	12	深圳	27.94	10
南京	47.79	5	成都	80.39	3
杭州	88.39	2	西安	32.95	7
宁波	35.75	6	济南	10.52	14
厦门	17.21	13			

附表 3-3　各省级城市住宿设施总数计算分值

省域	得分	排序	省域	得分	排序
沈阳	13.87	13	青岛	44.53	6
大连	42.34	7	武汉	32.12	9
长春	0.00	15	广州	93.43	2
哈尔滨	13.14	14	深圳	51.09	3
南京	33.58	8	成都	46.72	4
杭州	100.00	1	西安	29.20	10
宁波	45.26	5	济南	14.60	12
厦门	20.44	11			

附表 3-4 各副省级城市星级饭店利润计算分值

省域	得分	排序	省域	得分	排序
沈阳	12.93	11	青岛	24.02	7
大连	0.00	15	武汉	19.60	9
长春	3.92	14	广州	100.00	1
哈尔滨	14.05	10	深圳	71.19	2
南京	24.25	6	成都	28.23	5
杭州	40.46	3	西安	22.16	8
宁波	5.17	13	济南	10.35	12
厦门	35.34	4			

附表 3-5 各副省级城市旅游接待总人数增长率计算分值

省域	得分	排序	省域	得分	排序
沈阳	51.84	6	青岛	29.29	10
大连	33.03	9	武汉	41.2	7
长春	76.35	3	广州	4.33	13
哈尔滨	27.68	11	深圳	4.18	14
南京	12.64	12	成都	0	15
杭州	71.03	4	西安	100	1
宁波	87.15	2	济南	33.17	8
厦门	68.91	5			

附表 3-6 各副省级城市旅游接待总收入增长率计算分值

省域	得分	排序	省域	得分	排序
沈阳	17.22	10	青岛	20.42	8
大连	13.87	14	武汉	14.31	12
长春	46.53	4	广州	14.65	11
哈尔滨	18.25	9	深圳	0	15
南京	13.91	13	成都	45.23	5
杭州	70.79	2	西安	100	1
宁波	38.83	6	济南	23.43	7
厦门	46.68	3			

附表 3-7 各副省级城市入境游客人均花费计算分值

省域	得分	排序	省域	得分	排序
沈阳	38.16	8	青岛	65.67	5
大连	100.00	1	武汉	63.93	7
长春	24.22	14	广州	27.86	12
哈尔滨	80.19	4	深圳	33.68	10
南京	28.36	11	成都	90.32	2
杭州	83.51	3	西安	34.68	9
宁波	26.11	13	济南	0.00	15
厦门	65.45	6			

附表 3-8　各副省级城市星级饭店发展速度计算分值

省域	得分	排序	省域	得分	排序
沈阳	81.33	6	青岛	91.90	3
大连	0.00	15	武汉	23.56	13
长春	21.74	14	广州	87.98	4
哈尔滨	97.37	2	深圳	61.63	9
南京	75.70	7	成都	71.78	8
杭州	60.50	10	西安	100.00	1
宁波	27.71	12	济南	54.27	11
厦门	82.00	5			

附表 3-9　各副省级城市星级饭店全员劳动生产率计算分值

省域	得分	排序	省域	得分	排序
沈阳	22.09	14	青岛	52.79	6
大连	28.62	12	武汉	43.57	8
长春	25.93	13	广州	83.30	2
哈尔滨	0.00	15	深圳	63.30	4
南京	100.00	1	成都	30.91	11
杭州	74.14	3	西安	47.00	7
宁波	42.15	9	济南	34.28	10
厦门	60.94	5			

附表 3-10　各副省级城市空气质量优良天数计算分值

省域	得分	排序	省域	得分	排序
沈阳	41.76	11	青岛	56.59	6
大连	65.93	4	武汉	41.21	12
长春	52.75	7	广州	62.64	5
哈尔滨	50.00	8	深圳	89.56	2
南京	46.15	10	成都	30.22	13
杭州	50.00	8	西安	0.00	15
宁波	71.97	3	济南	0.55	14
厦门	100.00	1			

附表 3-11　各副省级城市污水集中处理率计算分值

省域	得分	排序	省域	得分	排序
沈阳	100.00	1	青岛	89.79	3
大连	82.76	10	武汉	86.21	6
长春	62.00	13	广州	98.62	2
哈尔滨	80.00	11	深圳	89.00	4
南京	0.00	15	成都	76.90	12
杭州	83.10	9	西安	86.45	5
宁波	41.21	14	济南	86.14	7
厦门	85.41	8			

附表 3–12　各副省级城市生活垃圾无害化处理率计算分值

省域	得分	排序	省域	得分	排序
沈阳	100.00	1	青岛	100.00	1
大连	100.00	1	武汉	100.00	1
长春	66.00	14	广州	73.08	13
哈尔滨	0.00	15	深圳	100.00	1
南京	100.00	1	成都	92.31	12
杭州	100.00	1	西安	97.69	11
宁波	100.00	1	济南	100.00	1
厦门	100.00	1			

附表 3–13　各副省级城市生经济发展水平计算分值

省域	得分	排序	省域	得分	排序
沈阳	4.39	13	青岛	17.47	7
大连	7.28	12	武汉	36.48	3
长春	4.25	14	广州	67.60	2
哈尔滨	1.00	15	深圳	100.00	1
南京	33.41	4	成都	21.28	6
杭州	31.24	5	西安	11.04	10
宁波	11.30	9	济南	10.95	11
厦门	14.87	8			

附表 3–14　各副省级城市年客运总量计算分值

省域	得分	排序	省域	得分	排序
沈阳	11.98	4	青岛	3.19	13
大连	5.05	10	武汉	8.22	7
长春	3.33	12	广州	100.00	1
哈尔滨	3.88	11	深圳	7.41	8
南京	7.31	9	成都	11.58	5
杭州	11.98	3	西安	16.48	2
宁波	1.48	14	济南	0.00	15
厦门	10.28	6			

附表 3–15　各副省级城市互联网普及率计算分值

省域	得分	排序	省域	得分	排序
沈阳	4.72	13	青岛	27.20	10
大连	5.68	12	武汉	32.50	7
长春	0.50	14	广州	41.86	6
哈尔滨	0.00	15	深圳	100.00	1
南京	52.66	4	成都	28.76	8
杭州	53.14	3	西安	17.99	11
宁波	49.31	5	济南	27.78	9
厦门	80.79	2			

附表 3–16　各副省级城市万人专利授权数计算分值

省域	得分	排序	省域	得分	排序
沈阳	1.21	12	青岛	9.13	8
大连	1.03	13	武汉	9.21	7
长春	0.00	15	广州	27.27	2
哈尔滨	0.85	14	深圳	100.00	1
南京	17.58	6	成都	8.60	9
杭州	21.91	5	西安	8.12	10
宁波	24.80	4	济南	7.77	11
厦门	25.57	3			

附表四　2017 年中国 15 个副省级城市旅游竞争力分城市的评价结果

附表 4-1　沈阳市旅游竞争力评价指标一览

因子层	指标	得分	排名
A	综合竞争力	510.78	12
B1	现实竞争力	32.93	15
C1	旅游需求现实竞争力	6.13	15
D1	旅游接待总人数	6.13	13
D2	旅游总收入	0.00	15
C2	旅游供给现实竞争力	26.8	13
D3	住宿设施总数	13.87	13
D4	星级饭店利润	12.93	11
B2	潜在竞争力	213.80	10
C3	旅游需求潜在竞争力	107.22	11
D5	旅游接待总人数增长率	51.84	6
D6	旅游总收入增长率	17.22	10
D7	入境游客人均花费	38.16	8
C4	旅游供给潜在竞争力	106.58	9
D8	住宿接待业发展速度	81.33	6
D9	星级饭店全员劳动生产率	22.09	14
B3	发展环境竞争力	264.06	10
C5	自然环境竞争力	241.76	5
D10	空气质量优良天数	41.76	11
D11	城市污水集中处理率	100.00	1
D12	生活垃圾无害化处理率	100.00	1
C6	社会经济环境竞争力	22.30	12
D13	经济发展水平	4.39	13
D14	年客运总量	11.98	4
D15	互联网普及率	4.72	13
D16	万人专利授权数	1.21	12

附表 4-2　大连市旅游竞争力评价指标一览

因子层	指标	得分	排名
A	综合竞争力	521.53	11
B1	现实竞争力	75.83	11
C1	旅游需求现实竞争力	33.49	10
D1	旅游接待总人数	12.55	8
D2	旅游总收入	20.94	11
C2	旅游供给现实竞争力	42.34	11
D3	住宿设施总数	42.34	7
D4	星级饭店利润	0.00	15
B2	潜在竞争力	177.97	13
C3	旅游需求潜在竞争力	146.90	6
D5	旅游接待总人数增长率	33.03	9
D6	旅游总收入增长率	13.87	14
D7	入境游客人均花费	100.00	1
C4	旅游供给潜在竞争力	31.08	15
D8	住宿接待业发展速度	0.00	15
D9	星级饭店全员劳动生产率	28.62	12
B3	发展环境竞争力	267.73	9
C5	自然环境竞争力	248.69	3
D10	空气质量优良天数	65.93	4
D11	城市污水集中处理率	82.76	10
D12	生活垃圾无害化处理率	100.00	1
C6	社会经济环境竞争力	19.03	13
D13	经济发展水平	7.28	12
D14	年客运总量	5.05	10
D15	互联网普及率	5.68	12
D16	万人专利授权数	1.03	13

附表 4-3　长春市旅游竞争力评价指标一览

因子层	指标	得分	排名
A	综合竞争力	430.67	13
B1	现实竞争力	45.45	13
C1	旅游需求现实竞争力	41.53	9
D1	旅游接待总人数	9.10	10
D2	旅游总收入	32.43	8
C2	旅游供给现实竞争力	3.92	15
D3	住宿设施总数	0.00	15
D4	星级饭店利润	3.92	14
B2	潜在竞争力	196.40	11
C3	旅游需求潜在竞争力	147.10	5
D5	旅游接待总人数增长率	76.35	3
D6	旅游总收入增长率	46.53	4
D7	入境游客人均花费	24.22	14
C4	旅游供给潜在竞争力	49.30	14
D8	住宿接待业发展速度	21.74	14
D9	星级饭店全员劳动生产率	25.93	13
B3	发展环境竞争力	188.82	14
C5	自然环境竞争力	180.75	13
D10	空气质量优良天数	52.75	7
D11	城市污水集中处理率	62.00	13
D12	生活垃圾无害化处理率	66.00	14
C6	社会经济环境竞争力	8.07	14
D13	经济发展水平	4.25	14
D14	年客运总量	3.33	12
D15	互联网普及率	0.50	14
D16	万人专利授权数	0.00	15

附表 4–4　哈尔滨市旅游竞争力评价指标一览

因子层	指标	得分	排名
A	综合竞争力	413.24	15
B1	现实竞争力	53.21	12
C1	旅游需求现实竞争力	26.03	13
D1	旅游接待总人数	2.71	11
D2	旅游总收入	17.50	12
C2	旅游供给现实竞争力	27.19	12
D3	住宿设施总数	13.14	14
D4	星级饭店利润	14.05	10
B2	潜在竞争力	224.3	7
C3	旅游需求潜在竞争力	126.12	8
D5	旅游接待总人数增长率	27.68	11
D6	旅游总收入增长率	18.25	9
D7	入境游客人均花费	80.19	4
C4	旅游供给潜在竞争力	98.18	10
D8	住宿接待业发展速度	97.37	2
D9	星级饭店全员劳动生产率	0.00	15
B3	发展环境竞争力	135.73	15
C5	自然环境竞争力	130.00	15
D10	空气质量优良天数	50.00	8
D11	城市污水集中处理率	80.00	11
D12	生活垃圾无害化处理率	0.00	15
C6	社会经济环境竞争力	5.73	15
D13	经济发展水平	1.00	15
D14	年客运总量	3.88	11
D15	互联网普及率	0.00	15
D16	万人专利授权数	0.85	14

附表 4–5　南京市旅游竞争力评价指标一览

因子层	指标	得分	排名
A	综合竞争力	622.28	10
B1	现实竞争力	132.92	7
C1	旅游需求现实竞争力	75.09	6
D1	旅游接待总人数	27.30	5
D2	旅游总收入	47.79	5
C2	旅游供给现实竞争力	57.83	6
D3	住宿设施总数	33.58	8
D4	星级饭店利润	24.25	6
B2	潜在竞争力	232.25	6
C3	旅游需求潜在竞争力	54.91	13
D5	旅游接待总人数增长率	12.64	12
D6	旅游总收入增长率	13.91	13
D7	入境游客人均花费	28.36	11
C4	旅游供给潜在竞争力	177.33	2
D8	住宿接待业发展速度	75.70	7
D9	星级饭店全员劳动生产率	100.00	1
B3	发展环境竞争力	257.12	11
C5	自然环境竞争力	146.15	14
D10	空气质量优良天数	46.15	10
D11	城市污水集中处理率	0.00	15
D12	生活垃圾无害化处理率	100.00	1
C6	社会经济环境竞争力	110.96	5
D13	经济发展水平	33.41	4
D14	年客运总量	7.31	9
D15	互联网普及率	52.66	4
D16	万人专利授权数	17.58	6

附表 4–6　杭州市旅游竞争力评价指标一览

因子层	指标	得分	排名
A	综合竞争力	992.73	1
B1	现实竞争力	281.37	2
C1	旅游需求现实竞争力	140.91	3
D1	旅游接待总人数	52.52	4
D2	旅游总收入	88.39	2
C2	旅游供给现实竞争力	140.46	2
D3	住宿设施总数	100.00	1
D4	星级饭店利润	24.25	6
B2	潜在竞争力	359.97	2
C3	旅游需求潜在竞争力	225.33	2
D5	旅游接待总人数增长率	71.03	4
D6	旅游总收入增长率	70.79	2
D7	入境游客人均花费	83.51	3
C4	旅游供给潜在竞争力	134.64	6
D8	住宿接待业发展速度	60.50	10
D9	星级饭店全员劳动生产率	74.14	3
B3	发展环境竞争力	351.38	4
C5	自然环境竞争力	233.10	7
D10	空气质量优良天数	50.00	8
D11	城市污水集中处理率	83.10	9
D12	生活垃圾无害化处理率	100.00	1
C6	社会经济环境竞争力	118.28	4
D13	经济发展水平	31.24	5
D14	年客运总量	11.98	3
D15	互联网普及率	53.14	3
D16	万人专利授权数	21.91	5

附表 4–7　宁波市旅游竞争力评价指标一览

因子层	指标	得分	排名
A	综合竞争力	635.48	9
B1	现实竞争力	111.17	9
C1	旅游需求现实竞争力	60.75	7
D1	旅游接待总人数	25.00	6
D2	旅游总收入	35.75	6
C2	旅游供给现实竞争力	50.43	10
D3	住宿设施总数	45.26	5
D4	星级饭店利润	5.17	13
B2	潜在竞争力	224.25	8
C3	旅游需求潜在竞争力	152.09	4
D5	旅游接待总人数增长率	87.15	2
D6	旅游总收入增长率	38.83	6
D7	入境游客人均花费	26.11	13
C4	旅游供给潜在竞争力	72.15	13
D8	住宿接待业发展速度	27.71	12
D9	星级饭店全员劳动生产率	42.15	9
B3	发展环境竞争力	300.06	7
C5	自然环境竞争力	213.17	9
D10	空气质量优良天数	71.97	3
D11	城市污水集中处理率	41.21	14
D12	生活垃圾无害化处理率	100.00	1
C6	社会经济环境竞争力	86.89	6
D13	经济发展水平	11.30	9
D14	年客运总量	1.48	14
D15	互联网普及率	49.31	5
D16	万人专利授权数	24.80	4

附表 4-8　厦门市旅游竞争力评价指标一览

因子层	指标	得分	排名
A	综合竞争力	824.41	5
B1	现实竞争力	325.38	3
C1	旅游需求现实竞争力	26.33	12
D1	旅游接待总人数	9.12	9
D2	旅游总收入	17.21	13
C2	旅游供给现实竞争力	55.78	7
D3	住宿设施总数	20.44	11
D4	星级饭店利润	35.34	4
B2	潜在竞争力	325.38	3
C3	旅游需求潜在竞争力	181.04	3
D5	旅游接待总人数增长率	68.91	5
D6	旅游总收入增长率	46.68	3
D7	入境游客人均花费	65.45	6
C4	旅游供给潜在竞争力	144.34	5
D8	住宿接待业发展速度	82.00	5
D9	星级饭店全员劳动生产率	60.94	5
B3	发展环境竞争力	416.92	3
C5	自然环境竞争力	285.41	1
D10	空气质量优良天数	100.00	1
D11	城市污水集中处理率	85.41	8
D12	生活垃圾无害化处理率	100.00	1
C6	社会经济环境竞争力	131.51	3
D13	经济发展水平	14.87	8
D14	年客运总量	10.28	6
D15	互联网普及率	80.79	2
D16	万人专利授权数	25.57	3

附表 4-9　青岛市旅游竞争力评价指标一览

因子层	指标	得分	排名
A	综合竞争力	682.24	8
B1	现实竞争力	112.08	8
C1	旅游需求现实竞争力	43.53	8
D1	旅游接待总人数	13.94	7
D2	旅游总收入	29.59	9
C2	旅游供给现实竞争力	68.54	5
D3	住宿设施总数	44.53	6
D4	星级饭店利润	24.02	7
B2	潜在竞争力	266.77	4
C3	旅游需求潜在竞争力	115.38	10
D5	旅游接待总人数增长率	29.29	10
D6	旅游总收入增长率	20.42	8
D7	入境游客人均花费	65.67	5
C4	旅游供给潜在竞争力	151.4	4
D8	住宿接待业发展速度	91.90	3
D9	星级饭店全员劳动生产率	52.79	6
C5	自然环境竞争力	246.39	4
D10	空气质量优良天数	56.59	6
D11	城市污水集中处理率	89.79	3
D12	生活垃圾无害化处理率	100.00	1
C6	社会经济环境竞争力	57.00	9
D13	经济发展水平	17.47	7
D14	年客运总量	3.19	13
D15	互联网普及率	27.20	10
D16	万人专利授权数	9.13	8

附表 4–10　武汉市旅游竞争力评价指标一览

因子层	指标	得分	排名
A	综合竞争力	730.57	7
B1	现实竞争力	224.59	4
C1	旅游需求现实竞争力	172.87	1
D1	旅游接待总人数	100.00	1
D2	旅游总收入	72.87	4
C2	旅游供给现实竞争力	51.72	8
D3	住宿设施总数	32.12	9
D4	星级饭店利润	19.60	9
B2	潜在竞争力	192.15	12
C3	旅游需求潜在竞争力	119.44	9
D5	旅游接待总人数增长率	41.20	7
D6	旅游总收入增长率	14.31	12
D7	入境游客人均花费	63.93	7
C4	旅游供给潜在竞争力	72.71	12
D8	住宿接待业发展速度	23.56	13
D9	星级饭店全员劳动生产率	43.57	8
B3	发展环境竞争力	313.83	5
C5	自然环境竞争力	227.42	8
D10	空气质量优良天数	41.21	12
D11	城市污水集中处理率	86.21	6
D12	生活垃圾无害化处理率	100.00	1
C6	社会经济环境竞争力	86.41	7
D13	经济发展水平	36.48	3
D14	年客运总量	8.22	7
D15	互联网普及率	32.50	7
D16	万人专利授权数	9.21	7

附表 4–11　广州市旅游竞争力评价指标一览

因子层	指标	得分	排名
A	综合竞争力	986.30	2
B1	现实竞争力	294.74	1
D1	旅游接待总人数	1.31	14
D2	旅游总收入	100.00	1
C2	旅游供给现实竞争力	193.43	1
D3	住宿设施总数	93.43	2
D4	星级饭店利润	100.00	1
B2	潜在竞争力	220.50	9
C3	旅游需求潜在竞争力	46.84	14
D5	旅游接待总人数增长率	4.33	13
D6	旅游总收入增长率	14.65	11
D7	入境游客人均花费	27.86	12
C4	旅游供给潜在竞争力	173.67	3
D8	住宿接待业发展速度	87.98	4
D9	星级饭店全员劳动生产率	83.30	2
B3	发展环境竞争力	471.07	2
C5	自然环境竞争力	234.33	6
D10	空气质量优良天数	62.64	5
D11	城市污水集中处理率	98.62	2
D12	生活垃圾无害化处理率	73.08	13
C6	社会经济环境竞争力	236.73	2
D13	经济发展水平	67.60	2
D14	年客运总量	100.00	1
D15	互联网普及率	41.86	6
D16	万人专利授权数	27.27	2

附表 4–12　深圳市旅游竞争力评价指标一览

因子层	指标	得分	排名
A	综合竞争力	900.77	3
B1	现实竞争力	150.23	5
C1	旅游需求现实竞争力	27.94	11
D1	旅游接待总人数	0.00	15
D2	旅游总收入	27.94	10
C2	旅游供给现实竞争力	122.29	3
D3	住宿设施总数	51.09	3
D4	星级饭店利润	51.09	3
B2	潜在竞争力	164.57	14
C3	旅游需求潜在竞争力	37.86	15
D5	旅游接待总人数增长率	4.18	14
D6	旅游总收入增长率	0.00	15
D7	入境游客人均花费	33.68	10
C4	旅游供给潜在竞争力	126.71	7
D8	住宿接待业发展速度	61.63	9
D9	星级饭店全员劳动生产率	30.17	10
B3	发展环境竞争力	585.97	1
D10	空气质量优良天数	89.56	2
D11	城市污水集中处理率	89.00	4
D12	生活垃圾无害化处理率	100.00	1
C6	社会经济环境竞争力	307.41	1
D13	经济发展水平	100.00	1
D14	年客运总量	7.41	8
D15	互联网普及率	100.00	1
D16	万人专利授权数	100.00	1

附表 4–13　成都市旅游竞争力评价指标一览

因子层	指标	得分	排名
A	综合竞争力	744.87	6
B1	现实竞争力	230.48	3
C1	旅游需求现实竞争力	155.54	2
D1	旅游接待总人数	75.15	2
D2	旅游总收入	80.39	3
C2	旅游供给现实竞争力	74.94	4
D3	住宿设施总数	46.72	4
D4	星级饭店利润	28.23	5
B2	潜在竞争力	244.74	5
C3	旅游需求潜在竞争力	135.55	7
D5	旅游接待总人数增长率	0.00	15
D6	旅游总收入增长率	45.23	5
D7	入境游客人均花费	90.32	2
C4	旅游供给潜在竞争力	109.20	8
D8	住宿接待业发展速度	71.78	8
D9	星级饭店全员劳动生产率	30.91	11
B3	发展环境竞争力	269.65	8
C5	自然环境竞争力	199.42	10
D10	空气质量优良天数	30.22	13
D11	城市污水集中处理率	76.90	12
D12	生活垃圾无害化处理率	92.31	12
C6	社会经济环境竞争力	70.23	8
D13	经济发展水平	21.28	6
D14	年客运总量	11.58	5
D15	互联网普及率	28.76	8
D16	万人专利授权数	8.60	9

附表 4-14　西安市旅游竞争力评价指标一览

因子层	指标	得分	排名
A	综合竞争力	864.32	4
B1	现实竞争力	144.85	6
C1	旅游需求现实竞争力	93.50	5
D1	旅游接待总人数	60.55	3
D2	旅游总收入	32.95	7
C2	旅游供给现实竞争力	51.36	9
D3	住宿设施总数	29.20	10
D4	星级饭店利润	22.16	8
B2	潜在竞争力	481.68	1
C3	旅游需求潜在竞争力	234.68	1
D5	旅游接待总人数增长率	100.00	1
D6	旅游总收入增长率	100.00	1
D7	入境游客人均花费	34.68	9
C4	旅游供给潜在竞争力	247.00	1
D8	住宿接待业发展速度	100.00	1
D9	星级饭店全员劳动生产率	47.00	7
B3	发展环境竞争力	481.68	1
C5	自然环境竞争力	481.68	1
D10	空气质量优良天数	0.00	15
D11	城市污水集中处理率	86.45	5
D12	生活垃圾无害化处理率	97.69	11
C6	社会经济环境竞争力	53.64	10
D13	经济发展水平	11.04	10
D14	年客运总量	16.48	2
D15	互联网普及率	17.99	11
D16	万人专利授权数	8.12	10

附表 4-15　济南市旅游竞争力评价指标一览

因子层	指标	得分	排名
A	综合竞争力	421.89	14
B1	现实竞争力	41.85	14
C1	旅游需求现实竞争力	16.90	14
D1	旅游接待总人数	6.38	12
D2	旅游总收入	10.52	14
C2	旅游供给现实竞争力	24.95	14
D3	住宿设施总数	14.60	12
D4	星级饭店利润	10.35	12
B2	潜在竞争力	146.87	15
C3	旅游需求潜在竞争力	56.60	12
D5	旅游接待总人数增长率	33.17	8
D6	旅游总收入增长率	23.43	7
D7	入境游客人均花费	0.00	15
C4	旅游供给潜在竞争力	90.27	11
D8	住宿接待业发展速度	54.27	11
D9	星级饭店全员劳动生产率	34.28	10
B3	发展环境竞争力	233.18	13
C5	自然环境竞争力	186.69	11
D10	空气质量优良天数	0.55	14
D11	城市污水集中处理率	86.14	7
D12	生活垃圾无害化处理率	100.00	1
C6	社会经济环境竞争力	46.49	11
D13	经济发展水平	10.95	11
D14	年客运总量	0.00	15
D15	互联网普及率	27.78	9
D16	万人专利授权数	7.77	11

项目统筹：中国旅游研究院武汉分院　湖北经济与社会发展研究院
责任编辑：李冉冉
责任印制：冯冬青
封面设计：旅教文化

图书在版编目（CIP）数据

2019 中国旅游业发展报告 / 王晓芳等编著 . -- 北京：中国旅游出版社，2019.12

ISBN 978-7-5032-6417-7

Ⅰ．①2… Ⅱ．①王… Ⅲ．①旅游业发展—研究报告—中国—2019 Ⅳ．①F592.3

中国版本图书馆CIP数据核字(2019)第280635号

审图号　GS(2018)5889号

书　　名：2019 中国旅游业发展报告

作　　者：王晓芳　胡静　谢双玉等编著
出版发行：中国旅游出版社
（北京建国门内大街甲 9 号　邮编：100005）
http://www.cttp.net.cn　E-mail:cttp@mct.gov.cn
营销中心电话：010-85166536
排　　版：北京旅教文化传播有限公司
经　　销：全国各地新华书店
印　　刷：北京工商事务印刷有限公司
版　　次：2019 年 12 月第 1 版　2019 年 12 月第 1 次印刷
开　　本：787 毫米 × 1092 毫米　1/16
印　　张：18
字　　数：432 千
定　　价：58.00 元
ISBN　978-7-5032-6417-7
